ENCYCLOPÉDIE-RORET

NUMISMATIQUE

ANCIENNE

PARIS
LIBRAIRIE ENCYCLOPÉDIQUE DE RORET
RUE HAUTEFEUILLE, 12

ENCYCLOPÉDIE-RORET

NUMISMATIQUE

ANCIENNE

EN VENTE A LA MÊME LIBRAIRIE :

Manuel de Numismatique du moyen âge et moderne, par M. ADRIEN BLANCHET. 2 volumes in-18 et Atlas de 14 planches............ .... (*Sous presse*).

Cet ouvrage remplace, avec l'assentiment de M. de Barthélemy, l'ancien *Manuel de Numismatique moderne* publié en 1851, et fait suite à l'édition de 1890 du *Manuel de Numismatique ancienne*, de M. de Barthélemy.

Manuel d'Archéologie, ou Traité sur les Antiquités grecques, étrusques, romaines, égyptiennes, indiennes et autres, par M. O. MULLER, traduit par M. P. NICARD. 3 volumes in-18 et un fort Atlas in-8 de 40 planches et de 3 tableaux...................................... 22 fr. 50

    Les trois volumes séparés..... 10 fr. 50
    L'atlas seul................. 12 fr.

Manuel des Mythologies grecque, romaine, égyptienne, syrienne, africaine et autres, par M. DUBOIS. (*Ouvrage autorisé par l'Université.*) 1 vol. in-18. 2 fr. 50

Manuel du Mouleur, ou Art de mouler avec toutes les matières plastiques, traitant du moulage et du clichage des médailles, par MM. LEBRUN, MAGNIER, ROBERT et de VALICOURT. 1 volume in-18, orné de figures. 3 fr. 50

IMPRIMERIE DU COMMERCE, 3, RUE DE LA BOURSE. — HAVRE.

MANUELS-RORET

NOUVEAU MANUEL
DE
NUMISMATIQUE
ANCIENNE

PAR

A. DE BARTHÉLEMY

MEMBRE DE L'INSTITUT

Fragmenta collegite, ne pereant.

OUVRAGE ACCOMPAGNÉ D'UN ATLAS
RENFERMANT DOUZE PLANCHES

PARIS
LIBRAIRIE ENCYCLOPÉDIQUE DE RORET
RUE HAUTEFEUILLE, 12
1890

AVIS

Le mérite des ouvrages de l'**Encyclopédie-Roret** leur a valu les honneurs de la traduction, de l'imitation et de la contrefaçon. Pour distinguer ce volume, il porte la signature de l'Éditeur, qui se réserve le droit de le faire traduire dans toutes les langues, et de poursuivre, en vertu des lois, décrets et traités internationaux, toutes contrefaçons et toutes traductions faites au mépris de ses droits.

Le dépôt légal de ce manuel a été fait dans le cours du mois de novembre 1889, et toutes les formalités prescrites par les traités ont été remplies dans les divers États avec lesquels la France a conclu des conventions littéraires.

AVANT-PROPOS

Le *Nouveau Manuel de Numismatique ancienne* dont nous offrons une seconde édition, n'est pas un ouvrage scientifique, à proprement parler : notre but a été de résumer, dans le plus modeste format possible, les notions indispensables à ceux qui veulent s'occuper de l'étude des anciennes monnaies. Les ouvrages spéciaux sont tellement nombreux et considérables, aujourd'hui, qu'il nous a paru utile de résumer ce qu'ils contiennent, de manière à faire un petit livre qui fût en quelque sorte le *vade-mecum* des archéologues et des voyageurs.

Dans notre Manuel, on n'apprendra pas la numismatique, mais au moins on y trouvera les moyens de chercher utilement. Nous espérons que, plus d'une fois, notre ouvrage donnera des points de repère utiles.

Une nomenclature, qui ne contient que des noms de villes, de peuples, de rois et d'empereurs, sans aucune mention de types ni de légendes, ne peut pas être bien profitable à ceux qui essayent de déterminer une monnaie ou une médaille dont l'attribution leur est inconnue. Nous avons donc cherché à noter brièvement tous les types principaux, ainsi que les détails épigraphiques, espérant qu'avec des recherches attentives, notre Manuel pourra aider à faire compléter des légendes frustes, ou en partie effacées. Nous avons en outre réuni sur les planches 433 exemplaires de monnaies et médailles fidèlement dessinées, et qui, empruntées à tous les pays et à toutes les époques de l'antiquité, donneront à nos lecteurs une idée des variétés de types, de fabrique et d'épigraphie.

Pour que notre plan soit bien compris, et pour mettre de suite nos lecteurs à même de voir comment nous pensons que notre Manuel peut être consulté, nous allons prendre un exemple.

Supposons que nous ayons à déterminer une monnaie qui présenterait les types et légendes suivants :

Tête de Diane, ayant un carquois sur l'épaule, et tournée à droite. — ℞. ΒΑΣ. ΑΜΥΝΤΟΥ. Cerf passant à droite.

Je cherche à la table les rois du nom d'Amyntas, et après avoir vu, dans le texte, les types principaux notés à l'article d'Amyntas, roi de Macédoine, de son homonyme, roi de Cibyra, et de son autre homonyme, roi de Galatie, j'arrive facilement à reconnaître que la pièce signalée plus haut appartient au dernier de ces trois princes.

S'il s'agit d'une ville, il y a une foule de détails qui peuvent mettre sur la voie ; celles qui portent le même vocable comme les villes de Thèbes, d'Antioche, d'Alexandrie, etc., peuvent être distinguées après une courte recherche, au moyen de notre Manuel ; souvent même, si le nom de la ville a disparu, notre Manuel n'est pas inutile : en effet, nous donnons des listes d'épithètes attribuées aux villes de l'antiquité, telles que *métropoles, asiles, néocores*, etc., et si l'un de ces titres se lit encore dans une légende, on peut, en parcourant les types des monnaies des villes signalées par nous comme portant le même titre, retrouver des attributions certaines.

Nous avons profité des travaux récents des savants, pour résumer les principales rectifications subies par la science depuis quelques années. Nous avons, par exemple, tout à fait changé les classifications des monnaies de la péninsule ibérique, en nous servant des savantes recherches de MM. Ch. Lenormant, de Saulcy, Delgado, Zobel de Zangrowitz, Heiss. Nous avons également utilisé, dans la série des rois de Perse de la dynastie des Sassanides, les travaux d'Adrien de Longpérier. Nous avons complètement modifié les pages qui traitent des monnaies gauloises et cherché, en général, en consultant les travaux les plus récents, à compléter et surtout à corriger notre première édition. Le volume est encore très imparfait, mais il est à peu près au courant.

La collection des *Manuels-Roret* a publié des traités sur la mythologie et l'archéologie générale qui seront d'un grand secours aux personnes qui désireront avoir, sur les types, des détails qui, en allongeant considérablement notre travail, ne nous auraient pas permis de nous tenir renfermé dans les limites qui nous étaient imposées.

Nous avons cherché, en un mot, à rassembler et à mettre à la portée de tous, les leçons éparses des maîtres de la science; et, en essayant de populariser la science numismatique, à laquelle ils avaient consacré leurs veilles, nous avons voulu rendre un nouvel hommage à **leurs travaux et à leur mémoire.**

NOUVEAU MANUEL

DE

NUMISMATIQUE

ANCIENNE

NOTIONS PRÉLIMINAIRES

1. La numismatique, comme l'indique son nom νόμισμα, *monnaie*, est la science qui a pour but d'étudier et d'expliquer les monnaies et les médailles ; c'est une des branches de l'archéologie qui nous a laissé le plus de connaissances et de détails sur les religions anciennes, sur l'état politique des villes et des peuples, sur la géographie et sur l'histoire de contrées dont la tradition écrite n'a souvent fait connaître que les noms. Chaque monument numismatique est contemporain de l'événement auquel il a fait allusion, et, à la différence des textes des poètes et des prosateurs, il ne peut être altéré ni par la transcription, ni par des citations partiales ou tronquées. Pour quelques pays, tels que les Gaules, l'Espagne, la Numidie, la Grande-Bretagne, la Bithynie, etc., les anciennes monnaies sont de précieux jalons, qui complètent les renseignements inexacts des historiens ou suppléent à leur silence.

Il en est du numismatiste comme de l'historien ; il faut que tous deux sachent tout ce qui a quelque rapport avec l'époque dont ils s'occupent: monuments, religions, traditions, géographie, tout doit être familier au numismatiste, s'il veut arriver à cette généralité d'idées, qui en se coordonnant, fait avancer la science et soulève le rideau des siècles. Notre prétention, en offrant ce *Manuel* au public, n'est pas de former des numismatistes, mais de faciliter les premières recherches de ceux qui voudront aborder la science, en leur faisant connaître, dans un court résumé, tout ce qui a été déjà trouvé d'important. Peut-être que plus d'un archéologue voudra bien jeter de temps en temps les yeux sur notre travail pour raviver un souvenir qui lui échapperait. Nous comptons surtout sur la bienveillance de ceux à qui nous éviterons, par nos recherches, les regrets de ne pouvoir consulter des ouvrages que leurs prix élevés rendent inabordables.

Nomenclature.

2. Toute science a sa nomenclature : avant d'aborder la numismatique, nous devons commencer par faire connaître les termes qui sont employés. Et d'abord, nous nous permettrons de protester contre l'usage établi depuis longtemps, malheureusement, de se servir du mot *médaille*, pour indiquer un monument numismatique, quel qu'il soit. Or il y a une énorme différence entre la *médaille* frappée pour conserver la mémoire d'un événement, et la *monnaie* ayant un type, un poids et un titre qui en font un moyen universel d'échange contre toutes les autres valeurs. Dans cet ouvrage nous ne nous servirons pas indifféremment de ces deux mots, et nous éviterons d'imiter la plupart de ceux qui nomment médailles toutes les pièces antiques.

3. Dans une monnaie ou médaille, on distingue le *flan* qui est la fraction même de métal constituant la pièce ; le *droit* consacré à recevoir la tête du souverain, ou de la divinité tutélaire de la ville ou de la nation ; le *revers* qui est la face opposée au droit. Les monnaies les plus antiques n'ont point de type gravé au revers, parce que l'art du monnayage n'était pas assez avancé, pour que l'on sût marquer une empreinte des deux côtés du flan. Quel-

ques auteurs se sont servis des mots *têtes, avers* et *obvers*, comme synonymes de droit et de revers, mais ces expressions, ne remplissant pas le but que l'on se proposait en les adoptant, ne sont pas usitées. On appelle *champ* la partie des pièces sur laquelle les types sont empreints, et *exergue* la partie inférieure du champ, quand elle est séparée. Le *grènetis* est la série de points concentriques qui entoure le *type*, et par ce dernier mot, on entend tous les sujets représentés sur la pièce. Pour indiquer qu'une pièce est dans un état de conservation telle qu'elle semble sortir des mains du monnayeur, on dit qu'elle est *à fleur de coin :* le mot *fruste* rend l'idée opposée. Une pièce de *coin moderne* est une monnaie ou médaille imitée de l'antique pour tromper les numismatistes. Nous parlerons ultérieurement des *médaillons contorniates.*

4. Les numismatistes se servent encore de quelques autres expressions qu'il est indispensable de signaler. Ils nomment *autonomes* les monnaies frappées par les villes qui se gouvernaient par leurs propres lois : *coloniales,* celles émises par les colonies; *impériales grecques,* celles qui furent fabriquées dans les villes de Grèce soumises au joug des Romains. Toutes les pièces de cuivre sont des *bronzes;* suivant leurs modules elles se divisent en *médaillons, grand bronze, moyen bronze* et *petit bronze.* Il y a aussi des médaillons d'argent et d'or, ce sont les pièces qui par leurs dimensions surpassent les modules monétaires; elles appartiennent ainsi que les médaillons de bronze au genre *médaille.*

Les monnaies portent aussi des noms qui leur ont été donnés par les auteurs anciens, chez les Grecs et chez les Romains; quelquefois ces noms viennent des types eux-mêmes, et quelquefois du poids. Aussi les *Crœsii* avaient été frappés par Crésus, roi de Lydie (1).

Damaretis. Damarète, fille de Théron d'Agrigente, épousa Gélon, tyran de Syracuse. Comme, après sa victoire sur les Carthaginois, Gélon ne leur avait pas imposé un tribut trop onéreux, grâce aux prières de son épouse,

---

(1) Cf. Pollux.

celle-ci reçut par reconnaissance des vaincus, une couronne valant 100 talents d'or, avec le métal de laquelle on fit des monnaies dites *damaretis* (1).

Darici, monnaies de Darius, roi de Perse : on ne peut affirmer si les premières *dariques* ont été frappées par le père de Xerxès, ou par un homonyme plus ancien. Ces pièces s'appelaient encore *sagittarii* parce qu'elles représentaient un *archer*, τοξόται. Quand Agésilas, roi de Sparte, passa en Perse, le roi, à prix d'argent, poussa les villes grecques à attaquer les Lacédémoniens. Agésilas contraint de battre en retraite, disait que 30,000 archers l'avaient forcé de quitter l'Asie (2).

Philippi et *Alexandrini*. On appela ainsi les monnaies frappées par Alexandre le Grand et Philippe son père, rois de Macédoine. Jusqu'au règne de Philippe, l'or fut tellement rare en Grèce, qu'on ne l'employait pas à la fabrication des monnaies ; mais ce prince ayant fait exploiter les mines de Thessalie, ce métal précieux devint très répandu. Philippe s'en servit pour faire fabriquer une si grande quantité de numéraire, que pendant longtemps on se servit du mot *Philippi*, pour indiquer des pièces d'or, quel que fût le peuple qui les ait émises. Ainsi, nous voyons dans Tite-Live que Quinctius rapporta à Rome 14,514 *philippes*. Scipion l'Asiatique 140,000, M. Fulvius 12,422, Cn. Manlius 16,420. Nous lisons dans le même auteur que les envoyés de Pamphylie donnèrent au peuple romain une couronne d'or faite avec 2,000 *philippes*. Lactance raconte que la sibylle offrit ses livres à Tarquin l'Ancien au prix de 100 *philippes*, et le règne de Tarquin est bien antérieur à celui du roi de Macédoine ; enfin Valérien écrivait au procurateur de Syrie de donner à Claude : *philippeos nostri vultus aureos* CL (3).

(1) Cf. Schol. ad Pind. Olymp. B. v. 29.— Diodor. Sicul., XI, xxvi.
(2) Cf. Suidas, in Δαρεικός. Schol. *Aristoph. In eccles.* ad v. 598. Xénophon, *in Expedit. Cyri I.* Dans ce passage, il est parlé de demi-dariques, Ἡμιδαρεικόν — Plutarque, *Lacon. apophth.*— Elien, *in Cimone.* — Hérodote, IV, CLXVI. — Strabon, XV, *in fine.* — Diodor. Sicul., XVII, LXVI.
(3) Cf. Justin. VIII, III. — Diodore, XVI, VIII. — Tite-Live,

Les *Ptolomaici*, et les *Berenicii*, furent frappés en Égypte par les Ptolémée et Bérénice. Les *Lucullei*, furent émis en Grèce, sous Sylla ; les *Antoniani*, *Aureliani*, *Valeriani*, *Saloniniani*, *Romanati*, *Constantinati*, *Michalati*, *Manuelati*, etc., tiraient leurs noms des empereurs qui les avaient fait frapper (1).

Βοῦς, *bos*, Κόρα, *puella*, Γλαύξ, *noctua*, sont les noms que les anciens auteurs donnaient quelquefois aux monnaies d'Athènes, à cause du type qui représentait un bœuf, la tête de Pallas, ou une chouette (2).

Πῶλος, *pullus* était une certaine monnaie de Corinthe sur laquelle était gravé Pegase (3).

Χελώνη, *testudo*, monnaie du Péloponèse qui représentait une tortue ; un vieil adage grec disait que *les tortues triomphaient du courage et de la sagesse* (4).

Ὁμήροις, monnaie de Smyrne portant la tête d'Homère (5).

Κιστοφόρος, *cistophore*. Ce sont des pièces d'argent qui toutes présentent au droit une corbeille entr'ouverte, de laquelle s'échappe un serpent, v. pl. II, n° 53. Ces monnaies paraissent avoir été frappées dans les villes de l'Asie Mineure qui faisaient partie de l'ancien royaume de

XXXIV, LII ; XXXVII, LIX ; XXXIX, v. VII ; XLIV, XIV ; Horace, II, ep. I, v. 232 — Ulpien. *Digest.*, 1. 34, tit. XI, § 27. — Lactance, *De falsa religione*, VI. — Trebellius Pollio, *in Claudio*.

(1) Voy. Pollux et Eckhel, *Doctrina nummorum veterum*, t. I, *Prolegomena generalia*, IV, p. X et seq. — Ducange, *Dissert. de inf. œvi num.*, § 84.

(2) Cf. Plutarque, *in Theseo*. — Pollux, IX VI, § 60, 61, 75. — Schol. Aristoph., *in Avibus*, v. 1103 — Scholiast. Homeri, ad Iliad. Φ, v. 79. — Plutarque, *in Lysandro*.

(3) Cf. Pollux, IX, VI, § 76 : Πῶλον δὲ τὸ νόμισμα τὸ Κορίνθιον, ὅτι Πήγασον εἶχεν ἐντετυπωμένον.

(4) Cf. Pollux, IX, § 74. — Hesychius, in Χελώνη : Χελώνη... καὶ νόμισμα πελοποννησιακόν. — Plutarque, *in Flaminio*. — Tite-Live, XXXVI, XXXII : « Si utilem, inquit (Flaminius), possessionem ejus insulæ censerem Achæis esse, auctor essem senatui populoque romano, ut eam vos habere sinerent ; ceterum sicut testitudinem ubi collecta in suum tegimen est, tutam ad omne ictus video esse ».

(5) Cf. Strabon, XIV.

Pergame. On en trouve de Atarnea, Parium et Pergame ; de Mysie, de Dardanus de Troade ; d'Ephèse d'Ionie ; de Sardes, Thyatire et Tralles de Lydie ; d'Apamée et de Laodicée de Phrygie (1). — Les cistophores par leurs types se rattachent au culte de Bacchus ; ce ne fut qu'à l'époque de la domination romaine qu'il s'y glissa des emblèmes étrangers à ce dieu. Lorsque les villes qui les émettaient jouissaient encore de leur autonomie, on y lisait le nom des prytanes et des archontes ; plus tard quand les Romains eurent pénétré dans l'Asie Mineure, les généraux vainqueurs, les proconsuls et les préteurs firent mettre leurs noms sur les cistophores. On en a ainsi de P. Lentulus, de Ap. Claudius Pulcher, de Cicéron, de C. Fannius, de Q. Metellus, etc. — La plus ancienne mention de ces monnaies est dans Tite-Live qui rapporte que Man. Acilius Glabrio, ayant battu Antiochus le Grand, apporta à son triomphe 248,000 cistophores. Ces monnaies sont toutes en argent et d'un poids analogue à celui des tétradrachmes dont nous nous occuperons tout à l'heure (2).

6. Chez les Romains, nous voyons les *victoriati*, les *ratiti*, les *bigati*, les *quadrigati* ainsi nommés parce que sous la république les monnaies portaient l'empreinte de la victoire, du navire et du char attelé de deux ou quatre chevaux (3). On appelait *argentum oscence*, la monnaie espagnole en général (4), sans doute parce que les premières monnaies de la Péninsule que connurent les Romains étaient de la ville d'Osca. Les *serrati nummi* étaient les

---

(1) Cf. *Revue numismatique*, 1846, p. 266 ; article de M. Marion du Mersan.

(2) Cf. Martial, *Epigr.*, V, 17. — Festus, *in Talentum*. — Eckhel, *De cistophoris. Doct. num. veter.*, t. IV.

(3) Cf. Pline, XXXIII, xiii. — Cicéron, *pro Fonteio*, V. — Tite-Live, XLV, xliii ; XLI, xiii. — On pourrait multiplier ici le nombre des citations.

(4) Cf. Tite-Live, XXXIV, x. « Argenti infecti tulit (M. Helvius) in ærarium quatuordecim millia pondo, septingenta triginta duo et signati bigatorum septemdecim millia viginti tria, et oscensis argenti centum viginti millia quadringentos triginta octo. - *Op. laud.*, XXXIV, xlvi ; XL, xliii.

deniers de la république dont le bord était dentelé : Tacite dit que les Germains s'en servaient de préférence à d'autres, probablement parce qu'ils pensaient que cette monnaie devait toujours être de bon aloi. On trouve des deniers *serrati* parmi les monnaies romaines portant les noms de personnages appartenant aux familles Afrania, Antonia, Aquilia, Aurelia, Claudia, Cornelia, Crepereia, Domitia, Egnatia, Fufia, Hosidia, Licinia, Mamilia, Maria, Memmia, Mucia, Nævia, Papia, Poblicia, Postumia, Procilia, Roscia, Sulpicia, Vettia et Volteia. Parmi les monnaies grecques on ne connaît guère que quelques bronzes des rois de Syrie qui se rattachent à cette catégorie.

Origine de la monnaie.

7. L'origine de la monnaie est facile à comprendre : c'est la mesure qui sert à établir la valeur de toute chose : du moment que l'homme vit combien il était difficile de se procurer, par voie d'échange, tous les objets dont il avait besoin, il songea à avoir un signe de convention au moyen duquel il pût acquérir. Les peuples les plus tôt civilisés virent bientôt leurs monnaies adoptées et imitées par leurs voisins, et il est vraisemblable que les expéditions commerciales en répandirent l'usage plus rapidement que les conquêtes (1).

8. Mais quel fut le premier inventeur de la monnaie ? ou du moins quelle fut la première nation qui employa ce moyen d'échange ? Ce sont là des problèmes dont la solution ne peut être donnée que par à peu près, par suite de la rareté des documents que l'on possède sur ces temps reculés. Athénée et Macrobe en donnaient l'honneur à Janus, d'autres à Saturne, Hérodote et Xénophanes aux Lydiens, Elien aux Eginètes, Lucain à Itonus, ancien roi de Thessalie, Suidas à Numa Pompilius, Pline tantôt à Numa, tantôt à Servius Tullius : nous pourrions citer encore d'autres opinions : il n'y a pas jusqu'aux marbres de Paros

(1) Ap. Demosth. *adv Timocratem* : ὅτι αὐτὸς ἡγεῖται, ἀργύριον μὲν νόμισμα εἶναι τῶν ἰδίων συναλλαγμάτων ἕνεκα τοῖς ἰδιώταις εὑρημένον, τοὺς

qui nomment Phidon d'Argos, et certains archéologues qui n'ont pas craint de parler de Tubalcaïn (1).

9. On peut fixer approximativement l'époque à laquelle la monnaie commença à être employée et probablement sur plusieurs points simultanément. — Dans la Bible, il n'est guère question d'argent monnayé que lorsque les Juifs eurent recouvré la liberté sous Cyrus, c'est-à-dire cinq siècles avant l'ère chrétienne : les poëmes d'Homère ne contiennent aucun texte qui puisse donner à penser que la monnaie existât alors ; nous devons considérer comme des anachronismes les passages dans lesquels Euripide fait offrir de l'argent monnayé à Silenus par Ulysse (2), et Plutarque affirme gravement que Thésée fit faire une monnaie marquée d'un bœuf (3). D'anciennes traditions que l'on trouve dans une foule d'auteurs, rapportent que huit siècles avant J.-C., Lycurgue substitua la monnaie de fer à celle d'or et d'argent ; mais tout porte à penser que ce que l'on appelle monnaie, à cette époque, n'est que du métal pesé et non monnayé. Nous pensons, ainsi que les principaux numismatistes, que la monnaie proprement dite n'est pas antérieure à la première olympiade, sept siècles environ avant l'ère chrétienne. Il résulte de l'étude des textes et des monuments numismatiques eux-mêmes, que les premières monnaies d'or furent frappées par les rois de Lydie, et les premières monnaies d'argent par Phidon, à Egine. De ces deux foyers l'usage de la monnaie rayonna

---

διὰ νόμους ἡγεῖται τῆς πόλεως, νόμισμα εἶναι. — Cf. aussi Paulus, apud Digest., 18, § 1. — Aristote, *Ethic.*, V, VIII.

(1) Cf. Hérodote, I, XCIV. — J. Pollux, *Onom.*, IX, § 83, 84. — Elien, *V. H.*, XII, X. — Lucain, *Pharsal.*, VI, 402. — Suidas, v° Ἀσσαρία. — Pline, *Hist. nat.*, XXXIV, § 1 ; XXXIII, § 13. — Marmor Parium : ἀφ' οὗ Φ. δων ὁ Ἀργεῖος... ἐσκεύασε, καὶ νόμισμα ἀργυροῦν ἐν Αἰγίνῃ ἐποίησεν, ἐνδέκατος ὢν ἀφ' Ἡρακλέους. — Strabon, VIII. — Isidore, *Orig.*, XVI, XVII.

(2) Cf. Euripide, *in Cyclope*, v. 159 : Πρὸς τῷδε μέντοι καὶ νόμισμα δώσομεν.

(3) Cf. Plutarque, *in Theseo* : ἔκοψε δὲ καὶ νόμισμα βοῦν ἐγχαράξας, ἢ διὰ τὸν Μαραθώνιον ταῦρον, ἢ διὰ τὸν Μίνω στρατηγόν, ἢ πρὸς γεωργίαν τοὺς πολίτας παρακαλῶν.

rapidement dans le monde hellénique. Au milieu du VI⁰ siècle, il n'y avait pas un pays occupé par les Grecs qui n'eut sa monnaie.

10. Les Grecs donnaient à la monnaie les noms de ἀργύριον, χρήματα, et νόμισμα. — Ἀργύριον du mot ἄργυρος, *argent*, indiquait une valeur, quelle que fût sa nature, ce qui tend à établir que les plus anciennes monnaies étaient de ce métal (1). Χρήματα signifie, à proprement parler, tout ce qui constitue l'aisance dans la vie, mais ce mot fut appliqué depuis aux monnaies, qui résument tous les biens (2). — Νόμισμα indique un règlement quelconque : nous le voyons quand Démosthène, citant Solon, dit que la monnaie est une institution établie par les hommes, pour leurs transactions, et que les lois sont établies par la cité (3). Le mot νόμισμα étant synonyme de *monnaie* et de *loi*, Aristophanes fait un jeu de mots en faisant dire à Socrate que les dieux ont été établis par la loi, tandis que Strepsiades feint de comprendre qu'ils l'ont été par la monnaie (4). Aristote affirme que νόμισμα vient de ce que la monnaie tire sa valeur de la loi et non pas de la nature (5). De ce mot viennent *nummus* et *numisma*, bien que Suidas (6) et Isidore (7) prétendent qu'ils sont dérivés du nom de Numa Pompilius. Julius Pollux dit positivement que νοῦμμος bien qu'il paraisse être d'origine romaine, a été apporté par les Grecs doriens qui habitaient la Sicile et l'Italie (8).

11. Chez les Romains, on se servait des mots *pecunia*, *moneta*, *nummi* et *numisma*. — *Pecunia*, suivant Pline (9), indique que dans l'origine les monnaies romaines représentaient un bœuf ou un mouton, *pecudes* : à la fin de l'empire ce mot s'appliquait spécialement à la monnaie

---

(1) Cf. Isocrate, *in Panathenaica*.
(2) Cf. Pindare, *Isthm.* B, v. 17.
(3) Cf. Démosthène, *loc. laud.*
(4) Cf. Aristophanes, *Nub.* 246, et le *Scholiaste*.
(5) Cf. Aristote, *Ethic.*, V, VIII.
(6) Suidas *in* Ἀσσαρίᾳ.
(7) Isidore, *de Orig.*, LVI, XVII.
(8) Pollux, *Onom.*, IX, § 79.
(9) Pline, XVIII, § 3. — XXXIII, § 13.

1.

de cuivre : *Scenicis nunquam aurum, nunquam argentum, vix pecuniam donavit* (1). — *Moneta* vient de ce que la monnaie se frappait à Rome dans le temple de Junon Moneta (2). Isidore seul assure que c'était pour avertir, *monere*, qu'il ne devait y avoir aucune fraude ni dans le poids ni dans le métal (3). — Nous n'avons rien à ajouter à ce que nous avons dit plus haut sur *nummus* et sur *numisma* : seulement nous dirons que sous le Bas-Empire, ces mots s'appliquaient particulièrement aux anciennes monnaies de cuivre et à celles des pays étrangers (4).

12. La monnaie était représentée sous la figure d'une femme debout, tenant une balance de la main droite, et de la gauche une corne d'abondance ; à dater de Maximin, on gravait trois femmes avec les mêmes attributs et un monceau de métal à leurs pieds.

Métaux employés dans la confection des monnaies.

13. Les métaux employés dans l'antiquité pour la fabrication des monnaies étaient comme aujourd'hui l'*or*, l'*argent* et le *cuivre*. Les lois de Lycurgue parle de *fer :* on dit que ce métal fut employé aussi à Byzance (5), mais nous n'en n'avons aucun spécimen. Pendant longtemps les numismatistes ont cru à l'existence des monnaies en *airain* de Corinthe, mais il est prouvé maintenant que c'était une erreur fondée sur ce que plusieurs bronzes anti-

---

(1) Lampride, *in Alexandro Severo.*
(2) Tite-Live, VI, xx : « Ubi nuncæ des atque officina monetæ est. » — Cicéron, *De natur. deor.*, III, xviii : « Ea si dea est (Natio), ergo etiam Spes, Moneta, etc. »
(3) Isidore, *de Orig.*, XVI, xvii.
(4) « Si autem aurum vel argentum signatum legatum est, id paterfamilias videtur testamento legasse, quod ejus aliqua forma est expressum veluti quæ Philippi sunt, itemque numismata, et similia. » An. Ulpian. *Dig.*, 1. 34, tit. xi, § 27.
(5) Cf. Plato, *in Lycurg.:* ἐν δὲ Λακεδαίμονι σιδηρῷ σταθμῷ νομίζουσι. — Pollux, VII, § 106 : νόμισμα σιδηροῦν, τὸ Λακεδαιμονίων καὶ Βυζαντίων. — Voy. aussi IX, lxx et lxxix. — Aristote, *in Œconom.*, II, ii. — Suidas, in Ἀσσαρία. — Plutarque, *in Lycurg.*

ques sont composés d'un alliage de cuivre et d'autres métaux, principalement d'étain. Nous ne parlerons que pour mémoire des monnaies d'*étain* de Denys de Syracuse (1), de celles de *cuir* des Carthaginois et des Spartiates (2) et des *coquilles* dont se seraient servis primitivement les Romains, comme certains peuples sauvages de nos jours.

Les monnaies en *electrum* sont celles dans lesquelles l'or se trouve mêlé à une quantité notable de métal moins précieux. Le *potin* ou *billon* est l'argent très allié.

Poids et valeur des monnaies anciennes.

14. Passons maintenant au poids et à la valeur des monnaies chez les peuples de l'antiquité : nous commencerons par les Grecs.

Le *talent*, τάλαντον et la mine, μνᾶ étaient des monnaies de compte qui valaient, le premier 6,000, et la seconde 100 drachmes. Le *talent* variait de valeur suivant les peuples ; il y avait celui de Corinthe, celui d'Attique, et celui d'Egine, mais chacun valait 6,000 drachmes du même pays. Quand, dans les auteurs, on parle du *talent*, en général, on fait allusion à celui d'Attique (3). — La *drachme*, δραχμή, était l'unité de la monnaie effective et valait 6 oboles : il y avait des *didrachmes*, des *tridrachmes* et des *tétradrachmes*, qui valaient deux, trois et quatre fois l'unité (4). — Le *statère*, στατήρ, était d'or ou d'argent :

---

(1) Aristote, *op. laud.* — Pollux, *op. l.* — Lex. 45, *Digest.*, tit. x : « eadem lege exprimitur, ne quis nummos stagneos, plumbeos emere, vendere dolo malo velit ».

(2) Sénèque, *De benefic.*, V, xiv : « Es alienum habere dicitur et qui aureos debet et qui corium forma publica percussum, quale apud Lacedæmonios fuit, quod usum numeratæ præstat ». — Suidas, in Ἀσσαρία. — Isidore, XVI, xvii. « De corio enim pecudum nummi incidebantur et signabantur. » Plusieurs numismatistes se fondent sur un passage du Scholiaste d'Aristide (orat. Platon), pour dire que, par cette monnaie de cuir, on voulait indiquer les cuirs, dont on faisait un grand commerce.

(3) Cf. Eckhel, *Doct. num. veter.*, t. I, p. 39 de la préface.

(4) Tite-Live, XXXIV, lii : « Signati argenti octoginta quatuor

dans le premier métal, il valait 20 drachmes, dans le second 4 drachmes : ce genre de monnaie fut principalement en usage dans les villes voisines de la mer Egée, et dans quelques-unes des îles de cette mer (1). — L'*obole*, ὀβολός, était également en argent ou en cuivre : on a vu plus haut son rapport avec la drachme : il y des *dioboles*, des *trioboles*, des *tétroboles*, ainsi que des *demi-oboles* et des *quarts d'obole* (2). — Le *chalcus* χαλκοῦς, valait le $1/_8$ de l'obole, il y avait des *dichalci* (3). Le *lept*, λεπτόν était le $1/_7$ du chalcus (4). — Enfin, après la domination, romaine on se servit en Grèce de l'*as*, ἀσσάριον, qui était estimé le $1/_4$ de l'obole (5).

15. Sous Servius Tullius, la monnaie de cuivre s'estimait au poids, *as*, *libra*, *as grave*, qui pesait douze onces (6) : 264 ans avant J.-C. l'as ne pesa plus qu'un once-poids, et fut appelée *sextantarius*, et resta ainsi jusqu'à l'an 217, qu'il fut nommé *uncialis*, et ne pesa plus qu'une once : la loi Papiria réduisit son poids à $1/_2$ once, *semi-uncialis* (7). Les multiples de l'*as* étaient le *dupondius*, le *tripon-*

---

millia fuere Atticorum; tetradrachma vocant ». Cicéron, *ad famil.*, XII, ep. XIII : « Nam jam ternis tetradrachmis triticum apud Dolabellam est ».

(1) Hero Alexandri : ὁ δὲ στατὴρ δραχμὰς δ᾽ ἔχει. — Pollux, IX, § 59. — Démosthène, *in Phormion* : Φορμίων δέ φησιν, ἀποδοῦναι Λαμπίδι ἐν Βοσπόρῳ ἑκατὸν καὶ εἴκοσι στατῆρας Κυζικηνούς... ὁ δὲ Κυζικηνὸς ἐδύνατο ἐκεῖ εἴκοσι καὶ ὀκτὼ δραχμὰς ἀττικάς. — Xénophon, *Cyropéd.*, VI et VII. — Lysias, *in Eratosth.* — Suidas, in Κυζικηνοὶ στατῆρες.

(2) Cf. Pollux, IX, LX.—Vitruve, III : « 1º Ex eo etiam videntur civitates Græcorum fecisse, uti quemadmodum cubitus est ex palmorum, ita in drachma quoque eo numero uterentur; illæ enim æreos signatos ex æquo sex, quos obolos appellant, constituerunt. »

(3) Cf. Athénée, XV.

(4) Cf. Eckhel, p. 44, préface.

(5) Plutarque, *in Camillo*. — Arrien, IV, v. — Polybe, XI, XV.

(6) C. Plin., *Hist. nat.*, XXXIII, XIII.

(7) Cf. Pline, *H.N.* XXXIII, XIII : « Populus romanus ne argento quidem signato ante Pyrrhum regem devictum usus est. Libralis, unde etiam nunc libella dicitur, et dupondius, appendebantur asses. Quare æris gravis pœna dicta..... Servius rex primus

dius, le *drussis* et le *decussis* : ses divisions étaient le *semis*, le *quincunx*, le *triens*, le *quadrans*, le *sextans* et l'*once* (1). — Le *denier* d'argent, *denarius*, valant 10 as, fut établi 259 ans avant J.-C. : il avait pour divisions, le *quinaire*, *quinarius*, valant 5 as, et le *sesterce*, *sestertius*, qui était la moitié du quinaire : le premier avait pour marque X, le second V, et le troisième IIS. Dans le principe ces trois monnaies portaient le plus souvent la tête de Pallas au droit, et les Dioscures au revers : cependant les quinaires représentaient quelquefois la Victoire, d'où venait le nom de *victoriati* dont nous avons déjà parlé.

Comme monnaie de compte, les Romains se servirent de l'*as* tant qu'ils n'eurent que du cuivre ; mais quand ils eurent adopté l'argent, ils comptèrent par sesterces : à ce sujet, il nous semble indispensable de donner quelques explications qui peuvent aider à comprendre les textes anciens. *Trecenti sestertii* signifie 300 sesterces : *trecenta sestertia* signifie 300,000 sesterces, parce que *millia* est

---

signavit æs. Antea rudi usos Romæ Timæus tradit. Signatum est nota pecudum, unde et pecunia appellata..... Argentum signatum est anno urbis 485. Q. Fabio consule, quinque annis ante primum bellum Punicum. Et placuit denarium pro decem libris æris, quinarium pro quinque, sestertium pro dupondio et semisse Librales autem pondus æris imminutum bello Punico primo, cum impensis respublica non sufficeret, constitutumque ut asses sextantario pondere ferirentur. Ita quinque partes factæ lucri, dissolutumque æs alienum. Nota æris fuit ex altera parte Janus geminus, ex altera rostrum navis, in triente vero et quadrante rates. Quadrans ante teruncius vocatus a tribus unciis. Postea Hannibale urgente, Q. Fabio Maximo dictatore, asses unciales facti sunt, placuitque denarium sedecim assibus permutari, quinarium octenis, sestertium quaternis. Ita respublica dimidium lucrata est. In militari tamen stipendio semper denarius pro decem assibus datus. Nota argenti fuere bigæ atque quadrigæ, et inde bigati, quadrigatique dicti Moxlege Papiriana semunciales **asses facti.** »

(1) L'as était marqué ainsi : I; le semis : S, ou......; le quincunx :......; le triens :....; le quadrans : ...; le sextans : ..; l'uncia : .....

sous-entendu ; *trecenties sestertium*, signifie 3,000,000 de sesterces. Dans les auteurs on trouve ces sommes ainsi indiquées, IIS *trecenti*, *trecenta* ou *trecenties*. Lorsque le nombre est écrit en lettres : IIS.CCC., il y a alors ambiguïté. Aussi Tibère se servit de ce moyen pour dépouiller Galba d'un legs considérable. Livie, femme d'Auguste, avait mis sur son testament *Galba accipiet IISD*, et entendait le faire légataire d'un million de sesterces ; mais Tibère préféra y lire *sestertia quingena* (1). Nous rappellerons ici la belle monnaie qui fait connaître qu'Hadrien remit au peuple romain la dette publique s'élevant à *IIS novies millies* (v. pl. I, n° 9).

L'*aureus*, unité de la monnaie d'or à Rome, frappé pour la première fois vers 206 avant J.-C., valait 25 deniers d'argent, et avait pour division le *quinaire d'or* ou demi-aureus. Dans le III° siècle, il prit le nom de *solidus*.

16. Les Juifs comptaient par *sicle*, σίκλος, qui fut aussi une monnaie-poids dans le principe. Le sicle, qui se divisait par demi et quart, valait la drachme grecque (2).

Fabrication des monnaies.

17. Il est tout naturel que nous nous occupions maintenant de la fabrication des monnaies antiques, et des personnes qui y étaient préposées. Les anciens *coulaient* ou *frappaient* leurs monnaies ; il faut remarquer que souvent les types étaient frappés sur un flanc coulé à l'avance. Les monnaies grecques autonomes sont, à très peu d'exceptions près, toutes frappées ; les impériales grecques sont coulées. Les Romains, au contraire, commencèrent par avoir des monnaies fabriquées à l'aide d'un moule ; ils abandonnèrent ce système lorsqu'ils eurent commencé à faire usage de l'or et de l'argent, et le reprirent, lorsqu'à l'époque du

---

(1) Cf. Suétone, *in Galba*.
(2) Cf. Josèphe, *Antiq. Just.* III, VIII, II : ὁ δὲ σίκλος, νόμισμα Ἑβραίων ὄν, ἀττικὰς δέχεται δραχμὰς τέσσαρας. — Saint Jerôme, *ad Mich. proph.* 14 : *Siclus enim viginti obolos habet, et quarta pars sicli quinque sunt oboli.*

règne de Septime Sévère, le titre de l'argent s'altéra progressivement. On a retrouvé dans plusieurs localités des moules de terre employés à cet usage, et qui paraissent avoir été employés dans les expéditions militaires, et quelquefois par des faussaires (1).

Le procédé de la frappe était fort imparfait, le flan n'étant pas fixé entre les deux coins glissait souvent, ce qui faisait que l'empreinte n'était pas toujours au milieu; en Égypte, on pratiquait dans le coin une pointe qui était au centre pour fixer le flan, mais il en résultait un trou au milieu de la monnaie. Les coins eux-mêmes ne paraissent pas avoir été faits en métal bien solide; car il est excessivement rare de trouver deux monnaies frappées avec le même coin; il existe très peu de coins dans les collections.

18. Nous n'avons que des renseignements assez vagues sur l'organisation du personnel préposé à la fabrication des monnaies chez les Grecs. Chez les Romains, cette partie de l'administration fut réglée vers l'an 547 de Rome. Trois magistrats, nommés *triumviri œre, argento, auro flando feriundo*, furent établis pour surveiller le monnayage; ils mettaient quelquefois leurs noms sur les monnaies jusque vers le milieu du VIII° siècle de Rome, et avaient au-dessus d'eux le questeur urbain, qui était aussi *curator denariorum flandorum* ; le triumvirat monétaire était l'une des premières charges que pouvaient remplir les jeunes gens de famille ; César porta à quatre le nombre de ces magistrats ; mais Auguste les rétablit à trois. A dater de Tibère, les *curatores monetæ* sont distincts des questeurs urbains. Sous les empereurs de Constantinople, le triumvirat cessa d'exister ; à l'ancienne organisation, en succéda une autre dans laquelle le *comte des sacrées largesses* surveillait le monnayage, ayant sous ses ordres des *procuratores*, appelés aussi *præpositi* et *præsides*, à la tête de chaque atelier. Dans les provinces, les décurions, les préteurs, les quatuorviri et les édiles, suivant la localité, remplaçaient le questeur urbain et les triumvirs de Rome.

(1) Cf. *Revue numismatique*, 1837, p. 165 à 170, art. de M. Poey d'Avant; 171 à 180, art. de M. Hiver.

Les ouvriers monnayeurs, sous la république, étaient choisis parmi les esclaves publics, et, sous l'empire, parmi ceux de l'empereur; ils formaient une véritable corporation, qui devint assez nombreuse pour inquiéter quelquefois l'empereur quand elle se révoltait. Aurélien fut obligé de marcher contre les monnayeurs de Rome à la tête de son armée, et Julien eut à sévir contre ceux de Cyzique. Les *officinatores*, chefs d'ateliers; *les exactores*, qui recevaient le métal; *le nummularius officinæ*, ou caissier; le *præpositus sculptorum*, ou prévôt des graveurs, appartenaient à la classe des affranchis; les *æquatores*, essayeurs; les *flaturarii*, qui forgeaient; les *suppositores*, qui plaçaient le flan sur l'enclume; *les malleatores*, qui frappaient; les *signatores*, qui gravaient, appartenaient à la classe des esclaves: tous réunis formaient un corps appelé *familia monetalis* (1).

Droit de frapper monnaie.

19. Dès les temps les plus reculés, le droit de frapper monnaie fut considéré comme un acte de souveraineté: ainsi Aryandre, gouverneur d'Egypte sous Cambyse, fut condamné à mort par Darius pour avoir fait frapper monnaie; on pourrait citer encore les exemples des préfets du prétoire Perennès, sous Commode, et Valerianus Pætus, sous Elagabale; de Septime Sévère et d'Albin, de Stilicon (2). Les villes libres mettaient leurs noms sur le numéraire public; en Judée, Siméon recevait d'Antiochus VII, roi de Syrie, la permission solennelle de frapper monnaie à son nom (3). Rome ne laissa ce droit qu'à quelques villes importantes, telles que Tarse, Antioche de Syrie, Alexandrie d'Egypte, Césarée de Cappadoce, etc.; les colonies ro-

---

(1) Cf. *Revue numismatique*, 1847, p. 350 à 368, 1848, p. 165 à 180, 267 à 285; 1850, p. 119 à 138.
(2) Cf. Hérodote, IV, CLXVI.— Hérodien, *in Commodo*.— Dion, LXXIX, IV. — Vopiscus, *in Firmo*. — Amm. Marcel. XXVI.— Hérodien, II, *in fin*. — Philostorgius, l. XII, I. — Tacite, *Hist.* II, LXXXII. — Lampride, *in Diadumeniano*.
(3) Mach. I, xv, 6.

maines consignaient souvent, sur la monnaie même, la *permission* de l'empereur ou du proconsul ; les généraux d'armée revêtus de l'*imperium*, frappaient aussi monnaie dans leurs provinces en leurs expéditions. A Rome, le premier qui mit son effigie sur la monnaie fut Jules César, et son exemple fut suivi par tous les empereurs, et même par ceux qui avaient accepté ou usurpé le triumvirat, à l'effet de raffermir la république après l'assassinat du dictateur perpétuel ; il n'y eut plus, dès lors, que les *augustes* et les personnages de leurs familles dont les images figuraient sur la monnaie. Il ne faut pas oublier de rappeler que les empereurs s'attribuèrent le droit de frapper monnaie d'or et d'argent, laissant au sénat celui de frapper les monnaies de cuivre ; le sénat, par haine de Caligula, fit fondre toutes les monnaies *de bronze* à l'effigie de cet empereur (1) ; aussi nous n'en n'avons qu'en or et en argent d'Othon, qui ne fut pas reconnu par le sénat ; les sigles S. C., *senatus consulto*, ne se lisent, par conséquent, que sur les monnaies de bronze. A dater du règne de Gallien, la diminution de l'autorité du sénat, et l'établissement d'ateliers monétaires dans les diverses provinces de l'empire, firent supprimer les initiales S. C. sur les monnaies de cuivre. Les numismatistes ne sont pas d'accord sur les motifs qui firent graver la marque S. C. sur les bronzes impériaux de quelques villes, comme par exemple à Antioche de Syrie, et sur les monnaies d'Agrippa II, roi de Judée : c'était peut-être seulement pour copier les pièces frappées dans la ville éternelle que, dans ces pays, on mettait les signes de la curie ou du sénat local. Quand on lit. SC. sur l'or et l'argent, ces sigles se rapportent au type et non à la monnaie elle-même.

Légendes.

20. Les légendes les plus anciennes se composent de quelques lettres seulement, quelquefois d'une simple initiale qui rend difficile l'attribution entre les villes dont les

---

(1) Dio, XV, § 22.

noms commencent par la même lettre. Ainsi les plus anciennes monnaies à légendes de Sybaris portent simplement ΣΥ ; Polémon, roi du Bosphore cimmérien, inscrivit ΒΑΣ. Π., βασιλεὺς Πολέμον. A mesure que l'on avance, on voit les légendes devenir plus longues, principalement sur les monnaies des souverains et des villes soumises aux Romains. La forme rétrograde, ou *boustrophédon*, AREMIH pour HIMERA, est également fort ancienne : c'est encore aujourd'hui le mode d'écriture des langues orientales, et, du temps de Pausanias, on les considérait comme remontant à une haute antiquité (1). Les légendes des monnaies antiques sont grecques, latines, celtibériennes, osques, samnites, étrusques, phéniciennes, puniques, hébraïques, samaritaines, sassanides et persanes. La langue grecque est la plus répandue, et les dialectes de cet idiome servent quelquefois à déterminer les attributions entre des villes homonymes.

Types.

21. Les monnaies les plus anciennes, comme nous l'avons déjà dit, n'ont de types qu'au droit ; le revers est un carré creux divisé de diverses manières qui servait primitivement à fixer le flan sur l'enclume ; plus tard, le monnayage se perfectionnant, ces carrés creux furent eux-mêmes ornés de types et de légendes, puis ils disparurent entièrement. Ce ne fut qu'à une période assez avancée que l'on commença à graver des têtes, d'abord de divinités, ensuite de princes, au droit des monnaies ; quand les têtes sont représentées avec une partie de la poitrine, on les nomme *bustes*. Les revers sont tellement variés qu'il faut renoncer à faire une liste des types qui les ornent : ils ont rapport le plus souvent à la tête du droit ou à la ville même qui a émis les monnaies. Quelquefois les types sont une allusion au nom du personnage ou de la localité que mentionne la monnaie ; ce sont en quelque sorte alors des *armes parlantes*. Parmi les types parlants, nous citerons, par exem-

---

(1) Pausanias, V, XVII.

ple, la tête de Pan sur les deniers de Vibius Pansa; les Muses sur ceux de Pomponius Musa; un veau sur ceux de Voconius Vitulus; les étoiles de la Grande Ourse, *Triones*, sur ceux de Lucretius Trio; un phoque, φώκη, sur les monnaies des Phocéens d'Ionie et de la Narbonnaise; un palmier φοῖνιξ, ou une coquille de pourpre, φοίνικες, sur celles des Phéniciens; un épi d'orge, κριθή, sur celles de Crithotes; une pomme, μῆλον, sur celles de Mélos; un renard, ἀλώπηξ, sur celles d'Alopeconesus, etc., etc. (1). Les types principaux qui occupent la plus grande partie du champ sont souvent accompagnés de types plus petits, qui sont les accessoires des premiers, et qui varient de manière à multiplier la même monnaie à l'infini. Ces petits types, appelés quelquefois *symboles*, font allusion soit à la ville, soit à son alliance avec d'autres villes, soit aux magistrats. Il ne faut pas confondre les *symboles*, dont nous venons de parler, avec les *contre-marques*, qui sont de petites empreintes, frappées sur les pièces après leur fabrication, soit pour changer leur valeur, soit pour leur donner cours dans les lieux auxquels elles étaient étrangères. Chez les Romains, les monnaies reçurent dès l'origine des empreintes au droit et au revers; très simples d'abord, la monnaie de la république forma, à mesure que la civilisation marchait, une véritable galerie historique avec laquelle on peut reconstituer toute l'histoire du grand peuple, avec son culte, ses légendes, ses usages et les portraits de plusieurs de ses grands hommes. Lorsque l'empire arriva, la monnaie cessa d'être un monument à la gloire du peuple, pour devenir à la gloire de l'empereur et des membres de sa famille : les revers formaient le complément de l'avers, consacré, à peu d'exceptions près, à représenter *les éter-*

---

(1) Nous citerons encore les symboles suivants, qui font allusion aux noms des peuples ou villes : le *cœur*, à Cardia de Thrace, καρδία; une feuille de persil, σέλινον, à Sélinonte; une chèvre, αἴξ, αἰγός, à Ægos Potamos; un *coude*, ἀγκών, à Ancône; un *coffre*, κιβωτός, à Apamée, dont le nom ancien était *Cibotos*; un *cheval*, ἵππος, à Arpi d'Apulie, dont le nom ancien était *Argos Hippion*; un *lion*, chez les Léontins de Sicile; une *rose*, ῥόδον, à Rhodes.

nelles figures des Césars (1). Parmi les types monétaires, il en est qui sortent du domaine de l'histoire et qui représentent des sujets qui sont plus que libres ; ces types se divisent en deux catégories bien distinctes : les uns sont gravés sur de véritables monnaies fort anciennes de *Lete*, d'*Orestæ* de Macédoine et de l'île de *Thasos* ; elles représentent un centaure ou un satyre tenant une femme dans ses bras, et furent longtemps données à l'île de Lesbos. Les autres types qui, par leur obscénité, se refusent à toute description, sont gravés sur des pièces romaines que l'on a cru longtemps avoir été frappées à Caprée par l'ordre de Tibère : celles-ci portent, parmi les numismatistes, le nom très inexact de *spintriennes* ; on en connaît une trentaine de variétés qui sont en quelque sorte les illustrations de *Satyricon* de Pétrone et de l'*Art d'aimer* d'Ovide ; ce ne sont, en réalité, que des tesseræ théâtrales, de l'époque du Haut-Empire, auxquelles Martial fait allusion (VIII, 164).

Classement des monnaies antiques.

22. Nous allons nous occuper du classement des monnaies antiques, car il n'est pas de science que l'on puisse étudier sans un bon système de classification, qui permette d'examiner et de comparer les objets divers qui sont de son domaine. Beaucoup d'amateurs, suivant les errements des premiers collectionneurs, forment des séries de monnaies et médailles antiques d'après les métaux et les modules : cette manière de faire nous semble peu propre à faciliter les études ; elle a pour résultat de morceler les collections, et de faire plusieurs séries incomplètes dans le règne d'un même prince, par exemple ; tandis qu'en mettant ensemble toutes les monnaies du même souverain, de la même ville, sans avoir égard ni aux métaux, ni à la dimension des pièces, on peut avoir sous les yeux, à la fois, un plus grand nombre de types ; or, dans la branche de l'archéologie que nous étudions, la comparaison est l'un des plus sûrs

---

(1) Cf. Code Justinien, III et VI.

moyens d'interprétation. Pour la numismatique ancienne, en général, nous admettons le système d'Eckhel, qui est sans contredit le seul qui soit à la fois complet et raisonné.

Ainsi, nous reconnaissons deux grandes séries, parfaitement distinctes, savoir : 1° les pièces des peuples, villes et rois, classées géographiquement : les villes rangées alphabétiquement dans chaque région, les îles réunies aux continents voisins, les souverains placés chronologiquement ; les impériales grecques et les coloniales, classées à chaque ville respective après les autonomes ; 2° les monnaies et médailles romaines, se subdivisant d'abord en *as*, avec ses parties, ce qui forme l'époque où les Romains ne se servaient que de bronze ; en *monnaies républicaines*, or, argent et bronze, et en *impériales*. — Il est certain qu'il semble bizarre, au premier abord, de voir les monuments monétaires du peuple romain former aussi une grande division ; mais cependant on l'admettra, avec le savant Eckhel, quand on réfléchira que le nombre des monnaies frappées pour les Augustes, les Césars et leurs familles, au coin romain, est plus grand que celui des peuples étrangers à l'empire.

23. Sur les anciennes monnaies, on remarque que des magistrats d'ordre différent sont mentionnés ; il nous paraît indispensable pour un numismatiste de savoir brièvement quelles sont les fonctions dont chaque fonctionnaire était revêtu ; nous allons par conséquent leur consacrer quelques pages en suivant la classification dont nous venons de parler, c'est-à-dire en nous occupant d'abord des monnaies des peuples, villes et rois, et ensuite des monnaies purement romaines ; nous espérons épargner ainsi, aux numismatistes, une foule de petites recherches, que pourrait leur occasionner la défectuosité de quelques légendes frustes.

MONNAIES GRECQUES

Magistrats mentionnés sur les monnaies grecques.

24. Nous parlerons d'abord des mots Βουλή, Δῆμος, et Γερουσία : Βουλή est le sénat, quelquefois on le qualifiait de

sacré, comme sur les monnaies de Nicopolis et de Nicomédie : — Δῆμος qui avait aussi souvent l'épithète de *sacré*, ἱερός, était le *peuple;* sur les monnaies de Tarse et d'Anazarbus de Cilicie, on voit les deux réunis Κοινοβούλιον. Ἱερουσία était l'assemblée des vieillards, une sorte de sénat; une inscription en l'honneur d'Attale rappelait ces diverses classes : Ἡ Βουλὴ, καὶ ὁ Δῆμος, καὶ ἡ Γερουσία, καὶ οἱ νέοι ἐτίμησαν Ἄτταλον (1).

25. L'*archonte*, chez les Grecs, était le premier magistrat de la république athénienne, ainsi que l'indique l'étymologie même ἄρχω, commander, d'où ἀρχός, chef, prince. A Athènes, il y avait neuf archontes : le premier, ἐπώνυμος, donnait son nom à l'année; le second avait le titre de roi; le troisième, πολέμαρχος, était le chef de la force armée; les six autres avaient le titre de législateurs, θεσμοθέτης. Les colonies et les villes suivirent l'exemple d'Athènes et eurent également des archontes. Très souvent sur les monnaies cette dignité est indiquée par les initiales APX, que dans certains cas il ne faut confondre avec APXιερεύς. On trouve des archontes mentionnés sur les monnaies des villes suivantes :

Adydos de Troade.
Acmonia de Phrygie.
Ancyra   »
Aphrodisias de Carie.
Apollonidea de Lydie.
Attæa de Phrygie.
Bagæ de Lydie.
Blaundos   »
Byzantium de Thrace.
Cadus de Phrygie.
Chius insula.
Cidyessus de Phrygie.
Cilbiani superiores de Lydie.
Colossæ de Phrygie.
Cos insula?
Cotiæum de Phrygie.
Cyzicus de Mysie.

Daldis de Lydie.
Dardanus de Troade.
Dorilaeum de Phrygie.
Germe de Mysie.
Gordus. Julia de Lydie.
Hadriani de Bythinie.
Hadrianotheræ   »
Halicarnassus de Carie.
Hyrcania de Lydie.
Hyrgalea de Phrygie.
Julia   »
Mæonia de Lydie.
Midæum de Phrygie.
Miletus d'Ionie.
Myndus de Carie.
Nacolea de Phrygie.
Nicomedia de Bithynie.

(1) Eckhel, *Doctr. num. vet.*, t. IV, p. 189.

Pergamus de Mysie.
Philadelphia de Lydie.
Priene d'Ionie.

Saettani de Lydie.
Sardes   »
Silandus   »

26. Le *stratège*, de στρατός, *peuple*, fut primitivement le chef de la nation, plus tard ce titre fut spécialement donné aux chefs d'armée. Les Romains traduisaient par le mot *prætor* celui de στρατηγός, parce que le préteur *præibat jure et exercitu* (1) : il y avait quelquefois plusieurs stratèges dans une ville ; on les voit paraître sur les monnaies suivantes :

Acrasus de Lydie.
Adramitium de Mysie.
Ægæ d'Eolide.
Anumerium de Cilicie.
Apollonia d'Ionie.
Apollonia de Lydie.
Apollonidea »
Assus de Mysie.
Attæa de Phrygie.
Attalia de Lydie.
Aureliopolis de Lydie.
Bargylia de Carie.
Blaundos de Lydie.
Ceretape de Phrygie.
Cilbiani superiores de Lydie.
Cius de Bithynie.
Clazomenæ d'Ionie.
Colophon
Cyme d'Eolide.
Cyzique de Mysie.
Daldis de Lydie.
Dionysopolis de Phrygie.
Dioshieron de Lydie.
Elæa d'Eolide
Ephesus d'Ionie,
Erythræa »
Germe de Mysie.
Hadrianotheræ de Bithynie.
Hermocapelia de Lydie.
Hierapolis »
Hypœpa »

Hyrcania   »
Lampsacus de Mysie.
Laodicea de Phrygie.
Lesbos insula.
Magnesia de Lydie.
Methymna de Lesbos.
Metropolis d'Ionie.
Metropolis de Phrygie.
Miletopolis de Mysie.
Mostene de Lydie.
Myrhina d'Eolide.
Mytilene de Lesbos.
Nacrasa de Lydie.
Nicæa de Bithynie.
Nicomedia de Bithynie.
Pergamus de Mysie.
Perperene de Mysie.
Phocæa d'Ionie.
Pionia de Mysie.
Pitane »
Sardes de Lydie.
Silandus »
Smyrna d'Ionie.
Stectorium de Phrygie.
Stratonicea de Carie.
Tabala de Lydie.
Temnus d'Eolide.
Teos d'Ionie.
Thessali.
Thyatira de Lydie.
Tralles. »

(1) Cf. Varron, *de L. L.*, IV.

27. Le *scribe*, γραμματεύς, était souvent un fonctionnaire d'un ordre élevé, bien que sa dénomination fût la même que celle qui servait à indiquer des écrivains publics, greffiers ou maîtres d'école ; nous ne pouvons mieux faire que de rappeler ici un passage de Cornelius Nepos, relatif à Eumènes (1).

D'après la liste suivante de villes, où le nom de *scribe* se lit sur les monnaies, on verra que ce titre n'indiquait une dignité qu'en Asie exclusivement, si on en excepte une seule ville de l'Attique :

Adramytium de Mysie.	Magnesia d'Ionie (2).
Antiochia de Carie.	Megara d'Attique.
Apamea de Phrygie.	Mylasa de Carie.
Cilbiani inferiores de Lydie.	Nysa de Carie.
Ephesus d'Ionie.	Pergamus de Mysie.
Laodicea de Phrygie.	Tralles de Lydie.

28. En parcourant les listes que nous venons de donner, il sera facile de reconnaître que dans plusieurs villes, il y eut tantôt des *archontes*, tantôt des *stratèges*. Quelquefois, comme à Laodicée de Phrygie, le même personnage paraît tantôt comme *stratège*, tantôt comme *scribe* ; du reste, on peut remarquer que, là où existe l'archontat, il ne paraît jamais de scribe.

29. Les *éphores*, ἔφοροι, au nombre de cinq, formaient à Sparte un corps qui se renouvelait annuellement et qui contre-balançait la puissance royale. On n'en trouve la mention que sur une seule monnaie de Lacédémone.

---

(1) Ap. Corn. Nep. *de Eumene* : « Itaque eum habuit (Philippus Amyntas) ad manum scribæ loco, quod multo apud Græcos honorificentius est quam apud Romanos. Nam apud nos revera, sicut sunt mercenarii scribæ existimantur. At apud illos contrario nemo ad id officium admittitur, nisi honesto loco, et industria cognita, quod necesse est omnium consiliorum eum esse participem ». — Ces fonctions de scribe semblent avoir quelque analogie avec celles des secrétaires du roi, chez nous.

(2) Une inscription grecque, mentionnée par Eckhel, signale un citoyen de Magnésie, nommé Menander Aurelianus, qui, après avoir rempli plusieurs magistratures et fonctions publiques, fut solennellement décoré du titre de *scribe de la ville*.

30. Le *prytane*, πρύτανις, administrateur, gouverneur, était, à Athènes, et dans quelques autres villes, l'un des cinquante magistrats qui formaient une haute commission, chargée de convoquer le sénat et le peuple, et de traiter des affaires de la république. Dans certaines cités, les prytanes avaient d'autres attributions ; ainsi, à Rhodes ils avaient la suprême autorité ; à Corinthe, le prytane changeait tous les ans ; à Tarse, tous les six mois ; à Pergame, il était *éponyme*. Les prytanes d'Athènes présidaient aussi aux sacrifices publics ; ils se réunissaient dans le Prytanée, lieu sacré, où l'on conservait les lois de Solon ainsi que les statues de Vesta et de la Paix. On trouve ces magistrats mentionnés sur les monnaies de :

Apamea de Phrygie.	Smyrna d'Ionie.
Cyme d'Eolide.	Synnada de Phrygie.
Pergamus de Mysie.	Ægialus d'Achaïe (?)

31. Sur les monnaies de Pergamus de Mysie, de l'île de Rhodes, et de Smyrne d'Ionie, on voit paraître des ταμίαι que les Romains assimilaient aux *questeurs*.

32. Les *pontifes* se divisent en *grands prêtres*, ἀρχιερεὺς *pontifes*, ἱερεὺς, et grandes prêtresses, ἱέρεια. Les grands prêtres tiraient leur nom, soit de ce qu'ils étaient à la tête de l'ordre sacerdotal dans la province ou dans la ville seulement, soit de ce qu'ils étaient préposés au culte de telle ou telle divinité. Cette dignité était le plus souvent temporaire, cependant il y en avait à vie ; quelquefois, sur la même monnaie, le même personnage paraît revêtu à la fois des dignités de ἀρχιερεὺς et d'archonte. Les monnaies des localités suivantes en font mention :

Apamea de Phrygie.	Philadelphia de Lydie.
Cidyessus ,	Sardes ,
Cius de Bithynie.	Silandus ,
Cotiaeum de Phrygie.	Smyrna d'Ionie.
Ephesus d'Ionie.	Tarsus de Cilicie.
Eumenia de Phrygie.	Temenothyræ de Lydie.
Ionum commune.	Olba de Cilicie.
Laodicea de Phrygie.	Judæa.

— Les prêtres, ἱερεῖς, d'un ordre inférieur à ceux que nous venons de signaler, paraissent sur les monnaies de :

Achæi.	Magnesia de Lydie.
Colophon d'Ionie.	Nysa de Carie.
Ephesus »	Pergamus de Mysie.
Epiri ?	Perperène »
Heraclea de Carie.	Sala de Phrygie.

— Les prêtresses, ἱέρεια, le plus souvent préposées spécialement au culte d'une divinité, sont mentionnées à Acmonia de Phrygie, à Athida de Phrygie et à Byzance.

33. L'*asiarcha* était un grand prêtre annuel qui présidait à tout ce qui touchait au culte, en Asie. A proprement parler, ce fonctionnaire n'aurait dû être que le gouverneur des provinces asiatiques soumises aux Romains ; mais il avait un caractère sacré : ses fonctions étaient très recherchées. Il était dans les attributions de l'*asiarque* de présider aux jeux célébrés en l'honneur des dieux, et de faire des vœux pour la santé et le bonheur de ceux qui étaient à la tête du gouvernement (1). On trouve le titre d'*asiarcha* porté par des personnages qui figurent sur les monnaies de :

Cyzicus de Mysie.	Otrus de Phrygie.
Hypæra de Lydie.	Pergamus de Mysie.
Ionum commune.	Sardes de Lydie.
Laodicea de Phrygie.	Smyrna d'Ionie.

34. Le στεφανηφόρος *qui coronam gestat*, paraît sur les monnaies d'Hyrcania et de Mæonia de Lydie. Ce titre pouvait être porté par tous les prêtres, puisqu'on ne devait offrir un sacrifice aux dieux, qu'en ayant une couronne sur la tête. Dans quelques villes, le *stéphanèphore* était magistrat éponyme : dans ce cas, il indiquait une classe particulière de prêtres.

35. Le πανηγυριάρχης présidait aux jeux, πανήγυρις. On ne trouve sur les monnaies d'Apamée de Phrygie. — L'*a*.

(1) Philostrate, *in Vit. Soph.* XXI, parlant de Scopelianus, dit qu'ainsi que ses ancêtres, il fut souverain pontife d'Asie, et il ajoute : ὁ δὲ στέφανος οὗτος πολὺς, καὶ ὑπὲρ πολλῶν χρημάτων.

gonotheta que l'on voit figurer sur celles d'Apamée de Phrygie et de Perperène de Mysie, présidait aux jeux, ἀγῶνες. — Le *gymnasiarcha*, dont le nom paraît sur les pièces de Pergamus de Mysie, présidait au *gymnase*. Ces différents titres étaient quelquefois purement honorifiques ; en effet, nous voyons l'empereur Hadrien *agonothète* à Athènes, et Marc Antoine, maître de toute l'Asie, promettre aux habitants de Tarse d'être *gymnasiarque* dans leur ville.

36. A Pergame de Mysie et à Ægea de Cilicie, le *theologus* paraît sur les monnaies ; le titre même indique qu'il était porté par celui qui était chargé d'expliquer les oracles.

37. A Byzance, nous voyons le *hiéromnémon*. Suivant Suidas, on appelait ainsi ceux que chaque ville grecque députait à l'assemblée des *amphictyons*. Puisque nous avons été amenés à prononcer ce mot, nous en profiterons pour donner à son sujet quelques explications.

Les amphictyons, ἀμφικτύονες, étaient les députés des différents peuples de la Grèce qui, dans l'assemblée générale, représentaient toute la nation. Ils avaient plein pouvoir de proposer, de résoudre et d'arrêter tout ce qu'ils jugeaient utile et avantageux à la Grèce. Celui qui donna l'idée de ces assemblées et qui en convoqua une, le premier, fut Amphictyon, troisième roi d'Athènes ; il imagina ce moyen pour unir les Grecs plus étroitement entre eux, et leur donner plus de force à l'effet de résister à leurs ennemis extérieurs. Son nom devint celui de l'assemblée.

Les amphictyons s'assemblaient deux fois l'an dans le temple de Cérès, qui était bâti dans une vaste plaine près du fleuve Asopus.

Pausanias, dans la liste des nations qui envoyaient des députés à cette assemblée ne parle que des Ioniens, des Dolopes, des Thessaliens, des Ocnianes, des Magnésiens, des Méliens, des Phthiens, des Doriens, des Phocéens et des Locriens ; il n'y comprend pas les Achéens, les Eléens, les Argiens, les Messéniens et plusieurs autres. Eschine donne aussi une liste des cités, qui étaient admises dans ces assemblées, dans son discours *De falsa legatione*. Acrisius institua un nouveau conseil d'*amphictyons* qui s'assemblaient deux fois l'an dans le temple de Delphes.

Les députés se nommaient indifféremment Ἀμφικτύονες, Πυληγόραι, Ἱερομνήμονες, et leur assemblée Πύλαια. Les Romains ne jugèrent pas nécessaire de supprimer ces assemblées des amphictyons; Strabon même assure que de son temps elles se tenaient encore.

38. A Antioche et à Stratonicea de Carie, on retrouve les ἐπιμεληταί, et à Pergame, les ἐπιστάτης, dont les noms correspondent au titre de *curator* chez les Romains.

39. Nous terminerons les quelques explications que nous avons cru devoir donner sur les noms de magistrats des Grecs qui paraissent sur les monnaies, par les *sophistes* que l'on voit à Cidyessus et à Laodicea de Phrygie, et à Smyrne d'Ionie. La qualité de sophistes, qui, suivant Hésychius, indique celui *qui omnem sapientiam dicit*, n'était pas une fonction publique, mais bien un titre scientifique que prenaient certains magistrats.

40. Les monnaies romaines et gréco-romaines mentionnent le sénat, *senatus*, σύγκλητος, l'ordre des chevaliers, *equestris ordo*, ἱππικοί, sur lesquels nous ne pensons pas devoir donner d'explications, attendu que ce que nous pourrions en dire est déjà connu de nos lecteurs.

41. Les *consuls* ne paraissent que sur quelques monnaies très rares des colonies: les *proconsuls*, ἀνθύπατοι, les *propréteurs*, ἀντιστράτηγοι, les *légats*, πρεσβεῦται, les *præsides*, ἡγεμόνες, les *questeurs*, ταμίαι, les *procuratores*, ἐπίτροποι, les *pontifes*, les *septemvirs épulons*, les *parentes* les *patroni*, avaient des fonctions trop connues, ou trop faciles à discerner, pour que nous voulions allonges notre travail à leur sujet.

Titres donnés aux villes sur les monnaies.

42. Nous avons déjà parlé des monnaies nommés *autonomes* (§ 4); les villes qui se gouvernaient par leurs propres lois jouissaient de l'*autonomie*, αὐτονομία, expression que les Romains empruntèrent aux Grecs (1), et quelques-

---

(1) Cf. Cicéron, *Ep. ad Attic.* VI, 1: « Græci tamen se αὐτονομίαν adeptos putant ». — Id. epist. II.

unes inscrivaient ce titre sur leurs monnaies en y gravant A., AYTONOMO, AYT., AYTON ou AY De ce nombre sont :

Abila Leucas, de la Décapole.	Halicarnassus de Carie.
Ægea de Cilicie.	Laodicea de Syrie.
Anazarbus »	Moca d'Arabie.
Antiochia de Syrie.	Mopsus de Cilicie.
Apamea. »	Samosata de Commagène.
Arethusa. »	Sebaste de Cilicie.
Capitolias de Cœlésyrie.	Seleucia de Syrie.
Corycus de Cilicie.	Termessus de Pisidie.
Diocæsarea de Galilée.	Tripolis de Phénicie.
Dora de Phénicie.	Tyana de Cappadoce.
Gadara de la Décapole.	

D'autres villes se qualifiaient de *libres*, ἐλεύθεραι ; c'étaient celles qui avaient conservé le droit de s'administrer elles-mêmes : on est assez porté à croire que les villes *libres* ou *autonomes* jouissaient de la même indépendance relative. D'autres villes se disaient ἀτελεῖς, comme Alabanda de Carie : celles-là n'avaient pas de tribut à payer. Les principales monnaies des villes libres sont de :

Amisus de Pont.	Sebaste de Cilicie.
Chersonesus de Tauride.	Seleucia »
Hippo de Zeugitane.	Tarsus »
Rhodus insula.	Thessalonica de Macédoine (1).

43. Plusieurs villes prennent la qualification de *métropole*, μητρόπολις ; ce mot peut-être pris dans plusieurs acceptions. En effet, il s'applique tout d'abord aux cités dont les habitants ont été fonder une autre ville soit par suite de conquête, soit pour diminuer une population devenue trop nombreuse : ainsi Corinthe était la métropole de Corcyre, Marseille était la métropole de toutes les colonies phocéennes établies sur le littoral de la Gaule méridionale.

---

(1) Il ne faut pas perdre de vue que beaucoup de villes autonomes ne sont pas mentionnées ici, bien qu'elles aient frappé monnaie : nous n'avons voulu indiquer que celles qui en prennent le titre.

D'autres villes, par leur importance, étaient qualifiées de métropoles, bien qu'elles n'eussent pas fondé d'établissements : de ce nombre était Antioche de Syrie qui en portait la qualification dès 662 de Rome, Thessalonique, surnommée μήτηρ πάσης Μακεδονίας, etc. Dans ce cas, le mot métropole est synonyme de capitale du pays ou de la province. — Rome donna le titre de métropole à un assez grand nombre de villes (1), de telle façon que dans la même province on en comptait plusieurs, alors la plus puissante était μητρόπολις πρώτη. — Enfin quelques villes, villes peu importantes, du reste, furent appelées métropoles à cause de Cybèle, *Dea Mater*, de même que Hermopolis, Apollonopolis, etc., faisaient entrer le nom de la divinité tutélaire dans la dénomination topique : de ce nombre est Métropolis de Phrygie et Métrous de Bithynie (2). Voici les principales villes qui inscrivirent sur leurs monnaies le titre de *métropoles* :

Amasia de Pont.
Amastris de Paphlagonie.
Anazarbus de Cilicie.
Ancyra de Galatie.
Antiochia de Syrie.
Artace ou Artaclium.
Automala de Cyrénaïque.
Bostra d'Arabie.
Cæsarea de Cappadoce.
Cæsarea de Samarie.
Carrhæ de Mésopotamie.
Coropissus de Lycaonie.
Damascus de Cœlésyrie.
Diocæsarea de Cilicie.
Edessa de Mésopotamie.
Emisa de Syrie.
Halicarnassus de Carie.

Heraclea de Bithynie.
Isaurus d'Isaurie.
Lampsacus de Mysie.
Laodicea de Syrie.
Magnesia d'Ionie.
Necocæsarea de Pont.
Nicomedia de Bithynie.
Nisibis de Mesopotamie.
Perga de Pamphylie.
Pergamus de Mysie.
Petra d'Arabie.
Philippopolis de Thrace.
Pompeiopolis de Paphlagonie.
Prusias ad Hypium de Bithynie.
Roma, ad Nicomediam Bythinie.
Samosata de Commagene.

(1) Le 13e canon du concile de Chalcédoine dit : ὅσαι δὲ ἤδη πόλεις διὰ γραμμάτων βασιλικῶν τῷ τῆς μητροπόλεως ἐτιμήθησαν ὀνόματι. — Cf. aussi Procope, *de Ædific.* Justin. V. IV : ἐξ οὗ δὴ καὶ εἰς μητροπόλεως ἀξίωμα ἦλθεν · οὕτω γὰρ πόλιν τὴν πρώτην τοῦ ἔθνους καλοῦσι Ῥωμαῖοι.

(2) Cf. Etienne de Byzance.

Sardes de Lydie.	Thessalonica de Macédoine.
Seleucia de Cilicie.	Momi de la Mesie inférieure
Sidon de Phénicie.	Tripolis de Phénicie.
Tarsus de Cilicie.	Tyrus »

44. Nous venons de voir que lorsqu'il y avait plusieurs métropoles dans la même province, l'une d'elles quelquefois occupait le premier rang ; mais dans certaines villes, cette primauté était parfois distincte de la qualité de métropole, ainsi, sur les monnaies de Nicomédie et de Bithynie, on lit ΜΗΤΡΟΠΟΛΙΣ ΚΑΙ ΠΡΟΤΗ. Ce titre de *première ville*, ou *ville de premier rang*, qu'il ne faut pas confondre avec les désignations topographiques (1), était très recherché, bien qu'il fut purement honorifique : Dion Chrysostome raille sans pitié les peuples qui se disputaient la primauté, qu'il compare à *l'ombre d'un âne* (2). — Tandis que Ephèse, Pergame et Smyrne se glorifiaient en Asie d'être πρῶται, Magnésie d'Ionie inscrivait sur ses monnaies ΜΑΓΝΗΤΩΝ. ΕΒΔΟΜΗC. ΤΗC. ΑCΙΑC : on ne peut donner une explication certaine du rang de cette dernière ville, d'autant que l'on n'a pas encore retrouvé quelles étaient les six autres cités qui occupaient les rangs supérieurs. Les villes qualifiées de ΠΡΩΤΑΙ, sur les monnaies, sont :

Amasia de Pont.	Nicomedia de Bithynie.
Cæsarea de Samarie.	Pergamus de Mysie.
Epheses d'Ionie.	Sagalassus de Pisidie.
Laodicea de Syrie.	Samus insula.
Mytilene de Lesbos.	Smyrna d'Ionie.
Nicæa de Bithynie.	Tralles de Lydie.

45. Nous passons maintenant au titre de *néocore*, νεωκό-

---

(1) Ainsi, la légende des monnaies macédoniennes ΜΑΚΕΔΟΝΩΝ ΠΡΩΤΗΣ, fait allusion à la première partie de la Macédoine divisée en quatre grandes provinces.

(2) Περὶ ὄνου σκιᾶς, φασι. Voyez les trente-quatrième et trente-huitième discours de Dion Chrysostome, au sujet de la dispute sur la primauté, entre Ægea et Tarse, entre Apamée et Antioche, entre Smyrne et Ephèse.

ρος, que prenaient les peuples et les villes dont les noms suivent :

Abila de la Décapole.	Neocæsarea de Pont.
Acmonia de Phrygie.	Nicomedia de Bithynie.
Ægea de Cilicie.	Nysade Carie.
Amasia de Pont.	Perga de Pamphylie.
Ancyra de Galatie.	Pergamus de Mysie.
Attalia de Lydie.	Perinthus de Thrace.
Cæsarea de Cappadoce.	Philadelphia de Lydie.
Cyzicus de Mysie.	Philippopolis de Thrace.
Ephesus d'Ionie.	Sardes de Lydie.
Halicarnassus de Carie.	Side de Pamphylie.
Heraclea de Bithynie (?)	Smyrna d'Ionie.
Hierapolis de Phrygie.	Taba de Carie.
Juliopolis de Bithynie.	Tarsus de Cilicie.
Laodicea de Phrygie.	Teos d'Ionie.
Magnesia d'Ionie.	Thessalonica de Macédoine.
Mantelus de Phrygie.	Tomi de la Mésie inférieure.
Miletus d'Ionie.	Tralles de Lydie.
Neapolis de Samarie.	Tripolis de Phénicie.

Ainsi que l'indique l'étymologie même du mot, νεώς (attiq.), et κορέω, néocore signifie celui qui est chargé de nettoyer le temple et de prendre soin des ornements sacrés : le *néocore* était appelé *ædituus* par les Romains. Ces fonctions, d'abord assez obscures, prirent ensuite de l'importance, de telle façon que les néocores furent des prêtres chargés de l'entretien des temples, de l'administration de leurs biens, de la garde des trésors et de la célébration des jeux. Les hommes et les femmes pouvaient être néocores, et sur les monnaies on retrouve les noms d'archontes, de prytanes et de stratèges qui en prenaient le titre (1) : quelquefois on a commis des erreurs en attribuant la qualité de néocore donnée à un personnage, à la

---

(1) Nous pouvons citer le stratège Aurélius Carus, à Adramyttium de Mysie; Mar. Eugenes à Ægæ de Cilicie; l'archonte Julius Severinus à Æzanis de Phrygie; Menodorus à Ancyre de Phrygie; le stratège Pellonius à Elée d'Eolide; Pedia secunda à Eucarpia de Phrygie ; le scribe Tychicus à Magnésie d'Ionie ; et le stratège Claudius Stratonitianus à Thyatire de Lydie.

ville sur les monnaies de laquelle il figure : c'est un point sur lequel il faut éviter de se tromper. — Les villes et les peuples étaient néocores de leurs divinités tutélaires ainsi la ville d'Ephèse était néocore de Diane, Magnésie de Diane Leucophryne : quand les cités d'Asie élevèrent de tous côtés des temples aux empereurs de Rome, la flatterie augmenta le nombre des villes néocores des Augustes. — La même ville se disait deux, trois et quatre fois *néocore* ; les numismatistes se sont exercés depuis longtemps à chercher la solution de ce problème, et on en est encore réduit aux conjectures : il semble que le nombre des *néocorats* doit indiquer le nombre d'Augustes auxquels des temples furent élevés dans la même ville. Ce n'est qu'à dater de Claude Ier que l'on voit les villes revêtues de ce titre.

46. D'autres villes étaient nommées *sacrées* ἱεραί, et asiles, ἄσυλοι : le premier de ces titres était donné à celles qui devaient cette qualité au culte de la divinité locale ; le second indiquait les lieux qui pouvaient servir de refuge aux coupables, et qui étaient considérés comme ne pouvant pas être pris ni envahis sans sacrilège. Nous prenons Éphèse pour exemple. Le temple de Diane, dans cette ville, était un lieu d'asile ; Alexandre le Grand étendit ce droit à un stade aux alentours, Mithridate en étendit la circonscription en fixant pour limites le jet d'une flèche lancée de l'angle du toit ; enfin Marc Antoine doubla encore cette distance. Auguste et Tibère, qui reconnurent l'abus de ce privilège, le restreignirent (1). Comme les titres de *sacrée* et d'*asile* se trouvent souvent réunis, nous marquerons dans la liste suivante, par un astérisque, les villes qui n'avaient que la première qualification, par deux astérisques celles qui avaient la seconde, en ne mettant aucun signe devant les noms de celles qui portaient les deux titres :

Abila de la Décapole.	Antiochia de Cilicie.
* Ægæ de Cilicie.	Antiochia de la Décapole.
** **Ancyre de Galatie.**	**Antiochia de Syrie.**

(1) Cf. Strabon, XIV. — Tacite, *Annal.*, III, LX.

Antiocheni de la Ptolémaide.
Apamea de Syrie.
* Arethusa de Syrie.
Ascalon de Judée.
* Byblus de Phénicie.
Cæsarea Panias.
** Cæsarea de Samarie.
Capitolias de Cœlesyrie.
* Castabula de Cappadoce.
* Comana de Pont.
** Corycus de Cilicie.
* Damascus de Cœlésyrie.
* Demetrias de Syrie.
Diocæsarea de Galilée.
Dora de Phénicie.
** Ephesus d'Ionie.
* Epidaurus d'Argolide.
* Epiphanea de Syrie.
** Eusebia de Cappadoce.
Gadara de la Décapole.
Gaza de Judée.
* Germe de Mysie.

* Hierosolymæ de Judée.
* Dodicea de Syrie.
* Larissa de Syrie.
** Moca d'Arabie.
* Mopsus de Silicie.
Nicopolis d'Epire.
Nyza Scythopolis de Samarie.
* Olba de Silicie.
** Perga de Pamphylie.
Ptolemaïs de Galilée.
* Raphia de Judée.
Rhosus de Syrie.
Samosata de Commagène
** Sebaste insula.
Seuleucia de Syrie.
Sidon de Phénicie.
* Synnada de Phrygie.
Tarsus de Silicie.
Tripolis de Phénicie.
Tyana de Cappadoce.
Tyrus de Phénicie.

47. Nous terminerons ce que nous avons à dire sur les titres que portent les cités sur les monnaies, par celui de *navarchis*. ναυαρχίς, que nous lisons sur les pièces de :

Ægæ de Cilicie.
Carystus d'Eubée.
Corycus de Cilicie.
Dora de Phénicie.
Nicopolis d'Epire.

Sébaste de Cilicie.
Sidon de Phénicie.
Tomi de Mesie.
Tripolis de Phénicie.

On n'a point de textes au sujet de ce mot *navarchis* : cependant l'étymologie même paraît en donner jusqu'à un certain point l'explication : il semble en effet que ce titre dut être donné aux villes dont les ports étaient les plus sûrs pour les flottes : peut-être y avait-il entre les ports ordinaires et les *navarchis*, une différence que l'on peut comparer à celle qui existe de nos jours entre les ports de **commerce et les ports militaires**.

Des dates inscrites sur les monnaies.

48. Les monnaies antiques portent quelquefois des dates, et il est utile de savoir les déchiffrer : elles ont en général pour point de départ une époque particulière, telle qu'une grande bataille, la fondation d'une ville, le règne d'un prince puissant. — Les monnaies grecques ne portent pas de mention des olympiades : l'époque principale est celle des Séleucides, qui commence à l'an 312 avant J.-C. date du règne de Séleucus à Babylone. Après que Rome eut étendu sa domination en Orient, quelques villes commencèrent une nouvelle ère à partir de la bataille de Pharsale, l'an 48 av. J.-C. et de celle d'Actium, l'an 11 av. J.-C. — Les lettres de l'alphabet grec servaient à calculer, et par conséquent à écrire les dates de la manière suivante :

A	B	Γ	Δ	E	ς	Z	H	Θ
1	2	3	4	5	6	7	8	9
I	K	Λ	M	N	Ξ	O	Π	↗
10	20	30	40	50	60	70	80	90
P	Σ	T	Υ	Φ	X	Ψ	Ω	⊅
100	200	300	400	500	600	700	800	900

Les caractères qui représentent 6, 90 et 900 ne se trouvent plus dans les alphabets actuels : comme chaque lettre désigne un nombre particulier, elles peuvent être transposées de manière à former toutes combinaisons possibles. ainsi ΣΛZ ou ZΛΣ expriment également le nombre 237. Sur les monnaies, le mot ἔτους précède quelquefois la date, soit inscrit complètement, soit simplement par son initiale ; cependant on le voit aussi remplacé par le signe L, ancienne forme du *lambda*, qui est alors initiale de λυκάβας, qui, signifiant année, est synonyme de ἔτους. — Les Romains avaient une époque particulière qui était celle de la fondation de la ville éternelle ; on ne la trouve guère mentionnée que sur une monnaie d'Hadrien, rappelant que l'an 874 de Rome on célébra les jeux du cirque pour l'anniversaire de la fondation. Généralement les dates des monnaies romaines sont calculées par les consulats et les tribunats : nous nous en occuperons spécialement plus tard ; les monnaies romaines de Dacie et de la colonie Viminiacum datent ainsi : ANNO. V. ANNO XI, probablement en prenant pour point de départ l'époque de la fondation. — Les monnaies gréco-romaines indiquent simplement les années du règne de l'empereur et du roi : on ne peut mieux citer comme exemple que la série des monnaies impériales frappées depuis Auguste jusqu'à Dioclétien à Alexandrie, en Egypte.

L'ère des Séleucides, 312 ans avant J. C. est employée sur les monnaies de *Antiochia,* de la Décapole, *Antiochia* de Syrie, *Apamea* de Syrie, *Ascalon* de Judée, de *Bactriane,* de *Cæsarea* de Phénicie, *Canatha* de la Décapole, *Cyrrhus, Damassus* de Cœlésyrie, *Emisa* et *Epiphanea* de Syrie, *Hierapolis, Laodicea* de Cœlésyrie, *Orthosia* de Phénicie, *Seleucia* de Syrie, *Sidon* de Phénicie, *Tripolis* de Phénicie, et *Tyrus* de Phénicie.

L'ère de Pompée, 64 ou 65 ans avant J.-C. commençant à la défaite du roi Tigrane, est employée sur la monnaie de : *Abila* de la Décapole, *Antiochia* de la Décapole, *Antiochia* de Syrie, *Canatha* de la Décapole, *Dios* de la Décapole, *Dora* de la Phénicie, *Gadara, Pella* et *Philadelphia* de la Décapole, *Seleucia* de Syrie et *Tripolis* de Phénicie.

L'ère de César, correspondant à la bataille de Pharsale, 48 ans avant J.-C., paraît principalement sur des monnaies d'*Antiochia* et de *Laodicea* de Syrie, et aussi sur celles des *Ægæi* de Cilicie, des *Gabalenses* de Syrie, de *Rhosus* de Syrie, de *Plolemaïs* de Galilée et de *Nysa* de Samarie.

L'ère d'Actium, 11 ans avant J.-C., ne fut guère employée que dans quelques villes de Syrie, telles que *Antiochia, Apamea, Seleucia* et *Rhosus :* à Antioche on mettait ἔτους νίκης, l'année de la victoire (1).

---

(1) Nous ne signalons ici que les principales époques : il en est d'autres particulières à la Cilicie, au royaume de Pont et à la Bithynie dont nous parlerons lorsque nous nous occuperons des monnaies de ces pays.

49. Les jeux publics sont souvent relatés sur les monnaies grecques ; et ces cérémonies avaient un trop grand rôle dans la vie des peuples de l'Europe orientale pour qu'il en fut autrement : les citoyens qui revenaient dans leur patrie après avoir remporté le prix de la course ou du pugilat étaient quelquefois reçus par leurs concitoyens avec plus d'honneurs que s'ils avaient repoussé une armée ennemie : nos courses de chevaux modernes ne sont rien près de ces fêtes antiques ; nous dépensons plus d'argent aujourd'hui, mais les anciens y recueillaient plus d'honneur. Les Romains favorisèrent avec soin cette passion que la race hellénique avait prise pour les jeux publics, et détournèrent de ce côté toute l'ardeur que les Grecs auraient pu déployer contre les vainqueurs : les jeux se multipliaient à mesure que les villes grecques s'anéantissaient progressivement : jusqu'à Septime-Sévère, ces cérémonies publiques sont assez rares, mais à dater du règne de cet empereur, et principalement sous Valérien et Gallien, les monnaies en mentionnent une quantité si singulière qu'il semble qu'à l'exemple de certains hommes, les nations cherchent à s'aveugler pour ne pas voir le gouffre vers lequel elles marchent sciemment — Il y eut tout d'abord en Grèce quatre *jeux*, savoir, ceux d'Olympie en l'honneur de Jupiter, ceux de Delphes en l'honneur d'Apollon, ceux de l'isthme de Corinthe en l'honneur de Palémon, et enfin ceux de Némée en l'honneur d'Archémore (1). Plus tard furent établis à Nicopolis les jeux Actiens, et à Rome les jeux Capitolins. — Sur les monnaies, on trouve quelque-

(1) Τέσσαρες εἰσὶν ἀγῶνες ἀν' Ἑλλάδα, τέσσαρες ἱροί
Οἱ δύο μὲν θνητῶν, οἱ δύο δ'ἀθανάτων.
Ζηνός, Λητοίδαο, Παλαίμονος, Ἀρχεμόροιο,
Ἆθλα δὲ τῶν κότινος, μῆλα, σέλινα, πίτυς

Cette épigramme d'Archias a été traduite en vers latins par Ausone, *Eclogario* :

> Quatuor antiquos celebravit Achaia ludos,
> Cœlicolûm duo sunt, et duo festa hominum.
> Sacra Jovis, Phœbique, Palæmonis, Archemorique,
> Serta quibus pinus, malus, oliva, apium.

fois, ainsi que sur les inscriptions, plusieurs noms de jeux, qui au premier abord sembleraient en indiquer plusieurs variétés dans la même ville ; ainsi à Ancyre on lit: ΑΣΚΛΗΠΙΑ. CΩΤΗΡΕΙΑ. ΙCΘμια. ΠΥΘΙΑ. Il ne faut voir là que des surnoms appliqués aux mêmes *jeux*, et dans l'exemple que nous donnons ici, on doit simplement conclure que les *Asclépiens*, célébrés en l'honneur d'Esculape, étaient surnommés *Pythiens* et *Isthmiques*, afin de leur donner plus de célébrité. — Les noms de *jeux* sont le plus souvent terminés par la lettre Α. D'autres fois, on lit ΙΕΡΟC ΑΓΩΝ, ou simplement ΙΕΡΟC. Les types les plus ordinaires sont des cratères et des palmes, en souvenir des prix donnés aux vainqueurs, et des temples indiquant les divinités en l'honneur desquelles les jeux étaient célébrés : les pommes indiquent les jeux Pythiens (1).

50. Avant de donner la liste des jeux qui sont mentionnés sur les monnaies grecques, nous devons nous occuper de ceux qui sont désignées sous le nom de ΚΟΙΝΟΝ. Le Κοινόν était la réunion de plusieurs villes ou peuples qui formaient une confédération, soit pour traiter en commun de certains intérêts publics, soit pour célébrer des fêtes ou sacrifices. Après la conquête romaine, certaines villes continuèrent à tenir leurs assemblées fédératives, mais comme elles n'avaient plus à se mêler d'intérêts publics, elles ne s'y occupèrent plus que des jeux : le mot κοινόν est donc, sur les monnaies synonyme de *jeux publics célébrés en commun*, excepté dans des cas très rares, où il est pour ὁμόνοια, c'est-à-dire alliance entre deux peuples : le seul exemple à notre connaissance est une monnaie portant pour exemple : ΚΟΙΝΟΝ ΕΦΕΣΙΩΝ ΚΑΙ ΑΛΕΞΑΝΔΡΕΩΝ. Voici la liste des κοινοί :

ΚΟΙΝΟΣ ACIAC, ou *commune Asiæ* : jeux célébrés dans la partie de l'Asie Mineure qui avait fait par-

---

(1) Voy. la note précédente. — Voy. aussi Libanius, *Élog. pomi* Μήλεα δ' αὖθις στέφανοι τὸν ἀγῶνα τὸν Πύθιον. — Lucien, *de Gymnas.*, fait dire par Solon à Anacharsis : Ὀλυμπιάσι μὲν στέφανος ἐκ κοτίνου, Ἰσθμοῖ δὲ ἐκ πίτυος, ἐν Νεμέᾳ δὲ σελίνων πεπλεγμένος· Πυθοῖ δὲ μῆλα τῶν ἱερῶν τοῦ θεοῦ.

tie du royaume de Pergame ; ces jeux avaient probablement une grande connexité avec le titre d'asiarques, dont nous avons déjà parlé.
— ΒΕΙΘΥΝΙΑC ou *commune Bythiniæ*.
— CEΥΗΡΙΟC. ΦΙΛΑΔΕΛΦΙΟC, à Cæsarea de Cappadoce.
— ΚΙΛΙΚΙΑC, ou ΤΑΡCΟΥ, à Tarse de Cilicie ; cette confédération comprenait l'Isaurie, la Carie et la Lycaonie.
— ΚΡΗΤΩΝ, en Crète.
— ΚΥΠΡΙΩΝ, en Chypre.
— ΓΑΛΑΤΩΝ, en Galatie.
— ΠΑΝΙΩΝΙΟΝ, ΕΦΕCΙΩΝ, et ΓΙ. ΠΟΛΕΩΝ, en Ionie.
— ΛΕCΒΙΩΝ, à Lesbos.
— ΛΥΚΑΟΝΙΑC, en Lycaonie,
— ΜΑΚΕΔΟΝΩΝ, en Macédoine.
— ΦΟΙΝΙΚΗC, en Phénicie.
— ΦΡΥΓΙΑC, en Phrygie.
— ΠΟΝΤΟΥ, à Neocæsarea de Pont.
— CΥΡΙΑC, en Syrie.
— ΘΕCCΑΛΩΝ, en Thessalie.
— ΒΥΖΑΝΤΙΩΝ, en Thrace.

51. Nous passons maintenant aux jeux différents, mentionnés nominativement sur les monnaies. Ils tiraient leurs noms des dieux en l'honneur desquels ils étaient célébrés, des rois dont ils rappelaient la mémoire des empereurs déifiés, du lieu qui en était le théâtre, et enfin de certains faits auxquels ils devaient leur origine.

Les *Actia*, ἄκτια, en l'honneur d'Apollon, furent d'abord célébrés sur le promontoire Actium d'Acarnanie, à la suite de la bataille d'Actium et de la fondation de Nicopolis ; pour honorer le succès remporté par Auguste, plusieurs villes célèbrent des jeux *Actiens*, c'étaient Ancyre de Galatie, Bostra d'Arabie, Damas, Tyrus, Nicomedia de Bithynie, Pergamus de Mysie, Perinthus de Thrace, Sardium de Lydie, Thessalonica de Macédoine, etc.

Les *Agonothesia*, ἀγωνοθεσία, avaient lieu à Thessalonique, mais on n'est pas fixé sur le sens de ce mot; quelques archéologues supposent que les habitants de cette ville voulaient indiquer ainsi l'empressement avec lequel ils avaient célébré des jeux en l'honneur de la victoire d'Actium.

Les *Alexandrea*, ἀλεξάνδρεια, étaient célébrés en Macédoine, en l'honneur d'Alexandre le Grand, à Philippopolis de Thrace, en l'honneur de Caracalla, à Byzance et à Odessa de Thrace, en l'honneur de Gordien III.

Les *Antoniana*, ἀντωνιάνα, tiraient leur dénomination des empereurs du nom d'Antonin; ils se célébraient à Byzance, à Cyzique, à Laodicea de Syrie, à Nicomédie, à Tarse et à Tyane de Cappadoce.

Les *Arista*, ἄριστα, se célébraient à Thyatire de Lydie.

Les *Asclepia*, ἀσκληπίεια ou ἀσκλήπια, en l'honneur d'Esculape, se célébraient à Agrigente de Sicile, à Ancyre de Galatie et à Épidaure d'Argolide.

Les *Attalea*, ἀττάλεια, se célébraient à Aphrodisias de Carie, et tiraient leur nom du roi de Pergame, qui avait conquis la Carie sur Antiochus le Grand.

Les *Augustea*, les *Sebasmia*, αὐγουστεῖα et σεβαστά ou σεβάσμια, furent établis dans plusieurs villes, alors que du vivant même d'Octave, on éleva des temples à ce prince; il est permis de supposer que dans la suite, dans plusieurs localités, les jeux qui avaient d'abord pris le nom d'Auguste, le changèrent contre ceux de ses successeurs, du vivant de ces derniers. Les monnaies font connaître que des jeux en l'honneur d'Auguste avaient lieu à Anazarbus de Cilicie, à Byzance, à Cadorum de Phrygie, à Damas, à Metropolis de Phrygie, à Nicæa de Bithynie, à Perga de Pamphylie, à Thyatire et à Tralles de Lydie.

Les *Cabiria*, καβείρια, étaient célébrés à Thessalonique, en l'honneur des dieux Cabires.

Les *Cæsarea*, καισάρια, à Damas, à Tyr, à Metropolis de Phrygie, à Thessalonique et en Mauritanie, étaient en l'honneur de Jules-César.

Les *Capitolina*, καπιτώλια, à Aphrodisias de Carie, et à Heliopolis de Cœlésyrie, étaient célébrés, à l'imitation des jeux Capitolins de Rome en l'honneur de Jupiter.

Les *Cendresia*, κενδρεσεια, à Philippopolis de Thrace, n'ont pas encore été déterminés.

Les *Chrysantina*, χρυσάνθινα, se célébraient à Sardes; on pense qu'ils tiraient leur nom de ce que la récompense des vainqueurs était une couronne de *chrysanthème*, χρυσανθέμιον.

Les *Commodiana*, κομόδεια, en l'honneur de l'empereur Commode, à Nicæa de Bithynie et à Tarse de Cilicie.

Les *Corœa*, κόραια, à Sardes et à Tarse, en l'honneur de Proserpine, Κόρα.

Les *Demetria*, δημήτρια, à Nicomédie de Bithynie, et peut-être Tarse, en l'honneur de Cérès, Δημήτηρ. A Athènes on célébrait aussi des Demetria, en l'honneur de Démétrius Poliorcètes, mais les monnaies n'en font pas mention.

Les *Dydumea*, διδύμεια, à Milet, en l'honneur d'Apollon.

Les *Dionysia*, διονύσια, à Nicée, en l'honneur de Bacchus.

Les *Dusaria*, δουσάρια, à Andræa et Bostra d'Arabie, en l'honneur de Bacchus.

Les *Enmonidea*, ευμονίδεια, à Magnésie de Lydie, n'ont pas été encore expliqués.

Les *Epidemia*, ἐπιδήμια, à Perinthus, de Thrace, semblent avoir eu quelques rapports avec la navigation.

Les *Ephesia*, ἐφέσια, à Éphèse, en l'honneur de Diane.

Les *Epinicia*, ἐπινίκια, à Tarse de Cilicie et à Thessalonique de Macédoine, en l'honneur des victoires remportées par Septime-Sévère et par Gordien III.

Les *Gordiania*, γορδιανεια, à Aphrodisias de Carie, en l'honneur de Gordien III.

Les *Helia*, ἥλια, à Emise de Syrie et à Odessa de Thrace, en l'honneur du soleil.

Les *Heraclea*, ἡράκλεια, à Perinthus de Thrace et à Tyr, en l'honneur d'Hercule.

Les *Herœa*, ἡραῖα, à Argos, en l'honneur de Junon.

Les *Iselastica*, à Heliopolis de Cœlésyrie et à Sidon de Phénicie, étaient des jeux dans lesquels les vainqueurs avaient le droit de rentrer en char dans leur patrie, et recevaient une sorte de pension viagère.

Les *Isthmia*, ἴσθμια, à Ancyra de Galatie, à Corinthe et à Nicæa de Bithynie, en l'honneur de Palémon, dans la seconde de ces villes, et dans les deux autres, en l'honneur de Neptune.

Les *Latonia*, λατώνεια, à Tripolis de Carie, en l'honneur de Latone.

Les *Megala*, μεγάλα, à Nicomédie de Bithynie, de μέγας, *grand*.

Les *Mystica*, μυστικά, à Side de Pamphylie, en l'honneur de *mystères* locaux.

Les *Naumachia*, ναυμάχια, chez les Gadari de la Décapole.

Les *Nemea*, νέμεια, à Argos, en l'honneur d'Hercule.

Les *Œcumenica*, οἰκουμενικά, à Adana de Cilicie, à Attalia de Pamphylie, à Ephèse, à Héliopolis de Cœlésyrie, à Nysa de Carie, à Side de Pamphylie, à Sidon de Phénicie, à Tarsus de Cilicie; c'étaient des jeux auxquels on était convoqué de tous côtés, à la différence de ceux qui n'étaient célébrés que par les habitants d'une seule ville.

Les *Olympia*, ὀλύμπια; les jeux Olympiques se célébraient d'abord à Olympie d'Elide, en l'honneur de Jupiter, où ils avaient été fondés d'abord par Hercule, ensuite par Iphitus : on sait que ces fêtes servaient à calculer le temps par olympiades, mais aucune monnaie ne mentionne les olympiades ni les jeux Olympiques (v. paragr. 48). Plus tard, on en célébra à Anazarbus de Cilicie, à Attalia de Pamphylie, à Ephèse, à Alexandrea, à Magnesia de Lydie, à Alexandrea, à Magnesia de Lydie, à Pergamus de Mysie, à Side de Pamphilie, à Tarse de Cilicie, à Thessalonica, à Thyatira, à Tralles de Lydie et à Tyrus.

Les *Periodica* étaient les jeux où on n'admettait à lutter que les athlètes qui avaient remporté la victoire dans les quatre grands jeux : *in gymnicis certaminibus perihodon vicisse dicitur, qui Pythia, Isthmia, Nemea, Olympia vicit, a circumitu eorum spectaculorum* (1). On voit ces jeux cités sur une monnaie de Sidon de Phénicie.

Les *Philadelphia*, φιλαδέλφεια, étaient célébrés en l'hon-

---

(1) Cf. Pompeius Festus, *de Perihodos*.

neur des souverains, lorsque le pouvoir appartenait à deux
frères; les monnaies semblent ne faire allusion principalement qu'à ceux qui avaient été fondés pour Caracalla et
Géta; on les voit sur les monnaies de Cæsarea de Cappadoce, de Nicæa de Bithynie, de Perinthus de Thrace, de
Sardium de Lydie et de Thessalonique de Macédoine.

Les *Prota*, πρῶτα, avaient lieu dans les villes qualifiées
de πρῶται (v. paragr. 43 et 44); ils sont cités sur les pièces
de Side de Pamphilie, ΠΡΩΤΑ. ΠΑΜΦΥΛΩΝ, de Périnthus de Thrace et de Smyrne.

Les *Pythia*. πύθια, institués, selon la tradition, à Delphes,
par Apollon, après sa victoire sur Python ; les monnaies
nous font connaître que les jeux Pythiens étaient célébrés
à Ancyra de Galatie, à Delphes, à Emisa de Syrie, à Hiérapolis de Phrygie à Laodicea de Phrygie à Laodicea de
Syrie, à Miletus, à Nicæa de Bithynie, à Nicomedia de
Bithynie, à Perga de Pamphylie, à Pergamus de Mysie,
à Perinthus de Thrace, à Philippopolis de Thrace, à Side
de Pamphylie, à Thessalonica de Macédoine, à Thyatira
de Lydie, à Tralles de Lydie et à Tripolis de Carie.

Les *Severea*, σευήρεια, étaient célébrés en l'honneur de
Septime-Sévère, à Cæsarea de Cappadoce, Nicæa de Bithynie, Nicomedia de Bithynie, Perinthus de Thrace, à Sardium de Lydie et à Tarsus de Cilicie.

Les *Soteria*, σωτήρια, à Ancyre de Galatie, sous Caracalla, appartenaient à cette classe de jeux établis en l'honneur de ceux qui étaient considérés comme protecteurs;
ainsi les Sicyoniens en célébraient en l'honneur d'Aratus,
à qui leur patrie devait son indépendance.

Les *Theogamia*, θεογάμια, étaient établis à Nysa de Carie.

Les *Valeriana*, οὐαλεριάνα, à Aphrodisias de Carie,
étaient du nombre de ces jeux *augustes*, qui tiraient leur
nom de l'empereur Valérien.

Titres et épithètes donnés aux souverains.

52. Nous pensons qu'il ne sera pas inutile de rappeler ici
les titres et les épithètes qui accompagnent les noms des
souverains sur les monnaies étrangères à l'empire romain.

Nous devons observer tout d'abord que sur les pièces les plus anciennes, le nom du prince se trouve seul. On donne sur les monnaies le titre de :

Ἀρχιερεύς, à Zénodore, tétrarque en Cilicie.

Ἄρχων, à Asander, roi du Bosphore.

Αὐτοκράτωρ, à Tryphon, roi de Syrie, et à Arsaces IX.

Βασιλεύς, presque généralement aux rois.

Βασιλεύς βασιλέων, à Pharnaces II de Pont, à Tigranes en Syrie, et en Arménie, à Artavasdes en Arménie, et en général chez les Parthes.

Βασιλεύς μέγας, à quelques rois de Syrie, de Commagène, de Judée, d'Edesse, de Bactriane et des Parthes.

Βασιλεύς υἱοί, à quelques princes de Commagène et d'Edesse.

Δυνάστης, à Polémon en Cilicie.

Εὐνάρχης, à Hérode le Grand.

Nassi princeps, à Siméon en Judée.

Τετράρχης, à Hérode Antipas, à Philippe son frère, à Zénodore.

Τόπαρχος, à Polémon en Cilicie.

Vercobretos, dans les Gaules.

53. Nous en venons maintenant aux épithètes ou surnoms donnés aux princes : ce renseignement peut d'autant mieux servir qu'il est quelquefois utile pour fixer sur l'attribution d'une pièce, dont la légende ne serait pas complète.

Ἀμφίμαχος, *celui qui combat des deux mains* ; Arsaces XIX.

Καλλίνικος, *vainqueur illustre* ; Démétrius III, Antiochus XII, Antiochus XII, rois de Syrie ; Mithridate, roi d'Arménie.

Θεός, *dieu* ; Démétrius II, Démétrius III, Antiochus IV et Tigrane, rois de Syrie ; plusieurs rois parthes et d'Egypte, ainsi que Cléopâtre.

Δίκαιος, *juste* ; plusieurs rois parthes ; Samus, roi d'Arménie.

Διόνυσος, *Bacchus* ; Antiochus VI et Antiochus XII, rois de Syrie.

Ἐπιφανής, *illustre* ; en Syrie, chez les Parthes, en Bithynie et en Cappadoce.

Εὐεργέτης, *bienfaisant*; Mithridate V de Pont, Pylæmenes de Paphlagonie, Démétrius III, Antiochus VII, Alexandre I, de Syrie ; quelques rois parthes ; Ptolémée III, d'Égypte.

Εὐπάτωρ, *d'une illustre naissance* ; Mithridate VI de Pont, Antiochus V de Syrie et quelques rois des Parthes.

Εὐσεβής, *pieux*, à Ariarathe et Ariabarzane, roi de Cappadoce, et Antiochus X, roi de Syrie.

Νικάτωρ, *vainqueur*, à Démétrius II et Séleucus VI rois de Syrie, et à quelques rois des parthes.

Νικηφόρος, *qui porte la victoire*, à Antiochus IV et à Alexandre I, rois de Syrie.

Πανάριστος, *excellent*, à Arsaces XXII.

Φιλάδελφος, *qui aime son frère ou sa sœur*, à Ariarathe X de Cappadoce, à Démétrius II, Antiochus XI et Philippe de Syrie, à Iotapes, reine de Commagène, et à Ptolémée II d'Égypte.

Φιλέλλην, *qui aime les Grecs*, à Arétas, roi de Damas, et à quelques rois des Parthes.

Φιλοκαῖσαρ, *qui aime César*, à Agrippa I de Judée.

Φιλοκλαύδιος, *qui aime Claude*, à Hérode de Chalcidènes.

Φιλομήτωρ, *qui aime sa mère*, à Ariarathe de Cappadoce, à Démétrius III de Syrie et à Ptolémée VI d'Égypte.

Φιλόπατρις, *qui aime sa patrie*, à Archélaus de Cappadoce. Ce titre est encore donné à Polémon sur une monnaie de Laodicée de Phrygie, et à M. Cassius sur une monnaie de Smyrne.

Φιλοπάτωρ, *qui aime son père* à Ariabarzane II de Cappadoce, à Démétrius III, Séleucus IV, Antiochus IX, X, XI et XII de Syrie ; à Arsaces IX et à Ptolémée IV d'Égypte.

Φιλορωμαῖος, *qui aime les Romains*, à Ariobarzane I et III de Cappadoce, et à Mannus d'Édesse.

Σωτήρ, *sauveur*, à Antiochus I, Démétrius I et Démétrius III, rois de Syrie ; Adinnigaus, roi de Bactriane; Ptolémée I et Ptolémée VIII, rois d'Égypte.

Θεοσεβής, *serviteur des dieux*, à Sames d'Arménie.

Θεοπάτωρ, *père d'un dieu*, à Alexandre I de Syrie et à quelques rois des Parthes.

Ξένιος, *hospitalier*, à Arsaces VII, en supposant que la légende, où on a cru lire ce mot, a été bien déchiffrée.

MONNAIES COLONIALES.

54. Les Romains fondèrent un grand nombre de *colonies* dans les pays conquis, dans le double but de diminuer la population toujours croissante de la métropole, et de récompenser les soldats en leur donnant des biens. Ces colonies jouissaient du droit de cité, du droit latin ou seulement du droit italique, suivant la volonté du sénat, du peuple romain et ensuite des empereurs. Il ne faut pas les confondre avec les *municipes*. On donnait ce nom aux villes dont les habitants, tout en étant assimilés aux citoyens romains, se gouvernaient par leur propres lois (1). Bien que les municipes eussent une sorte d'autonomie cependant, le titre de colonie était considéré comme plus honorable, attendu que la colonie était la représentation du peuple romain. Quelquefois le mot *municipe* est le synonyme de *colonie* et même de *ville*, mais c'est par exception.

55. Sur les monnaies, le titre de colonie est indiqué ainsi : C, COL. COLONIA, KO, KOΛ, KOΛΩΝΙΑ ; celui de *municipe*, par M. MVN. MVNICIP, et quelquefois par URBS. — Les colonies et les municipes avaient, en outre, des épithètes telles que : *Victrix, Invicta, Felix, Pia, Nobilis ? Pulchra, Concordia, Liberalitas, Laus, Pacensis, Campestris ? Togata ? Prima, Romana, Gemina, Regia, Impetoria, Hibera, Nassica, Sergia*.

56. Nous allons examiner rapidement quels étaient les

---

(1) Cf. Sicul. Flacc., *de condit. agror.* « Coloniae autem inde dictae sunt, quod populus romanus in ea municipia miserit colonos. vel ad ipsos priores municipiorum populos coercendos, vel ad hostium incursus repellendos. » — Ulpien, leg. 1. D. *de municipal.* : Municipes proprie appellantur muneris participes recepti in civitate, ut munera nobiscum facerent ; sed nunc abusive municipes dicimus uniuscujusque civitatis cives, ut puta Campanos, Puteolanss.

magistrats dont les noms sont gravés sur les monnaies coloniales et municipales, et d'abord les *duumvirs*, IIVIR ou IIV. Les duumvirs étaient, dans la colonie, ce que les consuls étaient à Rome : cette magistrature était annuelle, et les empereurs acceptèrent quelquefois le titre de duumvirs honoraires dans les colonies. Quand ils étaient nommés pour cinq années, ils s'appelaient duumvirs quinquennaux, IIVIR. Q., ou IIVIR. QVINQ. Hadrien le fut à Italica de Bétique, sa patrie (1). — Les *préfets duumvirs* ou *quinquennaux*. PR. PRÆ. PRÆFECTVS IIVIR ou QVIN., remplissaient les fonctions de duumvirs lorsque cette charge était conférée à l'empereur ou à un grand personnage étranger à la colonie. Ainsi nous voyons, à Celsa de Taraconaise, Hiberus être préfet duumviral pour M. Agrippa, Heleius Pollion, pour Tibère, etc. (2). — Dans quelques colonies, au lieu de deux personnages, on en nommait quatre, qui alors se nommaient *quatuorviri*, IIIIVIR. ; de même que les duumvirs, ils étaient tantôt annuels,

(1) Cf. Spartien *in Hadriano*. On voit par des monnaies que les colonies suivantes étaient administrées par des duumvirs. Nous marquons d'un astérisque celles où les magistrats étaient quinquennaux :

Acci.	Ercavica.
Agrigenti.	* Ilici.
Bilbilis.	Julia Bæticæ
* Buthroti.	* Leptis.
Cæsaraugusta.	Onuba.
Calagurris.	Osca.
* Carthago nova.	* Pæstum.
Carthago vetus.	Panormus.
* Celsa.	Parium.
* Corinthus.	Saguntum.
Dertsoa.	Turiaso.
* Emporiæ.	Utica.
Enna.	* Valentia.

(2) Voici les colonies administrées par des *præfecti*, selon les monnaies :

Cæsaraugusta.	Corinthus.
Calagurris.	Leptis.
Celsa.	

tantôt quinquennaux (1). Les *édiles*, AED, AEDILE., dans les colonies comme à Rome, étaient préposés à la police et à l'approvisionnement et aux jeux publics ; dans quelques-unes cependant, l'édile était le premier magistrat (2). Les *décurions*, dans les colonies comme dans les municipes, formaient une assemblée qui y tenait lieu du sénat de Rome ; aussi sur un assez grand nombre de monnaies coloniales, on voit les sigles D. D, ou EX.D.D, ou Δ.Δ. (*ex decreto decurionum*), qui remplacent la formule romaine S.C. et EX.S.C., *ex senatus-consulto*.

57. Nous allons maintenant consacrer quelques lignes aux types principaux qui sont gravés sur les monnaies coloniales et municipales. Dans un assez grand nombre de localités, on voit *un homme revêtu de la toge, guidant, un fouet à la main, deux bœufs attelés à une charrue*. Ce type rappelle la cérémonie qui avait lieu lorsqu'une colonie était fondée : le fondateur ou le chef de l'expédition traçait, au moyen d'une charrue attelée d'un taureau et d'une vache, un sillon qui indiquait l'enceinte de la ville, et soulevait la charrue pour interrompre le sillon où devaient être les portes (3); les colons suivaient en rejetant dans l'intérieur les mottes de terre provenant du sillon ; on sacrifiait ensuite l'attelage aux dieux *medioxumis*, puis on construisait les murailles. On observait ces rites même lorsqu'il s'agissait d'une ville existant déjà depuis longtemps, mais qui recevait postérieurement le titre de colonie, comme Béryte, Sidon ou Tyr (4). — Le second type le plus fréquent est *l'enseigne militaire seule, marquée d'un numéro de légion*, ou quelquefois placée près du per-

---

(1) A Carteia de Bétique et Clunia de Tarraconaise.

(2)
Acinippo.	Leptis.
Calagurris.	Obulco.
Carteia.	Parium.
Celsa.	Saguntum.
Clunia.	Turiaso.

(3) Cato, *in Orig.* cité par Servius *ad Æneid.*, VII, 755. — Cicéron, *Phil.*, II, XL. Ovide, *Fast.*, IV, 823.

(4) Cf. Eckhel, t. IV, p. 490.

sonnage que nous venons de signaler. Il est évident que l'enseigne indique une colonie militaire, et le numéro de la légion le corps d'armée dans lequel furent choisis les colons (1). — *La louve allaitant Romulus et Remus. Enée portant son père Anchise et tenant son fils Ascagne par la main*, rappellent l'origine de la ville de Rome, dont chaque colonie était la représentation. — Le *taureau* est l'emblème de l'agriculture à laquelle se livraient les colons, ou peut-être aussi des victimes immolées lors de la cérémonie de fondation. — Il y a encore un autre type qui ne se trouve que sur les monnaies coloniales, et sur lequel nous devons appeler l'attention de nos lecteurs : c'est *Silène debout, la main droite étendue, et soutenant de la gauche une outre posée sur son épaule*. La meilleure interprétation qui en ait été donnée est, à notre avis, celle de Eckhel : ce savant, après avoir établi que Silène et Marsyas ont été souvent confondus par Hérodote et par Pausanias rappelle que, suivant Servius (*ad Æneid.*, III, 20 ; IV, 58), la statue de Marsyas, symbole de Bacchus *Liber pater*, était dans toutes les villes *libres* d'Italie ; il fait ensuite remarquer que, parmi les monnaies coloniales au type de Silène, il en est plusieurs, telles que celles d'Alexandrie de Troade, de Béryte, de Laodicée, de Paros et de Tyr, qui ont été émises par des colonies jouissant du *jus italicum*, liberté fort importante, qu'Auguste n'avait d'abord accordée qu'aux villes d'Italie, et qui consistait dans l'exemption du tribut *capitis et soli*. Il en conclut donc que Marsyas ou Silène étant le symbole de la liberté, les colonies qui le prirent pour type principal de leurs monnaies étaient celles auxquelles on avait concédé le *droit italique*.

58. Quelques monnaies de colonies et de municipes mentionnent la permission donnée par l'empereur de les frapper ; ce sont celles de Cæsaraugusta, Ebora, Emerita, Italica, Patricia, Romula, Traducta, Patræ, Corinthum, Berytus, Carthago. Il peut sembler étonnant que, parmi un si grand nombre de monnaies appartenant à cette catégorie, il y en ait si peu qui portent la mention de la con-

(1) Cf. Eckhel, t. IV, p. 491 et 492.

cession impériale; mais on n'en a pas encore trouvé de raison satisfaisante. — D'autres colonies, telles que Antioche de Syrie, Damas de Cœlésyrie, Philippopolis de Thrace, Antioche de Pisidie et Nonium de Lycaonie, portent les lettres SC. ou SR., *senatusconsultus* et *senatus romanus*, qui semblent indiquer une concession faite par le sénat.

59. Voici la liste des colonies et des municipes qui ont émis des monnaies; nous marquerons les premières d'un astérisque :

*Abdera de Bétique.
*Acci de Tarraconaise.
*Ælia Capitolina de Judée.
*Agrigentum de Sicile.
*Agrippina de la Germanie inférieure.
*Alexandria de Troade.
*Antiochia de Pisidie.
*Antiochia de Syrie.
*Apamea de Bythinie.
Arva de Bétique.
*Asta de Bétique.
*Asturica de Tarraconaise.
*Babba de Mauritanie.
*Berytus de Phénicie.
Bilbilis de Tarraconaise.
*Bostra d'Arabie.
*Brundusium de Calabre.
*Buthrotum d'Epire.
*Cabellio de Narbonnaise.
*Cæsaraugusta de Tarraconaise.
Cæsarea ad Libanum de Phénicie.
*Cæsarea de Samaritide.
Calagurris de Tarraconaise.
*Carrhæ de Mésopotamie.
*Carteia de Bétique.
*Carthago Nova de Tarraconaise.
Carthago vetus de Zeugitane.
Cascantum de Tarraconaise.
*Cassandrea de Macédoine.
*Celsa de Tarraconaise.
*Clunia de Tarraconaise.
Ciela de Chersonèse de Thrace.
*Comana de Pont.
*Copia de Lucanie.
*Corduba Patricia de Bétique.
Corinthus d'Achaïe.
*Cremna de Pisidie.
*Damascus de Cœlésyrie.
*Dortosa de Tarraconaise.
*Deuthum de Thrace.
*Dium de Macédoine.
Ebora de Lusitanie.
*Edessa de Mésopotamie.
*Heliopolis de Cœlésyrie.
Hercavonia de Tarraconaise.
Herda de Tarraconaise.
*Ilici de Tarraconaise.
Italica de Bétique.
*Julia de Bétique.
*Junium de Lycaonie.
*Laodicea de Syrie.
*Leptis de Syrtique.
Lugdunum Copia de Gaule.
*Neapolis de Samarie.
*Nemausus de Narbonaise.
Nisibi de Mésopotamie.
*Norba de Lusitanie.
Obulco de Bétique.
*Ocea de Syrtique.
*Olba, Olbasa de Pisidie.
Osca de Tarraconaise.

Osicerda de Tarraconaise.
*Pæstum de Lucanie.
*Panormus de Sicile.
*Parada de Zeugitane.
*Parium de Mysie.
*Parlais de Lycaonie.
*Patræ d'Achaïe.
*Patricia Corduba de Bétique.
*Pax Julia de Lusitanie.
*Pella de Macédoine.
*Philippi de Macédoine.
*Philippopolis de Thrace.
*Ptolemais de Galilée.
*Rhesæna de Mésopotamie.
*Roma de Latium (Rome n'est qualifiée de colonie que sous le règne de Commode.
*Romula de Bétique.
Saguntum de Tarraconaise.
*Sebaste de Samarie.
*Sidon de Phénicie.
*Singara de Mésopotamie.
*Sinope de Paphlagonie.
Stobi de Macédoine.
*Tarraco de Tarraconaise.
*Thessalonica de Macédoine.
*Traducta de Bétique.
Turiaso de Tarraconaise.
*Emerita de Lusitanie.
*Emisa de Syrie.
Emporia de Tarraconaise.
Enna de Sicile.
Ercavica de Tarraconaise.
Gades de Bétique.
*Germe de Galatie.
Graccuris de Tarraconaise.
*Tyana de Cappadoce.
*Tyrus de Phénicie.
*Valentia de Bruttium.
*Vienna de Narbonaise.
*Viminiacum de Mésie supérieure.
Visontium de Tarraconaise.
Utica de Zeugitane.

MONNAIES ROMAINES

ÉPOQUE ANTÉRIEURE A L'EMPIRE

Noms propres d'hommes sur les monnaies romaines.

60. Le citoyen romain portait plusieurs noms, qu'il faut reconnaître : il y avait le prénom, *prænomen*, qui servait à distinguer un membre dans une famille ; le gentilice, *nomen*, qui était celui de la famille même ; le *cognomen*, qui indiquait la branche de la famille ; et quelquefois le surnom ou *agnomen*, qui était donné en souvenir de quelque fait particulier : nous ne pouvons pas citer un meilleur exemple que le nom de *Publius Cornelius Scipio Africanus*. Ce personnage, dont la dénomination distincte était Publius (prænomen), s'appelait en outre Cornelius parce qu'il appartenait à la *gens Cornelia*, Scipio pour indiquer qu'il était de la branche, *familia*

des *Scipiones,* et *Africanus,* à cause de ses succès en Afrique. Voici les prénoms romains que l'on retrouve le plus souvent sur les monnaies :

61. Lorsqu'un Romain entrait par l'adoption dans une nouvelle famille, sur les monnaies, il prenait le plus souvent le *nomen* et le *cognomen* de celle-ci, et les faisait suivre du nom de sa propre famille terminé en ANVS. Ainsi, Æmilius Paullus, adopté par P. Cornelius Scipion, s'appela par la suite, P. Cornelius Scipio Æmilianus. — Les monnaies républicaines mentionnent souvent l'aïeul et le père du personnage dont le nom est gravé ainsi : C. ANNI. T. F. T. N., signifie *Caïus Annius Titi filius, Titi nepos.*

Magistrats qui figurent sur les monnaies romaines.

62. Sur les monnaies de la république romaine, on voit mentionner des souverains pontifes, PONT. MAX. ; des pontifes, PONT. ; des Augures. AVG., AVGVR. ; des flamines martiaux, FLAMEN MARTIALIS, et des septemvirs épulons, VIIVIR. EPVL. Dans l'ordre civil et militaire, on voit des consuls, COS. ; des proconsuls, PROCOS. ; des légats, LEG. ; des préfets maritimes. PRAEF. CLAS. ET ORAE. MARIT. ; des préteurs, PR.; des propréteurs, PROPR. ; des préfets urbains. PRAEF. VRB. ; des édiles curules, AED. CVR ; des édiles plébéiens, AED. PLEB. ; des questeurs, Q. ; Q. VRB. ; des proquesteurs, PROQ. ; des triumvirs et des quatuorvirs monétaires IIIVIR et IIIIVIR ; et des *imperatores* IMP.

Légendes.

63. Les légendes comprennent tous les caractères inscrits sur les monnaies de cette classe : on doit principalement connaître les lettres isolées formant véritablement légende, et qui chacune sont l'initiale d'un mot ; voici les principales :

A. A. A. F. F, Auro Argento, Æri Flando, Feriundo.
A. C. Absolvo, Condemno (Cassia).
AN. XV. PR. H. O. C. S. Annorum quindecim prætextatus hostem occidit (Æmilia).
A. P. F. — A. PV. — EX. A. P. AD pecuniam feriundam — Argentum publicum — Ex argento publico.
D. P. P. Dei Penates (Sulpicia).
D. S. S. Dedit sumptibus suis ?
F. P. R. Fortuna populi Romani (Arria).
G. P. R. Genius populi Romani (Cornelia).
G. T. A. Genius tutelaris Africæ (Cæcilia).
I. S. M. R. Juno Sospita Magna Regina (Thoria).
L. D. Libero, Damno (Cœlia).
O. S. C. Ob Cives servatos (Aquillia).
P. P. Penates (Fonteïa).
Q. C. M. P. I. Quintus Cæcilius Metellus pius imperator.
Q. P. Quæstor proprætor.
S. C. D. T. Senatusconsulto dedicato tripode, ou Die tertio.
S. F. Sexti filius, ou Sacris faciundis.
V. Uti ou Veto (Cassia).

64. Les monogrammes sont assez communs dans les légendes ; en décomposant les principaux, on en retrouve qui donnent les syllabes suivantes : 1. VR. 2. MAN. 3. TV. 4. VT. 5. NT. 6. ANTE. 7. AL. 8. L. AP. 9. AT. 10. AVP. 11. AVR. 12. MET. 13. AP. 14. CALP. 15. VD. 16. ALD. 17. CRIT. 18. NATVL. 19. CN. FOVLV. 20. TVB. 21. TIL. 22. ITAL. 23. VET. 24. IB. 25. IIA. 26. ROMA.

Types.

65. Les types présentent presque toujours à l'avers une tête de divinité, de génie ou de personnage historique ; le revers est consacré à rappeler des faits ou des monuments relatifs à la religion, à la nation, ou même seulement à la famille dont le nom est gravé sur la monnaie. Parmi les têtes, nous citerons principalement celles d'Apollon, de

Minerve, de l'Honneur (*Honos*), du Triomphe (*Triumphus*), du Génie du peuple romain, de Junon Moneta, de la Liberté, de la Piété, de la Sibylle, des déesses *Salus, Fides, Concordia*, de Vénus, de Vesta, des rois Romulus, Ancus Martius, Numa Pompilius, etc.

66. Nous disions, quelques lignes plus haut, que plusieurs types de la série des monnaies dont nous nous occupons, avaient uniquement rapport à l'illustration de la famille dont le nom était gravé dans la légende : en effet, nous avons dit que les monnaies étaient frappées sous la surveillance des triumvirs, que ces magistrats formaient le premier degré dans l'échelle des fonctions publiques, et que des jeunes gens des grandes familles commençaient par là leur carrière politique ; ils en profitaient pour rappeler des illustrations de famille, qui, souvent, étaient aussi des illustrations de la république, et, soit comme peuple, soit comme particuliers, peu de citoyens eurent plus de prétentions *nobiliaires* que les Romains. César disait publiquement qu'il descendait par les femmes du roi Ancus Martius, et par sa famille paternelle de Vénus : or, sur les monnaies de la famille Julia, nous voyons la tête de Vénus, et sur celle de la famille Marcia, celle d'Ancus ; Cicéron n'était pas éloigné de se dire issu de M. Tullius, qui fut consul dix ans après la chute des rois de Rome ; Mécène descendait des rois Tyrrhéniens, les Pisons de Numa Pompilius, les familles Memmia, Sergia et Cluentia de Mnestée, de Sergestes et de Cloanthe. Saint Jérome signale un certain Toxotius qui vivait de son temps, et qui avait bien d'autres prétentions : il était, prétendait-il, issu d'Enée et de Jules ; et sa femme, Paula, descendait des Gracques et d'Agamemnon (1).

(1) Cf. Cicéron, *in Bruto*, XVI. — Suétone, *in Cæsare*, VI : « *Amitæ meæ* Juliæ (disait Cæsar) maternum genus a regibus ortum, paternum cum diis immortalibus conjunctum est, nam ab Anco Marcio sunt Marcii reges, quo nomine fuit mater, a Venere Julii cujus gentis familia est nostra ». — Horace, *Carm.*, III, od. XXIX. — Id. *de Arte* v. 291. — Virgile, *Æneid*, v. 117 et seq. — Julien, *Orat.*, II. — Plutarque, *in Numa*.

67. Nous avons vu plus haut que les types des villes grecques faisaient quelquefois allusion au nom même ; nous retrouvons également des types parlants sur les monnaies des familles romaines : ainsi Publicius Malleolus gravait un petit marteau, *malleolus*, Valerius Asciculus, l'instrument nommé *ascia* qui jouait un grand rôle dans la mythologie étrusque (1). Aquilius Florus, une fleur, *flos*, Furius Crassipes, un pied, *pes*, Accoleïus Lariscolus, trois mélèzes, *larices*, Furius Purpureo, un *murex*, coquillage dont on retire la pourpre, Lucretius Trio, la constellation appelée *Septem Triones*, Sextius Saturninus, la tête de *Saturne*, Pomponius Musa, une *Muse*, etc.

Monnaies restituées.

68. Les monnaies *restituées* sont celles qui ont été frappées de nouveau, longtemps après leur première émission, et qui portent REST., ou plus rarement RESTITVIT, suivi du nom du prince qui les a fait fabriquer. Trajan est celui qui fit le plus de restitutions monétaires : en argent, il restitua les deniers des familles *Æmilia, Cæcilia, Carisia, Cassia, Claudia, Cornelia, Cornuficia, Didia, Horatia, Junia, Livineia, Lucretia, Mamilia, Marcia, Maria, Memmia, Minucia, Normana, Numonia, Pompeia, Rubria, Scribonia, Sulpicia, Titia, Tullia, Valeria*, des deniers de Jules César et d'Auguste ; en or, il restitua des *aureus* de César, Auguste, Tibère, Claude, Galba, Vespasien et Néron. Hadrien restitua le denier des Trajan père ; Marc-Aurèle et Lucius Vérus restituèrent le denier de la sixième légion de Marc Antoine. Titus et Domitien restituèrent des monnaies de Auguste, Agrippa, Tibère, Germanicus, Agrippine I, Claude, Galba, Othon et Julia, fille de Titus. Nerva en restitua d'Augsste. — Ce qui distingue spécialement ces monnaies, c'est qu'elle sont entièrement semblables, sauf la légende constatant la restitution, aux types primitifs.

(1) Cf. les *Mémoires de l'Institut archéologique de Rome*, 1838, p. 142 et suiv., article de M. Lenormant. — *Mémoires de la Société des Antiquaires de l'ouest*, 1844, p. 103 et suiv.

69. L'origine de ces *restitutions* est fort peu certaine ; cependant on peut, à ce sujet, hasarder quelques conjectures qui ne paraissent pas trop hypothétiques. Nous voyons que le plus grand nombre de monnaies restituées datent du règne de Trajan ; or, Xiphilin, en parlant de ce prince, d'après Dion, nous dit qu'il fit une refonte générale des anciennes monnaies qui étaient trop frustes(1) : n'est-il pas tout naturel d'en conclure que Trajan, ainsi que les autres empereurs qui mirent la même mesure à exécution, en refondant les anciennes monnaies, voulut conserver des types qui rappelaient des événements glorieux de la république et les principaux monuments monétaires de leurs ancêtres ? Parmi les monnaies des familles refrappées par Trajan, il y en avait probablement qui étaient de véritables titres de noblesse pour des personnages qu'il avait à sa cour, et d'ailleurs, l'ancienne institution des triumvirs monétaires existait encore, et comme ils ne signaient plus les monnaies, il est fort possible que Trajan permit à quelques-uns d'entre eux de rappeler les deniers frappés par leurs aïeux.

70. LISTE DES SURNOMS QUI SE TROUVENT SUR LES MONNAIES DE LA RÉPUBLIQUE ROMAINE

Ascisculus....	Valeria.			Atia.
Agrippa......	{ Luria. / Vipsania.	Balbus.......	{ Cornelia. / Nævia. / Thoria.
Ahala.......	Servilia.			
Ahenobarbus...	Domitia.	Bassus.......	Betiliena.
Albinus......	Postumia	Bibulus......	Calpurnia.
Antiaticus....	Mænia.	Blandus......	Rubellia.
Aquinus......	Cæcilia.	Blasio.......	Cornelia.
Asiagenes....	Cornelia.	Brocchus.....	Furia.
Atratinus....	Sempronia.	Brutus.......	Junia.
Augurinus....	Minucia.	Buca........	Æmilia.
Bala........	Ælia.	Bursio.......	Julia.
Balbus.......	{ Acilia. / Antonia.	Cacicianus....	Cassia.
		Cæpio.......	Servilia.

(1) Cf. Dion, LXVIII, xv.

Cæsar	Julia.	Geta	Hosidia.
Caldus	Cælia.	Glabrio	Acilia.
Capella	Nævia.	Grac	Antestia.
Capito	Fonteia. / Maria.	Gracchus	Sempronia.
		Hemic	Flavia.
Capitolinus	Petillia.	Hispaniensis	Annia.
Carbo	Papiria.	Hypseus	Plautia.
Casca	Servilia.	Italicus	Silia.
Cato	Porcia.	Judex	Vettia.
Catullus	Valeria.	Junianus	Licinia.
Celer	Cassia.	Kalenus	Fufia.
Celsus	Papia.	Labeo	Fabia.
Censorinus	Marcia.	Labienus	Atia.
Cerco	Lutatia.	Lacca	Porcia.
Cestiarus	Plætonia.	Lamia	Ælia.
Cethegus	Corneria.	Lariscolus	Accoleia.
Chilo-Cilo	Flaminia.	Lentulus	Cornelia.
Cicero	Tullia.	Lepidus	Æmilia.
Cinna	Cornelia.	Libo	Marcia. / Scribonia.
Cocles	Horatia.		
Cordus	Mucia.	Licinus	Porcia.
Cossus	Cornelia.	Limetanus	Mamilia.
Costa	Pedania.	Longinus	Cassia.
Cotta	Aurelia.	Longus	Mussidia.
Crassipes	Furia.	Lucanus	Terentia.
Crassus	Canidia. / Licinia.	Lupercus	Gallia.
		Macer	Licinia. / Sepullia.
Crispinus	Quinctia.		
Croto	Metilia.	Magnus	Pompeia.
Dossenus	Rubria.	Malleolus	Poblicia.
Fabatus	Roscia.	Marcellinus	Cornelia.
Faustus	Cornelia.	Marcellus	Claudia.
Felix	Cornelia.	Maridianus	Cossutia.
Flaccus	Rutilia. / Valeria.	Maximus	Egnatia. / Fabia.
Flavus	Decimia.	Mensor	Farsuleia.
Florus	Aquillia.	Messala	Valeria.
Fostulus	Pompeia.	Mettellus	Cæcilia.
Furgi	Calpurnia.	Molo	Pomponia.
Gal	Memmia.	Murcus	Statia.
Galba	Sulpicia	Murena	Licinia.
Gallus	Asinia. / Caninia.	Musa	Pomponia.
		Naso	Axia.
Geminus	Aburia.	Natta	Pinaria.

Nerva	{ Cocccia. Licinia. Silia.
Nomentanus	Atilia.
Nonianus	Considia.
Otho	Salvia.
Pætus	{ Ælia. Considia.
Palicanus	Lollia.
Pansa	Vibia.
Paullus	Æmilia.
Philippus	Marcia.
Philus	Furia.
Pictor	Fabia.
Piso	Calpurnia.
Pitio	Sempronia.
Pius	{ Cæcilia. Pompiaa.
Plancus	{ Munacia. Plautia.
Platorinus	Sulpicia.
Pulcher	Claudia.
Purpureo	Furia.
Quinctilianus	Nonia.
Reginus	Antestia.
Regulus	Livineïa.
Restio	Antia.
Rocus	Crepereia.
Rufus	{ Aurelia. Cordia. Lucilia. Mescinia. Minucia. Plotia. Pompeïa. Pomponia. Sulpicia.
Rullus	Servilia.
Rus	Aufidia.
Sabinus	{ Minacia. Tituria. Vettia.

Sabula	Cossutia.
Salinator	Oppia.
Saranns	Atilia.
Saserna	Hostilia.
Saturninus	Appuleia.
Saxla	Clovia.
Scaeva	Junia.
Scarpus	Pinaria.
Scaurus	{ Æmilia. Aurelia.
Scipio	Cornelia.
Secundus	Arria.
Ser	Manlia.
Silanus	Junia.
Silianus	Licinia.
Silus	Sergia.
Sisenna	Cornelia.
Spinther	Cornelia.
Stolo	Licinia.
Strabo	Volteia.
Sufenas	Nonia.
Sulla	Cornelia.
Sulpicianus	Quinctia.
Surdinus	Nævia.
Tampilus	Bæbia.
Taurus	Statilia.
Thermus	Minucia.
Torquatus	Manlia.
Trigeminus	Curiatia.
Trio	Lucretia.
Trogus	Maria.
Tubulus	Hostilia.
Tullus	Mæcilia.
Turdus	Papiria.
Turpilianus	Petronia.
Vaala	Numonia.
Varro	Terentia.
Varus	Vibia.
Vetus	Antistia.
Vitulus	Voconia.
Volusus	**Valeria.**

MONNAIES IMPÉRIALES

71. Comme nous l'avons dit (§ 22), les monnaies impériales romaines peuvent être subdivisées en deux époques bien distinctes, et qui, à la rigueur, peuvent, chacune, former une collection fort nombreuse et assez complète : la première époque commencerait à la fin de la république, c'est-à-dire à la dictature perpétuelle de Jules César, et l'autre à la translation du siège de l'empire à Constantinople. Lorsque nous étudierons les monnaies elles-mêmes, nous aurons égard à ces divisions, mais auparavant nous parlerons des caractères principaux et généraux de la numismatique impériale romaine, sans établir de distinctions.

Consulats sous l'Empire.

72. Nous avons dit que les monnaies impériales ne portaient pas de dates, mais seulement la mention des consulats et des tribunats du prince (§ 48) ; il faut donc être bien fixé sur la manière de compter ces annotations, qui, par le calcul, deviennent de véritables dates. Nous commencerons par les *consulats*, qui étaient *continus* ou *annuels*. Le consulat *continu* était conféré au prince, bien qu'un ancien plébiscite eût défendu que le même personnage fût deux fois revêtu de cette dignité en dix ans (1), excepté dans certains cas extraordinaires. Ainsi, Marius fut consul pendant sept ans de suite, Sylla le fut huit ans. Jules César fut consul tant qu'il eut la dictature perpétuelle. Les empereurs romains, bien qu'ils semblassent tenir à conserver au consulat son ancienne forme annuelle, se firent cependant décerner plusieurs fois le consulat continu : nous citerons par exemple Néron (2), et Vitellius (3). — Sous l'empire, les consuls étaient nommés par l'empereur,

---

(1) Cf. Tite-Live, VII, xlii ; X, xiii.
(2) Cf. Tacite, *Ann.* XIII, xli.
(3) Cf. Suétone, *de Vitell.*, xi : « Comitia in decem annos ordinavit, seque perpetuum consulem ».

qui se désignait toujours lui-même, en se donnant pour collègue quelque personnage marquant.

73. Les consuls supplémentaires, *consules suffecti*, sous la république, n'étaient élus que pour remplacer le titulaire lorsqu'il venait à mourir dans l'année de sa magistrature : César fut le premier qui fit une exception à cette règle : dans la suite, il arriva que lorsque l'empereur venait à changer, les consuls nommés par les prédécesseurs continuèrent à conserver leur dignité, bien que le successeur en ait nommé d'autres qui étaient alors *suffecti*.

74. — Les consuls étaient nommés aux calendes de janvier, et donnaient leurs noms à l'année, ils étaient alors *consules ordinarii*, par opposition aux supplémentaires (1). Cependant, lorsque l'année suivante ces derniers devenaient quelquefois consuls ordinaires, ils avaient coutume de compter leur premier consulat comme s'il avait été ordinaire : ainsi, les premiers consulats de Caracalla et de Héliogabale sont *suffecti*.

75. Les consuls étaient désignés l'année qui précédait leur entrée en fonctions : ainsi on lit souvent : COS. III. DESIG. IIII. Cependant, il arriva que des consuls furent désignés longtemps à l'avance ; ainsi, dès l'âge de quatorze ans, Néron était désigné pour le consulat qu'il ne devait avoir qu'à vingt ans révolus.

76. Du reste, le consulat n'était, sous les empereurs, qu'un titre purement honorifique, conservé principalement pour flatter l'amour-propre de certains personnages et imposer silence à ceux qui regrettaient les anciennes formes républicaines. On appelait *consulatus dimidius*, celui dont était revêtu le consul auquel on n'avait pas donné de collègue, comme Pompée en 702 de R. Après la division de l'empire et la translation de son siège à Constantinople, on continua à nommer des consuls, l'un à Rome et l'autre dans la nouvelle capitale ; il y eut alors un

---

(1) Cf. Dion, XLVIII, § 35. — Sénèque, XXII, § 12 : Dedit (imperator), XII fasces ? Sed non fecit ordinarium consulem. A me numerari voluit annum ? Sed deest mihi ad sacerdotium. Cooptatus in conlegium sum ? Sed cur in unum ? •

consul orientalis et un *consul occidentalis* : et lorsque des causes diverses s'étaient opposées à la nomination de ce magistrat, on comptait les années sans consuls à dater du dernier titulaire : *anno secundo* ou *anno tertio post consulatum Basilii*. Il y avait déjà longtemps que la dignité de consul n'était plus comptée pour rien, même pour servir de date authentique, lorsqu'elle fut définitivement abolie par l'empereur Léon VI, en 886 de J.-C. (1).

Nous donnons la date des consulats qui peuvent servir à classer les monnaies romaines sur lesquelles ils sont mentionnés :

Av. J.-C.					
44. César	5	18. Tibère	4	72. Vespasien	4
43. Antoine	1	Germanicus	2	Titus	2
Octave	1	21. Tibère	4	73. Domitien	2
42. Lepide	2	Drusus	2	74. Vespasien	5
37. Agrippa	1	31. Tibère	5	Titus	3
34 Antoine	2	33. Galba	1	75. Vespasien	6
33. Octave	2	37. Caligula	1	Titus	4
31. Id.	3	Claude	1	76. Vespasien	7
30. Id.	4	39. Caligula	2	Titus	5
29. Id.	5	40. Id.	3	77. Vespasien	8
28. Id.	6	41. Id.	4	Titus	6
27. Agrippa	2	42. Claude	2	Domitien	5
27. Octave	7	43. Id.	3	79. Vespasien	9
Agrippa	3	47. Id.	4	Titus	7
26. Octave	8	52. Id.	5	80. Id.	8
25. Id.	9	Vespasien	1	Domitien	7
24. Id.	10	55. Néron	1	82. Id.	8
23. Id.	11	57. Id.	2	83. Id.	9
13. Tibère	1	58. Id.	3	84. Id.	10
7. Tibère	2	60. Id.	4	85. Id.	11
5. Octave	12	68. Id.	5	86. Id.	12
2. Id.	13	69. Galba	2	87. Id.	13
		Othon		88. Id.	14
		70. Vespasien	2	90. Id.	15
Ap. J.-C.		Titus	1	Nerva	2
		71. Vespasien	3	91. Trajan	1
12. Germanicus	1	Domitien	1	92. Domitien	16
15. Drusus	1	**Nerva**	1	95. **Id.**	**17**

(1) Cf. la 95ᵉ constitution de Léon.

97. Nerva	3	192. Commode	7	252. Volusien	1
98. Id.	4	193. Sévère	2	253. Id.	2
Trajan	2	Albin	2	254. Valérien	2
100. Id.	3	202. Sévère	3	Gallien	1
101. Id.	4	Caracalla	1	255. Valérien	3
103. Id.	5	205. Id.	2	Gallien	2
108. Hadrien	1	Geta	1	257. Valérien	4
112. Trajan	6	208. Caracalla	3	Gallien	3
118. Hadrien	2	Geta	2	261. Id.	4
119. Id.	3	213. Caracalla	4	262. Id.	5
120. Antonin	1	218. Macrin		264. Id.	6
136. Aetius	1	Eliogabale	1	265. Valérien jeune	
137. Id.	2	219. Id.	2	266. Gallien	7
139. Antonin	2	220. Id	3	269. Claude II	
140. Id.	3	222. Id.	4	271. Aurélien	1
M. Aurèle	1	Sévère Alex.	1	273. Tacite	1
145. Antonin	4	226. Id.	2	274. Aurélien	2
M. Aurèle	2	229. Id.	3	275. Id.	3
154. L. Vérus	1	236. Maximin		276. Tacite	2
161. M. Aurèle	3	239. Gordien III	1	277. Probus	1
L. Vérus	2	241. Id.	2	278. Id.	2
Id.	3	245. Philippe I	1	279. Id.	3
175. Albin	1	247. Id.	2	281. Id.	4
177. Commode	1	Philippe fils	1	282. Id.	5
179. Id.	2	248. Philippe I	3	283. Carus	1
181. Id.	3	Philippe fils	2	Carin	1
183. Id.	4	250. Dèce	2	284. Id.	2
186. Id.	5	251. Id.	3	Numérien	
190. Id.	6	Dèce fils			
Severus	1	252. Gallus	2		

77. Le proconsulat paraît avoir été sous l'empire un pouvoir exceptionnel donné à certains personnages pour régler les affaires graves des provinces : ainsi, Auguste le conféra deux fois à Agrippa en 731 et 738 de Rome, pour soumettre l'Orient, en 753, à Caius César pour faire la campagne contre les Parthes ; on peut dire que le proconsulat était dans les provinces ce que la dictature était à Rome ; aussi nous voyons cette dignité conférée à Auguste à perpétuité (1) : l'empereur dès lors pouvait la déléguer dans certains cas, et pour des provinces nominativement désignées. On peut en con-

---

1) Cf. Dion, LIII, xxxii.

clure qu'il y avait trois sortes de proconsulats, savoir : l'*ordinaire*, qui été conféré à ceux qui allaient administrer les provinces, comme simples gouverneurs ; l'*extraordinaire*, qui était conféré temporairement à ceux qui étaient chargés d'une mission spéciale et importante ; ceux qui en étaient revêtus étaient en quelque sorte des commissaires extraordinaires avec pleins pouvoirs ; et enfin le *perpétuel*, qui était conféré à tous les empereurs comme complément de leur puissance souveraine.

Titre d'Imperator.

78. L'*imperator*, primitivement, était le chef de la force militaire ; c'était un titre que les soldats ou le sénat décernaient au général qui rentrait triomphant dans Rome. Diodore de Sicile et Appien disent que ce n'était que pour de brillants faits d'armes que l'on acquérait ce titre, et lorsque les Espagnols donnaient à Scipion l'Africain celui de *roi*, il répondait qu'il préférait celui d'*imperator* que lui avaient décerné ses soldats (1). — A dater du règne d'Auguste, le titre d'*imperator* ne fut donné que très rarement à des particuliers ; le dernier, d'après les textes, paraît être Blæsus, sous Tibère (2), et Appien, qui vivait

---

(1) Diodore de Sicile, LXXXVI, III. — Appien. *de Bell. civ.*, II, XLIV. — Tite-Live, XXVII, XIX. — Appien, dit aussi dans la préface de son histoire, VI : αὐτοκράτορας δὲ ὀνομάζουσιν, ὁ καὶ τῶν προσκαίρων στρατηγῶν ὄνομα ἦν. — Cicéron. *Phil.* XIV, IV et V : « Etenim cui viginti his annis supplicatio decreta est, ut non imperator appellaretur aut minimis rebus gestis, aut plerumque nullis ?.... At si quis Hispanorum, aut Gallorum, aut Thracum mille aut duo millia occidisset, non cum hac consuetudine, quae increbuit, imperatorem appellaret senatus ? »

(2) Tacite, *Ann.*, III, LXXIV. « Id quoque tribuit Blæso, ut imperator a legionibus salutaretur, prisco erga duces honore, qui bene gesta republica gaudio et impetu victoris exercitus conclamabantur, erantque plures simul imperatores, nec super ceterorum æqualitatem. Concessit quibusdam et Augustus id vocabulum, ac tunc Tiberius Blæso postremum. »

sous Hadrien, n'en parle plus que par ouï-dire (1). — Sur les monnaies, le titre qui nous occupe est quelquefois suivi d'un chiffre qui indique le nombre de victoires, IMP. ITERVM. ou III : Caracalla et Postume paraissent être les derniers à s'en être décorés : mais à mesure que l'on avance vers le bas-empire, le titre d'*imperator* indique les années écoulées depuis le commencement du règne. Un sou d'or de Théodore II porte IMP. XXXXII.

79. Pendant plusieurs siècles, presque toutes les légendes des monnaies impériales commencent par IMP : ici, le mot *imperator* a une autre signification, et il est synonyme de souverain, *propria summi imperii appellatio*. Dion Cassius établit parfaitement cette distinction, en rappelant que l'an 708 de Rome, le sénat conféra le titre d'*imperator* à Jules César, non pas comme un général triomphant, non pas parce que ceux qui étaient investis de pouvoirs étendus recevaient ce titre, mais seulement parce que le mot *imperator* résumait en quelque sorte la souveraineté que le peuple et le sénat déléguaient au dictateur perpétuel (2).

80. Nous allons appliquer ce que nous venons d'exposer aux légendes que l'on voit sur les monnaies, et nous citerons tout d'abord un denier de la *gens* Pinaria, portant IMP. CÆSARI. SCARPVS IMP. qui résume tout ce qui a été dit ; en effet, on y voit César figurer avec le titre d'*imperator*, décerné par le sénat au souverain, et Scarpus, avec le même titre, mais indiquant un général ayant été revêtu de l'*imperium*. — On peut donc affirmer que IMP., au commencement d'une légende, indique la dignité impériale, et que dans le corps même de la légende, cette abréviation indique une dignité. — Il ne faut pas oublier que quelques princes reçurent le titre d'*empereurs désignés* longtemps avant d'être associés au pouvoir ; de ce nombre sont Titus, Trajan, Antonin, Commode, Caracalla, Salonin, Carin, Numérien et Julien.

(1) Cf. Dio Cassius, XLIII, xliv ; LII, xli ; LIII, xviii. — Suétone, *in Cæsare*, lxxvi, *in Tiberio*, xxvi ; *in Claudio*, xii.

(2) Appien, *de Bell. civ.*, II, xliv : νῦν δ'ὅρον εἶναι τῇδε τῇ εὐφημίᾳ πυνθάνομαι τὸ μυρίους πεσεῖν.

Titre d'Auguste.

81. Octave ayant réuni dans sa main tous les grands pouvoirs de la république, voulut se faire décerner par le sénat et le peuple un surnom, *cognonem;* il pensa d'abord à celui de Romulus, mais pour ne pas éveiller les susceptibilités démocratiques, il y renonça et se contenta de celui d'Auguste : il ne s'appela plus, une fois empereur, que C. Cæsar Augustus (1) : ce fait eu lieu en février 727 de la fondation de Rome (2) ; les Grecs traduisaient ce mot tantôt par Αὔγουστος, tantôt par σεβαστός. — Le titre d'*Auguste*, qui fut héréditaire dans la famillle d'Octave (3), fut ensuite adopté par tous les empereurs ses successeurs, bien qu'ils ne lui tinssent par aucun lieu du sang : on le donnait à la femme et aux enfants de l'empereur ; ainsi Claude le donna à Messaline, Vespasien à sa femme Domitilla, bien qu'elle fût morte avant qu'il ait revêtu la pourpre ; aussi Alexandre Sévère disait : *Augustus primus, primus est auctor imperii, et in ejus nomen omnes velut quadam adoptione aut jure hereditario succedimus* (4).

82. Lorsqu'il y avait deux Augustes régnant ensemble, les monnaies portaient AVGG. ; lorsqu'il y en avait trois

---

(1) Cf. Dio., LIII, xvi. — Suétone, *in Augusto*, viii : « Posteà C. Cæsaris, deinde Augusti cognomen adsumpsit, alterum testamento majoris avunculi, alterum Munatii Planci, sententia, cum quibusdam consentibus Romulum appellari oportere, quasi et ipsum conditorem urbis, prævaluisset ut Augustus potius vocaretur, non tantum novo, sed etiam ampliore cognomine, quod loca quoque religiosa, et in quibus augurato quid consecratur, augusta dicantur, ab auctu, vel ab avium gestu gustuve, sicut etiam Ennius docet scribens : Augusto augurio postquam inclyta condita Roma est ». — Voy. aussi Velleius Paterculus, II, xci,

(2) Cf. Censorinus, *De die natali*, xxi : « Ex ante diem xvi kal. Februarii, imperator Cæsar Divi filius, sententia Lucii Munatii Planci, a senatu ceterisque civibus Augustus appellatus est, se VII, et M. Vipsanio Agrippa III, cos ».

(3) Cf. Suétone, *in Tiberio*, xxvi.

(4) Lampride, *in Alex. Severo*.

4.

ou quatre, AVGGG., AVGGGG., rarement on inscrivait *Augusti* au pluriel. Trajan se qualifia le premier de *perpetuus Augustus* sur les monnaies, Julien II de *Semper Augustus*, Dioclétien et Maximilien de *Senior Augustus*, Commode de *Junior Augustus*.

83. Les Augustes étaient représentés sur les monnaies, revêtus des différents insignes des magistratures qu'ils cumulaient. On les voit couverts du paludamentum, comme chefs des forces militaires, de la toge, comme législateurs, et des insignes sacrés comme pontifes. A dater du règne de Gallien, ils présentent presque toujours l'appareil militaire ; dans le bas-empire ils ont souvent le costume consulaire. — Depuis César jusqu'à Dioclétien, les têtes des empereurs sont presque toujours ceintes d'une couronne de laurier ; les Césars, dont nous parlerons tout à l'heure, avaient d'abord la tête nue et ensuite ornée d'une couronne radiée ; à dater de Dioclétien, tous les princes portèrent la couronne de laurier ; après Constantin, elle fut remplacée par le diadème. Nous venons de parler de la couronne radiée ; elle paraît avoir été employée d'abord sous Néron et jusqu'à Caracalla sur le bronze, après ce prince sur l'argent. Sous Probus on vit paraître les casques, et le nimbe après Constantin.

Titre de Dominus noster.

84. Auguste et Tibère n'avaient pas voulu accepter ce titre qui pouvait paraître blessant, puisqu'il assimilait les gouvernés à des esclaves (1) : Caligula se montra moins ombrageux sur les monnaies ; il ne parut d'abord que dans les légendes de quelques pièces d'Orient (2), et Aurélien

(1) Cf. Tertulien, *Apolog.*, XXXIV : « Augustus imperii formator. ne dominum quidem se dici volebat, et hoc enim dei est cognomen..... qui pater patriæ est, quomodo dominus est ? » Dion, LVII, VIII : « Dicebat Tiberius, se esse dominum servorum, imperatorem militum, principem ceterorum ». — Victor, de Cæsar., *in Diocletian.* : « Se primus omnium, Caligulam post Domitianumque dominum palam dici passus ».

(2) On le lit sur des monnaies d'Antonin, frappées à Antioche

paraît être le premier qui l'ait employé sur le numéraire impérial. Les Grecs mettaient Κύριος (1), Δεσπότης (2), Βασιλεύς (3). On lit dans les légendes romaines D. N. *Dominus Noster*, gravé à la place de IMP., avant le nom de l'empereur.

Titre de César.

85. Le titre de *César*, surnom, *cognonem*, de la famille des Jules, fut donné dans le principe aux personnages qui descendaient de cette maison, soit par les liens du sang, soit par l'adoption : après l'extinction de la *gens Julia*, qui arriva à la mort de Caligula, ce surnom passa aux princes de la *gens Claudia*, qui suivirent et qui cherchaient par des alliances éloignées à se rattacher à la race de Jules César : puis après, on fit des *Césars* comme on faisait des *Augustes*, et le premier de ces titres indiquait l'héritier présomptif de la pourpre impériale (4). — Vers le bas-empire les colonies donnèrent aux Césars l'épithète de *Nobilissimi*, qui passa, lorsque le siège de l'empire fut à Constantinople, sur la monnaie impériale, NOB. CAES., NOB. C. — A la fin de l'empire, ce titre de *Nobilissimus* était distinct de celui de *César*, et nous voyons que Constantin V, Nicéphore, créa *Césars* ses deux fils aînés, Christo-

---

de la Décapole, de Marc Aurèle en Mésopotamie, de Caracalla à Antioche de Pisidie, de Gordien III, dans la même ville, de Gallien à Alexandrie.

(1) ΑΥΤΟΚΡ. ΚΥΡ. ΑΝΤΩΝΕΙΝΟC. — ΥΠΕΡ ΝΙΚΗC ΤΩΝ. ΚΥΡΙΩΝ CΕΒΑCΤΩΝ, etc.

(2) Cf. Ducange, *Dissert.*, 34 et 35.

(3) On le lit sur les monnaies de Caracalla à Caphya d'Arcadie, de Commode à Nicée et Cius de Bithynie, et de Césarée de Cappadoce.

(4) Cf. Spartien, *De Ælio :* « Nihil habet in vita sua memorabile, nisi quod tantum Cæsar est appellatus non testamento, ut antea solebat, neque eo modo quo Trajanus est adoptatus, sed eo prope genere quo nostris temporibus a vestra clementia (Diocletiano) Maximianus atque Constantius Cæsares dicti sunt, quasi quidam principum filii viri et designati Augustæ Majestatis heredes ».

phore et Nicéphore, et *Nobilissimus*, son troisième fils Nicétas (1).

Titre de Prince de la Jeunesse.

86. Le titre de *princeps juventutis* était synonyme de *chef de l'ordre des chevaliers*. Les Romains, en effet, donnaient à l'armée le nom générique de *juventus*, et les chevaliers étaient choisis *ex primoribus civitatis* (2) : cet ordre, qui n'avait été institué que pour former un corps militaire, parvint à un degré de puissance assez grand pour former un corps civil, distinct du peuple et du sénat : le chevalier romain peut être comparé au gentilhomme du moyen âge, qui, avec un caractère militaire, finissait par dominer dans les fonctions civiles (3). De même que les sénateurs, *seniores*, avaient pour chef le *princeps senatus*, les chevaliers, *juvenes*, avaient également leur *princeps* (4), et Auguste, qui, l'an de Rome 726, se faisait décerner l'ancien titre de prince du sénat (5), ne manqua pas de donner celui de prince de la jeunesse à ceux qui étaient les plus aptes à lui succéder (6). Le César, ou héritier présomptif de l'empire, était donc toujours prince de la jeunesse, et l'on trouve ainsi ce titre décerné sur les monnaies jusqu'à Gratien.

---

(1) Cf. Nicéphore de Constantinople, *in fine Hist.* : τῶν υἱῶν ὁ τοῦδε τοὺς μὲν δύο Χριστοφόρον καὶ Νικηφόρον Καίσαρας, Νικήταν δὲ Νοβελίσιμον.

(2) Cf. Tite-Live, I, XLIII.

(3) Voy. Pline, XXXIII, VIII : « M. Cicero demum stabilivit equestre nomen in consulatu suo Catilinianis rebus, ex eo se ordine profectum esse celebrans..... ab illo tempore, plane hoc tertium corpus in republica factum est, coepitque adjici senatui populoque romano et equester ordo ».

(4) Un denier de Néron porte pour légende : EQVESTER. ORDO. PRINCIPI. IVVENT.

(5) Cf. Dion, LV, VII. — Suétone, *in Aug.*, II.

(6) Ovide, en parlant de Caïus, fils d'Agrippa, nommé prince de la jeunesse par Auguste, dit, *Art. amat.*, I, 194 : « Nunc juvenum princeps, deinde future senum ».

Titre de Pontife donné aux Empereurs et aux Césars.

87. Les *pontifes*, institués par Numa, et présidés par le *pontifex maximus*, formaient un collège qui, suivant les temps, élisait lui-même son chef, ou le recevait du peuple ou du sénat : lorsque Auguste eut été revêtu du souverain pontificat, il succéda à tous les droits dont primitivement avait été revêtu soit le peuple, soit la corporation elle-même. — Jusqu'à Alexandre Sévère, il n'y eut qu'un souverain pontife, de telle sorte que si deux ou trois princes étaient à la tête de l'empire ensemble, un seul d'entre eux était chargé de veiller à tout ce qui touchait aux choses sacrées, mais ensuite, les empereurs associés furent revêtus de ce titre, comme Pubien et Balbin, par exemple, qui figurent ainsi les premiers sur les monnaies. — Si on en croit Zozyme (1), Gratien aurait été le premier qui aurait renoncé à porter ce titre incompatible avec la foi catholique.

Tribunat.

88. Le tribunat qui devait son origine aux magistrats plébéiens, établis l'an 262 de Rome, pour protéger le peuple contre les patriciens, formait une magistrature toute puissante, que tout le monde briguait, à cause des prérogatives énormes qui y étaient attachées. Le peuple donna par acclamation le tribunat à vie à César, après la bataille de Pharsale : le sénat le conféra à perpétuité à Auguste, en 731. Mais une remarque à faire, c'est qu'aucun des empereurs ne porta le nom de *tribun* ; ils se déclaraient simplement décorés de la puissance tribunitienne *TRibunitia POTestate functus* : en effet, le tribunat réservé sous la république aux plébéiens, ne pouvait être donné raisonnablement à un patricien, et tous les empereurs, quelle que fût leur origine, étaient considérés comme patriciens,

---

(1) Cf. Zozyme, IV, xxxvi.

par cela même qu'ils étaient empereurs (1). — L'empereur faisait donner les mêmes pouvoirs à ceux qu'il désignait pour être ses collègues, et qui, le plus souvent, étaient ceux qui devaient lui succéder.

89. Mais cette puissance tribunitienne, qui, avec le titre d'*imperator*, résumait la toute puissance des Augustes, avait une utilité qui nous force à donner quelques détails particuliers. En effet, comme elle était renouvelée tous les ans, on s'en servait pour calculer les années de règne : il est donc indispensable de connaître le point de départ pour chaque empereur, afin de pouvoir fixer sans hésitation les dates des nombreuses monnaies sur lesquelles on lit les signes TR. POT., suivis de chiffres romains (2).
— On doit reconnaître comme point de départ que depuis Auguste jusqu'à Antonin, la puissance tribunitienne se renouvelait chaque année à l'anniversaire du jour où elle avait été conférée pour la première fois : et, depuis Antonin jusqu'à Gallien, aux calendes de janvier. Voici donc les dates auxquelles chaque empereur fut tribun pour la première fois :

Auguste : 27 juin 731 de Rome.
Tibère : 748.
Caligula : 789.
Claude : 794.
Néron : 807.
Galba : ne régna que 7 mois.
Vespasien : calendes de juillet 822.
Titus : calendes de juillet 824.
Domitien : 833.
Nerva : ne régna que 16 mois.
Trajan : fin d'octobre 850.
Hadrien : Les monnaies de cet empereur ne mentionnent presque jamais le tribunat.
Antonin : 890, 23 février.

Marc Aurèle : 900.
L. Vérus : 914.
Commode : 929 de Rome.
Septime Sévère : 946.
Caracalla : 951.
Géta : 961.
Macrin : 970.
Elagabale : 16 mai 971.
Alexandre Sévère : 974.
Maximin : 988.
Gordien III : 990.
Philippe I : 996.
Philippe II : 996.
Dèce : 1003.
Valérien : 1006.
Gallien : 1006.

(1) Cf. Dion. LIII, xvii.
(2) Cf. Dion. LIII, xvii.

Autres titres portés par les Empereurs et les Impératrices.

90. Nous réunissons ici quelques titres portés par les personnages représentés sur les monnaies impériales, mais qui sont d'un intérêt secondaire : ainsi nous citerons celui de *pater patriæ*, P. P., décerné en général par le sénat ; Livia et Julia Domna furent nommées aussi *matres patriæ*. Commode, Pupien et Balbin se dirent *patres senatus*, et Julia Domna *mater senatus* : la même impératrice, et Faustine II, ont été aussi surnommées *matres castrorum*. Enfin, les empereurs, après leur mort, étaient quelquefois qualifiés de *divi patres :* nous ne devons pas oublier de rappeler qu'à dater d'Antonin, presque tous les empereurs étaient surnommés *pieux* : Caligula est le premier qui ait demandé ce titre (1) : et c'est à dater de Commode que l'on ajouta l'épithète de *felix*.

91. D'autres surnoms étaient encore donnés aux empereurs, en souvenir des peuples qu'ils avaient vaincus, ou qui avaient étés soumis sous leur règne ; c'étaient :

Adiabenicus, pour Septime Sévère.
Arabicus, pour Septime Sévère.
Armeniacus, pour Marc Aurèle et L. Vérus.
Britannicus, pour Claude, Britannicus son fils, Commode, Septime Sévère, Caracalla et Géta.
Carpicus, pour Philippe Ier et Philippe II.
Dacicus, pour Trajan, Hadrien, Domitien.
Germanicus, pour Drusus Ier, Germanicus son fils, Claude, Nero, Vitellius, Domitien, Nerva, Trajan, Hadrien, Marc Aurèle, Commode, Caracalla. Maximien, Maxime son fils, Philippe Ier Philippe II, Valérien, Gallien, Claude le Go Gothique.
Gothicus. Claude II.
Medicus, Marc Aurèle et Lucius Verus.

(1) Cf. Suétone, *in Caligula*, XXII.

Parthicus, Trajan, Hadrien, Marc Aurèle, L. Vérus, Sévère, Caracalla, Carus.
Persicus, Carus.
Sarmaticus, Marc Aurèle et Commode.

Monnaies de consécration.

92. La *consécration* est l'assimilation d'un personnage à une divinité : primitivement, on retrouve cet usage chez les Grecs, qui, dans leur langage poétique, comparaient aux dieux ceux qui avaient fait quelque action d'éclat (1) : cet usage paraît avoir passé même dans le langage romain, car on voit que Cicéron donnait l'épithète de *dieu* au consul Lentulus, à qui il devait principalement son retour d'exil (2). — Plus tard, on joignait à l'idée de souverain, un symbole emprunté à la divinité, on gravait sur les monnaies l'*éternité* d'Auguste (3), et le *génie* d'Auguste, par lequel se faisaient les serments les plus solennels (4). — Plusieurs personnages se laissèrent même appeler dieux, et honorer comme tels de leur vivant, à l'exemple d'Hercule qui s'était laissé rendre les honneurs divins par Arcas, après avoir défait Cacus. Ainsi, Alexandre le Grand voulut être pris pour Jupiter Ammon, Démétrius fut dieu chez les

---

(1) Cf. Firmicus Maternus, *de Error. prof. rel:* « Amat enim Græcorum levitas eos, qui sibi aliquid contulerint, vel qui consilio aut virtute se juverint, divinis appellare nominibus. » Aristote, *Ethic. ad Eudem.* VI, 1, dit que les Lacédémoniens, lorsqu'ils parlaient d'un homme éminent, avaient coutume de s'écrier. *O virum divinum!* (Θεῖος ἀνήρ φασιν.)

(2) Cf. Cicer. *ad Quir. post, red.* 5 : « Parentem, deum, salutem suæ vitæ, fortunæ, memoriæ nominis ».

(3) Pline le Jeune, dans ses *Lettres à Trajan*, s'adresse souvent à ce prince dans ces termes : *Æternitas tua.*

(4) Cf. Tertulien, *Apolog.* XXVIII : « Majore formidine et calidiore timiditate Cæsarem observatis quam ipsum de Olympo Jovem..... Adeo et in isto irreligiosi erga deos vestros deprehendimini, qui plus timoris humano dominio dicatis. Citius denique apud vos per omnes deos, quam per unum Genium Cæsaris pejoratur ». — Voy. aussi Minucius Felix, *in Octav.*, XXIX. — Pline, *Panegyr. Traj.*, LII.

Athéniens, Mithridate VI était surnommé Bacchus, Livie était assimilée à Junon, Julie fille d'Auguste à Vénus, Néron à Apollon, mais tous ces exemples sont pris dans la numismatique grecque : les monnaies romaines nous font connaître que Commode fut le premier qui prit sur le numéraire le titre d'*Hercule romain*, de son vivant, et cet exemple ne fut guère suivi que par Aurélien et Carus.

93. Les Romains ne rangèrent les morts au rang des dieux qu'à dater de Jules César : auparavant on voit bien que Romulus fut mis au nombre des immortels, mais cette exception se conçoit facilement, puisqu'en cela les Romains imitaient toutes les villes de l'antiquité, qui considéraient leurs fondateurs comme des *héros*, mais, depuis César, l'*apothéose* fut pour l'empereur décédé une cérémonie faite plus souvent par politique que pour honorer le défunt, ou donner plus d'éclat à ses vertus : il arrivait par exemple assez souvent qu'un empereur donnait au prédécesseur qu'il avait détrôné et fait mourir les honneurs divins pour en imposer aux peuples (1) : chez nous, nous avons vu, dans un but semblable, Jean de Montfort laisser mettre au nombre des bienheureux son compétiteur malheureux, Charles de Blois. Voici les noms des personnes dont les monnaies romaines font connaître la consécration et qui furent mises dans l'Olympe après leur mort :

Jules César.
Auguste.
Julie, fille d'Auguste.
Claude.
Poppée, femme de Néron.
Claudia, fille de Néron.
Vespasien.
Domitilla, mère de Vespasien (2).

Titus.
Julie, fille de Titus.
Le fils anonyme de Domitien.
Nerva.
Trajan, père de Trajan.
Trajan.
Plotine, femme de Trajan.
Marciane, sœur de Trajan.

(1) Cf. Pline, *in Paneg.*, II : « Dicavit cœlo Tiberius Augustum, sed ut majestatis crimen induceret, Claudium Nero, sed ut irrideret, Vespasianum Titus, Domitianus Titum, sed ille, ut dei filius, hic ut frater videretur ».

(2) Domitilla et Trajan le père furent déifiés par piété filiale, et bien qu'ils fussent décédés avant que leurs fils soient parvenus à l'empire.

Num. ancienne.

Matidie, nièce de Trajan.
Hadrien.
Sabine, femme d'Hadrien.
Antonin.
Faustine, femme d'Antonin.
Marc-Aurèle.
Faustine, femme de Marc Aurèle.
Lucius Vérus.
Commode.
Pertinax.
Septime Sévère.
Julia Domna.
Caracalla.
Julia Mæsa.
Alexandre Sévère.

Pauline, femme de Maximin I.
Marin.
Mariniana, femme de Valérien.
Gallien.
Salonin.
Victorin.
Claude le Gothique.
Carus.
Numérien.
Nigrinien.
Maximien Hercule.
Constance Chlore.
Maximien Galère.
Romulus, fils de Maxence.
Constantin le Grand.

94. L'apothéose des Augustes et membres de leurs familles était décrétée par le sénat (1), les textes ne le prouveraient pas qu'on le verrait par les monnaies de consécration qui portent EX. S. C.. *ex senatus consulto*. — Sur ces dernières, la tête du *dieu* est représentée de diverses manières, suivant les époques : ainsi Jules César est le seul dont la tête soit accompagnée d'une étoile ; jusqu'à Nerva, les empereurs déifiés ont une couronne plus souvent radiée que laurée ; de Nerva à Gallien la tête est fréquemment nue, Salonin est radié, et Claude le Gothique a, ainsi que plusieurs de ses successeurs, la tête voilée.
— Les princesses impériales n'ont aucun caractère particulier : Julie, fille d'Auguste, seule, a une couronne d'épis, comme Cérès : Sabine, les deux Faustine, Julia Mæsa et Mariniana sont voilées. Le revers représente l'*aigle* s'envolant seul, ou emportant l'âme du défunt, en souvenir de celui qui s'envolait du sommet du bûcher lors de la cérémonie publique de consécration ; le *paon*, symbole de Junon, remplaçait quelquefois l'aigle, mais pour les femmes seulement ; le *bûcher* lui-même du défunt ; un *autel ;* un *char* conduit par quatre chevaux pour les hommes et

(1) Cf. Tertulien, *Apolog.*, v : « Vetus erat mos, ne qui deus ab imperatore consecraretur, nisi a senatu probatus ». — Cf. aussi Orose, VII, iv. — Prudentius *contra Symmach.*, I, v. 223 et 249.

par deux mules pour les femmes ; un *phénix*, emblème de l'immortalité ; le *lectisternium* de Junon, et enfin un *temple*.

95. Il existe une série de monnaies de consécration frappées d'après un système unique en l'honneur d'Auguste, de Vespasien, de Titus, de Nerva, de Trajan, d'Hadrien, d'Antonin, de Marc Aurèle, de Commode, de Septime Sévère et d'Alexandre Sévère : toutes présentent à l'avers la tête radiée du dieu Auguste, et son nom précédé de l'épithète DIVO : pour chacun il y a deux revers, l'aigle éployé et l'autel flamboyant, avec la légende uniforme CONSECRATIO. Il résulte de l'inspection de ces monnaies, de leur fabrique, de leur style et de leur métal, qu'elles ont toutes été frappées par le même prince, entre le règne de Philippe et celui de Gallien ; mais bien qu'on ait l'habitude de les classer à ce dernier, on ne peut les lui attribuer que par conjecture.

96. Tant que dura le paganisme, les consécrations eurent lieu ; on continua ainsi à décerner aux empereurs décédés les honneurs divins, même après le règne de Constantin ; mais les monnaies ne font pas mention de ceux qui furent donnés à Constance II, à Jovien et à Valentinien, et qui ne nous sont connus que par les récits d'Eutrope et d'Ausone. Du reste il n'y a pas à douter que depuis Constantin, ces consécrations n'étaient que des honneurs funèbres autorisés par la religion chrétienne (1).

Vœux mentionnés sur les monnaies.

97. Les vœux publics, inconnus sur les monnaies grecques, ne paraissent que sur un seul denier de la république romaine, famille Nonia, et sont très fréquents sur les monnaies impériales. On avait coutume de faire à Rome des vœux publics aux calendes de janvier, lors de l'élection des consuls, pour le salut de l'empire, et aux troisièmes nones du même mois pour le salut des empereurs. Il y en avait

---

(1) Cf. Eutrope, Ausone, *in Grat. actione*, VIII. — Eusèbe, *Vit. Const.* IV, LXXI.

en outre d'antres, qui se faisaient en vue d'un événement particulier, ou à certaines époques périodiques. A la première catégorie appartiennent ceux faits en 738 de Rome *pro salute et reditu Augusti* : à la seconde appartiennent les vœux dits *décennaux, quinquennaux*, etc. — Les vœux décennaux datent du règne d'Auguste qui, en 727 de Rome, avait pris le commandement des provinces pour dix ans, promettant que dans ce délai elles seraient pacifiées : au bout des dix ans, on lui donna un nouveau délai de cinq ans, puis encore un autre de cinq ans, puis encore un autre de dix ans (1). Les successeurs d'Auguste, sans se faire donner cette délégation, continuèrent à célébrer des fêtes à l'anniversaire de ces dix années. Plus tard, pour augmenter le nombre de ces fêtes publiques, on partagea le temps qui séparait les jeux décennaux, de manière à en célébrer tous les cinq ans de quinquennaux, puis on en célébra tous les quinze, vingt-cinq et même trente-cinq ans. — Il faut distinguer les vœux promis, VOTA SVSCEPTA, des vœux acquittés, VOTA SOLVTA. — Voici les trois formes principales des légendes servant à mentionner les vœux publics.

VOT. X. ET. XX. *Votis decennalibus (solutis) et vicennalibus (susceptis)*.

VOT. XV. MVLT. XXX. *Votis quindecennalibus (solutis), multis trigesimalibus (susceptis)*.

VOT. XX. SIC. XXX. *Votis vigentis (solutis feliciter) sic trigesimalia solventur!*

VOTIS. MVLTIS. *Votis multis (susceptis solutisque)*.

98. Le type des monnaies commémoratives des vœux publics, jusqu'à Commode, fut l'empereur sacrifiant : ce dernier empereur se contenta d'inscrire la légende votive dans une couronne, et bientôt après cette même légende était inscrite sur un bouclier tenu par une ou deux victoires : les empereurs de Constantinople conservèrent ce dernier type en le modifiant conformément aux idées chrétiennes. On peut dire que les monnaies votives, par leurs types, rappelèrent toujours une idée de victoire : c'étaient

---

(1) Cf. Dio. LIII, xiii et xvi.

en effet des victoires qui avaient donné le pouvoir au premier empereur romain, dont tous les successeurs avaient pris les noms, comme nous l'avons vu, pour indiquer que le pouvoir leur appartenait héréditairement, au point de vue politique.

99. Afin de calculer plus facilement les époques marquées par les monnaies votives, il faut se rappeler les règles suivantes : 1° Les empereurs, à leur avènement, faisaient célébrer des jeux quinquennaux ou décennaux ; 2° Lorsque la période de cinq ou dix ans était terminée, ils les renouvelaient pour une nouvelle ; 3° Quelquefois on faisait les nouveaux vœux, lorsque la dernière année de la période précédente n'était pas encore expirée ; 4° Les vœux commençaient à l'avènement à l'empire. et non pas avec la puissance tribunitienne ; 5° A dater de Constance Chlore, les Césars eurent aussi leurs vœux, et lorsqu'ils parvenaient à l'empire, ils comptaient ceux qui avaient été faits lorsqu'ils n'étaient qu'héritiers présomptifs ; 6° Les vœux mentionnés sur les monnaies des empereurs le sont aussi sur celles des personnes de leur famille ; 7° Les vœux qui, sous le haut-empire, n'étaient renouvelés qu'à l'expiration de chaque période, étaient faits de nouveau dans le bas-empire, sans observer cette règle.

Légions.

100. Les monnaies du triumvir Marc Antoine, celles de quelques empereurs et de quelques colonies sont consacrées à rappeler le souvenir des légions romaines : Marc Antoine et les empereurs se servaient évidemment de ce moyen pour flatter l'amour-propre des soldats : et le nom de la légion à laquelle appartenaient les colons se trouvait tout naturellement placé sur la monnaie de la colonie. — Les cohortes prétoriennes ne sont mentionnées que sur des monnaies de Marc Antoine, de Gallien et de la colonie de Philippes de Macédoine. La cohorte *speculatorum* (1).

---

(1) Les *speculatores* étaient les soldats chargés d'épier les mouvements de l'ennemi. Cf. Tite-Live, XXXI, xxiv. — « Speculator

est signalée sur une monnaie de Marc Antoine. — Nous donnons ci-dessous la liste des légions romaines et des monnaies qui les relatent :

Leg. I. Macriana Adjutrix, Augusta, Italica, Min.
- Antoine.
- Clod. Macer.
- Sept. Sévère.
- Galien.
- Victorin.
- Auréole.

Leg. II. Adjutrix, Italica, Parthica, Trajana, Augusta.
- Antoine.
- Sept. Sévère.
- Gallien.
- Victorin.
- Carausius.
- Col. Pariana de Mysie.
- Numérien.
- Carin.

Leg. III. Libera Augusta, Italica, Gallica, Parthica, Pia.
- Antoine.
- Clod. Macer.
- Sept. Sévère.
- Gallien.
- Col. Acci (Tarracon.)
- — Damas.
- — Tyr.
- — Sidon.
- — Rhœseca (Mésopot.).

Leg. IV. Flavia, Pia, Felix.
- Antoine.
- Sept. Sévère.
- Gallien.
- Carausius.
- Victorin.

Leg. IV. Flavia, Pia, Felix (suite).
- Col. Cæsaraugusta (Tarracon.).
- — Viminiacum. (Mœsie).

Leg. V. Macedonica.
- Antoine.
- Sept. Sévère.
- Gallien.
- Victorin.
- Emerita (Lusitan.).

Leg. V. Macedonica.
- Patricia (Bétiq.).
- Antiochia (Bythinia.).
- Héliopolis (Cœlésyr.).
- Berytus (Phénicie).
- Dacie.

Leg. VI. Felix, Macedonica (1).
- Antoine.
- Gallien ?
- Acci (Tarracon.).
- Cæsaraug (id.).
- Ptolemaïs (Galilée).
- Damas (Cœlésyr.).

Leg. VII Claudia.
- Antoine.
- Sept. Sévère.
- Gallien.
- Carausius.

(dit Festus), ab exploratore hoc distat, quod speculator hostilia silentio perspicit, explorator pacato clamore cognoscit. » Tacite, *Hist.* II, xxxiii. — Végèce, IV, xxxvii. — Polybe, III, xcvi. — Plutarque, *in Catone min.*, liv.—Voyez aussi Tite-Live, XXXVI, xlii, pour ce qui concerne les *naves speculatoriæ*.

(1) La monnaie frappée par Marc Antoine, pour la 6e légion, a été restituée par Marc Aurèle et Lucius Vérus ; voy. § 68.

MONNAIES ROMAINES

Lég. VII Claudia (suite).	Col. Pariana. (Mysie). — Viminiacum (Mœsie.). Antoine. Den. de Pinarius Scarpus. Sept. Sévère.	Leg. XIII. Gemella (suite).	Gallien. Dacia.
Leg. VIII. Augusta.	Gallien. Carausius. Col. Heliopolis (Cœlésyrie). — Berytus (Phénicie.	Leg. XIV. Gemella, Victrix.	Antoine. Sept. Sévère. Gallien. Victorin.
		Leg. XV.....	Antoine.
		Leg. XVI....	Antoine. Auguste.
		Leg. XVII. Classica.	Antoine.
		Leg. XVIII ou IXIX. Libyca.	Antoine. Gallien.
Leg. IX. Augusta, Gemella.	Antoine. Gallien. Carausius. C. Julia (Bétique). — Ptolémaïs (Galilée).	Leg. XIX....	Antoine.
		Leg. XX. Valens, Victrix, Pia, Felix.	Antoine. Gallien. Victorin. Carausius.
		Leg. XXI....	Antoine. Gallien.
Leg. X. Gemella, Fretensis, Pia. Felix.	Antoine. Gallien. Victorin.	Leg. XXII. Primigenia.	Antoine. Sept. Sévère. Gallien. Victorin. Patras (Achaïe).
Leg. X. Gemella, Fretensis, Pia, Felix.	C. Cæsaraugusta. C. Emerita. — Patricia (Bétique). — Ptolemaïs (Galilée).	Leg. XXIII ..	Antoine.
		Leg. XXIV...	Antoine ?
		Leg. XXV....	....
		Leg. XXVI..	Antoine ?
		Leg. XXVII .	Antoine ?
Leg. XI. Claudia, Pia, Felix.	Antoine. Sept. Sévère. Gallien. Ptolemaïs.	Leg. XXVIII.	....
		Leg. XXIX..	....
Leg. XII. Antiqua.	Antoine.	Leg. XXX. Ulpia, Victrix, Pia, Felix.	Antoine ? Sept. Sévère. Gallien. Victorin. Carausius.
Leg. XIII. Gemella.	Antoine. Sept. Sévère.		

101. Les monnaies destinées à rappeler le souvenir des légions représentent presque toutes l'aigle légionnaire, entre deux enseignes d'un ordre inférieur. Quelquefois, et

principalement dans les colonies, l'aigle est remplacé par un *vexillum*, qui sous les empereurs chrétiens devient le *labarum*, lorsqu'il porte le monogramme du Christ. Il ne faut pas oublier que les légions romaines avaient souvent pour emblèmes des animaux : Marius avait aboli cet usage sous la république, mais il fut ensuite rétabli. Ainsi César, pour récompenser la cinquième légion de la guerre d'Afrique, lui donna un éléphant pour marque distinctive (1). Les monnaies de Gallien nous font connaître les signes distinctifs de quelques légions : ainsi, la 1re avait un capricorne, un pégase ou un sanglier ; la 2e un pégase ou un centaure ; la 3e une cigogne ; la 4e un lion ; la 5e un aigle ; la 7e et la 8e un bœuf ; la 10e un taureau ; la 11e Neptune ; la 13e un lion ; la 14e un capricorne ; la 18e, la 20e, la 22e et la 30e un capricorne ou Neptune. Sur les monnaies de Victorin nous voyons que la 10e légion avait un bœuf ; la 20e un sanglier et la 30e un capricorne. Sur les monnaies de Carausius, la 4e légion a un lion et la 7e un taureau.

MONNAIES IMPÉRIALES DU BAS-EMPIRE

102. Ainsi que Eckhel, dont nous suivons pas à pas les savantes recherches, nous consacrerons un chapitre spécial aux monnaies du bas-empire pour ce qu'elles ont de particulier, comparativement aux monnaies du haut-empire : plusieurs fois déjà nous avons eu à en parler, on trouvera ici le complément des principes généraux adoptés en numismatique.

103. Parmi les prénoms nous voyons paraître celui de *Flavius*, qui fut adopté, comme autrefois on avait adopté celui de César, par Constance Chlore, par ses successeurs et aussi par des usurpateurs qui n'appartenait pas à sa famille : des rois goths et lombards même prirent ce nom (2). — Le titre de *perpetuus Augustus*, remplace peu

---

(1) Cf. Pline, X, v. — Appien, *de Bello civili*, II, xcvi.
(2) La famille de Vespasien était la *gens* Flavia : Claude le

à peu ceux de *Pius* et *Felix*. — On voit paraître ceux de *Victor* sous Constantin, de *Fortissimus Cæsar*, sous Décence, de *pieux*, PISTOS ou PISTV (πιστοί), EVSEBES, de *Servus Christi*, sous Michel II, Basile Ier et Justinien II.

104. Les têtes impériales sont imberbes depuis Constantin jusqu'à Phocas, à l'exception de Julien l'Apostat : Phocas et ses successeurs portent la barbe : à dater d'Honorius, l'Auguste est représenté en buste et de face. Le diadème remplace définitivement les couronnes laurées et radiées et le nimbe devient un ornement d'un usage général. Le globe, symbole de l'empire, et primitivement surmonté d'une victoire, devient *crucigère* ; le *vexillum* et l'*aigle légionnaire* sont remplacés par le *labarum*. L'empereur tient à la main la *mappa*, voile avec lequel il donnait le signal des jeux du cirque, ou un rouleau de papier.

105. Aux dieux du paganisme succèdent Jésus-Christ, la sainte Vierge et quelques saints. On lit sur les monnaies : DEVS ADIVTA ROMANIS. — IHS. XPISTVS NIKA. — CVPIE BOHΘH. TO. SO. ΔOVΛO. — D. N. IHS. XS. REX. REGNANTIVM. — IC. EXC. MANOYHA. — ΜητηP. ΘεοY. — ΔEΠONAC CωOIC, etc. — Saint Michel, O ΑΓΙΟC MI. paraît sur les monnaies de Théodore Ier Lascaris ; saint Georges sur celles d'Alexis Ier et de Jean II ; saint Eugène sur celles de Manuel Ier Comnène, et saint Démétrius sur celle de Théodore Ier Lascaris et d'Andronic II Paléologue.

106. Nous avons encore à signaler quelques légendes nouvelles, telles que GAVDETE ROMANI. — FELICITER NVBTIIS, etc., et des sigles en abréviations qui sont particuliers au bas-empire. Ainsi, à dater d'Anasthase, les monnaies de bronze portent au revers les lettres majus-

---

Gothique se vantait d'être un Flavien, et Constance Chlore prétendait descendre de ce dernier. Voici les noms des personnes principales qui prirent le nom de Flavius et de Flavia : Constance Chlore, Constantin Ier, ses trois fils, Constantin II, Constant et Constance, sa femme Fausta, Crispus, Delmatius, Hannibalien, Nepotien, Constantin, Gallus, Magnence, Jovien, etc.

cules E, I, K, M; d'autres fois (1) les chiffres romains X, XX, XXX, XXXX, forment le type principal. Depuis Justin Ier les monnaies de bronze portent souvent l'année du règne ANNO. I. II. III, etc., mais ces dates sont quelquefois peu exactes, et pour les indiquer, on emploie tantôt des caractères latins, tantôt des caractères grecs. — A l'exergue, on lit les initiales des ateliers monétaires qui ont émis les pièces.

Voici la liste de ces ateliers :

Alexandrie : ALE.	Lyon : LvG. LVGD.
Antioche (Syrie) : ANT. THEVP.	Milan : MD. MED.
Aquilée : AQ. AQVILS.	Nicomédie : NIC. NIKO.
Arles : AR. ARL.	Ravenne : RAV. RV.
Carthage : CAR. KAR. KART.	Rome : ROM. ROMA. VRB.
Catane : CAT.	ROM.
Constantinople : CON. CONS. CONST. KONSTAN.	Serdica : SERD.
	Sirmium : SIRM.
Cyzique : CYZ. CYZICA.	Siscia : SIS. SISC.
Héraclée : HERACLA.	Thessalonique : TES.
Londres : LON.	Trèves : TR.

Les initiales de noms de villes sont précédées et suivies d'autres initiales, qui permettent de former des séries alphabétique : ainsi pour Trèves, on trouve ATR, BTR. ITR; pour Cyzique ; CYZB, CYZΓ, CYZΔ, ces dernières initiales indiquent probablement l'émission à laquelle appartiennent les monnaies qui les portent ; dans le champ et quelquefois à l'exergue même on trouve un chiffre indiquant l'atelier monétaire lorsqu'il y en avait plusieurs dans la même ville : ainsi, à Constantinople on voit OFF. I, II et III (*officina prima, secunda* ou *tertia*). En étudiant trop légèrement les sigles que nous venons de signaler, des numismatistes ont supposé l'existence d'ateliers qui ne furent jamais établis ; ainsi on avait fautivement interprété ATR par *Atrebas*, Arras ; BTR, par *Beterra*, Béziers, etc.

(1) Cf. L'ouvrage de M. de Saulcy, intitulé : *Essai sur la classification des monnaies byzantines.* — Lettres du baron Marchand, annotées, édition de 1850.

MÉDAILLES ANTIQUES

107. Nous comprenons sous le nom de médailles les pièces de métal, qui sans avoir de valeur de convention, et par conséquent sans caractères déterminés de titre, de poids et de types, ont été frappées en commémoration d'événements ou en l'honneur de grands personnages. Les médailles de grand module se nomment *médaillons* ; on en trouve dans les trois métaux. Dans ce nombre sont les grandes pièces d'argent de Syracuse représentant la tête de Cérès, et au revers un quadrige, dont quelques variétés portent ΑΘΛΑ (*victoriæ præmia*), et qui paraissent avoir été fabriquées pour être remises aux vainqueurs, dans les jeux. A cette catégorie appartiennent aussi les pièces d'or de grand volume frappées par les rois, et principalement par ceux de Macédoine, celle d'Antinoüs et les médaillons impériaux grecs de bronze relatifs aux jeux. Chez les Romains, on peut considérer comme médailles toutes les pièces de bronze plus grandes que les grands bronzes et ne portant pas les sigles S. C. ainsi que celles d'or et d'argent supérieures par leurs dimensions à l'aureus et au denier. Les *tessères*, et les pièces de plomb ou de cuivre sans rapport avec les séries connues, ainsi que les *spintriennes* (§ 21), sont également des médailles. Les textes anciens sont complètement muets sur cette partie de la numismatique antique.

108. Les médaillons sont quelquefois formés de deux métaux (1) : leur gravure est généralement très soignée ; les Romains ne commencèrent guère à fabriquer des médaillons de bronze que depuis le règne d'Hadrien. Quelques médaillons de bronze ont été argentés en partie.

Il existe une série de médaillons sur lesquels nous devons appeler l'attention de nos lecteurs : ce sont ceux que

---

(1) Ces pièces sont formées de deux qualités de cuivre différentes, le centre se trouvant enchâssé dans un cercle d'une autre qualité : les numismatistes les nomment quelquefois *médailles enchâssées*.

l'on nomme *contorniates*, à cause du cercle creux qui remplace le grénetis autour de la pièce. Dans le champ, on voit le plus souvent gravées en creux des monogrammes formés de lettres E, P ou R renversé, une *palme*, un *astre*, un *arc avec un carquois* ou une *victoire*. Les médaillons contorniates sont tous de bronze. — Le droit est toujours consacré à représenter les traits d'un personnage célèbre : le revers offre des scènes empruntées à la mythologie, et surtout aux jeux du cirque. Il ne paraît pas que l'on ait jamais voulu établir un rapport d'idées entre l'avers et le revers. Les empereurs romains représentés sur cette série numismatique sont :

Jules César.	Faustine II.
Marc Antoine.	Lucille.
Auguste.	Septime Sévère.
Agrippine (senior).	Caracalla.
Caligula.	Alexandre Sévère.
Néron.	Constantin le Grand.
Galba.	Magnence.
Vespasien.	Julien l'Apostat.
Domitien.	Jovien.
Trajan.	Honorius.
Antinoüs.	Théodose II.
Antonin.	Fla. Valentinien.
Faustine I.	Anthémius.
Marc Aurèle.	

Les rois et personnages célèbres sont :

Alexandre le Grand.	Salluste.
Socrate.	Horace.
Anacharsis.	Apollonius de Tyane,
Térence.	Apulée.

109. Les médaillons contorniates paraissent avoir commencé à être frappés sous Constantin et avoir continué jusque sous Fla. Valentinien. Les inscriptions qu'ils portent, telles que VRSE. VINCAS. — OLVMPI. NICA — PETRONI PLACEAS., semblent indiquer qu'ils ont été fabriqués à l'occasion des jeux des cirques ; ce sont certainement les produits de l'industrie privée.

MONNAIES DES PEUPLES
ET DES VILLES

HISPANIA

Sur les monnaies frappées en Espagne, on lit des légendes en caractères phéniciens, grecs, celtibériens et latins. Les légendes phéniciennes se trouvent sur des monnaies attribuées à :

Abdera (Adra) ABDRE.
Asido (Jerez de la Frontera) PSIDON-BBAL.
Bailo (Bolonia) BILOVM.
Gades (Cadia) HGADIR-MBAL
Ituci (Tejada) 1TVTZIE.
Lascuta (Alcala de los Gazules) LSKEVT.
Malaca (Malaga) MLCA.
Olont (Gibraleon) OLONTIGI.
Soxi (Son) SCS-MBAL.
Turriregina (Reina) KATZERAGN.
Vesci (?) VETSI.
Insula minor (Minorque) AIBSM.

La langue grecque paraît sur les pièces d'Emporium et de Rhoda; le monnayage de la première de ces villes procède de celui des carthaginois en Sicile; les monnaies d'Emporium et de Rhoda furent imitées dans le sud-ouest de la Gaule.

On trouvera, ci-après, l'alphabet celtibérien avec la valeur de chacune des lettres; nous avons pu le fournir grâce à l'obligeance de l'administration de l'Imprimerie nationale qui a bien voulu mettre ses caractères à notre disposition. Nous l'en remercions ici pour nous et pour nos lecteurs.

ALPHABET DES MONNAIES ANTIQUES DE L'ESPAGNE

VALEURS DES LETTRES.	TARRACONAISE ET LUSITANIE.	BÉTIQUE.
A	⊳ ∇ ▷ ▽ P	∆ A
B	(voir P)	ᔕ
G	ㇹ ﾚ ⼍ ⁽¹⁾ ᖇ ᖇ ᕽ ⁽²⁾	⼂
D	∆ ∆ ∆ ⁽³⁾	
E	ⴹ ⴺ ⴹ ⴿ ⴿ ⼂ ǂ	ⴹ ǂ ǂ ⼂ ⼂
AU, OU, W	⼂ ⼂ ⼂ ⁽⁴⁾	⼂ ⼂ ⼂
H	H ⋊ X X ⋇ ⁽⁵⁾	X ⼂ ⼂
T dur	◊ ⊟ ⊡ ⊕ ⊕	⊕ ⊕ ⊕ ⊗
I	ᒪ ᒪ	⼂
C, CA, CE, etc.	ᑕ ᑕ ᐸ ᐸ ᐸ ᐸ ᐸ ⁽⁶⁾	⼂ K

⁽¹⁾ ㇹ = G suivi d'une voyelle.
⁽²⁾ ᖇ = G (douteux).
⁽³⁾ ∆ ∆ = D suivi d'une voyelle.

⁽⁴⁾ ⼂ et ses variantes sont transcrits dans les inscriptions romaines par O, U (ou) et V consonne.
⁽⁵⁾ H et les variantes = HA, HE, HI, IIO, HU.
⁽⁶⁾ Ϲ ᐸ ᐸ ᐸ ᐸ = CA, CE, CI, etc.

ALPHABET DES MONNAIES ANTIQUES DE L'ESPAGNE

VALEURS DES LETTRES.	TARRACONAISE ET LUSITANIE.	BÉTIQUE.
L	↑ ∧ ⌐	∧ ↑
M	ʎ	
N	Ƴ ʃ N ᴎ	
S	Ꞔ Ƨ Ʒ	Ҟ ⋉ ╤ ≡
O	O ◊ ⊙ ⌑ ⊡ (1)	⚆
P, B	Γ Ƭ Ρ	
TH anglais, TZ	Ψ Ψ Ɵ Ш Ψ	Ψ Ƭ ⅄ ⋎
Q	ⵝ ⵝ ⵝ	
R	◊ ◊ ∇ ▷ ♭ Ф Ф	∇ ▷
SS, SH, SK	Μ ⴤ Μ Μ ⋔	Μ Μ
T doux, D	X ⊤	X
Upsilon	Ⲏ Ψ Υ I	Ƴ Ҷ
Oméga	Ω Ω Ω	

(1) O quelquefois, mais très rarement, = R; ◊ ⊙ = T est très douteux.

Les légendes celtibériennes paraissent au 1er siècle avant l'ère chrétienne sur des pièces où l'influence romaine est facile à constater. Voici la liste des villes de la Tarraconaise dont on pense avoir déterminé les noms d'après l'alphabet celtibérien qui paraît aujourd'hui à peu près connu grâce aux travaux de Saulcy, de Ch. Lenormant, de MM. Delgado, Aloys Heiss et Zobel de Zangroniz :

Aeso (Isona) ESE.
Alavona (Alagon) ALAVN.
Arasa (Arandas) ARATZQS.
Arcedour (?) ARCOR.
Aragrat (Agreda) AREQRATS.
Arsa (?) ARSAES.
Arocili (Medinaceli) ARCILIQS.
Airila (?) AIRILAD.
Ausa (Vich) AVSESCN.
Autania (?) AVTANIAT.
Baetulo (Badalona) BITZLE.
Baravara (?) VARAQS.
Belsinum (?) BRSONES.
Bilbilis (Calatayud) BIBLIS.
Borsao (Borja) ORGAV.
Buruesca (Bribiesca) VIREVIA.
Caesada (Carrascosa) CISESA.
Calagurris (Calahorra) CLAQRIQS.
Carabaca (Caravaca) CRBC.
Cascantum (Cascante) CISCAT.
Castulo (Cazlona) CSTLE.
Celin (?) CLIN.
Celsa (Ielsa) CLSE.
Cissa (Guisona) CESSE.
Cose (Tarragona) CSE.
Contrebia (Carabana) QNTRBA.
Damania (Domeno) TMANIV.
Danusia (Duenas) TNVSIA.
Dianum (Denia) TINIV.
Ebvra (?) IBVRIREN.
Ecala (Ecala) ECALAQM.

Eraia (Erla) ERALAQS.
Ercavica (Milagro) ERCAVICA.
Eres (?) ERE.
Etosca (?) ETZOCN.
Gallicum (Zuera) GLIGHM.
Iaca (Jaca) IACA.
Icosa (Agost) ICSANQN.
Iesso (?) IESE.
Ilerda (Lérida) ILTZRT.
Iliberis (Monte-Elvira) ILBRNERN.
Iluro (Lauro) ILDRE.
Indica (Castillo de Ampurias) VNTZCSCH.
Lagne (?) LAGNE.
Laie (?) LAIESCK.
Lancia (?) LEVNTSQS.
Laxta (?) LACS.
Letisana (Ledesma) LETISAMA.
Libia (Leiva) LIBAQS.
Lauba (Olbega) HILAVBIQS.
Masensa (?) MASENSA.
Mediolon (Molina de Aragon) MEDAINVM.
Nertobriga (Calatorao) NFRTHBS.
Olais (Olaiz) OLAISQM.
Olige (Olaque) OLIGNM.
Ontzan (?) ONTSAN.
Osca (Huesca) HILSCN.
Osicerda (Cherta) AVSEKRT.
Saetabi (Iativa) SAITZ.
Saguntum (Murviedro) ARSAS, ARSE.
Salvie (?) SALVIE.
Segia (Egea de los Caballeros) SEGA.
Seigisamon (Cerezo del Tiron) SEGSANHS.
Segobriga (Segorbe) SEGBRICS.
Segontia (Siguenza) SEQTZAS.
Sesa (Sesa près Huesca) SESARS.
Setisacum (Sastago) SETISCN.
Turisa (près de Roncevaux) TRSES.
Tutia (Articuza) TZTZAQS.
Turiaso (Tarazona) DRIASAV.

On voit quelques légendes celtibériennes sur des monnaies qui paraissent frappées en Gaule : BRICITZE, attribué à Béziers ; NERHNCN, à Narbonne ; PAVRP, à Perpignan ; VNTHGA. — Les monnaies en bronze, portant la légende latine HISPANORVM, ne se trouvent pas en Espagne.

HISPANIA LUSITANICA

Bæsuris (*Castro Marin*).

Types : Épis.
Légende : BAESVRI.
Métal : Bronze.

Dipo (*près d'Elvas*).

Types : Tête d'Auguste ? ; navire.
Légende : DIPO.
Métal : bronze.

Ebora (*Evora*).

Les monnaies d'Ebora sont municipales, et portent le nom d'Auguste : on en connaît de grand et moyen bronze. IVLIA. EBOR.

Emerita (*Merida*).

Les monnaies d'Emerita sont municipales, aux noms d'Auguste, de Julie et de Tibère, d'argent et de bronze. AVGVSTA. EMERITA.

Myrtilis (*Mertola*).

Types : Légende entre deux barres et thon ; épi ; dauphin ; aigle.
Légende : MVRTILL.
Métal : Bronze.

Norba Cæsarina (*Cacéres*).

Types : Tête casquée de Pallas ; statue sur une colonne.
Légende : C.V.I.N.
Métal : Bronze.

Ossonoba (*Faro*).

Types : Dauphin, barque, trident.
Légende : OSVNBA. OSO.
Métal : Bronze.

Pax Julia (*Beja*).

Les monnaies de cette ville sont coloniales et de bronze avec la tête d'Auguste PAX. IVL.

Salacia (*Alcazar do Sal*).

Types : Tête virile barbue à droite ; deux dauphins.
Légende : IMP. SALAC.
Métal : Bronze.

Samusium.

Types : Barque avec rameurs.
Légende : SAMVSIENSE.
Métal : Bronze.

Serpa (*Serpa*).

Types : Dauphin, trident et croissant.
Légende : SERPENS.
Métal : Bronze.

BÆTICA

Abdera (*Adra*).

Les monnaies d'Abdera sont coloniales, en bronze de grand et moyen module, à l'effigie de Tibère. ABDERA ; on attribue à cette ville des bronzes aux types de deux poissons ou d'un temple avec un légende punique interprétée ABDRE.

Acinipo (*Ronda la vieja*).

Types : Tête imberbe à droite ; deux épis ; **grappe de raisin.**
Légende : ACINIPO.
Métal : Bronze.

Aria Cunbaria (*La Maria*).

Types : Tête virile barbue ; poisson.
Légende : CVNB. ARIA.
Métal : Bronze.

Arva (*Alcolea del Rio*).

Types : Tête virile imberbe ; alose.
Légende : ARVA.
Métal : Bronze.

Asido (*Medina Sidonia*).

Types : Tête virile barbue, diadémée ; d'Hercule couverte d'une peau de lion ; bœuf bondissant ; corne d'abondance et foudre dans une couronne de laurier.
Légende : ASIDO.
Métal : Bronze.

Asta *(Mesa d'Asta).*

Types : Tête virile nue, d'Apollon laurée ; d'Auguste : sphinx ailé ; taureau debout.
Légende : ASTA ; P. COL. ASTA.RE.F. — COL. AST. AVGVSTA. Quelques numismatistes ont attribué cette dernière légende a Asturica (Astorga) de Tarraconaise.
Métal : Bronze.

Astapa (*Estapa*).

Types : Tête jeune nue ; tête de femme de face entourée de rayons.
Légende : ASTAPA.
Métal : Bronze.

Bæsipo (*Canos de Meca*).

Types : Branche de pin, grappe de raisin.
Légende : BAISIPO.
Métal : Bronze.

Bailo (*Balonia*).

Types : Epi ; bœuf, debout, au-dessus, le soleil, la lune et un disque ; tête d'Hercule.
Légende : BAILO.
Métal : Bronze.

Callet (*Pruna*).

Types : Tête laurée d'Apollon, devant un arc ; d'Hercule ; deux épis.
Légende : CALLET.
Métal : Bronze.

Carbula (*près Cordoba*)

Types : Tête d'Apollon laurée ; lyre.
Légende : CARBVLA.
Métal : Bronze.

Carissa (*Cariza*).

Types : Tête, quelquefois laurée, d'Hercule ; cavalier.
Légende : CARIS, CARISSA.
Métal : Bronze.

Carmo (*Carmona*)

Types : Tête casquée dans une couronne de myrte ; de Mercure ; deux épis, quelquefois un seul caducée ;
Légende : CARMO.
Métal : Bronze.

Carteia (*Rocadillo*).

Types : Tête de femme tourellée ; Neptune debout ; amour sur un dauphin ; massue, arc et carquois ; un petit pêcheur ; caducée posé horizontalement ; tête de Jupiter ; gouvernail ; tête de Neptune ; dauphin ; proue ; tête de Pallas.
Légende : CARTEIA.
Métal : Bronze.
Parmi les monnaies de Carteia, il en est qui portent le nom de Germanicus et Drusus.

Caura (*Cora del Rio*).

Types : Tête casquée dans une couronne de laurier ; poisson et croissant.
Légende : CAVRA.
Métal : Bronze.

Celti (*Puebla de los Infantes*).

Types : Tête de Mars casquée ; sanglier foulant un fer de lance.
Légende : CELTITAN. CELT.
Métal : Bronze.
On connaît un bronze portant ces légendes CELT. AMB. EX. SC. TOLE., qui paraît avoir été frappé à Tolède, en indiquant une alliance avec les Celti de Bétique et la ville d'Amba, dans la même province.

Ceret (*Cera près de Jerez*).

Types : Tête tourrelée, deux épis.
Légende : CER. CERET.
Métal : Bronze.

Corduba, puis Patricia (*Cordoue*).

Types : Tête de Vénus ; Cupidon nu et ailé debout.
Légende : CORDVBA.
Métal : Bronze.
Les monnaies coloniales de Corduba sont en bronze, frappées sous Auguste, et portent le nom de *Colonia Patricia*.

Epora (*Mentoro*).

Types : Taureau couché.
Légende : APORA.
Métal : Bronze.

Gades (*Cadiz*).

Types : Tête d'Hercule ; proue de navire ; trident, deux poissons et un croissant ; temple ; poissons ; dauphin autour d'un trident, ou sans trident ; *simpulum* et *lituus* ; épis.
Légende : Inscriptions phéniciennes. MVN. GADES.
Métal : Argent et bronze.

On connaît des monnaies impériales frappées dans cette ville depuis Auguste jusqu'à Néron.

Ilipla Magna (*Alcala del Rio*).

Types : Poisson, croissants, tête imberbe, épi.
Légende : ILIPENSE.
Métal : Bronze :

Ilipla (*Niebla*).

Types : Épis, cavalier.
Légende : ILIPLA.
Métal : Bronze.

Iliturgi (*près Andujar*).

Types : Tête virile imberbe, caducée à gauche ; tête laurée à gauche et deux étoiles ; cavalier en course ; épi.
Légende : ILITVRGI. ILOITVRGENSE.
Métal : Bronze.

Ilurco (*Pinos Puente*).

Types : Tête virile nue à droite, à l'avers et au revers.
Légende : ILVRCON.
Métal : Bronze.

Ipagro (*Aguilar*).

Types : Tête barbue à droite ; victoire debout
Légende : IPAGRO.
Métal : Bronze.

Iptuci (*Rota ?*).

Types : Tête barbue et diadémée, rou
Légende : IPTVCI ; Lég. bastulo-phéniciennes.
Métal : Bronze.

Irippo (*Coripe*).

Types : Tête d'Auguste ; femme assise.
Légende : IRIPPO.
Métal : Bronze.

Italica (*Santipona*).

Les monnaies de ce municipe ont été frappées depuis Auguste jusqu'à Drusus : MVNICIP. ITAL.

Ituci (*Castro del Rio el leal*).

Types : Cavalier en course ; croissant et astre entre deux épis ; poisson et croissant.
Légende : ITVCI.
Métal : Bronze.

Julia (*Antequera et Lucena*).

Types : Tête virile jeune, nue ; deux bœufs attelés à une charrue.
Légende : COLONIA. IVLIA.
Métal : Bronze.

Lacipo.

Types : Dauphin, taureau.
Légende : LACIPO.
Métal : Bronze.

Lælia (*El-Berrocal*).

Types : Cavalier ; épi et branche de pin ; palme et épi.
Légendes : LÆLIA, LAELLIA.
Métal : Bronze.
Monnaies impériales d'Auguste, de Tibère et de L. César.

Lascuta.

Types : Tête d'Hercule et massue ; éléphant ; tête virile imberbe.
Légende : LASCV. LASCVI. LASCVTA.
Métal : Bronze.
Impériales d'Auguste.

Lastigi (*Zahara ?*).

Types : Tête casquée à droite ; deux épis ; cavalier ; couronne de myrte ou de laurier.
Légende : LASTIGI. LAS.
Métal : Bronze.

Malaca (*Malaga*).

Types : Tête de cabire, du soleil, croissant, temple.
Légende : MLCA, en caract. puniques.
Métal : Bronze.

Mirobriga (*Capilla*).

Types : Tête de Mars ; cavaliers en course.
Légende : MIROBRI.
Métal : Bronze.

Munda (*Monda*).

Types : Tête barbue ; sphinx ; épi ; poisson.
Légendes : MVN. MVNDA.
Métal : Bronze.

Murgi (*Almeria*).

Types : Tête virile laurée ; cavalier tenant une palme.
Légende : MVRGI.
Métal : Bronze.

Nabrissa Veneria (*Lebrija*).

Types : Tête barbare, cheval, sanglier.
Légendes : NA, NABRISSA.
Métal : Bronze.

Nema.

Types : Tête barbue nue à droite ; dauphin et poisson.
Légende : NEMA.
Métal : Bronze.

Obulco (*Porcuna*).

Types : Tête de Cérès à droite ; virile et imberbe, d'Apollon ; charrue et épi ; cavalier en course ; aigle éployée ; bœuf marchant ; buste de cheval ; sanglier.
Légendes : OBVLCO. ꓭOꓦꓤOꓕ. OBOLIC. OBLCO.
Métal : Bronze (1).

Olont (*Gibraléon*).

Types : Pomme de pin, cavalier, dauphin.
Légende : OLONT.
Métal : Bronze.

---

(1) Les monnaies d'Obulco, avec une légende latine, présentent des mots écrits en caractères turdétans qui paraissent être des noms de magistrats.

Onuba (*Huelva*).

Types : Tête de Mars à droite ; deux épis ; cavalier.
Légende : ONVBA.
Métal : Argent et bronze.

Orippo (*Torre de los Hermanas*).

Types : Tête imberbe de Bacchus ; grappe de raisin ; bœuf se couchant et croissant.
Légendes : ORIPPO, ORIPENSE.
Métal : Bronze.

Osset (*près Romula*).

Types : Tête imberbe à droite ; homme nu tenant une grappe de raisin.
Légendes : OSET, OSSET.
Métal : Bronze.

Ostur.

Types : Gland, rameau, épis, porc.
Légendes : OSTVR.
Métal : Bronze.

Romula, d'abord Hispalis (*Sevilla*).

Impériales d'Auguste et de Tibère. COL. ROM.

Sacili (*Acorruger*).

Types : Tête barbue à droite ; cheval galopant.
Légende : SACILI.
Métal : Bronze.

Salpesa.

Types : Tête d'Apollon, arc, trépied et carquois.
Légende : SALPESA.
Métal : Bronze.

Searo.

Types : Tête d'Hercule ; tête de femme entre une fleur et un rameau ; deux épis.
Légende : SEARO.
Métal : Bronze.

Sexsi (*Almunecar*).

Types : Tête d'Hercule, poisson.
Légendes : SCS, en caract. puniq. F. I. SEXS, en caract. latins.
Métal : Bronze.

Sisapo (Almaden).

Types : Tête virile et imberbe ; sanglier, taureau.
Légendes : SAESAPO, SISIPO.
Métal : Bronze.

Traducta (Algeciras).

Les monnaies de cette ville sont de bronze, frappées aux noms d'Auguste, de Caïus, et de Lucius césars : IVL. TRAD.

Turrirégina (Reina).

Types : Tête casquée ; épée, grappe de raisin.
Légende : TVRIRIICINA.
Métal : Bronze.

Tucci (Maslos).

Types : Tête barbare ; épi et branche d'olivier.
Légende : TUCCI.
Métal : Bronze.

Ventippo (Casaricha).

Types : Tête de Mars casquée ; soldat debout.
Légende : VENTIPO.
Métal : Bronze.

Ugia (Las Cabezas de San Juan).

Types : Tête de Vulcain à droite, derrière une tenaille ; chameau.
Légende : VGIA.
Métal : Bronze.

Ulia (Montemayor).

Types : Tête de femme diadémée, rameau et croissant ; deux branches de laurier entrelacées.
Légende : VLIA.
Métal : Bronze.

Urso (Ossuna).

Types : Tête de Pallas ; sphinx ; dauphin, ours.
Légende : VRSONE.
Métal : Bronze.

Il existe aussi des bronzes coloniaux d'Urso, au nom d'Auguste.

Vesci.

Types : Tête diadémée ou laurée, taureau.
Légende : VESCI.
Métal : Bronze ; quelques pièces donnent à la fois le nom de cette ville en caractères latins et phéniciens.

TARRACONENSIS

Acci (*Guadia el Viejo*).

Les monnaies de cette localité sont en bronze, coloniales, au nom des empereurs qui se sont succédé d'Auguste à Caligula : COL. IVL. GEM. ACCI.

Bilbilis (*Calatayud*).

Il y a des monnaies coloniales de cette ville frappées depuis Auguste jusqu'à Caligula : BILBILIS ITALICA : MV. AVGVSTA BILBILIS.

Cæsaraugusta (*Saragoza*).

Les monnaies de cette ville sont en bronze, coloniales, et frappées au nom d'Auguste, d'Agrippa, de Tibère, de Germanicus, d'Agrippine mère et de Caligula. CÆSAR AVGVSTA ; C. C. A.

Calagurris Julia Nassica (*Calahora*).

On a de cette ville des monnaies aux noms d'Auguste. et de Tibère : NASSICA CALAGVRRI IVLIA ; MVN. CAL. IVL ; M. C. I.

Carthago nova (*Cartagena*).

Les monnaies de cette ville sont coloniales, en bronze, frappées depuis Auguste jusqu'à Caligula : VR. I. N. K ; C. V. I. N. K. Les noms de Juba II et de son fils Ptolémée, figurent sur des pièces de cette ville, à titre de patrons.

Cascantum (*Cascante*).

Les monnaies de cette ville sont en bronze et coloniales, frappées sous le règne de Tibère : CASCANTVM.

Castulo (*Cazlona*).

Types : Tête d'Auguste ; sphinx.
Légendes : CAST. CASTVLO.
Métal : Bronze.

Celsa (*Velilla de Ebro*).

Types : Tête juvénile imberbe à droite, au milieu de trois poissons ; de Mercure avec le pétase ; partie antérieure d'un Pégase ; cavalier en course tenant une palme.
Légendes : CEL. CELSA.
Métal : Bronze.

On a des monnaies coloniales frappées dans cette ville au nom d'Auguste et de Tibère : COL. VIC. IVL. LEP.

Clunia (*Coruna del Conde*).

Types : Tête virile à droite, devant un dauphin ; cavalier.
Légende : CLVNIA.
Métal : Bronze.
On a, de cette ville, des impériales de bronze au nom de Tibère.

Dertosa (*Tortosa*).

Les monnaies de cette ville sont coloniales, en bronze et frappées au nom de Tibère ; la légende DERT est en alliance avec celles du municipe Hibera Julia Ilercavonia.

Emporiæ (*Ampurias*).

Types : Tête de Cérès, quelquefois entourée de poissons ; tête casquée de Pallas ; de Diane ; de Pégase ; cheval debout couronné par la Victoire ; la tête du cheval est formée par une petite figure humaine accroupie.
Légendes : ΗΜΗΠΙΤΙ, EMPOPITN, ΕΜΠΟΡΙΤΩΝ, EMP. EMPORI, EMPOR.
Métal : Monnaies en argent et bronze.
On connaît des monnaies en bronze au type d'Emporiæ, tête de Minerve et Pégase, qui portent une légende celtibérienne dans laquelle M. Heiss lit AVNTZCASCON, en proposant d'y voir le nom de la partie d'Emporiæ qui était celtibérienne. M. Zobel y lit l'ethnique *Indigetes*, groupe dans lequel étaient les villes d'Emporiæ et Rhoda.

Ercavica (*Milagro*).

On a des monnaies municipales de cette ville au nom d'Auguste. de Tibère et de Caligula avec la légende MVN. ERCAVICA.

Gili (*Penaguila*).

Types : Tête et palmes.
Légende : GILI.
Métal : Bronze.

Graccurris (*Agreda*).

On ne connaît de cette ville que des monnaies municipales frappées sous Tibère, MVNICIP. GRACCVRRIS.

Ilercavonia (*Amposta*).

Types : Vaisseau au droit et au revers.
Légende : MVN HIBERA IVLIA ILERCAVONIA.
Métal : Bronze.

Ilerda (*Lerida*).

Les monnaies de cette ville sont municipales, avec le nom d'Auguste. ILERDA.

Ilici (*Elche*).

Les monnaies de cette ville sont coloniales, et frappées sous Auguste et Tibère C. C. IL. A.

Osca (*Huesca*).

Il y a de cette ville un bronze du consul Cn. Domitius Calvinus et des monnaies impériales aux noms d'Auguste, de Tibère, de Germanicus et de Caligula.

Osicerda.

Monnaies municipales au nom de Tibère; MVN. OSICERDA; MVN. OSIC.

Ostur.

Types : Sanglier à droite; gland; gland entre deux branches.
Légendes : OSTVR. OST.
Métal : Bronze.

Palentia (*Palencia*).

Types : Tête de Vulcain couverte d'un bonnet conique; masque bachique.
Légende : PALA.
Métal : Bronze.

Rhoda (*Rosas*).

Types : Tête de Cérès; rose.
Légende : POΔIITΩN.
Métal : Argent.

Saguntum (*Murviedro*).

Types : Tête de Pallas casquée; proue de vaisseau couronnée par la Victoire.
Légendes : SAGVNTINV; SAGV; SAG.
Métal : Bronze.
Impériales de Tibère.

Segobriga (*Segorbe*).

Types : Palme; taureau.
Légende : SEGOBRIGA.
Métal : Bronze.
Impériales depuis Auguste jusqu'à Caligula.

Segovia (*Segovia*).

Impériales d'Auguste ; SEGOVIA.

Tarraco (*Tarragona*).

Types : Autel carré, orné au milieu d'une patère, sur l'autel, une palme ; bœuf avec des bandelettes, couronne de laurier.
Légende : C. V. T.
Métal : Bronze.

Impériales d'Auguste, de Caïus et Lucius, de Tibère et de Drusus (1).

Toletum (*Toleto*).

Types : Tête virile, nue avec collier ; cavalier armé d'une lance.
Légende : TOLE.
Métal : Bronze.

Turiaso (*Tarazona*).

Monnaies impériales d'Auguste et de Tibère, SILBIS TVRIASO ; MV. TVRIA ; MV. TVR.

Valentia (*Valencia*).

Types : Tête casquée à droite ; corne d'abondance traversant une foudre.
Légende : VALENTIA.
Métal : Bronze.

ILES BALÉARES

Insula Minor (*Minorque*).

On a de cette ile, des monnaies à légendes puniques, en argent et en bronze, aux types d'un cabire et d'un taureau cornupète. Ensuite une série en bronze, avec les têtes de Tibère, de Caligula et de Claude, au type du cabire, avec des légendes latines et puniques.

---

(1) On classe à Tarraco des monnaies en argent et en bronze, qui portent la légende COSE en caractère celtibérien ; tête de mercure, cavalier, cheval, coq becquetant.

Ebusus (*Ibiza*).
Types : Tête de Neptune ; ancre entre deux dauphins.
Légende : EBVSITANV.
Métal : Bronze.

GALLIA

Lorsque ce *Manuel* parut, il y a 38 ans, on s'occupait beaucoup des monnaies gauloises qui jusque-là avaient été très négligées ; on continua pendant les années suivantes. Séduits par ce sujet alors neuf qui offrait un intérêt national, des numismatistes firent une classification un peu prématurée. Chaque peuple gaulois avait ainsi sa monnaie particulière ; on se flattait de trouver sur ces pièces les noms des chefs mentionnés dans les *Commentaires de César*.

Aujourd'hui, on étudie toujours avec zèle les monnaies gauloises, mais on le fait avec plus de critique. La plupart des attributions par peuples est abandonnée jusqu'à nouvel examen ; on a reconnu que les personnages mentionnés par César pouvaient avoir eu des homonymes à des dates différentes. A part quelques exceptions, on range les monnaies anonymes — et ce sont les plus nombreuses, — par régions. Ainsi les 51 n°s de la planche 11, qui sont toutes gauloises, peuvent être ainsi classées : 349-351, Belgique ; 352, 368, pays au delà du Rhin ; 353 à 367, 370, 371, 375, 378-381, 389, 391, Celtique, région des Carnutes, des Aulerci, des Bituriges ; 369, 388, 392-396, Arvernes ; 374, Leuci ; 382-387, Volces ; 397-398, Gaule Transalpine ; 399, Helvétie.

Il est très important de constater avec soin la provenance de ces monnaies, surtout celles de bronze qui avaient un cours plus local. Ce n'est qu'après cette enquête qu'il sera permis de tenter une classification sérieuse.

Les plus anciennes monnaies frappées en Gaule sont celles de Marseille ; elles eurent une grande influence sur celles de ce qui devint la Narbonnaise, et sur l'autre versant des Alpes; elles peuvent remonter à 400 environ avant J.-C. Deux siècles plus tard, les monnaies de Rhoda et d'Emporium qui procédaient de celles des Carthaginois, en Sicile, furent imitées dans le sud-ouest, et sur tout le littoral, jusqu'en Armorique. Au deuxième siècle, des Gaulois établis entre les Pyrénées et l'Hérault, firent des monnaies en bronze imitées de celles des rois d'Agrigente et de Syracuse sur lesquelles leurs chefs prenaient le titre de Βασιλευς.

Les monnaies d'or commencèrent vers l'an 300 à être copiées par les Gaulois sur les statères macédoniens apportés par le commerce; ce furent les Arvernes qui paraissent en avoir alors fabriqué les premiers. Ce monnayage se répandit rapidement en remontant vers le nord, jusqu'en Belgique. Vers l'an 125, les deniers de la République romaine commencèrent à se répandre à la suite de l'établissement des Romains dans la Province et les Gaulois s'empressèrent de les prendre pour modèles. A partir de l'an 58, il y eut un monnayage autonome, toléré par les Romains et qui était probablement attribué aux peuples qui avaient le titre de *libres* et *alliés*.

On peut considérer comme un fait acquis que les légendes en grec sont antérieures à 125; que toute pièce portant une légende latine est postérieure à cette date.

Les ethniques et noms de villes sont très rares; excepté à Marseille et chez les peuples de cette région, les ethniques sont postérieurs à l'an 125 et surtout à l'an 58. Les légendes des monnaies gauloises donnent surtout des noms propres. Nous en publions la liste en y comprenant ceux qui figurent sur les monnaies de la Bretagne, frappées comme celles des Gaulois, et sur les monnaies des Gaulois d'au delà du Rhin.

Sur quelques pièces frappées dans le sud-ouest, on trouve des légendes en caractères celtibériens. On a proposé d'y voir les noms de Béziers, BRICITZE; Narbonne, NERHNCN; Perpignan, PAVRP.

AQUITANIA

Arverni.

On attribue aux Arverni des statères en or dont les plus anciens portent encore le nom de ΦΙΛΙΠΠΟΥ, un monogramme formé des lettres AP ; d'autres statères, avec les légendes ATAV, CAMVLO, CAS ; des deniers avec la légende IIPOMIIDV, PICTILOS ; des bronzes portant CVNVANOS, DONNADV, IIPOS, BRIGIOS.

CHEFS ARVERNES

Epasnactus.

Types : Tête jeune et imberbe ; tête casquée ; guerrier debout tenant une enseigne ; cavalier galopant.
Légende : EPAD. HPAD.
Métal : Argent et bronze.

Vercingétorix.

Types : Tête virile tantôt nue tantôt casquée ; cheval et diota.
Légende : VERCINGÉTORIS.
Métal : Or.

Vergasillaunus.

Types : Buste jeune couvert du paludamentum ; cheval marchant à droite.
Légende : VERGA.
Métal : Bronze.

Bituriges *Cubi.*

Types : Tête à gauche ; cheval à gauche.
Légende : CVBIO.
Métal : Argent.

Bituriges *Vivisci.*

Types : Tête imberbe à gauche ; sanglier.
Légende : ANNICCOIOS.
Métal : Bronze.

Cambolectri.

Types : Tête d'Apollon ; cheval galopant et glaive.
Légende : CAMBOTRE.
Métal : Argent.

Cadurci.

Lucterius.

Types : Tête nue et imberbe; cheval galopant et enseigne.
Légende : LVXTIIPIOS.
Métal : Argent et bronze.

Petrocorii.

Types : Tête casquée; tête de Diane; lion; guerrier debout; anglier.
Légendes : VRDORE; LVCIO; LVCCIOS.
Métal : Argent et bronze.

Pictavi.

Types : Tête de Vénus; cheval, au-dessus un petit temple; tête nue à droite; taureau; guerrier debout.
Légendes : IVLIOS DVRAT; ATECTORI; VIIPOTAL.
Métal : Argent et bronze.

Santones.

Types : Buste à gauche; cheval, dessous un oiseau. Tête de Marc Antoine; loup.
Légendes : GAIV. IVLIV. AGEDOMAPATIS; CONTOV-TOS.
Métal : Argent et bronze.

Sotiates.

Types : Type confus; loup marchant.
Légende : REX. ADIEVTANVS. SOTIOTA.
Métal : Argent.

NARBONENSIS

Nous avons déjà observé que la numismatique massaliote avait exercé une grande influence sur les monnaies gauloises : il est donc important d'appeler sur elles toute l'attention des archéologues. Nous résumons ici les dates qui indiquent les diverses périodes du monnayage massaliote.

1re *époque :* Depuis l'an 400 avant Jésus-Christ jusqu'au retour de Simos et de Protis, envoyés par Euxène en Ionie pour rapporter tout ce qui était nécessaire à l'établissement définitif de la colonie ; les monnaies de Marseille sont anépigraphes ; elles représentent un *phoque*, symbole parlant de la mère patrie, un *lion* ou un *griffon*, emblèmes d'Apollon et de Diane. Le revers est le plus souvent un carré creux et informe, comme sur les plus anciennes médailles antiques.

2ᵉ *époque :* Depuis le retour de Simos et de Protis, jusqu'au milieu du vıᵉ siècle avant l'ère chrétienne. Type de Diane égyptienne, souvenir de la statue rapportée d'Éphèse pour obéir à l'oracle, au revers du crabe. Type d'Apollon coiffé du πῖλος au revers de la roue à quatre rayons qui paraît aussi sur sa coiffure : nous reviendrons sur ce symbole plus bas : cette divinité n'est autre qu'Apollon navigateur ; les Dioscures, Énée, Ulysse, tous navigateurs, portent également le πῖλος. Les initiales M. ΜΑΣ ΜΑΣΣ commencent à paraître tracées en caractères antiques.

3ᵉ *époque :* Depuis le milieu du vıᵉ siècle jusqu'à la fin du siècle de Périclès. Type d'Apollon, représenté les cheveux hérissés, et le plus souvent avec une corne sur le front, au revers de la roue. Légendes : M.ΜΑΣΣΑ.ΜΑΣ-ΣΑΛΛΑΚΥΔΩΝ épithète d'Apollon comme protecteur du port, ΑΓΛΑ, ἀγλαός autre épithète d'Apollon.

4ᵉ *époque :* Siècle d'Alexandre le Grand. Type de Diane, au revers du lion sur les drachmes, et d'Apollon au revers de la roue sur les oboles : à l'exergue des premières paraissent des lettres qui semblent indiquer les différentes émissions : sur les secondes on aperçoit, dans la barbe du dieu, des caractères microscopiques que l'on croit être les noms des graveurs.

5ᵉ *époque :* Depuis la fin du siècle d'Alexandre, jusqu'au 1ᵉʳ siècle avant l'ère chrétienne. Le style des monnaies, qui était arrivé à la perfection à la période précédente, commence à s'altérer : les types perdent de leur pureté primitive ; le titre même de l'argent est moins élevé. Diane paraît en buste, la tête ornée d'un diadème, les épaules chargées d'un carquois et d'un arc ; le champ des drachmes se couvre de lettres, de symboles et de monogrammes : des sigles paraissent même sur les oboles. C'est à cette période qu'il faut reporter l'apparition des premières monnaies de bronze, qui présentèrent tout d'abord la tête d'Apollon, au revers du taureau cornupète.

6⁰ *époque* : Première moitié du 1ᵉʳ siècle avant Jésus-Christ, apparition de la tête de Minerve au revers de l'aigle sur les dioboles, et du trépied sur les bronzes.

7⁰ *époque* : Seconde moitié du 1ᵉʳ siècle jusque sous les premières années de l'empire romain. A cette dernière période, le monnayage marseillais s'altère de plus en plus. Au revers des têtes de Minerve et de Diane on voit une galère, un caducée, des mains entrelacées ou un dauphin ; cette dernière déesse paraît quelquefois avec le taureau, et Apollon avec le lion.

Sous ces quatre dernières époques, les légendes sont : Μ. ΜΑ. ΜΑC. ΜΑΣΣΑ. ΜΑΣΣΑΛ. ΜΑΣΣΑΛΙΗΤΩΝ. ΜΑCCA. ΜΑΣ. MASSA.

A Marseille on ne frappa jamais de monnaies d'or ; on se servait dans le commerce des monnaies d'or grecques ; les monnaies de bronze, que nous avons vues commencer à la 5⁰ période, se multipliaient à mesure que la décadence se faisait sentir.

Types.

Apollon. Ce dieu qui, sur les médailles de Marseille, paraît d'abord comme dieu de la navigation et protecteur du port de Lacydon, était particulièrement honoré en Ionie, ainsi qu'on peut le voir par les médailles de Clarus, de Colophon, de Magnésie et de Milet.

Diane. Le culte de Diane était venu d'Éphèse, ville ionienne : Strabon nous apprend que les Massaliotes avaient élevé dans leur ville en l'honneur de cette divinité un temple nommé *Ephesium*. La statue de la déesse avait été apportée dans la colonie, dans ces circonstances: lorsque les Phocéens fuyaient leur patrie, une femme nommée Aristarcha dit à ses compatriotes de suivre un navire sur lequel était placé une statue de Diane d'Éphèse. Le temple de Diane à Marseille, en souvenir de cet événement, était desservi par une prêtresse que l'on faisait venir d'Asie.

Minerve. Une tradition massaliote rapportait qu'au temps des guerres de la colonie contre les peuples voisins, la ville assiégée par Catumandus, avait été sauvée par cette déesse, dont l'apparition avait effrayé le chef gaulois. Minerve, d'ailleurs paraît sur les monnaies de Phocée d'Ionie : Pausanias rapporte que son temple avait été détruit dans cette ville par le mède Harpagus.

Passons maintenant aux types secondaires.

Le *phoque* fait allusion au nom de la mère patrie. Le *lion* et le *griffon* paraissaient également sur les médailles de Phocée et de plusieurs autres villes d'Ionie. Le *crabe* est un des attributs de Diane d'Ephèse. Le *taureau cornupète* est un symbole d'Apollon. Le *trépied* qui se voit au revers de la tête de Minerve rappelle probablement quelque vœu fait à cette déesse en souvenir de la tradition dont nous parlions plus haut : enfin, le *navire*, le *caducée* et les *mains jointes* font allusion au commerce des *Massaliotes*.

Il ne nous reste plus qu'à nous occuper de la roue à quatre rayons qui joue un si grand rôle sur les monnaies massaliotes au type d'Apollon ; beaucoup d'archéologues ont cherché à expliquer ce symbole ; suivant MM. Raoul Rochette et La Saussaye, cette roue n'est autre chose que le disque à quatre roues qui se plaçait sur le trépied fatidique de Delphes, le κύκλος μαντικός, l'un des principaux symboles d'Apollon Pythien. Il y a lieu de se garder de confondre cet emblème avec ces rouelles de différents métaux que l'on a longtemps considérées comme étant les plus anciennes monnaies gauloises et qui ne sont vraisemblablement que des accessoires de vêtements.

Agatha (*Agde*).

Types : Tête de Diane ; lion.
Légende : AΓ.
Métal : Argent.

Allobroges.

On donne aux Allobroges des pièces en or, en argent et en bronze coulé, représentant tantôt un chamois, tantôt un hippocampe.

Antipolis (*Antibes*).

Types : Tête de Vénus laurée ; victoire debout, couronnant un trophée.
Légende : ΑΝΤΙΠ.
Métal : Bronze (1).

Avenio (*Avignon*).

Types : Tête d'Apollon laurée ; de femme tourrelée ; sanglier en course ; taureau cornupète.
Légende : ΑΟΥΕ. ΑΥΕ. ΑΟΥΕΝΙΟΑ.
Métal : Argent et bronze.

Beterra (*Béziers*).

Types : Tête d'Hercule ; lion.
Légende : ΒΗΤΑΡΡΑΤΙΣ.
Métal : Bronze.

Cabellio (*Cavaillon*).

Types : Tête de la nymphe *Cabellio* ; tête du peuple personnifié ; corne d'abondance dans une couronne de laurier ; tête de Janus, lion à droite.
Légendes : COL. CABE, KABE.
Métal : Argent et bronze.
Les monnaies de cette ville portent les noms de Lépide, d'Antoine et d'Auguste.

Cænicenses.

Types : Tête d'Apollon laurée ; lion rugissant.
Légende : ΚΑΙΝΙΚΙΙΤΩΝ.
Métal : Argent.

Cavares ou Voconces.

Il semble que l'on doive classer à une confédération formée des Allobroges, des Voconces et des Cavares, la série des deniers au type du cavalier, imité des monnaies romaines, qui portent de nombreux noms d'hommes, tels que : DVRNACOS, AVSCRO, CN. VOLVNT, CALITIX, etc.

Glanum (*Saint-Remi*).

Types : Tête de Diane, la tête ornée d'épis ; lion.
Légende : ΓΛΑΝΙΚΩΝ.
Métal : Argent.

---

(1) Les monnaies d'Antipolis sont coloniales, et portent les noms de Lépide, ΛΕΠΙ. ; de L. Cornelius, ΕΠΙ. Λ. ΚΟΡ, etc.

Longostaleti.

Types : Tête nue et ailée de Mercure ; trépied.
Légendes : ΛΟΓΓΟΣΤΑΛΗΤΩΝ ; ΛΟΓΓΟΤΑΛΗΤωΝ.
Métal : Bronze.

Massilia (*Marseille*).

Voy. page 106 et suivantes.

Nemausus (*Nîmes*) (1).

Types : Tête du héros *Nemausus*, d'Apollon laurée, du peuple personnifié ; Dioscure galopant ; sanglier ; NEM. COL. dans une couronne ; la colonie personnifiée sacrifiant aux deux serpents agathodémons ; corne renversée, dans une couronne.
Légendes : NEMAV ; NAMAΣAT, COL. NEM.
Métal : Argent et bronze.
Coloniales au type d'Auguste et d'Agrippa.

Samnagenses.

Types : Tête d'Apollon ; de Diane diadémée ou laurée ; taureau cornupète.
Légendes : ΣΑΜΝΑΓΗΤ.
Métal : Bronze.

Segobriges.

Types : Tête de Diane ; lion rugissant.
Légende : CEΓOBI.
Métal : Argent.

Tricorii.

Types : Tête de Diane ; lion marchant.
Légende : OKIPT. Légende rétrograde.
Métal : Argent.

Vienna.

Les monnaies de Vienne sont des bronzes coloniaux aux types des têtes de César, d'Auguste et d'Agrippa, et d'un navire : C. I. V.

---

(1) Un grand nombre de monnaies de Nîmes portent des contre-marques : on trouve des moyens bronzes qui ont été coupés en deux, de manière qu'il y eût une tête sur chaque partie : quelques numismatistes pensent que c'était une manière de multiplier les divisions monétaires. Quelques-uns de ces bronzes ont une patte de sanglier attachée au flanc : on suppose que c'étaient des ex-voto.

Volcæ Arecomici.

Types : Tête d'Apollon laurée ; de Diane diadémée ; cheval en course ; roue à quatre rayons ; aigle éployée sur une palme, tenant une couronne de laurier dans ses serres, et une petite branche dans son bec, le tout dans une couronne ; le peuple personnifié devant une tige de laurier.
Légendes : VOL.; VOLC.; VOLCAE. AREC.
Métal : Argent et bronze.

LUGDUNENSIS

Ædui (*Autun*).

Types : Buste de Diane ; ours marchant ; tête d'Apollon ; bige ou cheval accompagné d'une lyre.
Légende : EDVIS.
Métal : Or, électr. et argent.

Aulerci Eburovices (*Evreux*).

Types : Tête d'Apollon, de Vénus ; génie ailé combattant un lion ; cheval libre et astre ; sanglier posé sur une enseigne ; cheval galopant, au-dessus un sanglier.
Légendes : IBRVIX; AVLIRCO EBVROVICO; AVLIRCV.
Métal : Bronze.

Carnutes (*Chartres*).

Tasgetius, mentionné par César.

Types : Tête d'Apollon ; Pégase galopant.
Légende : TASGIITIOC.
Métal : Bronze.

Lixovii (*Lisieux*).

Types : Tête nue et imberbe ; aigle éployée ; roue ; tête d'Apollon ; cheval à droite.
Légendes : CISIAMBOS CATTOS. VERCOBRETO. — SIMISSOS. PVBLICOS. LIXOVIO; LIXOVIATIS; MAVFENNOS ARCANTODAN.
Métal : Bronze.

Segusiavi (*Forez* et *Lyonnais*).

Types : Buste imberbe et casqué; Hercule et Télesphore.
Légende : SEGVSIAVS.
Métal : Argent.

Lugdunum copia *(Lyon)* (1).

Types : Tête de Fulvie, femme d'Antoine, sous les traits de la Victoire; lion marchant à droite; têtes adossées de Jules César et d'Auguste; navire.
Légende : LVGVDVNI ; COPIA.
Métal : Argent et bronze.

Sequani (*Franche-Comté*).

Types : Tête imberbe, barbare; sanglier marchant.
Légende : SEQVANOIOTVOS.
Métal : Argent.

Turones (*Tours*).

Types : Tête d'Apollon; cheval galopant à gauche; de Vénus; guerrier dans un bige.
Légende : TVRONOS.
Métal : Bronze.

Véliocasses.

Rotomagus (*Rouen*).

Types : Tête virile nue et imberbe; buste d'Apollon; cavalier; bige; cheval galopant; bœuf marchant.
Légende : RATVMACOS ; VELIOCAΘI.
Métal : Bronze.

BELGICA

Des bronzes portant avec la mention A. HIR. IMP. des noms de chefs gaulois paraissent appartenir à la Belgique orientale; ils datent de 43-44 avant J.-C.

Leuci.

On classe à ce peuple des monnaies coulées très barbares, représentant une tête à gauche et au revers, un sanglier à gauche; ainsi que des bronzes à la légende MATVGIINOS.

(1) On doit classer ici les monnaies de bronze d'Auguste et de Tibère, de Claude et de Néron au type de l'autel de Lyon, avec la légende ROM. ET. AVG.

Mediomatrici (*Metz*).

Types : Buste de Pallas casquée; cavalier courant à droite.
Légende : MEDIO.
Métal : Bronze.

Remi (*Reims*).

Types : Trois bustes de profil, tournés à gauche; bige; tête imberbe tournée à droite; lion arrêté, la queue passée entre les pattes.
Légendes : REMO ; REMOS.
Métal : Bronze. On lit sur les monnaies des Remi le nom du chef ATISIOS.

BRITANNIA

Les plus anciens spécimens de l'ancien monnayage breton ressemblent aux monnaies des Gaulois, et paraissent être à peu près contemporains : ceci semblerait établir que César n'avait eu que des renseignements inexacts, lorsqu'il avait avancé qu'avant son arrivée, parmi les Bretons, ces peuples n'usaient d'autres monnaies que de grossiers morceaux de bronze et d'anneaux de fer et de cuivre, *utuntur aut ære, aut taleis ferreis ad certum pondus examinatis, pro nummo*. Mais plusieurs numismatistes pensent que par le mot *ære*, on doit entendre les monnaies de bronze. Il semblerait que ce fut postérieurement que les Bretons insulaires frappèrent des monnaies en or et en argent, et que celles-ci furent refondues aux types romains sous le règne de Claude.

Sur les monnaies bretonnes, on reconnaît comme en Gaule l'imitation des types grecs, et particulièrement de ceux de Macédoine : les légendes sont souvent sur une tablette ou horizontalement dans le champ.

Les monnaies bretonnes que l'on peut considérer comme d'une attribution certaine sont celles frappées à Colchester (*Camulodunum*) par le roi Cunobelinus, qui y régnait de l'an 34 à l'an 26 avant Jésus-Christ.

Types : Sphinx ailé couché à droite ; le roi debout tenant un sceptre et une tête humaine, derrière un autel allumé; tête de Janus, de Mars, du roi laurée ? ; centaure marchant à droite et soufflant dans une corne ; cheval libre et lézard ; épi ; deux figures debout, l'une tenant une couronne ; Pégase volant ; sanglier couché ; cheval libre, figure assise sur un siège et tenant une haste ; taureau cornupète.

Légendes : CVNO. CVN. CVNOBELIN. CVNOBELINVS. REX. — CAMV, CAMVL. — SOLIDO. — TASC. TASCIO.

Métal : Or, argent et bronze.

Il y a, du reste, une assez grande quantité d'anciennes monnaies bretonnes sur l'attribution desquelles on n'est pas encore bien fixé. Elles sont des trois métaux et représentent pour types : un cavalier tenant un *buccinum* (?) ; quatre palmes disposées en croix ; des chevaux grossièrement représentés et accompagnés d'astres, des rouelles, et d'autres symboles; des fleurons disposés de manière à représenter deux dauphins adossés ; des branches de fougère ou de pin ; des épis ; des têtes barbares ; le bige des *Philippes*.

GERMANIA

La Germanie n'est représentée dans la numismatique que par une série nombreuse de monnaies qui n'ont encore été que très superficiellement étudiées. Ce sont des tétradrachmes, des drachmes, des deniers et des pièces en or frappées en l'an 180 avant Jésus-Christ et probablement jusqu'au milieu du 1ᵉʳ siècle après Jésus-Christ, par des populations celtiques établies sur les bords du Danube et dans l'Italie septentrionale. Ces monnaies portent des noms d'hommes que l'on trouvera dans la liste ci-jointe sur laquelle ils sont suivis de la mention : *Pannonie*. Elles sont imitées des monnaies en argent de Macédoine, de Larisse, de Thasos, de Péonie et des deniers de la République romaine.

Les pièces frappées dans le Cispadane orientale, jusqu'à 188, pèsent environ 10 gr. 45 ; celles qui furent fabriquées dans le voisinage de la Grèce pèsent environ 17 gr. 28.

Liste des noms inscrits sur les monnaies de la Gaule, de la Bretagne et de la Germanie.

ABVCATO, or. *Rev. num. fr.* 1836, pl. 2. On a proposé de lire *Abugato.*
ABVDOS, ABVDS, or, br. Lelewel, pl. 7, 44; *Art gaulois,* 1re partie, pl. 79, 1.
[A]CINCOVEPVS-PETRVCORI ou PERRVCORI, ar. *Art gaulois,* 1re partie, pl. 89, 2. La Saussaye et Longpérier lisaient *Petrucori,* ce qui est contesté.
ACVSSROS, br. *R. n. f.* 1838, pl. 21.
ACVTIOS, br. *Art gaulois,* pl. 52, 2.
ADDEDOMAROS, ADDIDOM, or. Bretagne, J. Evans, pl. 14, 1 à 9; *Num. Chron.*, 1856, p. 159.
ADIETVANVS : REX ADIETVANVS FF. SOTIOTA, ar. *Art Gaulois,* pl. 90, 2.
ADNAMATI, ar. Pannonie, Lelewel, pl. 3, 12. Insc. de Suse, ADNAMA TROVCILLI F., *C. I. L.*, V, 2e p., 7269. Cisalpine.
AESV, ar. Bretagne. J. Evans, pl. 15, 8.
AGEDOMAPATIS, GAIV. I, ar. *Rev. num.* 1862, pl. 1, 6; 1883, 1, 5.
ΑΓΗΔ, br. *R. n. f.* 1844, p. 365.
AINORIX, ar. Pannonie, Cab. imp. de Vienne.
ALABPOΔΗOC-NIDE, ar. Lelewel, pl. 6, 12; Duchalais, p. 18.
ALAV, ALAVCOS, br. *Art gaulois,* 1re partie, pl. 19, 2. 2e partie, 17 h.
AMBACTVS : AMBACTVS-ARC, br. Lelewel, pl. 9, 9. Bretagne, *Mon. gaul. inédites de Strasbourg,* 1882, (Extr. des *Mémoires* de la Soc. d'arch. lorraine).
AMBILI-EBVRO; AMBILO-EBVRO, ar. Lelewel, pl. 6, 17.
AMEN, or. Salasses. *R. n. f.* 1861, p. 344.
AMIORIX, or. Pannonie. Cabinet de France.
AMMI, billon. *R. n. fr.* 1884, pl. 5, 40.
AM, AMMI, AMMINVS-DVN, ar., br. Bretagne, J. Evans, pl. 5, 1 et 2.
AMYTO BA (σιλευς), br. Cab. de France.
ANDECOMBO-ANDECOM, ar. Lelewel, pl. 5, 44 et 45; 4, 47.
ANDOBRV. *Voy.* Garmanos.

AND, ANDO, ANDOCO, or, ar., br. Bretagne. J. Evans, pl. 5, 4 à 6.
ANDV, ar. Cabinet de France.
ANDVGOVONI-CELIICORIX, ar. *Dict. d'arch. celt.*, n° 68.
ANNAROVECI, br. *R. n. b.* 1862, pl. 4, 1.
ANNICOIOS, ANNICCOIOS, br. Lelewel, pl. 9, 23.
ANORBO. *Voy.* DUBNOREIX.
ANSALI, ar. Pannonic, *Art gaulois*, 2e partie, 72.
ANTEΘ, ANTED; ANTEDRIGV, or, ar. Bretagne, J. Evans, pl. 1, 7 et 8; 15, 9 à 11.
ANTIΠ ΛEII-IΣ ΔHM, ar. *Gaul. narbonnaise*, pl. nos 11 à 17.
AOPA, br. *R. n. f.* 1863, p. 159.
AOYENIAO ; AOYE, AYE, ar. Lelewel, pl. 8, 17. br. Cab. de France.
AIIAMOC-L. MVNAT, br. *Mél. de Num.*, 1, p. 326.
AP (en monogramme), or, *Art gaulois*, pl. 101, 8 et 9.
ARC, br. *Voy.* AMBACTVS.
ARKANT, ARCANTODAN, ARCANTODAN-ROVECA, ARCANTODA-MAVFENN, br. *R. n. f.*, 1860, p. 352; *Art gaulois*, 1re partie, pl. 48, 1; *Bull.* de la Soc. d'agriculture de la Sarthe, 1857; *R. n. f.*, 1862, pl. 9, 1, 1 bis et 4.
ARDA, or, br. Lelewel, pl. 9, 31 à 34. *R. n. f.*, 1885, pl. 6, 14.
AREC. *Voy.* VOLCAE.
AREMAGIOS, br. *Art gaulois*, pl. 182, 1.
APHTOIAMOΣ-NAMAY, br. Duchalais, p. 81 et 83.
ARIVOS. *Voy.* SANTONOS.
ARTOS, br. *R. n. f.*, 1842, pl. 21.
ARVS. *Voy.* SEGVSIA.
? ATAV, or. *Bull.* de la Soc. d'agr. de la Sarthe, 1857, p. 107.
ATECTORI, br. Lelewel, pl. 9, 24.
AΘIIDIACI-A. HIR. IMP, br. *Dict. d'arch. celt.*, n° 120. *R. n. f.*, 18, 8, p. 443.
ATEPILOS. *Voy.* TOVTOBOCIO.
ATESOS, br. *Mél. de Numismatique*, t. 1.
ATEVLA-VLATOS, ar. Lelewel, pl. 3, 43 ; 5, 10. ATVLA. Inc. chr. Cremone. *C. I. L.* V, 1re partie, 4117. Cisalp.
AΘEN, br. Cab. de France.
ATHIRIMP. *Voy.* AΘIIDIACI.
ATISIOS. *Voy.* REMOS.

ATΠII, or. Cab. de Fr.
ATPILLIF. Voy. Orgetorix.
ATPI, *Gaul. Narb.*, pl. 1, 32.
ATTA, ar. Pannonie. *Ann.* de la Soc. Num. 1868. ATTA. Ins. chrét. à Milan, *C. I. L.* V, 2° partie, 6183. Cisalpine.
ATVLLOS, or. Pannonie.
AVAVCIA, br. Lelewel, pl. 9, 26.
AVDOS, br. *R. n. f.*, 1847, pl. 11.
AVGII, ar. *R. n. b.*, 1885, pl. 13, 5. AVGE. Verone. *C. I. L.* V, 1re partie, 3398, 1927, 2591, 8342 Cisalp.
AVLERCOS, AVLIRCV; AVLIRCO-EBVROVICO, br. *Art gaulois*, 2° partie, p. 54 et 55 ; Lelewel, pl. 9, 46 et 47. — Une légende lue *Aulercos*, Lamb. 1re partie, pl. 8, 25 est de *Nercod ;* voy. ce nom.
AVLOIV. Voy. ΠΑΥΛΟΙΒ.
AVN, ar. br. Bretagne, J. Evans, pl. 17, 8.
AVOT ou TOVA, br. Cabinet de France.
AVRC, ar. *Art Gaulois*, p. 75 ; Lelewel, pl. 1, 10.
AVSC, AVSCRO, AVSCROCOS, AVSCROCVS. Voy. Durnacos.

BAO, br. *R. n. f.*, 1859, pl. 2, 11.
BILINOS, BHINOC, ar, Lelewel, pl. 7, 4 ; Duchalais, p. 59 ; Lambert, 1re p., pl. 11, 16.
BHTAPPATIC, br. Ch. Robert, pl. 4, 20.
BIATEC, ar. Pannonie, Lelewel, pl. 1, 4 ; 3, 15.
BIRAGOS, ar. *R. n. f.*, 1860, pl. 8, 11.
BITOYIOC BACIAEY, br. Ch. Robert, pl. 4, 16.
BITOYCOC BACI, br. Ch. Robert, p. 58.
BODVO, BODVOC, or, ar. J. Evans, p. 135, pl. 1, 2 et 3.
BOIO, ar. Cab. imp. de Vienne,
BΩKIOC. Voy. Λογγοσταλητων.
BOYIBITOY, ar. Lambert, 1re partie, pl. 9, 16 ; *Art gaulois*, pl. 73, n° 54.
BRICA, br. Coll. Ledain, à Metz.
BRI-BRI : BRIG-COMAN ; BRI-COMA ; BRICO-COMA, ar. Lagoy.
BRIGIOS, br. *Art gaulois*, pl. 98, 1.
BVGIOS, br, *Art gaulois*, 2° partie, p. 51.
BVSV, BVSSV, BVSSVMARVS, ar. Pannonie. Lelewel, pl. 3, 14. Cab. imp. de Vienne.

CABALLOS, br. *R. n. f.*, 1855, pl. 8, 4.
CABE COL, CABE-LEPI, ar., br. *Cabellio colonia*. Lelewel, pl. 8, 14, 26 ; *Num. de la Gaule narbonnaise*, pl. 7.

CA-IVR ou AVR, ar. *Art gaulois*, p. 7.

CAL-MOR ou ROVV, ar. *R. n. f.* 1860, p. 417. Quelques personnes pensent que *Cal* est l'abrégé de *Calitix*.

CALEDV, CALEDV-SENODON, ar. *R. n. f.*, 1847, pages 167, 1677, et 178, 187. Lelewel, pl. 7, 51 ; *R. n. f.*, 1860, p. 188.

CALIIDV, br. Lelewel, pl. 7, 11 ; *Art gaulois*, p. 51.

CALIAGIIS, br. *R. n. f.*, 1855, p. 365.

CALITIX. Voy. Cosii.

CALLE. Voy. Eppil.

CALMINOXOV, br. Cab. de France.

CAM, ar. Lelewel, pl. 8, 2 ; *R. n. f.*, 1836, pl. 8, 11.

CAMBIL, br. *Dict. d'arch. celt.*, n° 135.

CAMBOTRE, ar. Lelewel, p. 5. 11 ; *Art gaulois*, pl. 64, 2.

CAMVL-CVNOBELINI ; CAMV-CVNO ; CAMVLODVNO-CVNO, or, ar., br. Bretagne. Lelewel, pl. 8, 51, 52 à 56; J. Evans, pl. 9, 1 à 3 et 14; 11, 1 à 4; 12, 9 à 14; 13, 1 à 4. — Voyez aussi Cvnobelini.

CAMVLO, or, *R. n. f.*, 1863, p. 501; *Art gaulois*, pl. 101, 6.

CAND, ar. *Art gaulois*, p. 82. Il se pourrait que cette légende, lue à rebours : DNAC, fût une abréviation de *Durnac* ; le type autorise cette hypothèse.

CANTORIX. Voyez Turonos.

CARMANOS. Voyez Garmanos.

CARCICIOS-[CO]MMIOS, ar. Duchalais, n° 45.

CAS ou GAS, or. *R. n. f.*, 1863, pl. 16, 2, 1848, p. 150.

CASSISVRATOS-...LANTOS, ar. *R. n. f.*, 1883, pl. 1, 7.

CATAL, br. *Art gaulois*, pl. 5, 1 et 2.

CATTI, or. Bretagne. Lelewel, pl. 8, 17; J. Evans, 1, 4.

CATTOS. Voyez Cisiambos.

? CAVLN, ar. *R. n. f.*, 1860, p. 259. *Ann.* de la Soc. de num., 1867. Lecture très conjecturale de Saulcy.

CELIIGORIX. Voyez Andugovoni.

CELNVM-ZE, or. Pannonie. *Art gaulois*, p. 24.

CICIIDVBRI-IIPAD, br. Duchalais, n° 5 ; *Art gaulois*, pl. 20, 2.

CICVTANOS, br. *R. n. f.*, 1883, pl. 1, 4.

CIECIM, or. Pannonie, *Art gaulois*, p. 25.

CISIAMBOS ; CISIAMBOS CATTO VERCOBRETO, br. *R. n. f.*, 1837, p. 12 ; 1857, p. 403 ; 1861, p. 165 ; 1862, p. 177 ; Lelewel, pl. 8, 41 et 42 ; *Art gaulois*, pl. 56, 1.

C.I.V, *Colonia Julia Viennensis*, Num. de la Gaule narb., pl. 15, 2.

CN.VOL. Voyez VOLVNT.
COBROVOMARVS. ar. Pannonie. *R. n. f.*, 1840, pl, 19, 9. Duchalais, p. 406. *Ann.* de la Soc. de Num., 1868.
COGESTLVS, ar. Pannonie. Lelewel, pl. 7, 38. *Ann.* de la Soc. de Numism., 1868.
COIOS. Voyez ORGETORIX.
COISA, ar. Pannonie. Cab. de France.
COMAN. Voyez COSE, BRIC, COOM, TINO, VED.
COMMIOS. Voyez GARMANO, TINO, VIRI, VERICA, CARCISIOS?
COMMIOS. or. Bretagne. J. Evans, pl. 1, 10.
COMVX, or. Bretagne. J. Evans, pl. 1, 5.
CONAT, br. *R. n. f.*, 1859, pl. 13, 18.
CONE. .D, br. Lambert, 1ʳᵉ partie, pl. 10, 4. *R. n. f.*, 1865, p. 148.
CONGE, CONGESA, ar. *Ann.* de la Soc. de Num. Lelewel, p. 282.
CONTA ou CONTVA, ar. *R. n. f.*, 1844, p. 404; 1847, p. 266.
CONNO. EPILLOS-SEDVLVS, br. *R. n. f.*, 1865, p. 137.
CONTOVTOS, br. *Art gaulois*, pl. 20, 1.
COOM-COMAN, ar. *R. n. f.*, 1860, p. 417.
COPO, ar. *Ann.* de la Soc. de Num. 1868, p. 7.
CORIARCOC [CILVICOVI] — A. HIR. IMP. br. *R. n. f.*, 1858, p. 144.
COSII-CALITIX, ar. *R. n. f.*, 1851, pl. 1, 6; 1860, p. 417.
COSII-COMAN, ar. *Art gaulois*, p. 81.
COVED, COVEDOM. ar. *Num. du Languedoc*, pl. 3, 14 à 17.
COVNOS, ar. *Ann.* de la Soc. de Num., 1868.
COVRA ou COLRA, ar. *Num. du Languedoc*, pl. 111, 20 et 21.
CRAB, ar. Bretagne. J. Evans, pl. 5, 3.
CRICR, CRICRV, CIRCIRO, CRICIRONI, CRICIRV, or, ar., br. *R. n. f.*, 1885, pl. 6.
CVBIIO, br. *R. n. f.*, 1868, pl. 1, 13.
CVBIOS, ar. *R. n. f.*, 1866, p. 248.
CVNOBELI-CVN ; CVNO-SOLIDV ; CVNOBELINVS-REX-TASC ; CVNOBELINI-TASCIO ; CVNO-TASCF ; CVNO-TASCIO ; CVNOBIL-TASC. FIL ; CVNOBELINI-TASCIOVANI F. ; CVNOB-TASCIIOVAMTIS, or ar., br. Bretagne. J. Evans, pl. 20, 1 à 14; 11, 6 à 14 ; 2, 1 à 7.
CVPINACIOS-VLATOS, ar. *Mém.* de la soc. des Antiq. de l'ouest, t. 37, nᵒˢ 41 et 42.

DARA. Voy. Diarilos.
DCANAVNOS, DCANAOS, br. *Art gaulois*, p. 89.
ΔΕΙΟΥΓΗΑGOC, br. *R. n. f.*, 1854, p. 85; 1859, pl. 13, 2; *Art gaulois*, p. 68.
DEVIL, ar. Pannonie. Cab. de France.
DIARILOS-DARA, ar. *Art gaulois*, pl. 86, 1.
DIASVLOS, ar. *R. n. f.*, 1852, p. 28; *Rev. arch.*, 1868, p. 130.
DNAC. Voy. Cand et Durnac.
DOCI : Q. DOCI-SAMF, ar. br. *R. n. f.*, 1860, p. 179; 1861 88; *Art gaulois*, p. 107.
DOMISA, ar. Pannonie,
DONNADV, br. Péghoux, n° 38.
DONNVS-ESIANNII ou ESIANNIF, ar. *Art gaulois*, p. 83. C'est par erreur que l'on a joint ce nom à celui de *Durnacus*.
ΔΟΥΒΝΟ, ar. *R. n. f.*, 1866, p. 237; *Art gaulois*, p. 132.
DRVCCA, DRVCCA-TVRONA, br. *R. n. f.*, 1846, pl. 7, 3 et 4.
DVBNOCOV. Voy. Dubnoreix.
DVBNOREIX-DVBNOCOV ; DVBNOREIX-ANORBOS ; DVBNORI, ar. *R. n. f.*, 1853, p. 5; 1866, p. 244.
DVBN, DVBNO, DVBNOVILLAVNOS, ar. Pannonie et Bretagne. Lelewel, pl. 8, 20; J. Evans, pl. 4, 6 à 12.
DVMN-TICIPSENO, or. Bretagne, J. Evans, pl. 17, 3.
DVMNOCOVEROS, Voy. Volisios.
DVMNOVEROS, or. Bretagne. J. Evans, pl. 17, 2.
DVN, Voy. Amminus.
DVRAT-IVSIOS, ar. *Art gaulois*, pl. 90, 1 ; Lelewel, pl. 7, 12.
DVRNACOS-AVSCRO, AVSCROCOS, DVRNAC-EBVRO et EBVROV, DVRN-AVSC, DVRNAC-AVGII, DVRNA-CVS-DONNVS, DVRNACVS-AVSCROCVS, ar. *R. n. f.*, 1862, p. 9; 1853, p. 5; 1869, p. 2; *R. n. b.*, 1865, pl. 13, 5.

EABIARI, ar. Pannonie. *Ann. de la Soc. de Num.* 1868.
? HARO, br. *Art gaulois*, p. 76. Lecture très douteuse.
EBVRO, EBVROV. Voy. Ambili, Dvrnacos et Ricant.
EBVROVICO. Voy. Avlircvs.
ECCAIOS, ECCAIO, IICCAIO, ar., br. *R. n. f.*, 1867, p. 173; Pannonie. *Ann. de la Soc. de Num.*, 1868.
ECEN, ECE, br. Bretagne. J. Evans, pl. 15, 1 à 5.
IICOYAΓΕΓΙ, br. *R. n. f.*, 1865, p. 151.
EDVIS-ORGETIRI, ar. *R. n. f.*, 1860, p. 97.

EV1CIAC, br. *R. n. f.*, 1868, p. 407.
EKPITO, br. *R. n. f.*, 1868, p. 409.
EIQITIA1CO, or. *R. n. f.*, 1852, p. 201.
ΗΛΙΚΙΟΥ ΜΑΣΣ, br. Cab. de Fr.
EΛΚΕSOOYIΞ TΛSGHTIOC, br. *R. n. f.*, 1864, p. 251.
  Art gaulois, pl. 2, 1.
ELVIOMAR, ar. Pannonie. *Ann.* de la Soc. de Num., 1868.
EMBAV, br. Cab. de France.
EPAD, ar., br. *Art gaulois*, pl. 3, 2; 2° partie, p. 95.
  IIPAD. Voy. CICIIDV-BRI.
EPAT1, TACIF-EPATICCV, or, ar. Bretagne. J. Evans,
  pl. 8, 12 à 14.
EPENOS, EPENVS-EIIIINOC, EIIIIN, br. *R. n. f.*, 1859,
  p. 81 et 10.
EPI, br. *Mél. de Num.*, 1878.
EPILLOS, Voy. CONNO.
IIPOS, br. Cab. de France.
ΕΠΠΑ, br. Lagoy, *Not.* pl. n° 2.
EPPIL COMF, EPPILLVS COMF, EPPI COMF, EPP REX
  CALLE, or, ar., br. Bretagne, J. Evans, pl. 3, 8 à 13, 4,
  2 à 5.
IIPOMIIDVOS, ar. *R. n. f.*, 1843, p. 411, 1864, p. 349.
ESIANNI, Voy. DONNVS.
IISVPAS, Bretagne. *Art gaulois*, 2° partie, p. 149.
ESVIOS, ar. *Mél. de Num.*, t. I, p. 321; *R. n. f.*, 1883,
  pl. 1, 3.
EVOIVRIX, ar. Pannonie. *Ann.* de la Soc. de Num.
EVORNOS, br. *R. n. f.*, 1886, pl. 11, 2.

GARMANOS-COMIOS ou COMMIOS, ar. *Art gaulois*,
  pl. 62, 2, et 2° partie, p. 100.
GARMANOS-ANDOBRV, br. *Art gaulois*, p. 162.
GERMANVS·INDVTILLIF, br. *Art gaulois*, pl. 50, 2.
GIAMILOS, GIAMILO-SIINVI, ar., br. *Art gaulois*,
  pl. 82. 2. *Bull.* de la Soc. des Antiq. de l'Ouest, 1877.
ΓΛΛΝΙΚΩΝ, ar. Lelewel, pl. 3, 8.
GOTTINA, or. Lelewel, pl. 4, 23.

HIRTIUS. A. HIR. IMP. br. Voy. ATHEDIACI, CORIARCO,
INECRITVRIX.

IBRVIX.
IFELITOVESI, IFLKOVNSI, IFEKOVE, ar. Cisalpine. Lelewel, pl. 7, 8.

? IMIOCI, ar. *R. n. f.*, 1862, p. 22. Cette légende très douteuse, pourrait être, suivant Ch. Robert, KωKOCIOC.
INAM, or. Bretagne. J. Evans, p. 149.
INDVTILLIF. Voy. GERMANVS.
INICRITVRIX. A. HIR. IMP. br. *R. n. f.*, 1858, p. 144.
IOTVRIX, ar. Pannonie.
? IOVERC, br, *R. n. br.*, 1864, p. 437. Duchalais, p. 269.
IRAVSCI, ar. Pannonie.
? IRNERIX, ar. Lelewel, pl. 6, 11.
ISVNIS, br. *Dict. d'arch. celt.*, n° 147.
IVLIOS. IVLIV, IVLIVS. Voy. DVRAT, AGEDOMAPATIS, TOGIRIX.

ΚΑΒΑΛΛ, or. Cabinet de France,
KABE (Cavaillon), br. *Art gaulois*, p. 128.
ΚΑΙΑΝΤΟΛΟΥ ΒΑΣΙΛΕΩΣ, br. Robert, *Num. du Lang.*, pl. 4, 18 et 19.
ΚΑΙΝΙΚΙΙΩΝ, ar. Lelewel, pl. 3, 9.
ΚΑΛ. ΚΛΛΕΤΕΔΟΥ, ar. *R. n. f.*, 1858, p. 281; Lelewel. pl. 4. 40 et 41. *Art gaulois*, pl. 58, 1 à 4.
ΚΑΡΙΘΑ, br. *Art gaulois*, pl. 18, 2.
KASILOI, or. Salasses. *R. n. f.*, 1861, p. 344.
KASIOS, ar. Cisalpine. Cab. de France.
ΚΑΣΤΙΛΟ (Γ. ΓΛΛV), br. Voy. SAMNAGET.
KAT, or. Salasses, ibid.
? KENVEIA, br. Lelewel, pl. 4, 55. Lecture très incertaine.
KEKVA, br. Cab. de France.
ΚΟΠΑΚΑ. br. *R. n. f.*, 1863, pl. 16, 5.
ΚΟΠΟC, ar. Cab. de France.
KωKOCIOC. Voy. IMIOCI.
KONAT, br. *R. n. f.*, 1859. p. 404.
KRACCVS-REMOS br. *R. n. f.*, 1851, pl. 1, 5; *Art gaulois*, p. 131. *Mél. de Num.* t. 1ᵉʳ, p. 163.
ΚΡΙΣΣΟ ou ΚΡΙΞΞΟ, br. *R. n. f.*, 1866, pl. 13, 1, et 1869, p. 10.

ΛΑΚΥΔΩΝ, ar. *Num. de la Gaule narb.*, pl. 1, 20.
LAVOMARVS. ar. Pannonie. *Ann. de la Soc. de Num.*, 1868, p. 20. Duchalais avait lu LANORVIARVS.
LEMISOEXSC, ar. *Mél. de Num.*, t. I, p. 86.
LEXOVIO (*Semissos Lexovio publico, Simissos publicos Lixovio*), br. *Art gaulois*, p. 56, 1; *R. n. f.*, 1861, p. 165; 1862, p. 177.
LITA, LITAV, LITAVICVS, ar. *R. n. f.*, 1860, pl. 4 et 5.

LIXOVIATIS, br. *R. n. f.*, 1862, pl. 6, 8 et 8 bis.
ΛΟΓΓΟCΤΑΛΗΤΩΝ-ΒΩΚΙΟC, ou ΛΟΥΚΟΤΙΟC; ΛΟΓ-ΓΟΣΤΛΛΗ-ΡΑVRP ?, br. *Num. du Languedoc*.
ΛΟΜ, br. *R. n. f.*, 1866, p. 416.
ΛΟΣΣ, br. Type massaliote. Cab. de France.
ΛΟΥΚΟΤΙΟC. Voy. Longostaleti.
LVCIOS, LVCCIOS, ar. *R. n. f.*, 1862, p. 25; *Art gaulois*, pl. 22, 2 et 2ᵉ partie, p. 98.
LVCOTIOS, or. *R. n. f.*, 1865, pl. 2. 140 et 141.
LVCVDVNI, ar. Duchalais, p. 136.
LVXTIIRIOS, ar., br. Duchalais, p. 13; *Revue celtique*, t. IV, p. 317. Quelques personnes croient qu'il faut lire LVXTIIKIOS.

M, MA, ar. *Num. de la Gaule narbonnaise*. MA, br. *R. n. f.*, 1860, p. 166.
MAGVRIX, br. *Art gaulois*, p. 45.
MACCA, ΜΑΣΣΑ, ΜΑΣΣΑΛΙΗΤΩΝ, ar. *Num. de la Gaule narb*.
MATVCIINOS ou MATVGIINOS, br. Lelewel, pl. 6, 43.
MAV, br. *R. n. f.*, 1856, pl. 2, 13.
MAVC. Voy. Ninno.
MAVFENNIVS. Voy. Arcantodan.
MEDIO, MEDIOMA, br. Lelewel, pl. 6, 41 et 42.
MOR. Voy. Volvnt.
MOTVIDIAC, br. Cab. de France.
MVNAT (L. Munatius). Voy. Apamos.
MVR, MVRIIIO, ar. *R. n. f.*, 1847, pl. 13, 8; 1868, p. 416. *Ann*. de la Soc. de Num., 1867.

NAMA. Voy. Aretoilmos.
NAMASAT, br. *Num. de la Gaule narb.*, pl. 19, 2 à 4.
NEMAY, NEM COL, ar., br. *Num. de la Gaule narb*.
NERCOD-NERCOD, ar. *Mém*. de la Soc. des Antiq. de l'Ouest, t. 37, n° 55.
NEDENCN ou NERENCN, en caract. celtib., br. *Dict. d'arch. celt.*, n° 30; A. Heiss, p. 434.
NIDE. Voy. Alabrodeos.
NINNO-MAVSAIIOC, ar. *Bull*. de la Soc. d'agr. de la Sarthe, 1857; *Art gaulois*, p. 67.
NIREI MVTINVS, br. Cab. de France.
NONNO, NONNOC, NONNOS, ar. Pannonie. *Ann*. de la Soc. de Num., 1868.
? NOVIIOD, ar. *R. n. f.*, 1859, pl. 13, 6. Légende douteuse.

OIOIXVO, ar. *R. n. f.*, 1863, p. 155.
OLTIRIO, ar. Salasses, *R. n. f.*, 1861.
OLTVBA, ar. Cab. de France. Peut-être la même pièce que celle lue OBDVRV par M. de la Sizeranne.
OMAOS ou OMAOS, br. Duchalais, n. 550.
? OMONOION ou OMONDON, or. *Art gaulois*, 1re partie, pl. 101, 2. Lecture très douteuse ; on a proposé aussi... DMONSON.
ONNIN. Voy. Ninno.
ONOBA, ar. Cab. de France.
ORCOPRIL-SIISIIDI, ar. *R. n. f.*, 1884, pl. 5, 1.
ORGET, ORGETIRIX-ATPILLIF, ORCIITIRIX-COIOS, ORGETIRIX-EDVIS, ORETIR-ATPILLIF, ar., br. *R. n. f.*, 1860, p. 97.
OSNAII, br. *Bull.* de la Soc. d'agr. de la Sarthe, 1857, p. 109.
OYI KY, ar. *Art gaulois*, p. 73.
OYOAE, or. Cab. de France.

PARP ou PAVRP? Voy. Longostaleti.
IIAVLOIB-SOLIM, or. *Art. gaulois*, pl. 72, 2.
PENNILE-RVPIL, ar. *R. n. f.*, 1883, pl. 1, 16.
IIENNOOVINAOC, ar. *Art gaulois*, pl. 76, 2.
PETRVCORI. Voy. Acincovepvs.
ΦIAIIIIIOY, or. Statères arvernes. Cab. de France.
PICTILOS, ar. PIXTIL, PIXTILOC, PIXTILOS, br. *Art gaulois*, pl. 36, 2 ; 3, 1, 23, 1 et 2, 26, 1 et 2, 32, 1 et 2, 33, 2, 56, 2, 101, 5.
PIRVKOS ou PIRAKOS, ar. Cisalpine, *Journal des Savants*, 1877, p. 635 et seq.
PIRVKOI, ar. Salasses. *R. n. f.*, 1861, p. 345.
T. POM-SEX. F. br. *R. n. f.*, 1860, p. 175, 1856, p. 57.
PRIKOV, or. Salasses. *R. n. f.*, 1861, p. 343.

Q. DOCI. Voy. Doci.
Q. SAM. Voy. Sam.

RATVMACOS-SVTICOS, br. *Art gaulois*, p. 45 et 48.
RAVIS, ar. Pannonia. *Art gaulois*, p. 52.
REMO-REMO, br. *Art gaulois*, p. 103.
REMOS-ATISIOS, br. Lelewel, pl. 7, 10.
PIΓANTIKO, br. Lelewel, 7, 36 ; *R. n. f.*, 1856. p. 3. Num. du Languedoc, pl. 4, 19.
RICANT-EBVRO, ar. *R. n. f.*, 1860, p. 415.

RICOA, ar. Cisalpine. *Num. de la Gaule narb.*, pl. 14.
RICON. Voy. Tascio.
RICOV, ar. Salasses. *R. n. f.*, 1861, p. 345.
ROVECA-ARCANTODAN, br. — ROVECA, POOYIKA, or, ar. *Bull.* de la Soc. d'agr. de la Sarthe, 1857 ; *Art gaulois*, pl. 50, 1, et 66, 2.
? ROVICV, or. Cab. de Saint-Germain.
ROVV, ROM ou MOR. Voy. Volvnt.
RVBIVS br. *R. n. b.*, 1865, pl. 4, n⁰ˢ 169 et 173.
RVFI, RVFS, br. Bretagne. J. Evans, pl. 7, 12 et 14 ; 8, n⁰ 1.

SA. or. *Art gaulois*, pl. 41, I.
SACTO, SACTNOS, br. *R. n. f.*, 1853, pl. 1, 7.
SAEMV ou SAFMV, ar. Bretagne. J. Evans, pl. 15, 7.
SAM F. Voy. Q. Doci. — Q. SAM. *R. n. f.*, 1838, p. 1 ; 1861, p. 87.
ΣΑΜΝΑΓΗΤ-Γ. ΚΛΑV. ΚΑCTIKO ; ΣΑΜ, br. *R. n. f.* 1863, p. 153.
SANTONOS, SANTONO-ARIVOS, ar. *Art gaulois*, pl. 40, 1 ; 2ᵉ partie, p. 72.
SEDVLLVS. Voy. Conno Epillos.
SEGO, TASCIO-SEGO, or, ar. J. Evans, pl. 8, 10 et 11.
CEΓOBI, ar. *Num. de la Gaule narb.*, p. 14.
SEGVSIAVS-ARVS, ar. *Art gaulois*, p. 7, 2.
SELISV, br. Lelewel, pl. 7. 45 ; *Art gaulois*, pl. 28, 2.
CEMEP, br. *R. n. f.*, 1857, p. 389, 1866, p. 415. *Art gaulois*, p. 120.
SEMISSOS, SIMISSOS. Voy. Lexovio.
SIIN ou NIIS, or. Statère arverne : Cab. de France.
SENAS, ar. Lelewel, pl. 9, 1 et 2.
SENODON. Voy. Caledv.
SIINVI. Voy. Giamilos.
SENV, SIINVS, br. *R. n. fr.*, 1863, p. 297. Voy. Giamilos.
SEQVANOIOTVOS, ar. *Art gaulois*, pl. 78, 2.
CESICOV, br. *R. n. f.*, 1883, pl. 1, 10.
SETV, ar. Cab. de France.
SEXF. Voy. Pom.
SLAMB-GIANTOS, br. *Art gaulois*, p. 90. La légende du revers pourrait être la fin du nom *Togiantos*. Voy. ce mot.
SOBIVS. Voy. Togiant.
SOLIDO. Voy. Cuno.
SOLIMA, COLIMA, or, ar. *Art gaulois*, pl. 70, 1 et 2, et 2ᵉ partie, p. 134. Voy. aussi Pauloib.

SOLLOS-SOLLOS, br. *R. n. f.*, 1844, p. 85. *Rev. arch.* 1884, pl. 3. 16.
SONA, SONCAT, SONTCA, br. Cabinet de France.
SOSO, br. Cab. de France.
SOTIOTA. Voy. Adietvanvs.
STRATOS, br. *Art gaulois*, p. 187. Il n'est pas sûr que l'on doive lire *Stratos* ou *Siratos*.
SVEI, br. Bretagne. J. Evans, pl. 1, 9.
SVICCA, ar. Pannonie. *Ann.* de la Soc. de Num., 1868.
SVTICOS, SVTICOS. Voy. Ratvmacos et Veliocati.

TASCIO, Voy. Cvnobelinvs, Ségo, Epatticv, Ver.
TAS, TASC, TASCIA, TASCIA, TASCIAVA, TASCIO-VAN, TASCIO VRICON, TASCIRICONI TAXCI. or, ar., br. Bretagne. J. Evans, pl. 5, 7 à 14; 6, 1 à 9; 8, 6 à 9.
TASGETI, br. *R. n. f.*, 1864, p. 251. — TASGIITIOS. Voy. Elkesooviz.
TATINOS, br. Duchalais, p. 110.
TEVT, br. Cab. de France.
TIGIPSENO. Voy. Dumn.
TINC-COMMIF, TIN-COMF, TINC-C.F, TIN-COM, or. Bretagne. J. Evans, pl. 1, 1 à 14; 2, 1 à 8.
TINDV, or. J. Evans, pl. 1, 10.
TOC-TOC, br. *Art Gaulois*, p. 106.
TOCIANT ou TOGIANT-SOBIVS, br. *Art gaulois*, p. 56. Ce nom semble accompagner sur une autre pièce celui de *Slamb*.
TOΓIKAIOITOC, br. *Mél. de Num.*, 1878.
TOGIRIX-TOGIRI, IVLIV TOGIR, ar., br. *R. n. f.*, 1862, p. 12.
TOVAII. Voy. Avot.
TOVTOBOCIO-ATEPILOS, br. *Art gaulois*, pl. 59, 2.
TRICCOS. Voy. Tvronos.
TRIKO, TRI, ar. *Art gaulois*, p. 124; *R. n. f.*, 1863, p. 155.
TVROCA-VIRODV, ar. *R. n. f.*, 1869, p. 4.
TVRONA. Voy. Drugca.
TVRONOS-TRICCOS, TVRONOS, CANTORIX, br. *Art. gaulois*, pl. 54, 1 et 2; Lelewel, pl. 4. 58 et 5, 12.

VACIICO, br. Lelewel, pl. 7, 72; Duchalais, pl. 1, n° 2.
VADNIILOS, VADNAIILOS, VANDIILOS, VANDIIAIOS, VANDIIALOS, br. *Art gaulois*, pl. 10, 1 et 2ᵉ partie, p. 71.

? VALETIAC, br. *Ann.* de la Soc. de Num., 1867. Légende très douteuse.
VARTICE, br. *R. n. f.*, 1847, p. 324.
VIID-COMA, ar. *Art gaulois*, p. 88.
VELIOCAΘI-SVTICCOS, br. *Art gaulois*, p. 103.
VENEXTOS, br. *R. n. f.*, 1858, p. 437 et 1868, p. 406. M. Hucher propose de lire YIINEXTOC ou YΠANEXTOC.
VEP-CORF, or. Bretagne. J. Evans, pl. 17, 5 à 6.
VERCINGETORIXS, or. *Art gaulois*, pl. 59, 1.
VERCOBRETO. Voy. Cisiambos.
VERGA, br. *Art gaulois*, pl. 36, 1.
VERIC-COMF REX, VERICA-COMMIF REX, or. ar. Bretagne. J. Evans, pl. 2, 11 et 12; 3, 3, 5 et 6.
VIIRICO, br. *Bull.* de la Soc. d'agr. de la Sarthe, 1857.
VER. VER-DIAS, VER-TASCIA, VERLAMIO, VIIR, V-TAS, or, ar., br. Bretagne. J. Evans, pl. 6, 11, 12 et 14; 7, 1, 2, 3, 7 à 11.
VIIPOTALO, ar. *Art gaulois*, pl. 22, 1; 86, 2 et 2° partie, p. 46.
VINDIA. br. Duchalais, p. 289.
VIREDISOS, VIREDIOS, VIRETIOS, br. *Art gaulois*, pl. 30, 2.
VIRICOF, VIRRE COM-F, VIR COMF, VI-COMF, VIRI. or, ar. Bretagne. J. Evans, pl. 1, 9, 10, 11, 13 et 14; 3, 1, 2 et 4.
VIRICIV, br. *Art gaulois*, p. 102.
VIRO, VIROT, br. *R. n. f.*, 1860, pl. 6, 7.
VIRODV. Voy. Tvroga.
VIROS-VIROS, or. *R. n. b*, 1864. pl. 23, 120 à 126.
VIRRI-EPPI COMF. br. J. Evans. pl. 3, 7.
VITRIHA, *A. Hirtiu*, retourné.
VLATOS. Voy. Atevla et Cvpinacios.
VLKOS, or. Salasses. *R. n. f.*, 1861, p. 344.
VLLVCCI, VLLVCCIS, br. *R. n. f.*, 1859, pl. 2, 12.
VOCARANA, or. *R. n. b.*, 1865, pl. 2, 138 à 141.
VOCORIX ou VOCORIO, or. J. Evans, pl. 1, 6.
VOCVNILIOS, br. Cab. de France.
VOL. VOLCAE-AREC, VOLC, VOLCAR, ar., br. *Num. de la Gaule narb.*, pl. 18.
VOLISIOS-DVMNOCVVEROS, or. Bretagne, J. Evans, pl. 17, 1.
Volvntillvs. ROVV ou MOR-VOLVNT, ROVV ou MOR-CN. VOL. ar. Lagoy, *Notice*, 1847, p. 7 et 8; *R. n. f.*, 1860, p. 435.

VOOC, ar. *Num. de la Gaule narb.* pl. 16.
VOSIINOS, OR. Bretagne. J. Evans, pl. 4, 13 et 14.
? VOVERC, br. Duchalais, nos 641 et 642; lu VEROIO par Lelewel, pl. 1, 8.
YIINEXTOC. Voy. VENEXTOS.
VRDO-RE, ar. *R. n. f.*, 1862, p. 177; 1869, p. 8.
VRIPPANOS, br. *Art gaulois*, p. 98.

ITALIA (1)

ITALIA SUPERIOR

Acilium (*Azoto*).

Types : Tête juvénile voilée, et laurée ; tête de face nue et barbue ; diota d'où pendent quelquefois deux grappes de raisin.
Légendes : AKI. AKIΛIΩN.
Métal : Bronze.

Ravenna (*Ravenna*).

Types : Buste de femme tourellé ; aigle sur un foudre entre deux astres ; monogramme au milieu d'une couronne de laurier ; victoire marchant ; buste de femme casquée.
Légendes : FELIX. RAVENNA. RV.
Métal : Bronze (2).

Ticinum (*Pavia*).

Type : Tête de femme tourellée.
Légendes : FELIX. TICINVS.
Métal : Bronze (3).

---

(1) Les plus anciennes monnaies d'Italie sont incuses, et frappées dans la partie méridionale par les colonies achéennes : elles paraissent remonter jusqu'à la XLe olympiade, six cent vingt ans avant J.-C.
(2) Ces monnaies de Ravenne, toutes de petit bronze, paraissent avoir été frappées lorsque cette ville était sous la domination des rois goths.
(3) Les monnaies de Pavie sont également de petit bronze, et ont été frappées sous le roi goth Baduilla, dont le nom figure au milieu du champ.

ITALIA MEDIA

ETRURIA (1)

Fæsulæ.

Types: Tête d'Hercule jeune; trident et deux dauphins.
Légende: FAI. en caractères étrusques.
Métal: Bronze. M. Sestini a restitué cette monnaie à *Telamon:* il y a lu TEL au lieu de TELA qui se lit ordinairement sur les pièces de cette ville.

---

(1) Nous pensons devoir dire ici quelques mots de l'*œs grave*, qui fut la monnaie particulière des peuples de l'Italie centrale. — Parmi les *as* qui sont, comme nous l'avons déjà vu, la plus ancienne monnaie d'Italie, on distingue plusieurs catégories : il y a d'abord les *as romains*, faciles à reconnaître par leurs types, même quand la légende ROMA ne s'y trouve pas; les *as étrusques*, portant des inscriptions figurées au moyen de la langue locale, et qui se rattachent à plusieurs confédérations, dont les villes de Volterra, Tuder et Iguvium paraissent avoir été les capitales; il y a ensuite les as du Picenum, qui se distinguent par le nom HAT de la ville d'Hatri; puis enfin il y a une série assez nombreuse *d'as italiques* qui ne se rattachent à aucune des catégories précitées.

Sur les as romains on voit les têtes de Jupiter, de Minerve, d'Hercule, de Mercure Pélasgique, de Janus Bifrons : quelques-uns, sans être romains, paraissent avoir été émis par des villes alliées, telles que Albe, Tusculum, Aricia et Lanuvium. Les Rutules, d'Ardée et Luceria de Daunie se distinguent par le type de la roue à six rayons.

Les as de Tuder en Ombrie, qui sont probablement les plus anciens des as italiques, paraissent avoir été frappés jusque sous l'empire dans cette colonie, que Frontin nomme *Colonia fida*. Seulement la première pièce de la série monétaire, l'as lui-même manque, probablement parce que les Romains ne voulurent pas souffrir que cette ville exerçât le droit de monnayage dans sa plénitude.

Les as étrusques représentent une double tête imberbe, coiffée d'un pileus pointu, au revers une massue; ou une tête de face, coiffée de l'*apex*, et au revers les instruments pontificaux, la *secespita*, la *capeduncula*, la *hache*.

La série des as étrusques incertains est très nombreuse, et nous ne pouvons mieux faire que de renvoyer ceux de nos lecteurs qui voudraient approfondir ce sujet intéressant à l'ouvrage de P. P. G. Marchi et P. Tessieri, intitulé : *Æs grave del Museo Kircheriano, ovvero le monete primitive dei popoli dell' Italia media*, Roma, 1839.

Faleria.

Types : Tête de Jupiter; d'Appollon laurée; Jupiter non foudroyant; couronne de laurier.
Légendes : FAΛEIΩN. FA.
Métal : Bronze (1).

Graviscæ.

Types : Tête de Jupiter laurée; deux aigles sur un foudre; quelquefois un seul aigle.
Légende : ΓPA.
Métal : Bronze (quadrans). Ces monnaies sont maintenant données à *Graïa* d'Apulie.

Populonia.

Types : Masque tirant la langue; croissant et trident; masque de face; deux polypes et une étoile; tête imberbe laurée; Mercure à gauche; tête de Jupiter laurée; masque barbu; trois astres, grappe de raisin et épi; tête de femme de face couverte d'une peau de lion; tête de Vulcain; maillet et tenailles; deux caducées en sens contraire; tête de Pallas; chouette, croissant et deux astres; tête barbue; roseau et roue; lion en arrêt tirant la langue et s'apprêtant à saisir une proie; sanglier marchant sur des petits monticules.
Légende : PVPLVNA. en caract. étrusq.
Métal : Or, argent et bronze.

Telamon.

Types : Tête de Janus; proue de navire.
Légende : TLA. en caract. étrusq.
Métal : Bronze. Voy. *Fœsulæ*.

Vetulonia.

Types : Proue; ancre.
Légende : VETL.
Métal : Bronze. Ces monnaies semblent être de Vettuna d'Ombrie. On classe à Vetulonia des bronzes portant VI en caractères osques, bipenne; roue à six rayons.

Volaterræ.

Type : Tête de Janus avec ou sans barbe.
Légende : FELATHRI. en caract. étrusq.
Métal : Bronze

(1) On attribuait à la capitale des Falisques une nombreuse série de monnaies d'argent portant **FA.**, qui sont maintenant données à l'Elide.

UMBRIA

Ariminum.

Types : Tête barbue coiffée d'un bonnet conique ; figure virile debout tenant une petite haste et un bouclier.
Légendes : ARIM. ARIMI. ARIMNO.
Métal : Bronze.

Icuvium.

Types : Astre ; croissant ; roue.
Légende : IKVVINI.
Métal : Bronze.

Pisaurum.

Types : Tête jeune, casquée, de face ; Cerbère.
Légende : ΣΑΥΡ (pour Πισαύρων).
Métal : Bronze.

Tuder.

Types : Tête de Silène à droite ; aigle éployée ; tête de Jupiter ; tête de Mercure ; truie et trois marcassins.
Légende : TV. TVTERE, en caract. étrusq.
Métal : Argent et bronze.

Vettuna.

Voy. *Vetulonia.*

PICENUM

Ancona.

Types : Tête de femme laurée à droite ; une main avec un coude tenant une palme.
Légende : ΑΓΚΩΝ.
Métal : Bronze.

Asculum.

Types : H. au milieu du champ ; tête d'Hercule, victoire.
Légende : ΑΣ. ΑΣΚΥΛΑ.
Métal : Bronze. La monnaie portant H et ΑΣ a été signalée par M. Sestini qui y voit une alliance entre Asculum et Hadria.

Hadria.

Types : Tête de face diadémée et très barbue ; chien ou loup ; tête de femme en cheveux ; Pégase ; coq ; tête d'Apollon ; diota ; ancre.
Légendes : HAT. HATRI.
Métal : Bronze.

Vestini.

Types : Tête de Pallas, de veau ; lune et astre.
Légende : VES.
Métal : Bronze. Cette attribution est considérée comme douteuse.

MARRUCINI

Teate.

Types : Tête de Jupiter laurée ; d'Hercule barbue ; de Pallas ; aigle sur un foudre ; lion marchant ; chouette posée quelquefois sur un chapiteau de colonne et quelquefois sur une massue.
Légende : TIATI.
Métal : Bronze. Il paraît certain que les monnaies de *Teate* des Marrucini doivent être restituées à *Teate* d'Apulie.

LATIUM

Alba.

Types : Têtes de Pallas ; de Mercure ; aigle sur un foudre ; Pégase ; griffon.
Légende : ALBA.
Métal : Argent.

Aquinum.

Types : Tête de Pallas, coq et astre.
Légende : AQVINO.
Métal : Bronze.

Minturnæ.

Types : Tête barbue, coiffée du pileus, et gouvernail; centaure courant et combattant.
Légende : IPTVNA (en caractères osques rétrogrades).
Métal : Bronze.

SAMNIUM

Aisernia.

Types : Tête de Vulcain; de Pallas; d'Apollon; Jupiter foudroyant, dans un bige; aigle éployée tenant un serpent dans ses serres; bœuf à face humaine couronné par la Victoire.
Légendes : AISERNINO. AISERNIN.
Métal : Bronze.

Alibani.

Types : Tête laurée et poissons, sirène.
Légendess : ΛΛΙΒΑΝΩΝ.
Métal : Bronze.

Aquilonia.

Types : Tête de Pallas casquée; guerrier casqué tenant une patère, une haste et un bouclier.
Légende : AKV en caractères étrusques.
Métal : Bronze. C'est à cette ville que l'on doit donner ces monnaies classées d'abord à *Acherontia* d'Apulie.

Beneventum.

Types : Tête d'Apollon laurée, cheval courant et pentagone.
Légende : BENVENTOD.
Métal : Bronze.

Compulteria.

Types : Tête d'Apollon laurée; bœuf à face humaine couronné par la Victoire.
Légendes : Caractères étrusques.
Métal : Bronze. Cette monnaie avait d'abord été attribuée à une alliance entre *Cuma* et *Liternum* de Campanie.

Ferentum.

Voy. les monnaies attribuées aux Ferentani.

Monnaies frappées par les Samnites pendant la guerre sociale (1).

Types : Tête féminine, laurée avec un collier et des pendants d'oreille ; huit guerriers divisés en deux groupes étendent leurs épées vers une truie que tient un jeune homme agenouillé, au pied d'une enseigne militaire, surmontée d'une boule ; figure laurée assise sur un amas de boucliers, tenant une haste et un parazonium, derrière, une victoire ailée la couronne ; tête féminine ceinte d'une bandelette ; victoire assise sur un trône et tenant une palme ; tête féminine et casquée ; les Dioscures à cheval ;

(1) C'est à M. Prosper Mérimée que l'on doit le premier travail d'ensemble sur les monnaies italliotes, frappées pendant la guerre sociale, qui offrent d'autant plus d'intérêt que les noms de plusieurs des chefs qui s'y distinguèrent, se trouvent inscrits sur ces monnaies. Nous marquerons en italique ces personnages dont la numismatique nous rappelle les noms.
 La guerre sociale éclata dans l'automne de l'an 663 de Rome, 91 ans avant Jésus-Christ, à l'instigation de *L. Pompædius Silo* et de *C. Papius Mutilus* ; une diète de cinq cents députés fut établie à Corfinium (*Italia, Italicum* ou *Vitelin*), et bientôt les Samnites, les Lucaniens, les Apuliens, les Marses et leurs alliés tombèrent sur les colonies romaines qui étaient dans leur voisinage. La guerre dura avec des succès et des revers de part et d'autre, pendant près de dix années : par conséquent, les monuments numismatiques qui s'y rattachent donnent une date certaine pour toute une catégorie de monnaies italiotes.
 Les types sont consacrés à représenter la tête de l'Italie elle-même personnifiée ; la cérémonie usitée pour conclure les traités d'alliance entre les nations confédérées ; des victoires faisant allusion aux succès de Scaton sur Rutilius et de Pompædius sur Cæpion ; les Dioscures, qui étaient en grande vénération en Italie, dès les temps les plus reculés ; le dieu Mars et l'antique légende des Sabins, d'après laquelle, dans une de leurs migrations, ils suivirent un taureau qui les conduisit sur le territoire des *Apici* ; le taureau italique terrassant le loup romain.
 Les légendes rappellent *C. Judacilius* ou *Vidacilius*, préteur des Picentes : IVTCEXV-IVTCEXL ; *C. Papius Mutilus*, C. PAAPI. C. MUTIL, EMBRATVR (*imperator*), chef des Samnites ; la nation samnite : SAFNIM. Il y a encore une autre légende que l'on hésite à donner, soit au Samnite Numerius Luvius, chef inconnu dans l'histoire, soit à Cluentius, dont les divers textes ont altéré singulièrement le nom (Cf. *Revue numismatique*, 1845, p. 77 et seq.).

tête coiffée d'un casque orné d'une crinière et d'aigrettes ; quatre guerriers prêtant serment sur une truie : quelquefois on n'a représenté que deux guerriers ; tête féminine laurée ou quelquefois casquée ; figure casquée, debout, appuyée sur une lance, tenant un parazonium, à ses pieds un vase et un taureau couché ; tête juvénile couronnée de lierre ; taureau combattant un loup ; tête de Bacchus ; thyrse sur l'omphalos ; figure dans un quadrige.

Légende : ITALIA, — Q. SIDO ; VITELIV ; MVTIL ; EMBRATVR ; SAFINIM ; en caractères osques rétrogrades ; IVTCEXL ou IVTCEXV.

Métal : Argent.

Frentani.

Types : Tête de Mercure couverte du pétase ; Pégase et trépied.
Légende : FRENTÆ.
Métal : Bronze. Cette monnaie paraît être restituée à *Veïentum* du Samnium.

Larinum.

Types : Tête d'Hercule ; tête de femme voilée et laurée ; de Pallas ; centaure dendrophore ; dauphin ; cavalier en course ; bœuf à tête humaine.
Légende : LARINOD.
Métal : Bronze.

CAMPANIA

Campani.

Types : Tête de Pallas ; bœuf à face humaine.
Légende : CAIIIANO.
Métal : Argent.

Atella (*Sant-Arpino*) (1).

Types : Tête de Jupiter laurée, Jupiter dans un quadrige ; deux figures debout, tenant chacune un bâton,

---

(1) Pendant longtemps les monnaies de cette ville ont été attribuées à *Acerræ*.

devant une truie; victoire couronnant un trophée; tête radiée du soleil de face; éléphant.
Légendes: ADERH en caractères osques.
Métal: Bronze; triens, sextans et uncia.

Arunti.

M. Millingen pense que les monnaies de bronze attribuées à ce peuple, puis à Asculum d'Apulie, et enfin aux Aurusclini ou Arusini de Lucanie appartiennent à Asculum.

Calatia trans Vulturnum (1).

Types: Tête de Minerve; coq debout.
Légende: CAIATINO.
Métal: Bronze.

Calatia cis Vulturnum.

Types: Tête de Jupiter; bige, trident.
Légende: KALATI en caractères osques.
Métal: Bronze.

Cales (*Calvi*).

Types: Têtes de Pallas, d'Apollon; victoire dans un bige; bœuf à face humaine; coq et astre.
Légende: CALENO.
Métal: Argent et bronze.

Capua (*Santa-Maria di Capua*).

Types: Têtes accolées de Jupiter et de Junon; de Jupiter laurée; d'Hercule jeune; de Junon diadémée ou voilée; d'Apollon laurée; Jupiter foudroyant dans un quadrige; Diane dans un bige; aigle sur un foudre; victoire debout; cavalier; lion marchant; sanglier courant; épi.
Légende: KAP en caractères osques.
Métal: Bronze.

Compulteria (2).

Types: Tête d'Apollon laurée; bœuf à tête humaine.
Légendes: KVIIELTERNVM (ILVII) en caractères osques.
Métal: Bronze.

---

(1) M. Millingen, dans son *Recueil de quelques médailles inédites*, p. 1, distingue ces deux villes homonymes en appelant l'une *Calatia capouané*, et l'autre *Calatia latine*.
(2) On attribuait ces pièces à Cumæ et Liternum de Campanie

S.

Cossa.

Types : Tête de Pallas casquée ; de Mars barbu ; buste de cheval.
Légende : COSA.
Métal : Bronze.

Cumæ (*Cuma*).

Types : Tête de femme à droite ; de Pallas ; tête virile ceinte d'une couronne d'olivier, avec une queue pointue et prolongée ; coquille ; grenouille ; partie supérieure d'une grenouille ; triton ailé ; arc et coquille ; cancer ; bœuf à face humaine.
Légendes : KVME. KVMEO. KVMAION. KVMAIΩN.
Métal : Or et argent.

Hyrina ou Hyrium (1).

Types : Tête Pallas, d'une femme de face, les cheveux épars, portant une couronne élevée et ornée de perles ; bœuf à tête humaine ; gouvernail et dauphin.
Légendes : ΥΡΙΝΑΙ ΑΝΙΤΥ ΥΡΙΑΤΙΝΩΝ.
Métal : Argent et bronze.

Irnum.

Types : Tête laurée ; bœuf à tête humaine, trois dauphins et coquille.
Légende : IDNOH.
Métal : Bronze.

Maliesa.

Types : Tête de femme ; bœuf à tête humaine.
Légende : MALIES.
Métal : Bronze.

Neapolis (*Napoli*) (2).

Types : Tête de femme à gauche ; de Pallas casquée ; d'Appollon laurée ; de Diane ; partie antérieure d'un cheval à droite ; taureau cornupète, la partie antérieure d'un bœuf, quelquefois à tête humaine ; lyre et caducée ; corne d'abondance ; cavalier en course.
Légendes : ΝΕΟΠΟΛΙC. ΝΕΟΠΟΛΙΤΗΣ, ΝΕΟΠΟΛΙΤΩΝ. ΝΕΟΠΟΛΙΤΕΩΝ.
Métal : Or, argent et bronze.

---

(1) On attribuait les monnaies de cette ville autrefois à Hyrium d'Apulie.
(2) Le taureau napolitain est quelquefois accompagné. soit de la tête du soleil, soit d'un astre, parce que, sans doute, les Napo-

Nola (*Nola*).

Types : Tête de femme à droite ; de Pallas ; d'Apollon ; bœuf à tête humaine.
Légendes : ΝΩΛΑΙΩΝ. ΝΩΛΑΩΝ.
Métal : Argent et bronze.

Nuceria Altaferna (*Nocera di Pagani*).

Types : Tête jeune avec une corne de bélier ; d'Apollon laurée ou nue ; un ou deux Dioscures ; chien ; foudre ; aigle debout.
Légendes : ΝΟΥΚΡΙΝΩΝ. ΝΟΥΚΡΙ. Légendes osques.
Métal : Argent et bronze.

Phistella, Bistelia (*Puteoli?*) Porruolo (1).

Types : Tête de femme de face, les cheveux épars ; tête imberbe de face ; bœuf à face humaine ; *acrostolium*, dauphin et grain d'orge.
Légendes : ΦΙΣΤΕΛΙΑ. PHISTLVIS, en caract. osques.
Métal : Argent.

Picentia (*Bicenza*) (2).

Types : Tête de femme à gauche, chevelure enveloppée dans le réticulum ; rat sur une coquille.
Légende : ΠΙΣΚΙΝΙΣ.
Métal : Argent.

Suessa (*Sessa*).

Types : Tête d'Apollon laurée ; de Pallas et Mercure ; cavalier conduisant deux chevaux ; cavalier tenant une palme ; bœuf à face humaine ; coq ; Hercule debout étouffant un lion.
Légende : SVESANO.
Métal : Argent et bronze.

---

litains avaient placé leur fleuve au rang des astres, à l'exemple de l'Eridan, de l'Océan ou du Nil. Cependant nous devons ajouter que, suivant les uns, cet animal représente le fleuve Sébéthus, petite rivière qui se jette dans la mer à Naples, et suivant les autres Dionysus Tauromorphe.

(1) Quelques personnes attribuent ces monnaies à Pæstum Posidonia.

(2) Suivant M. le chevalier Avellino, les monnaies attribuées à Picentia sont peut-être de Vescia de Campanie.

Teanum Sidicinum (*Tiano*).

Types : Tête d'Hercule, d'Apollon laurée, de Mercure et de Pallas ; victoire dans un trige ; bœuf à face humaine, coq et astre.
Légendes : TIANO et légendes osques.
Métal : Argent et bronze.

Venafrum (*Venafro*).

Types : Tête de Pallas, coq et astre.
Légende : FENAF.
Métal : Bronze, attrib. dout. (1).

APULIA

Arpi (*Arpe*).

Types : Tête de Pallas casquée ; de Cérès couronnée d'épis ; de Jupiter laurée ; trois épis de blé en triangle ; cheval libre ; sanglier ; bœuf cornupète.
Légendes : APΠA APΠANΩN. APΠANHOY.
Métal : Argent et bronze.

Asculum (*Ascoli di Puglai*).

Types : Tête d'Hercule jeune ; victoire passant ; sanglier ; tête de cheval, épi d'orge.
Légende : AYΣKAIΩN.
Métal : Bronze.

---

(1) On classe à la suite des monnaies campaniennes une série de pièces d'or, d'argent et de bronze, portant tantôt ROMA, ROMAN, ROMANO, ROMANOR, tantôt des légendes osques qui n'ont pas encore été déterminées : c'est à cette série qu'appartiennent les trois monnaies portant les marques 60, 40 et 20 sesterces, qui font connaître le rapport de l'or à l'argent à cette époque. Ces monnaies présentent pour types les têtes de Rome, d'Hercule diadémées, d'un homme casqué et barbu (Mars), de cheval, d'Apollon lauré, de Pallas, le bœuf à tête humaine, la Victoire, Rémus et Romulus allaités par la louve, un lion marchant, aigle sur un foudre, cheval libre.

Barium (*Bari*).

Types : Tête de Jupiter laurée ; Cupidon sur une proue de vaisseau.
Légende : BAPINΩN.
Métal : Bronze.

Canusium (*Canosa*).

Types : Tête virile nue à gauche ; cavalier en course à droite ; diota ; lyre.
Légende : KANYΣINΩN KA.
Métal : Bronze et Argent.

Hyria Ureium (*Rodi*).

Types : Tête de Pallas ; gouvernail, corne d'abondance.
Légende : YPIATINΩN.
Métal : Bronze.

Luceria (*Lucera*).

Types : Tête d'Hercule, de Pallas, de Neptune, d'Apollon ; massue, arc et carquois ; roue ; dauphin à droite ; grenouille ; crâne de bœuf ; conque.
Légende : LOVCERI.
Métal : Bronze.

Neapolis in Pencetia (*Polignano*).

Types : Tête de Bacchus couronnée de lierre ; grappe de raisin.
Légende : NEAII.
Métal : Bronze.

Rubastini (*Ruvo*).

Types : Tête de Pallas ; victoire debout ; chouette sur une branche d'olivier ; Hercule et lion ; épi ; aigle debout ; tête de Jupiter.
Légendes : PYBA. PYBHΣTEINΩN. PYΨ.
Métal : Argent et bronze.

Salapia (*Salpi*).

Types : Tête virile imberbe laurée à droite, d'Apollon ou de Jupiter laurée ; cheval courant ; aigle debout ; sanglier ; poisson ; tête de Cérès.
Légendes : ΣΑΛΑΠΙΝΩΝ. ΣΑΛΑΠΝΩΝ.
Métal : Bronze.

Venusia (*Venosa*).

Types : Tête de Bacchus ; de femme voilée ; de Pallas ; de Jupiter ; bacchante assise ; deux dauphins ; chouette sur une branche d'olivier ; aigle sur un foudre.
Légende : VE, en monogramme.
Métal : Bronze.

CALABRIA

Azetini.

Types : Tête de Pallas ; chouette sur un chapiteau ionique ; aigle sur un foudre ; épi.
Légendes : AZETIN, AZETINΩN.
Métal : Bronze.

Brundusium (*Brindisi*).

Types : Tête de Neptune ; figure virile nue sur un dauphin.
Légende : BRVN.
Métal : Bronze.

Butuntum (*Bitonto*).

Types : Figure virile nue sur un dauphin ; coquille ; tête de Pallas : épi.
Légende : BYTONTINΩN.
Métal : Bronze.

Cælium (*Ceglio*).

Types : Tête de Pallas casquée ; de Jupiter à droite ; trophée ; victoire marchant ; foudre ; Minerve combattant ; Hercule étouffant un lion.
Légendes : ΚΑΙΛΙΝΩΝ. ΚΑΙΛΕΙΝΩΝ.
Métal : Bronze.

Graia Gallipolis (*Gallipoli*).

Types : voy. Gravisca d'Etrurie.
Légende : ΓΡΑ.
Métal : Bronze.

Hydruntum (*Otranto*).

Types : Tête imberbe d'Hercule; carquois, massue et arc.
Légende : ΥΔΡ.
Métal : Bronze.

Orra (*Uria*) (1).

Types : Tête d'Hercule jeune; de Mercure, d'Apollon; de Pallas casquée; foudre ailé; aigle sur un foudre; Cupidon jouant de la lyre; grappe de raisin.
Légende : ΟΡΡΑ. ΟΡΡΑ. ΑΟΣΡΩΝ.
Métal : Bronze.

Sturnium (*Sternaccio*).

Types : Pétoncle; aigle tenant un foudre dans ses serres.
Légende : ΣΤΥ.
Métal : Bronze.

Tarentum (*Tarento*) (2).

Types : Tête de Jupiter laurée; de femme diadémée et voilée, entourée de poissons; d'Apollon laurée; d'Hercule jeune; de Pallas; de Bacchus indien; aigle sur un foudre;

---

(1) Des numismatistes donnent ces monnaies à Hyria d'Iapypie ; voy. Hyrium.

(2) Les monnaies de Tarente, sont tellement nombreuses que feu Carelli en avait huit cent trente-huit variétés : on peut les diviser en deux grandes catégories : la première, dont le commencement s'éloigne bien peu de la fondation de Tarente, présente : 1° le héros Taras sur un dauphin et une roue au revers, symbole du trépied fatidique d'Apollon ; 2° Taras sur un dauphin, au revers une tête de femme renfermée dans un cercle très saillant qui est une espèce de nimbe : cette tête est celle de Satya, nymphe locale et mère de Taras, suivant une traduction conservée par Pausanias; 3° Taras sur un dauphin, type en relief d'un côté et en creux de l'autre. La seconde catégorie comprend les monnaies qui représentent à l'avers Taras sur un dauphin, au revers une figure d'homme assis, et accompagné d'une foule de symboles, tels qu'un vase à deux anses, une quenouille garnie de laine, un coquillage, une grappe de raisin, un lécythus, un strigile, un poisson dans un filet, une pomme, un chien, une panthère, etc. Ces attributs qui font allusion aux jeux et aux productions du pays, indiquent que ce personnage assis n'est autre que le *démos :* la quenouille chargée de laine indique l'excellence des étoffes qui rendirent Tarente célèbre dans toute l'antiquité.

Nous terminerons cette note en renvoyant au savant mémoire publié par M. Raoul Rochette, dans le tome XIV des *Mémoires*

Neptune assis; le héros Taras sur un dauphin; Neptune dans un bige; femme dans un bige, figure nue dans un char traîné par deux dauphins; cavalier; chouette sur un crabe, sur un foudre, sur un chapiteau d'ordre ionique, ou sur une branche d'olivier; cheval marin; homme nu agenouillé tenant une lyre et le *plectrum*; figure assise tenant une quenouille et une haste; la partie antérieure d'un cheval ailé; cheval marin ailé; cavalier accompagné de divers symboles; Hercule étouffant un lion; arc et massue en sautoir; pétoncle; quenouille au milieu d'une couronne de laurier; dauphin; buste de cheval; deux croissants; couronne de laurier; roue à quatre rayons.

Légende : ΤΑΡΑΣ. ΤΑΡΑΝ. ΤΑΡΑΝΤΙΝΩΝ. ΤΑ. Τ.
Métal : Or, argent et bronze.

Uxentum (*Ogento*).

Types : Double tête de Pallas casquée; tête simple de la même déesse; Hercule debout.
Légende : ΟΞΑΝ.
Métal : Bronze.

LUCANIA

Types : Tête barbue casquée de Mars; de la Victoire à gauche; de Jupiter laurée; d'Hercule; Minerve marchant; Jupiter marchant; aigle debout.
Légende : ΛΟΥΚΑΝΩΝ, ΛΥΚΙΑΝΩΝ.
Métal : Bronze.

Atinum (*Atina*).

Types : Tête de Pallas; chouette.
Légende : ΩΙΝΙΤΑ.
Métal : Bronze.

de *l'Institut de France*, 1810, sur la numismatique tarentine, et en donnant les principales dates fixées par cet archéologue: 1° *fabrique primitive* peu après la fondation de Tarente, l'an 707 avant J.-C. jusqu'à l'an 474, espace de temps qui répond à la durée du régime aristocratique; 2° *beau style de l'art*, s'étendant jusqu'à la prise de Tarente par les Romains, vers 272 avant J.-C.; 3° *domination romaine et décadence*, dont le terme n'est pas encore positivement connu.

Buxentum ou Pixus (*Policastro*).

Types : Bœuf marchant et se retournant.
Légende : HV+OEM pour πυξοες (1).
Métal : Bronze.

Cosilynas.

M. Sestini avait donné à cette ville une monnaie de bronze sur laquelle il avait lu KOΣIAΥN dans une guirlande. M. Millingen a rectifié cette erreur, en prouvant que la véritable lecture est NΥΛΚΟΣΙ.

Grumentum (*Armanto*).

Types : Tête de femme ; cheval bondissant.
Légende : ΓΡΥ.
Métal : bronze.

Heraclea (*Policoro*).

Types : Tête d'Apollon laurée; d'Hercule jeune ; de Pallas (2) ; Hercule debout; lion courant, ou passant; taureau cornupète; chouette sur une branche d'olivier; Hercule étouffant le lion de Némée, dans diverses attitudes ; femme terminée en poisson, armée d'un javelot et d'un bouclier.
Légendes : HE. HPA. HPAKΛEIΩN. HPAKΛHIΩN.
Métal : Or, argent et bronze.

Laos (*Scalea*) (3).

Types : Bœuf à tête humaine ; bœuf regardant derrière lui ; gland.
Légende : ΛΑΙΝΟΣ.
Métal : Argent.

Palinurus Molpis (?).

Types : Sanglier, en relief à l'avers et en creux au revers.
Légende : ΠΑΛ. ΜΟΛ.
Métal: Argent.

Metapontum (*Torre di Mare*).

Types : Épi en relief et en creux, tête de bœuf en creux; tête de femme diadémée; de Métabus (4); de Cérès, avec

---

(1) Cette monnaie porte au revers σιρινο; (MONIPIM), en boustrophédon, qui semble indiquer une alliance avec Siris.
(2) La tête de Pallas est souvent casquée, et on voit dessus le monstre Scylla avec divers symboles.
(3) On donne à Laos les monnaies données d'abord à Stobia.
(4) Métabus était le chef grec qui était considéré comme ayant fondé Métaponte : cf. Virgile, *Æneid.*, XI, 540. — Servius.

ou sans voile; tête casquée et barbue; de Pallas; de Mercure; d'Apollon laurée; de Jupiter laurée; épi et massue; minotaure; gouvernail, poisson et épi; Mercure sacrifiant; grain d'orge; trois grains d'orge en triangle et un caducée; deux épis et Pégase volant.

Légendes : META. ME. METAΠON. METAΠONTIN. METAΠONTINΩ.

Métal : Or, argent et bronze.

Posidonia Pæstum (*Piesti* ou *Pesto*).

Types : Neptune debout, en relief et en creux; taureau marchant; dauphin; polype; Amour sur un dauphin, tête de Neptune, de bacchante, de Pallas casquée, de Diane; sanglier; la partie antérieure d'un sanglier; épi en deux rameaux; deux mains jointes; lion; corne d'abondance entre deux grappes de raisin.

Légendes : ΓOM pour ΠOΣ, MOΠ, ΓOMIII, ΓOMEI. AΔIΞMOΓ, ΓOΣEI, ΓAISTAN, ΓAISTANO, PAE, PAIS, PAES.

Métal : Or (douteux), argent et bronze.

Impériales d'Auguste et de Tibère.

Syris.

Types : Tête de Mercure; aigle déchirant un serpent; caducée; grappe de raisin; proue de vaisseau; diota; aigle à gauche, au-dessus une couronne.

Légende : ΣEI. ΣIPI.

Métal : Argent et bronze.

Sybaris. Thurium. Coria (*Sibari Rovinata*).

Types : Bœuf debout, à droite, regardant à gauche, en relief et en creux; tête de Pallas, le casque lauré; Neptune debout; tête de Pallas, sur le casque le monstre Scylla; taureau cornupète, accompagné quelquefois de poissons, quelquefois aussi couronné par la Victoire; tête de femme laurée; Diane marchant, tête de Diane; d'Apollon, de Janus; d'Hercule; corne d'abondance.

Légendes : VM, pour ΣΥ, ΣΥBA, ΘOΥPIΩN, ΘOΥPIA, ΘΥ C. Q. COPIA (2).

Métal : Or, argent et bronze.

---

(1) D'autres fois le casque de Pallas est orné d'un griffon, d'une couronne d'olivier, d'un mufle de lion, d'une branche d'olivier.

(2) Cette ville s'appela Sybaris lors de sa fondation, et fut détruite vers l'an 243 de Rome par les Crotoniates; cinquante-

Velia (*près Castel a mare della Bruca*).

Types : Tête de femme à droite ; de Pallas, le casque orné d'un griffon, d'olivier, d'un quadrige, d'un sphinx ; tête de Pallas casquée de face ; d'Hercule ; de Jupiter laurée ; chouette sur une branche d'olivier ; lion courant, quelquefois une chouette au-dessus ; lion dévorant une proie.
Légendes : ΥΕΛΗ ΥΕΛΗΤΩΝ.
Métal : Argent et bronze.

Ursentum.

Types : Tête de femme à droite ; figure **virile debout** tenant une patère et un arc.
Légende : ΟΡΣΑΝΤΙΝΩΝ.
Métal : Bronze. Voy. Uxentum.

BRUTTIUM

Types : Têtes d'Hercule ; de Neptune ; de la Victoire ailée ; de Junon, de Pallas, le casque orné d'un griffon ; d'Apollon laurée, de Jupiter ; tête barbue et casquée ; victoire dans un bige ; victoire marchant ; femmes voilée assise sur un hippocampe, sur la queue duquel est un amour ; Bacchus nu se couronnant ; aigle sur un foudre ; Diane chasseresse ; guerrier nu combattant, à ses pieds une chouette ; Pallas combattant ; victoire debout ; Jupiter foudroyant debout ; crabe et corne d'abondance.
Légende : ΒΡΕΤΤΙΩΝ.
Métal : Or, argent et bronze.

Caulonia (*Castel Vetere*).

Types : Figure virile nue debout, tenant dans la main droite une branche ; sur le bras gauche une petite figure marchant, tenant une branche dans chaque main ; en relief et en creux ; cerf.
Légendes : ΚΑΛΥ. ΚΑΥΛΩΝΙΑΤΑΝ. ΛΥΑΝ. ΚΑΥ-ΛΩΝΙ.
Métal : Argent.

huit ans après, Thessalus et les survivants des anciens habitants la relevèrent, et lui donnèrent le nom de Thurium, d'une fontaine voisine. Obligés d'implorer le secours des Romains contre les Tarentins, les habitants de Thurium reçurent une colonie romaine avec le nom de COPIA.

Croton (*Crotone*).

Types : Trépied en relief et en creux; oiseau en creux; aigle tenant une branche de laurier; aigle sur une tête de cerf, ou de bélier, ou sur une colonne d'ordre ionique; Pégase volant, aigle tenant un lièvre dans ses serres ; tête d'Apollon laurée ; de Junon Lacinia, de face ou de profil ; de Pallas à droite ; d'Hercule jeune ; de Neptune laurée ; Hercule enfant, assis à terre étouffant de chaque main un serpent ; Bellérophon sur Pégasse combattant la Chimère ; Hercule assis sur un peau de lion ; homme nu, assis sur un rocher, devant un autel allumé, tenant de la main droite une branche, et de la gauche une massue ; à terre un arc et un carquois ; Hercule étouffant le lion ; trois croissants ; tête de bœuf dans une couronne de laurier.

Légendes : OPOTON. OϘO. OPO. ΚΡΟΤΩΝΙΑΤΑΝ. ΚΡΟΤΩΝΙΑΤΑΣ. ΚΡΟΤΟΝ. ΚΡΩΤΟ.

Métal : Argent et bronze.

Hipponium Valentia (*Monteleone*) (1).

Types : Tête de Jupiter laurée, de Pallas à droite, de Junon, d'Hercule barbue diota entre une torche et un astre ; victoire debout ; Pallas debout ; victoire assise sur une base ; foudre ailé ; double corne d'abondance ; chouette ; double massue.

Légendes : ΕΙΠΩΝΙΕΩΝ. ΙΙΙΙΙΩΝΙΕΩΝ, VALENTIA.

Métal : Bronze.

Locri Epizephyrii (*Motta di Burzano*).

Types : Têtes de Jupiter laurée, de Pallas casquée, des Dioscures, de Cérès à gauche ; aigle volant, tenant un lièvre dans ses serres ; la déesse Rome assise ; femme tenant un caducée, assise sur une base ornée d'un *massacre* de bœuf, aigle à gauche ; foudre ; foudre et sceptre ; grappe de raisin ; aigle sur un foudre ; corne d'abondance ; Jupiter assis ; Pallas debout.

Légende : ΛΟΚΡΩΝ.

Métal : Argent et bronze.

Medama et Mesma (*Mesima*).

Types : Têtes de Cérès de face ; tête slaurée d'Apollon.

Légende : ΜΕΔΜΑΙΩΝ.

Métal : Bronze.

---

(1) Hipponium, fondée par les Locriens, prit le nom de Valentia en 561 de Rome, lorsqu'une colonie y eut été menée par suite d'un sénatus-consulte.

Nuceria (*Nocera*).

Types : Tête jeune et cornue ; un Dioscure tenant son cheval par le frein, tête de femme, d'Apollon, de lion ; deux Dioscures, cheval debout.
Légende : ΝΟΥΚΡΙΝΩΝ. — Légendes osques.
Métal : Bronze.

Pandosia (*Anglona*)

Types : Bœuf dans une aire en creux ; trépied ; tête de femme vue de face ; femme assise sur un rocher, à ses pieds, un chien de chaque côté.
Légendes : ΠΑΝΔΟ. ΠΑΝΔΟΣΙC.
Métal : Argent.

Peripolium Pitanata (*Limmana*).

Types : Tête de femme diadémée ; Hercule étouffant un lion.
Légendes : ΠΕΡΙΠΟΛΩΝ. ΠΙΤΑΝΑΤΑΝ.
Métal : Argent.

Petelia (*Strongali*).

Types : Tête de Jupiter laurée ; tête barbue casquée, d'Apollon laurée, du soleil radiée, d'Hercule barbue, de femme voilée et couronnée de pavots et quelquefois d'épis ; Jupiter foudroyant debout ; victoire debout ; Diane lucifère marchant ; trépied ; massue ; chien courant.
Légende : ΠΕΤΗΛΙΝΩΝ.
Métal : Bronze.

Rhegium (*Reggio di Calabria*).

Types : Tête de lion de face, d'Apollon laurée ; double tête imberbe surmontée du modius ; têtes accolées d'Apollon et de Diane ; tête de Diane, de Pallas, des Dioscures ; couronne de laurier ; Jupiter assis ; homme conduisant un char attelé d'un seul cheval ; lièvre courant ; lyre ; Apollon debout ; lion marchant de gauche ; Minerve debout ; Mercure debout ; femme debout, tenant deux épis et la haste ; Hercule debout ; Dioscures à cheval.
Légende : RECI. ΣΟΝΙΟΞΒ PHIINΩN.
Métal : Argent et bronze.

Temesa (*Sanlucito*).

Types : Casque ; trépied.
Légende : TEM.
Métal : Argent.

Terina (*Nocera*).

Types : Tête de femme à droite, cheveux retroussés ; de Diane ; femme debout vue de face, regardant à gauche, le tout au milieu d'une couronne de laurier ; victoire debout, le pied droit sur une base et tenant un caducée ; la Victoire assise sur une amphore ; femme assise à gauche recevant dans un vase posé sur ses genoux des eaux qui s'échappent d'une tête de lion incrusté dans une muraille, à ses pieds, un cygne nageant dans une auge ; crabe.

Légendes : ΤΕΡΙΝΑ. ΤΕΡΙΝΑΙΟΝ. ΤΕΡΙΝΑΙΩΝ. ΝΟΙΑΝΙΡΗΤ. ΤΕΡΙ.

Métal : Argent et bronze (1).

SICILIA

La Sicile, nommée *Sicania* par Thucydide, et *Trinacria* à cause de sa forme triangulaire, par un grand nombre d'écrivains, offre les monnaies les plus belles de la numismatique ancienne (2) : l'or y est beaucoup plus employé que

(1) Nous ne pensons pas que nos lecteurs trouvent surabondant que nous leur signalions les savantes observations que M. le duc de Luynes a publiées sur les monnaies *incuses* de la Grande Grèce, dans les *Nouvelles annales de l'Institut archéologique* (t. I, 1836, p. 372 et seq.). — Les principales séries de monnaies incuses de la Grande Grèce appartiennent aux villes de Tarente, de Métaponte, de Siris, de Sybaris, de Pandosia, de Crotone, de Caulonia, de Posidonia, de Laos et de Témésa ; à Tarente, les monnaies incuses paraissent, par leur rareté et leur travail très archaïque, dater de l'époque pythagoricienne. Sous l'influence du grand philosophe samien, les Tarentins, rarement en paix avec leurs voisins, semblent avoir adhéré à l'alliance italiote, dont les autres monnaies incuses sont les témoins à défaut des traditions ensevelies dans l'oubli. Les types paraissent consacrés à Phalanthe, fondateur de Tarente, confondu avec le Taras lacédémonien, fils d'Hercule, qui lui-même n'est qu'une répétition d'Apollon crétois et amycléen. Au sujet des types des autres villes mentionnées plus haut, M. de Luynes a su rappeler les anciennes légendes qui se rattachent à leur origine, et jeter un grand jour sur ces événements qui touchent presque au domaine de la fable, et qui présentent le plus haut intérêt mythologique et historique.

(2) Cf. Strabon, VI. — Diodor. Sicul., V, II. — Plinius, III, XIV : « Ante omnes claritate Sicilia, Sicania Thucydidi dicta, Trinacria pluribus, aut triquetra a triangula specie. » — Horace,

dans la plupart des autres contrées. Les monnaies les plus anciennes indiquent que l'établissement du monnayage date, dans cette ile, des siècles les plus reculés ; il y cessa à peu près sous le règne de Tibère

Parmi les types particuliers à la Sicile, on doit citer la *Triquetra*, formée de trois jambes humaines, disposées en triangle et faisant allusion aux promontoires de Pelorus, de Pachynus et de Lilybæus ; le taureau à tête humaine, emblème de Bacchus ; et les biges, triges et quadriges. Les noms des fleuves sont souvent gravés sur les monnaies de Sicile, ainsi on y lit ceux d'Acraga, d'Amenanus, d'Arethusa, d'Asine, de Chrysas, de Gelas, d'Hipparis et d'Hypsus.

Les légendes sont écrites en grec, en punique et en latin, pour les monnaies coloniales. Le grec est emprunté principalement au dialecte dorien, ainsi on voit ΜΕΣΣΑΝΙΩΝ, pour ΜΕΣΣΗΝΙΩΝ ; ΒΑΣΙΛΙΣΣΑΣ, pour ΒΑΣΙΛΙΣΣΗΣ ; ΒΑΣΙΛΕΟΣ, pour ΒΑΣΙΛΕΩΣ ΑΡΕΘΟΣΑ, pour ΑΡΕΘΟΥΣΑ ; ΑΓΑΘΟΚΛΕΙΟΣ pour ΑΓΑΘΟΚΛΕΟΣ. — Les études sur la langue punique ne sont pas encore assez avancées pour que nous puissions donner à nos lecteurs les moyens de déchiffrer les inscriptions en langue carthaginoise.

De grands médaillons d'argent représentent à l'avers, une femme voilée et couronnée d'épis, au revers, une victoire dans une quadrige, avec la légende ΣΙΚΕΛΙΩΤΑΝ ; ils ont été frappés en l'honneur de la Sicile, sans que l'on puisse déterminer à quelle occasion.

Abacænum (*Tripim*).

Types : Têtes virile barbue et laurée ; tête de femme à droite, la chevelure enveloppée dans un *reticulum* orné d'étoiles ; truie ; partie antérieure d'un taureau cornupète (1).
Légendes : ABA. ABAK. ABAKAIN. ABHKAININΩN (2).
Métal : Argent et bronze.

Abolla.

Types : Taureau à mi-corps debout ; grappe de raisin.
Légende : ABO.
Métal : Bronze.

II, *Satyr.*, vi, 55. — César, parlant de la Bretagne, la définit : *insula natura triquetra*, I. V. xiii.

(1) Les monnaies d'*Abacænum* n'ont quelquefois aucun type au revers, signe de la plus haute antiquité. — La truie est quelquefois accompagnée d'un gland ou d'un petit marcassin.

(2) Les trois premières formes de la légende sont quelquefois écrites en *boustrophédon*.

Acræ (*Palazolo*).

Types : Têtes de Cérès ; Cérès Lucifère.
Légende : ΑΚΡΑΙΩΝ.
Métal : Bronze.

Adranum (*Aderno*).

Types : Tête d'Apollon ; lyre ; tête d'Adranus ; dauphin.
Légende : ΑΔΡΑΝΙΤΑΝ. ΑΔΡ.
Métal : Bronze.

Ætna (*Sancta Maria di Licodia*).

Types : Tête de Silène, du Soleil, de Pallas casquée et de Cérès ; caducée ; guerrier debout ; corne d'abondance ; foudre ; cheval échappé.
Légende : ΑΙΤΝ. ΑΙΤΝΑΙΩΝ. Α.
Métal : Argent et bronze.

Agrigentum (*Girgenti*).

Types : Tête de Jupiter, de Bacchus, du fleuve Acragas ; crabe ; poisson ; lièvre ; aigle ; serpent ; colombe ; serpent autour d'une massue ; victoire dans un quadrige ; aigle sur un chapiteau ionique ; aigle dévorant un lièvre ; le monstre Scylla ; victoire debout tenant un foudre ; tête d'Hercule ; figure barbue debout ; aigle sur un poisson.
Légende : ΑΚΡΑ. ΑΚΡΑC. ΑΚΡΑΓΑΝΤΟΣ. ΑΚΡΑΓΑΝΤΙΝΟΝ. ΑΚΡΑΓΑΝΤΙΝΩΝ. ΑΚΡΑΓΑΣ (1).
Métal : Or, argent et bronze.

Monnaies coloniales de bronze à l'effigie d'Auguste : on classe à la même série, une pièce d'argent portant à l'avers une triquetra au milieu de laquelle se voit une tête de Méduse, au revers le mot AGRIGENTVM dans une couronne, parce que l'emploi de la langue latine prouve qu'elle est postérieure à la soumission aux Romains.

Agyrium (*Tan Filippi d'Argiro*).

Types : Têtes de Jupiter, d'Hercule, d'un fleuve (2) ; Hercule debout ; chien ou loup dévorant une chèvre ; partie antérieure d'un bœuf ; cheval ; Diane chasseresse debout.
Légendes : ΑΓΥΡΙ. ΑΓΥΡΙΝΑΙ. ΑΓΥΡΙΝΑΙΩΝ.
Métal : Bronze.

---

(1) Sur les monnaies les plus anciennes, la légende est quelquefois en boustrophédon.

(2) La tête du fleuve est facile à reconnaître, parce qu'elle est celle d'un jeune homme ayant une corne au front. Agyrium était située entre le Simæthus et le Chrysas.

Alæsa (*Santa Maria delle Palate*).

Types : Têtes de Jupiter, de Diane et d'Apollon ; aigle ; lyre ; Apollon debout ; guerrier ; carquois et arc.
Légendes : ΑΛΑΙΣΑΣ.
Métal : Bronze. On a attribué à cette ville des monnaies d'argent portant pour types une tête imberbe, laurée entre trois poissons, une tête d'Apollon, le monstre Scylla, avec la légende ΑΛΙΒΑΝΩΝ. Ces monnaies sont données aujourd'hui à Alibanon de Campanie,

Aluntium (*Alontio*).

Types: Têtes de Jupiter, d'Hercule et de Mercure, bœuf à face humaine (1) ; tête casquée de Mars ; aigle éployée sur une cuisse d'animal ; légende en deux lignes dans une couronne.
Légendes : ΑΛΟΝΤΙΝΩΝ. ΑΛΟΝΤΙΝΟΝ.
Métal : Bronze.

Amestratus (*Mistretta*).

Types : Têtes de Diane et d'un jeune homme; d'Apollon, cavalier.
Légende : ΑΜΗΣΤΡΑΤΙΝΩΝ.
Métal : Bronze.

Assorus (*Assera*).

Types : Têtes d'Apollon et de Vénus ; le fleuve Chrysas (2) personnifié ; un joug de bœufs.
Légende : ASSORV.
Métal : Bronze.
La légende latine, et le type du joug indiquent que ces monnaies ont été frappées lorsque Assorus était colonie romaine.

Athabyrium.

Types : Taureau cornupète; étoile.
Légende : ATA, en monogramme.
Métal : Bronze.

---

(1) Sur quelques exemplaires, ce bœuf semble vomir de l'eau.
(2) Cf. Cicéron, *in Verr*. IV, XLI : « Chrysas est amnis qui per Assorinorum agros fluit. Is apud illos habetur Deus, et religione maxima colitur. Fanum ejus est in agro propter ipsam viam, qua Assoro itur Ennam. In eo Chrysæ est simulacrum præclare factum ex marmore. »

Cæna.

Types : Tête de jeune homme ; griffon ; cheval passant ; aigle et tête de bélier.
Légendes : ΚΑΙΝΩΝ. KAINON.
Métal : Bronze.

Ces monnaies ont été pendant longtemps attribuées fautivement à l'île de *Cani*, Cæne, mentionnée par Pline et Marcianus Capella.

Calacte (*Caronia*).

Types : Têtes de Pallas. Apollon, Bacchus, Mercure ; chouette ; lyre ; grappe de raisin ; caducée ; massue.
Légende : ΚΑΛΑΚΤΙΝΩΝ.
Métal : Bronze.

Camarina (*Torre di Camarana*).

Types : Cygne ; femme ailée, un genou en terre (1) ; tête d'Hercule, du fleuve Hipparis (2), d'Apollon, de Pallas, de Cérès ; coq ; aigle terrassant un cygne ; chouette terrassant un lapin ; Pégase ; casque sur un bouclier rond ; palmier entre deux jambes ; figure dans un quadrige ; femme assise sur un cygne, tenant un voile enflé par les vents ; victoire ; masque de face tirant la langue ; chouette et lézard.
Légendes : KAMA, KAMAP. KAMAPINA. KAMAPINAION. KAMARINAIΩN (3).
Métal : Argent et bronze.

Catana (*Catania*).

Types : Victoire ; bœuf à tête humaine, têtes d'Apollon, de Bacchus, du fleuve Amenanus et de Janus ; femme dans un quadrige ; grappe de raisin ; Anapias et Amphinomus portant leurs parents (4) ; chouette ; Isis et Horus ; foudre ; figure dans un trige, couronné par la Victoire ; tête de Sérapis ; Apollon debout près d'une colonne ; Minerve combattant ; tête de Neptune ; dauphin ; Cérès lucifère debout ; femme debout tenant un oiseau ; les bonnets des Dioscures ; fleuve couché.

---

(1) Les plus anciennes monnaies de Camarina ont l'aire creux au revers. — La femme ailée fait allusion aux amours de Jupiter et de Némésis, qui donnèrent naissance à Hélène ; cf. Hygin. *Poet. astron.*, II, XVIII.
(2) Le fleuve Hipparis passait sous les murs de Camarina.
(3) Les légendes sont quelquefois rétrogrades.
(4) Anapias et Amphinomus durent leur célébrité à la piété filiale ; ils sauvèrent leurs parents lors d'une éruption de l'Etna : v. Claudien, *Idyll.*, VII, et Sévère, *in Ætna* DCXXI.

Légendes : KA. KATANA. KATANAI. KATANE. KATANAION. KATANAIΩN.
Métal : Argent et bronze.

Centuripa (*Centorbi*).

Types : Tête de Cérès; tête de Proserpine; charrue sur laquelle est un petit oiseau; panthère marchant.
Légende : KENTO KENTOPIIIINΩN
Métal : Bronze.

Cephalœdium (*Cefalu*) (1).

Types : Tête de Mercure, d'Hercule jeune; caducée ailé; Hercule debout, taureau cornupète; tête d'Apollon; de Bacchus; massue; Apollon debout ou assis sur un rocher; Bacchus debout appuyé sur une colonne.
Légendes : ΚΕΦΑ. ΚΕΦΑΛΟΙΔΙΟ.
Métal : Argent et bronze.

Enna (*Castro Giovanni*).

Types : Tête de Cérès, d'Apollon; Proserpine; bouc torche entre deux épis; porc; Triptolème; charrue et deux serpents; EN entre deux feuilles de laurier, dans une couronne; tête de bœuf vue de trois quarts; grappe de raisin dans une couronne.
Légendes : HENNAION. EN. ENNA. ENNAIΩN.
Métal : Argent et bronze.

On a des monnaies de bronze de cette ville devenue municipe sous les Romains, elles portent MVN. ENNA, et les noms des duumvirs, M. Cestius et L. Munatius.

Entella (*Rocca di Antella*).

Types : Têtes du Soleil, de Cérès, de Bacchus; femme sacrifiant; bœuf à tête humaine; Pégase; grappe de raisin dans une couronne.
Légendes : ΕΝΤΕΛΛΙΝΩΝ. ΕΝΤΕΛΛΑΣ. Quelquefois on lit en outre le mot ΚΑΜΠΑΝΩΝ, qui rappelle l'origine campanienne des habitants d'Entella.
Métal : Argent et bronze.

Eryx (*Monte di Trapani*).

Types : Vénus Erycine tenant une colombe; figure dans un quadrige; chien; aigle sur un chapiteau ionique; crabe; tête de femme.

---

(1) Les monnaies d'argent de cette ville portent aussi le nom d'Héracléa, en signe d'alliance: voyez cette ville.

Légendes : ERVKINON. EPYK. EPYKINΩN.
Métal : Argent et bronze.

Eubœa (*Terra Nova* (?)).

Types : Tête d'Apollon à droite ; bœuf à face humaine sur un épi.
Légendes : EYBOIA. ΓΕΛΟΙΩΝ.
Métal : Argent. Les monnaies de cette ville indiquent une alliance avec celle de Gelas.

Gelas (près *Terra Nova*).

Types : Bœuf à face humaine représenté soit à mi-corps, soit en entier ; bige ; cheval à mi-corps ; tête du fleuve Gelas ; tête de femme coiffée du reticulum ; figure dans un trige ; tête d'Hercule ; guerrier combattant un bélier ; épi ; tête de femme couronnée d'épis.
Légendes : CEΛΑΣ. CEVΑΣ. ΓΕΛΑΣ. ΓΕΛΟΙΟΝ. ΓΕΛΩΙΩΝ.
Métal : Or, argent et bronze.

Heraclea (*Capo Bianco*).

Types : Tête d'Hercule jeune ; taureau cornupète.
Légendes : ΗΡΑΚΛΕΙΟΤΑΝ. (Monnaie d'alliance avec Céphalœdium.)
Métal : Argent.

Himera, ensuite Thermæ (*Termini*) (1).

Types : Coq ; coquillage ; tête d'Hercule, bige ou trige, la déesse Himera sacrifiant (2) ; Mercure ; victoire ; monstre tenant à la fois de l'homme, du lion et du coq ; trois nymphes debout ; tête de femme tourellée ; le poète Stesichorus (3) ; chèvre ; cavalier en course ; aire en creux ; victoire volant ; jeune homme nu assis sur un cheval au galop ; figure sonnant du buccin, assise sur un chèvre.

---

(1) Himera était située sur le rivage de la mer Tyrrhénienne, sur un fleuve qui lui donna son nom : cette ville fut détruite l'an de Rome 345, par les Carthaginois. Le peu d'habitants qui échappèrent au désastre se réfugièrent dans un lieu voisin, où se trouvaient des eaux thermales.
(2) Cf. Cicéron, *in Verr.*, II, xxxv : « In his mira pulchritudine ipsa Himera in muliebrem feminam habitumque formata ex oppidi nomine et fluminis ».
(3) Id. *op. laud.* : « Erat etiam Stesichori poetæ statua senilis incurva cum libro, summo, ut putant, artificio facta, qui fuit Himera, sed et est et fuit tota Græcia summo propter ingenium honore et nomine ».

Légendes : IMEPA. IMEPA. IMEPAION. IMEPAIΩN. HIMERA. ΘEPMITAN. ΘEPMA. IMEPAIΩN. ΘEPMITΩN. IMEPAIΩN.
Métal : Argent et bronze.

Hybla magna (*Paterno*).

Types : Tête de femme voilée et tourellée ; Bacchus dans un char traîné par des panthères.
Légendes : YBΛΛΛ. ΜΕΓΑΛΑΣ.
Métal : Bronze.

Hyccara (*Maccari*).

Types : Tête nue et barbue ; chien.
Légende : YKAP.
Métal : Bronze.

Iaeta (*Iato* ou *S. Cosmano*).

Types : Tête d'Hercule ; triquetra ; guerrier debout ; tête diadémée de femme ; tête virile imberbe et casquée.
Légende : IAITINΩN.
Métal : Bronze.

Leontini (*Lentini*).

Types : Têtes de lion, du Soleil radié ; d'Apollon ; homme debout sacrifiant ; le fleuve Lissus ; grain d'orge ; quadrige.
Légendes : ΛEONTINON. ΛEONTINON. ΛEON. ΛEONT ΛEONTITΩN.
Métal : Argent et bronze.

Lilybæum (*Marsalla*).

Types : Tête d'Apollon ; de femme voilée et tourellée ; lire ; trépied et serpent.
Légende : ΛIΛYBAITAN.
Métal : Bronze.

Longone.

Types : Tête imberbe diadémée ; corne d'abondance.
Légende : ΛOΓΓANAION.
Métal : Bronze.

Macella (*Monte Busamara*).

Types : Taureau cornupète ; tête d'Apollon laurée.
Légende : MAKEΛΛINΩN.
Métal : Bronze.

Menænum (*Mineio*).

Types : Tête de Jupiter, de Mercure, d'Hercule, de Cérès, d'Apollon ; bige ; deux torches en sautoir ; massue ; caducée.
Légende : ΜΕΝΑΙΝΩΝ.
Métal : Bronze.

Merusium.

Types : Bacchus nu et barbu tenant un rhyton et une branche de vigne ; grappe de raisin tenant à une branche de vigne.
Légende : MEP.
Métal : Argent.

Megara (*Monte Ibla*).

Types : Têtes d'Apollon, du fleuve Alabus, de Pallas ; bœuf à tête humaine ; chouette.
Légende : ΜΕΓΑ. ΜΕΓΑΡΑ. ΜΕ.
Métal : Bronze.

Zancle, ensuite Messana, enfin Mamertini (*Messina*) (1).

Types : Dauphin ; aire creuse, dedans une tête virile et imberbe ou une coquille ; têtes de lion, de veau, de Cérès, d'homme barbue et laurée, d'Hercule, de Mars, d'Apollon d'Adranus ; Jupiter assis ; bige ; lièvre courant ; couronne de laurier ; Pan assis sur un rocher ; guerrier, trident entre deux dauphins ; Diane chasseresse ; Pallas marchant ; taureau cornupète ; aigle sur un foudre ; chien ; trépied.
Légendes : ΔΑΝΚΛΕ. MESSENION. ΜΕΣΣΑΝΙΩ. ΜΕΣΣΑΝΑ. ΜΕΣΣΑΝΟ. MES. ΜΕΣ. ΜΕΣΣΑΝΙΟΝ. ΜΑΜΕΡ. ΜΑΜΕΡΤΙΝΩΝ.
Métal : Argent et bronze.

Morgantia (*Murgo*).

Types : Tête barbue et diadémée, de Mercure et de Pallas ; épi ; victoire assise sur un rocher, lion dévorant une tête de cerf ; aigle dévorant un serpent ; trépied.
Légendes : MORCANTI. ΜΟΡΑΝΤΙΝΩΝ.
Métal : Argent et bronze.

---

(1) La ville de Zanclès, d'abord occupée par les Messéniens venus du Péloponèse, prit, vers l'an 477 avant l'ère chrétienne le nom de Messana. 278 ans avant Jésus-Christ, les Mamertins de la Campanie s'en emparèrent par surprise : ces dates peuvent servir à fixer l'âge des monnaies de Messana.

Motya.

Types : Tête de femme diadémée ; chien ; cheval galopant ; tête de femme entourée de poissons ; masque de face tirant la langue.
Légendes : MOTYAION. Quelquefois des légendes phéniciennes.
Métal : Argent et bronze.

Mytistratus.

Type : Tête du Soleil.
Légende : MY.
Métal : Bronze.

Nacona.

Types : Tête de femme ; figure assise sur un mulet.
Légende : NAKONAION.
Métal : Bronze.

Naxus (*Schiso*).

Types : Tête de Bacchus indien ; grappe de raisin ; Faune assis ou à genoux.
Légendes : NA. NAXI. NAXION. FAΞION. NAΞIΩN.
Métal : Argent.

Nectum.

Types : Tête de Cérès ; bœuf.
Légende : NEHTΩN.
Métal : Bronze.

Panormus (*Palermo*) (1).

Types : Têtes d'Apollon, de Pallas, de Cérès, etc. ; lyre ; chouette, chien ; corne d'abondance ; bélier ; autel enflammé ; triquetra ; guerrier debout.
Légendes : ΠΑ. ΠΑΝΟΡΜΟΣ. ΠΑΝΟΡΜΙΤΑΝ.
Métal : Or, argent et bronze.
Impériales grecques sous Auguste et Tibère.
Monnaies coloniales d'Auguste.

---

(1) On a longtemps attribué à Panormus des monnaies d'or, d'argent et de bronze, portant à l'avers les têtes de Cérès, d'Hercule ou de Mars, au revers, un cheval, une tête de cheval ; Pégase, un quadrige, qui sont anépigraphes ou qui portent des légendes puniques : par leurs types, ces monuments se rattachent à la Sicile, par leurs légendes aux Carthaginois. On pense que bon nombre de ces pièces appartiennent à la Numidie et à la Mauritanie.

Paropus.

Type : Tête d'Apollon.
Légende : ΠΑΡΩΠΙΝΩΝ.
Métal : Bronze.

Petra.

Types : Tête d'Hercule ; femme debout.
Légende : ΠΕΤΡΕΙΝΩΝ.
Métal : Bronze.

Piacus.

Types : Tête de femme ; chien terrassant un chevreuil.
Légende : ΠΙΑΚΙΝ.
Métal : Bronze.

Segesta (*Pileri di Barbara*).

Types : Le fleuve Crimissus ; tête de femme ; chien debout et serpent, lion dévorant une tête de cerf ; tête d'Hercule ; arc et carquois ; Énée enlevant Anchise ; soldat debout ; quadrige.
Légendes : ΣΕΓΕΣΤΑ. ΣΕΓΕΣΤΑ. ΣΑΓΕΣΤΑ. ΣΕΓΕΣ-ΤΑΙΟΝ. ΕΓΕΣΤΑΙΟΝ. ΣΕΓΕ. ΕΓΕΣΑΙΩΝ. ΕΓΕΣΤΑΝΩΝ.
Métal : Argent et bronze.
Impériales grecques d'Auguste.

Selinus (*Terra delli Pulci*).

Types : Feuille de persil ; Hercule domptant un taureau ; le fleuve Hypsa ; bœuf à face humaine. Proserpine tenant un serpent ; tête de la nymphe Ægesta ; chien.
Légendes : ΣΕΛΙ. ΣΕΛΙΝΟ. ΣΕΛΙΝΟΝΤΙΩΝ. ΣΕΛΙ-ΝΟΕΣ. ΣΕΛΙΝΟΝΤΙΟΝ.
Métal : Argent.

Solus (*Monte Catalfano*).

Type : Guerrier nu, casqué, marchant à droite ; légende en deux lignes ; tête barbue et laurée ; de Neptune, de Pallas ; squille marine.
Légendes : ΓΟΛΟΝ. ΓΟΛΟΝΤΙΝΟΝ. ΓΟΛΟΝΤΙΝΩΝ.
Métal : Bronze.

Stiela.

Types : Partie antérieure d'un bœuf à face humaine ; figure sacrifiant.
Légende : ΣΤΙΕΛΑΝΑΙΟ.
Métal : Argent.

Syracusæ (*Syracusa*).

Types : Tête de femme diadémée, la coiffure ornée de perles ; bige ; tête de Proserpine entourée de poissons ; quadrige ; tête de Jupiter, de Diane ; Pégase ; cheval libre ; foudre ; aigle sur un foudre ; têtes de Proserpine, d'Apollon, de Pallas, d'Hercule, de la nymphe Aréthuse ; taureau cornupète ; trépied ; lyre ; triquetra ; chouette ; Pallas marchant ; tête de Méduse sur un bouclier ; la Fortune ; la Victoire frappant un animal avec un glaive ; le héros Leucaspis (1).
Légendes : ΣVPA. ΣΥΡΑQΟSΙΟΝ. ΣΥ. ΣΥΡΑ. ΣΥΡΑΚΟΣΙΩΝ. ΣΥΡΑΚΟΣΙΟΙ.
Métal : Or, argent et bronze.

Tauromenium (*Taormina*).

Types : Tête d'Apollon, de Diane ; trépied, lyre ; bœuf à tête humaine ; taureau cornupète ; Diota ; Pégase volant ; chouette.
Légende : ΤΑΥΡΟΜΕΝΙΤΑΝ.
Métal : Or, argent et bronze.

Tyndaris (*Ile Tindaro*).

Types : Tête diadémée de femme ; Vénus debout donnant la main à l'Amour ; les Dioscures à cheval ; tête de Junon ; tête de Neptune ; trident.
Légendes : ΤΥΝΔΑΡΙΤΑΝ. ΤΙΝΔΑΡΙΕΩΝ.
Métal : Bronze.

Tyracina.

Types : Tête de Pallas ; Pallas debout.
Légende : ΤΥΡΑ.
Métal : Bronze.

ROIS DE SICILE

Gélon de Syracuse (2) (de 485 à 478 av. J.-C.).

Types : Tête de Gélon diadémée ; victoire dans un bige ; aigle sur un foudre ; lion passant.

---

(1) Les monnaies de Syracuse sont très nombreuses et remarquables par la beauté de leur travail : il faut citer particulièrement les grands médaillons de Syracuse, que nous avons dit avoir été frappés probablement pour servir de prix pour les jeux. On a remarqué sur quelques-uns les noms des graveurs.

(2) Il paraît probable que des monnaies frappées au nom de Gélon et d'Hiéron ont été fabriquées postérieurement à leurs règnes.

Légendes : ΒΑ. ΓΕΛΩΝΟΣ. ΣΥΡΑΚΟΣΙΟR. ΓΕΛΩΝΟΣ Quelquefois on lit simplement ΣΥΡΑΚΟΣΙΩΝ.
Métal : Argent et bronze.

Hieron I (de 478 à 466 av. J.-C.).

Types : Tête d'Hiéron Ier; victoire dans un quadrige ; cavalier.
Légendes : ΒΑΣΙΛΕΟΣ. ΙΕΡΩΝΟΣ.
Métal : Argent et bronze.

Denys II (de 365 à 343 av. J.-C.)

Types : Partie antérieure d'un cheval et triquetra : palmier ; tête du roi, de Pallas, de Mars, d'Hercule ; victoire ; tête de cheval ; aigle dévorant un lièvre.
Légendes : ΔΙΟΝΥΣΙΟΥ. ΒΑΣΙΛΕΩΣ ΔΙΟΝΥΣΙΟΥ : On lit sur les monnaies de Denys II. des légendes en langue punique.
Métal : Argent.

Agathocles (de 317 à 289 av. J.-C.).

Types : Tête de femme coiffée d'une tête d'éléphant, de Proserpine, de Pallas, de Diane ; tête du roi ; Pallas ailée ; victoire enlevant un trophée ; foudre.
Légendes : ΑΓΑΘΟΚΛΕΟΣ. ΑΓΑΘΟΚΛΕΙΟΣ. ΑΓΑΘΟΚΛΕΟΥΣ. ΑΓΑΘΟΚΛΕΟΣ. ΒΑΣΙΛΕΟΣ.
Métal : Or, argent et bronze.

Hicetas II (de 287 à 278 av. J.-C.).

Type : Tête de Proserpine ; victoire dans un bige.
Légende : ΕΠΙ. ΙΚΕΤΑ
Métal : Or.

Hieron II (de 269 à 215 av. J.-C.).

Types : Têtes de Proserpine, de Pallas et de Neptune ; bige ; Pégase, trident.
Légende : ΙΕΡΩΝΟΣ.
Métal : Or, argent et bronze.

Hieronymus (de 215 à 214 av. J.-C.).

Types : Têtes du roi, de Proserpine ; foudre.
Légendes : ΒΑΣΙΛΕΩΣ. ΙΕΡΟΝΥΜΟΥ.
Métal : Or, argent et bronze.

Philistis (1) (époque incertaine).

Types : Tête de Philistis diadémée et voilée ; victoire dans un quadrige, trois figures debout.
Légendes : ΒΑΣΙΛΙΣΣΑΣ. ΦΙΛΙΣΤΙΔΟΣ.
Métal : Argent.

Theron d'Agrigente (de 476 à 472 av. J.-C.).

Types : Tête de femme ; coquillage.
Légende : ΘΕΡΩ.
Métal : Bronze.

Phintias d'Agrigente (vers 280 av. J.-C.).

Types : Têtes de Phintias ; d'Apollon ; Diane et Proserpine ; sanglier.
Légendes : ΒΑΣΙΛΕΟΣ. ΦΙΝΤΙΑ.
Métal : Bronze.

ILES VOISINES DE LA SICILE

Cossura (*Pantellaria*) (2).

Types : Tête de femme radiée ; quelquefois voilée, couronnée par la Victoire ; couronne ; triangle.
Légendes : COSSVRA : sur quelques pièces, on voit des légendes puniques.
Métal : Bronze.

Gaulos (*Gozzo*).

Types : Tête de femme voilée ; tête nue et barbue ; trois divinités égyptiennes debout ; tête de bélier ; trépied ; coquille ; clochette ou *pilei* dans une couronne ; tête de femme sur un croissant ; guerrier debout.
Légendes : ΓΑΥΛΙΤΩΝ ; quelquefois des légendes puniques.
Métal : Bronze.

---

(1) Les monnaies de Philistis sont d'une grande élégance de travail ; cette reine est inconnue dans l'histoire. Quelques numismatistes ont pensé, sans pouvoir donner de preuves plausibles, que Philistis est la même personne que Damarete, femme de Gélon.

(2) M. de Saulcy s'est occupé avec succès des monnaies de Cossura, qui fut sans doute la première terre que les navigateurs phéniciens, partis du port de Carthage, rencontrèrent en faisant

Lipara (*Lipari*).

Légendes : Tête jeune laurée; trident; Vulcain assis; dauphin; tête de Vulcain; navire; Bacchus debout, tenant un thyrse.

Légendes : ΛΙΠΑΡΑΙΟΝ. ΛΙΠΑΡΑΙΩΝ.

Métal : Or? et bronze.

Melita (*Malta*).

Types : Tête de femme voilée, avec une couronne radiée, ou voilée, ou couronne d'épis; figure virile, mitrée avec quatre ailes, tenant un fouet; trépied; lyre; cheval; chaise curule.

Légendes : ΜΕΛΙΤΑΙΩΝ. MELITAS.

Sardinia (*Sardegna*).

Type : Tête virile; trois épis.

Légende : ΣΑ.

Métal : Argent.

On attribue à cette île un bronze de famille Atia qui porte : SARD. PAT.

CHERSONESUS TAURICUS

Chersonesus (1)

Types : Têtes d'Achille, en souvenir des jeux qu'il avait célébré dans le voisinage (2); de femme laurée (3); griffon (4); quadrige; Diane debout ou assise.

Légendes : ΧΕΡ. ΧΕΡΡΟΝΗΣΟΥ. ΕΛΕΥΘΕΡΑΣ (4).

Métal : Or et bronze.

voile vers l'Italie; au droit de ces pièces parait constamment une tête de femme coiffée à l'égyptienne, souvent couronnée par une victoire; au revers, dans une couronne d'olivier, cinq lettres puniques ou le mot COSSVRA. La légende punique parait devoir être lue *Tranim*, nom primitif de l'île, et signifier très probablement *île de la victoire* ou *des vainqueurs*.

(1) Cette ville, qui est appelée Heraclea Chersonesus par Pline, ne doit pas être confondue avec son homonyme de Crête.

(2) Cf. Pomp. Mela, II, 1 : « Achilles, infesta classe mare Ponticum ingressus ibi ludicro certamine celebrasse victoriam, et quum ab armis quies erat, se ac suos cursu exercitavisse memoratur. Ideo dicta est, δρόμος Ἀχίλλειος ».

(3) On croyait que les griffons habitaient dans des contrées voisines; cf. Pomp. Mela, II, 1.

(4) Pline nous apprend que les Romains avaient donné la liberté à Héraclée de Chersonèse, qui auparavant, pour se défendre contre les barbares, s'était donnée à Mithridate.

Heracleum (1).

Type : Tête d'Hercule ; arc et massue.
Légende : HPAK.
Métal : Bronze.

Panticapæum (*Kertsch*) (2).

Types : Têtes de Pan (3) ; tête de lion, en souvenir de Milet ; de taureau, par allusion peut-être à Taurica ; griffon ; arc ; carquois ; bonnet des Dioscures ; panthère ; cheval paissant ; partie antérieure d'un cheval ; trépied, arc et flèche ; corne d'abondance ; tête d'Apollon ; de Bacchus.
Légendes : Π. ΠΑΝ. ΠΑΝΤΙ. ΠΑΝΤΙΚΑΠΑΙΤΩΝ.
Métal : Or, argent et bronze.

SARMATIA

Olbia (4).

Types : Tête de Jupiter, de Cérès, d'un homme barbu, d'une femme voilée, d'un bœuf ; aigle sur une tête de bœuf ou d'un bélier ; arc ; carquois ; hache, flèche.
Légendes : ΟΛΒΙΟ, ΟΛΒΙΟΠΟΛΕΙΤΩΝ.
Métal : Argent et bronze.

Tyra (5).

Types : Hercule ; Cybèle aigle.
Légende : ΤΥΡΑΝΩΝ.
Métal : Bronze.

---

(1) Ville des Palus-Méotides, suivant Ptolémée. Voyez la note précédente.

(2) Principale ville du Bosphore, fondée par une colonie de Milet.

(3) M. de Luynes a donné dans les *Mémoires de l'Institut archéologique de Rome*, t. XIII, 1841, des explications curieuses sur le culte de Pan dans la Chersonèse. La tête de ce dieu et le type de la panthère sont des *armes parlantes* sur les monnaies de Panticapée. Dans le Bosphore Cimmérien, le nom de *Satyrus* était un nom royal. Cf. Diodor. Sicul. XIV, xcIII.

(4) On connaît un bronze colonial d'Alexandre Sévère frappé à *Olbiopolis*.

(5) Monnaies impériales grecques de Vespasien jusqu'à Géta.

DACIA

On ne connaît pas de monnaie qui puisse être attribuée avec certiude à la Dacie avant la conquête romaine : il y a lieu de supposer que dans ce pays, qui fut longtemps gouverné par des rois riches et puissants, on eut pour monnaie quelques-unes de ces pièces barbares, imitées des monnaies grecques et principalement des statères et des tétradrachmes de Macédoine ; mais aucune légende ne fait connaître, même approximativement, l'origine de ces types grossièrement rendus. Depuis la soumission de la Dacie, due aux efforts persévérants de Trajan, on trouve le nom de cette province sur les monnaies impériales de Trajan, de Philippe Ier, de Otacilia, d'Hostilien et d'Æmilien.

PANNONIA

Jusqu'aux recherches faites par MM. de La Saussaye et Duchalais (1), la numismatique pannonienne n'était représentée dans les collections que par les monnaies de Trajan, portant METALLI. PANNONICI. Mais aujourd'hui, bien que cette partie de la science soit encore très obscure, on peut reconnaître que les monnaies pannoniennes sont de grossières imitations de celles de Phillippe de Macédoine, d'Épire, de Lysimaque de Thrace ; de Dyrrachium d'Illyrie, de Larissa, de Thessalie, de Mendé de Macédoine ; de Ténédos de Troade ? de Thasos, de Thrace et de Damastium d'Épire. Les légendes sont en caractères latins, ce qui est tout naturel, puisque les auteurs anciens s'accordent à reconnaître que les Pannoniens, tout en ayant une langue particulière, se servaient néanmoins de l'alphabet romain.

Pour les noms qui se lisent sur ces monnaies, voyez la liste donnée à l'article des monnaies de la Gaule.

(1) Voy. la description des médailles gauloises du cabinet de la Bibliothèque royale, par A. Duchalais.

MŒSIA SUPERIOR

Dardania.
Bronzes au nom de Trajan.

Viminacium (*colonie romaine*).
Types : Femme debout, entre un lion et un taurau.
Légendes : Provinciæ Mœsiæ Superioris COLonia VIMinacium.
Métal : Bronze.
Les monnaies de Viminacium sont à l'effigie de Gordien III, Philippe, Otacilia, Dèce, Volusien, Trébonien Galle, Æmilien, Volusien, Valérien, Mariniana et Gallien. Elles portent une époque indiquée ainsi : AN. I. II. etc, dont la première année paraît correspondre à l'an de Rome 993.

MŒSIA INFERIOR

Callatia.
Types : Tête d'Hercule ; de Cérès ; de Bacchus ; de Pallas ; Cupidon porté sur un lion ; massue, arc et carquois ; Cybèle asssise ; les Dioscures ; panthère ; dauphin sur un bouclier.
Légendes : K. KAΛ. KAΛΛATI. KAΛΛATINΩN.
Métal : Argent et bronze.
On a des monnaies impériales grecques frappées dans cette ville depuis Faustine jeune jusqu'à Philippe II.

Dionysopolis
Types : Tête de femme voilée ; de Sérapis ; de Bacchus ; Mercure, Bacchus debout tenant le cantharum et le thyrse ; une couronne de chêne.
Légendes : DIONYΣOΠOΛEΩΣ. ou ΠOΛEITΩN.
Métal : Bronze.
Impériales grecques de Septime Sévère jusqu'à Gordien III.

Istrus.
Types : Deux têtes viriles imberbes, accolées, et posées en sens contraire ; aigle posé sur un dauphin ou dévorant un poisson.

Légendes : ΙΣΤΡΙΑ. ΙΣΤΡΙΗ.
Métal : Argent et bronze,
Impériales grecques de Caracalla et Alexandre Sévère.

Marcianopolis.

Types : Tête de femme voilée et tourellée ; Cybèle assise.
Légendes : ΜΑΡΚΙΑΝΟΠΟΛΙC ou ΠΟΛΙΤΩΝ.
Métal : Bronze.
Impériales grecques de Septime Sévère à Philippe II.

Nicopolis.

Types : Femme debout tenant une patère et une corne d'abondance : croissant et astre.
Légendes : ΝΙΚΟΠΟΛΙ. ΠΡΟΣ. Ιστρ̥υμ. ΑΔΡΙΑΝΟΠΟΛΕΙΤΩΝ (1).
Métal : Bronze.
Impériales grecques de Commode à Gordien III.

Tomi.

Types : Tête de Jupiter, de Tomus, fondateurs (2) (κτιστης) d'Hercule, de Pallas ; les chevaux des Dioscures ; Amazone à cheval ; deux étoiles, quelquefois un épi entre ces deux astres ; deux épis ; Hercule debout ; aigle sur un foudre contre les bonnets des Dioscures : grappe de raisin.
Légendes : ΤΟΜΙ ΤΟΜΙΤΩΝ. ΤΟΜΕΙΤΩΝ. ΤΟΜΙΤΕΝΩΝ. ΤΟΜΟC. ΚΤΙCΤΗC. ou ΗΡΩΟC.
Métal : Bronze.
Impériales grecques de Trajan jusqu'à Philippe II.

THRACIA

Abdera (Gumerghin).

Types : Les plus anciens représentent au revers une aire creuse, dans laquelle on ne grava certains symboles que

---

(1) Cette ville avait été fondée sur les bords de l'Ister par Trajan, en souvenir de sa victoire sur les Daces.
(2) Tomus, qui, d'après les monnaies, paraît avoir été honoré comme héros fondateur de cette ville, est inconnu dans l'histoire ; il se pourrait qu'il eût été le chef de la colonie milésienne signalée par Ovide (*Trist.*, III, eleg. IX).

postérieurement. Sur les monnaies autonomes plus récentes l'aire a disparu. Griffon ; tête de bœuf ; diota ; Bacchus marchant ; trois épis ; aigle volant ; lion marchant ; homme debout tenant un arc et une couronne ; tête d'Apollon.
Légendes : ΑΒΔΗΡ. ΑΒΔΗΡΙΤΕΩΝ.
Métal : Argent et bronze.
Impériales grecques de Vespasien à Faustine II.

Ænus.

Types : Têtes de Mercure, Jupiter ; Antilope ; Mercure debout ; caducée.
Légendes : ΑΙΝΙ. ΑΙΝΙΑΔΑΣ. ΑΙΝΙΟΝ. ΑΙΝΙΟΙ.
Métal : Argent et bronze.
Impériales grecques d'Hadrien et de Caracalla.

Agassæ (1).

Types : Tête virile, imberbe, ceinte d'une bandelette ; couronne de laurier.
Légendes : ΑΓΑ.
Métal : Argent.

Anchialus (Akiepoi).

Types : Tête de Sérapis ; Isis.
Légendes : ΑΓΧΙΑΛΕΩΝ.
Métal : Bronze
Impériales grecques depuis Domitien jusqu'à **Gordien III**.

Apolonia

Types : Tête d'Apollon ; deux flambeaux.
Légendes : ΑΠΟΛΛΟΝΙΔ ΠΟΝΤΟΥ. ΚΟΡΣ.
Métal : Bronze.
Impériales grecques de Septime-Sévère à Gordien III.

Bisanthe.

Types : Tête de Cérès, d'Apollon, de Pallas et de Bacchus couronne d'épis ; chouette ; trépied.
Légendes : ΒΙΣΑΝ. ΒΙΣΑΝΘΗΝΩΝ.
Métal : Bronze.

Biza (*Viza*)

Types : Tête de Neptune, de Jupiter, de Bacchus ; Jupiter sacrifiant ; victoire ; corbeille contenant un pavot et deux épis ; Bacchus debout tenant un cantharum et une couronne.

---

(1) Cf. le mémoire de M. de Luynes, *Ann. de l'Institut archéologique de Rome*, t. XIII, 1841.

Légendes: BIZHNΩN. BVZHNΩN. BYZV. BYZVANΩN.
Métal : Bronze.
Impériales grecques depuis Hadrien jusqu'à Philippe.

Bysantium.

Types : Têtes de Cérès, de Byzas (1), d'Apollon, de Diane de Neptune, de Bacchus et de Mercure ; Neptune assis sur un rocher ; proue de navire ; carquois ; galère ; corne d'abondance ; dauphin autour d'un trident ; taureau ; trépied ; obélisque ; grappe de raisin ; étoile et croissant ; caducée.
Légendes : BYZANT. BYZANTIΩN. BYZAΣ.
Métal : Argent et bronze : on n'a pas retrouvé d'exemplaire de la plus ancienne monnaie de cette ville, qui était de fer suivant Aristophane, Platon, Pollux, Hésychius et Aristide le Rhéteur. Voy. § 13.
Impériales grecques d'Auguste à Gallien.

Cossea.

Types : Brutus et licteurs ; aigle.
Légende : ΚΟΣΩΝ.
Métal : Or.

Cypsela (*Ispala*).

Types : Tête de Mercure ; diota et deux épis.
Légende : ΚΥΨΕ.
Métal : Bronze.

Deultum (*Colonies romaines*).

Les monnaies de cette colonie ont été frappées depuis le règne de Trajan jusqu'à celui de Philippe ; elles portent dans leurs légendes : C*olonia* FL ou *Flavia* P. ou PAC*ensis* D. ou DEVLT*um*.

Dicæa ou Dicæopolis (*Jakbeli*).

Types : Tête de femme ; bucrane.
Légende : ΔΙΚΑΙ. ΔΙΚΑΙΟΠΟΛΙΣ.
Métal : Bronze.
Les monnaies de Dicæa avaient été fautivement attribuées à *Icaria*, île d'Ionie, située non loin de Samos.

---

(1) Il règne une grande incertitude sur le héros Byzas ; Eusèbe en fait un roi de Thrace ; Diodore de Sicile dit qu'il donna son nom à Byzance à l'époque de l'expédition des Argonautes ; Etienne de Byzance le considère comme le chef d'une colonie mégarienne.

Hadrianopolis.

Types : Tête de Sérapis et d'Hercule; Isis; attributs d'Hercule.
Légendes : ΑΔΡΙΑΝΟΠΟΛΙΤΩΝ.
Métal : Bronze.
Impériales grecques depuis Hadrien, son fondateur, jusqu'à Gordien III.

Maronea (*Maroulia*).

Types : Tête de Bacchus; Bacchus debout; cheval ou partie antérieure d'un cheval; grappe de raisin; cep de vigne; Esculape debout, tête de bélier.
Légendes : ΜΑΡΩΝΙΤΕΩΝ. ΜΑΡΟΝΙΤΩΝ. ΜΑΡΩ-ΝΕΙΤΩΝ. ΜΑ. ΜΑΡ. ΜΑΡΩΝΟΣ.
Métal : Argent et bronze.
Impériales grecques de Néron à Alexandre Sévère.

Mesembria.

Types : Tête de Pallas et de Bacchus; casque; roue; grappe de raisin ; Pallas debout; bouclier.
Légendes : ΜΕΤΑ. ΜΕΣΑ. ΜΕΣΑΜΒΡΙΑΝΩΝ.
Métal : Argent et bronze.
Impériales grecques d'Hadrien à Philippe II.

Nicopolis.

On ne connaît de cette ville, située sur les bords du Mestus, que des bronzes impériaux grecs de Commode à Géta, sur lesquels elle est nommée : ΟΥΑ. ΝΙΚΟΠΟ-ΛΕΩΣ. ΠΡ. ΜΕΣΤΩ.

Niza.

Types : Tête virile jeune ; Mercure debout.
Légendes : ΝΥΣΑ. ΕΝ ΠΑΙΩνια (ΝΥΣΑΕων ΠΑΙΩ).
Métal : Bronze. Cette monnaie paraît appartenir à Nyza de Carie. Voy. *Mém. des antiq. de France*, 1850.

Odessus.

Types : Tête de Jupiter ; Jupiter debout; fleuve couché (1).
Légendes : ΟΔΗΣΙΤΩΝ.
Métal : Argent et bronze.
Impériales grecques de Trajan à Salonina.

---

(1) Ce fleuve peut-être le Panysus, qui allait se jeter dans le Pont-Euxin, et passait entre Odessus et Mesembria.

Pautalia (*Hissardgik*).

Types : Tête d'Apollon ; tête de bœuf.
Légendes : ΠΑΥΤΑΛΕΩ. ΕΝ. ΠΑΙΩνια. La lecture véritable est ΠΑΥΤΑΛΕΩΝ. ΚΝΙΔΙΩΝ. Voy *Mémoires des antiquaires de France*, 1850.
Métal : Bronze.
Impériales grecques d'Hadrien à Caracalla.

Perinthus (*Eraclia*).

Types : Tête d'Hercule et de Bacchus ; Mercure ; Caducée ; massue ; taureau ; lotus ; Jupiter assis ; le bœuf Apis ; Harpocrate, têtes de Sérapis et d'Isis ; Anubis ; Cérès.
Légendes : ΠΕΡΙΝΘΙΩΝ.
Métal : Bronze.
Impériales grecques depuis Hadrien jusqu'à Galien. — Perinthus paraît avoir été fondé par Hercule, qui lui aurait donné le nom de l'un de ses compagnons, bien que les anciens textes lui donnent pour fondateur Perinthus, compagnon d'Oreste. Elle s'appelait Heraclæa.

Philippopolis (*Filibe*).

Types : Tête de Bacchus ; trépied.
Légendes : ΦΙΛΙΠΠΟΠΟΛΙ.
Métal : Bronze.
Impériales grecques de Domitien à Salonina.
Bronzes coloniaux sous Phillippe II et Marin : ΦΙΛΙΠΠΟΠΟΛΙΤΩΝ. ΚΟΛΩΝΙΑC.

Plotinopolis.

On ne connaît de cette ville que les impériales grecques, frappées depuis Antonin jusqu'à Marc-Aurèle, sur lesquelles elle est appelée : ΠΛΟΤΕΙΝΟΠΟΛΕΙΤΩΝ.

Serdica.

On ne connaît de cette ville que des impériales grecques, frappées depuis Marc-Aurèle jusqu'à Gallien ; elle est appelée : CEPΔΩN. CEPΔIKHC.

Topirus.

On n'en connaît que des monnaies impériales grecques, frappées depuis Adrien jusqu'à Géta ; elle y est appelée : ΤΟΠΕΙΡ. ΤΟΠΕΙΡΟΥ.

Trajanopolis.

Les monnaies impériales grecques fabriquées dans cette ville depuis Marc-Aurèle jusqu'à Gordien III portent : ΤΡΑΙΑΝΟΠΟΛΕΙΤΩΝ, et ΑΥΓΟΥΣΤΗΣ ΤΡΑΙΑΝΗΣ.

CHERSONESUS THRACIÆ

Ægos Potamos.

Types : Tête de femme coiffée d'une espèce de tiare ; cheval marchant ; bouc.
Légendes : ΑΙΓΟΣ. ΠΟ.
Métal : Bronze.

Alopeconnesus.

Types : Tête de femme couronnée d'épis ; diota, renard, raisin et grain d'orge.
Légende : ΑΛΟΠΕΚΟΝ.
Métal : Bronze.

Callipolis.

Les monnaies impériales grecques frappées dans cette ville sous Trajan portent le nom de ΚΑΛΛΙΠ.

Cardia.

Types : Têtes de Cérès, d'Apollon ; lion ; grain d'orge, diota.
Légendes : ΚΑΡΔΙ. ΚΑΡΔΙΑ.
Métal : Bronze : les monnaies d'argent attribuées à Cardia ont été restituées par M. Duchalais à la Cyrénaïque. On donne maintenant à cette ville les monnaies qui d'abord avaient été attribuées à Carde de Sicile. La plupart des pièces de Cardia ont une aire creuse, ou un carré indiqué par quatre lignes.

Chersonesos.

Types : Tête d'Hercule ; partie antérieure d'un lion Diane.
Légende : ΧΕΡΡΟ.
Métal : Argent et bronze.

Chrithote (*Crithie Keni*).

Types : Tête de Pallas ; grain d'orge.
Légende : ΚΡΙ.
Métal : Bronze. Cette monnaie avait été faussement attribuée à *Arisba* de Troade.

Cœla.

Les monnaies de ce municipe ont été frappées depuis Antonin jusqu'à Volusien ; elles portent AEL. MVNIC. COEL. COIL. COELA ou CVLLA.

10.

Lysimachia antea Cardia.

Types : Tête d'Apollon ; d'Hercule, de Lisimaque ou de lion, victoire ; lion : épi ; Diane.
Légendes : ΛΥΣΙ. ΛΥΣΙΜΑΧΕΩΝ. ΧΥ.
Métal : Bronze.

Sestus.

Types : Tête de femme voilée ; d'Apollon ; de Mercure ; trépied ; lyre.
Légendes : ΣΗ. ΣΗΣΤΙ. ΣΑ. ΣΑΣΤΙΩΝ.
Métal : Bronze.

INSULÆ THRACIÆ

Hephæstia.

Types : Tête virile imberbe diadémée, d'Apollon ; bélier ; torche, quelquefois entre les bonnets des Dioscures.
Légende : ΗΦΑΙ.
Métal : Bronze.

Imbrus.

Types : Tête de Pallas ; femme debout tenant tantôt une lyre et tantôt une corne d'abondance.
Légende : ΙΜΒΡΙΩΝ.
Métal : Bronze.

Nea.

Types : Têtes de Pallas et d'Esculape ; victoire casquée ; chouette.
Légende : ΝΕ.
Métal : Bronze.

Samothrace.

Types : Tête de Pallas casquée ; femme assise ; bélier.
Légende : ΣΑΜΟ. ΣΑΜΟΘΡΑΚΩΝ.
Métal : Bronze.
Impériales grecques d'Hadrien.

Thasus (*Tasso*).

Types : Tête de Bacchus, d'Hercule, de Cérès, de Diane; double tête de Silène ; trépied ; Hercule tirant de l'arc ; deux vases posés en sens contraire ; massue ; Hercule σωτήρ ; proue de vaisseau ; thyrse et charrue ; arc, diota et massue ; Silène à genoux.

Légendes : ΘΑΤΙΟΝ. ΘΑΣΙΩΝ. ΘΑΣΙΟΝ. ΘΑΣΙ (1).
Métal : Or, argent et bronze.
Impériales grecques d'Hadrien à Géta.

ROIS DE THRACE

Sparadocus (époque incertaine).

Types : Cheval marchant à gauche ; aigle volant avec un serpent dans son bec ; partie antérieure d'un cheval.
Légendes : ΣΠΑ. ΣΠΑΡΑΔΟΚΟ.
Métal : Argent.

Amadocus (époque incertaine).

Types : Double hache scythique ; grappe de raisin.
Légende : ΑΜΑΔΟΚΟ.
Métal : Bronze.

Sarias (époque incertaine).

Types : Tête de Cérès voilée ; d'Hercule ; deux épis.
Légende : ΒΑΣΙΛΕ. ΣΑΡΙΑ.
Métal : Bronze.

Seuthes III (429 de Rome).

Types : Tête nue barbue à droite ; cavalier en course.
Légende : ΣΕΥΘΟΥ.
Métal : Bronze.

Lysimachus (de 324 av. J.-C. à 282).

Types : Tête de Lysimaque, à droite, ceinte d'un diadème avec une corne de bélier ; de Pallas ; d'Hercule jeune, couverte de la peau de lion ; tête imberbe, casquée, à droite ; Pallas nicéphore assise ; Jupiter aétophore assis ; cavalier en course ; trophée sur un tronc d'arbre ; lion courant ; couronne d'épis (2).

(1) Parmi les monnaies classées de Thasus, il y en a plusieurs qui ne présentent que des légendes barbares, et même des séries de globules qui ne donnent aucun sens : ce sont probablement des imitations faites par quelques peuplades du voisinage. Voy. les monnaies de Pannonie.
(2) Les monnaies de Lysimaque, des trois métaux, sont peut-être les pièces les plus communes appartenant aux anciens rois : leurs poids sont aussi les plus forts : les nombreuses variétés de coins de ce prince sont remarquables par les nombreux symboles accessoires qui accompagnent le type principal.

Légendes : ΒΑΣΙ. ΛΥΣΙ. ΛΥΣΙΜΑΧΟΥ. ΒΑΣΙΛΕΩΣ.
Métal : Or, argent et bronze.

Cavarus (de 219 à 200).

Types : Tête d'Hercule; d'Apollon; deux épis dans une corne d'abondance.
Légende : ΒΑΣΙ. ΚΑΥΑ. ΒΑΣΙΛΕΩΣ. ΚΑΥΑΡΟΥ.
Métal : Bronze.

Cotys III,
Contemporain de Pompée.

Types : Tête de Cotys diadémée, à droite; aigle sur un foudre.
Légende : ΚΟΤΥΟΣ.
Métal : Bronze.

Sadales II,
Contemporain de Pompée.

Types : Tête de Sadalès diadémée, à droite; aigle sur un foudre.
Légende : ΒΑΣΙΛΕΩΣ. ΣΑΔΑΛΟΥ.
Métal : Bronze.

Rhœmetalces I,
Contemporain d'Auguste.

Types : Têtes de Rœmetalcès et de sa femme, quelquefois accolée; d'Auguste accolée quelquefois à celle de Livie : chaise curule; capricorne; corne d'abondance et haste en sautoir.
Légendes : ΒΑΣΙΛΕΩΣ. ΡΟΙΜΗΤΑΛΚΟΥ.
Métal : Bronze.

Cotys V Rhascuporis (1),
Contemporain d'Auguste.

Types : Tête imberbe; tête d'Auguste; victoire marchant; trophée.
Légendes : ΒΑΣΙΛΕΥΣ. ΚΟΤΥΣ. ΒΑΣΙΛΕΩΣ. ΡΑΙΣΚΟΥΠΟΡΙΔΟΣ.
Métal : Argent et bronze.

---

(1) On classe parmi les monnaies de ces rois, celles qui présentent à l'avers la tête d'Auguste, ΒΥΣΑΝΤΙΟΝ; au revers, une tête imberbe diadémée, à droite : ΕΠΙ. ΜΑΤΡΟΔΟΡΟΥ. ΗΡΟΞΝΟΥ. (Argent.)

Rhœmetalces II,
Contemporain de Tibère et Caligula

Types : Tête de Caligula ; le roi de Thrace recevant l'investiture des mains de l'empereur assis devant lui.
Légende : ΒΑΣΙΛΕΥΣ. ΡΑΙΜΗΤΑΛΚΑΣ.
Métal : Bronze.

LIBURNIA

On a longtemps attribué à *Alvona* de Liburnie des monnaies au types de la massue qui ont été restituées à *Thisbe* de Béotie : les pièces attribuées à *Jadera* sont tout à fait imaginaires.

DALMATIA

Les habitants de la Dalmatie n'avaient pas de monnaies, suivant le témoignage d'Eustathe (ad Dionys. Perieg. v. 95) : on a coutume de marquer cette contrée dans les collections, en y classant des petits bronzes romains, du règne de Trajan, qui portent METAL. DELM. (*Metallum Delmaticum*).

ILLYRICUM (*Schiavonia.*)

Alleta.

Types : Tête de femme diadémée, à droite; Hercule nu, de face.
Légende : ΑΛΛΕΤΩΝ.
Métal : Bronze.

Amantia.

Types : Tête de Jupiter ; foudre dans une couronne de laurier.
Légendes : ΑΜΑΝΤΩΝ.
Métal : Bronze.

Apollonia (*Polina*).

Types : Vache allaitant un veau ; aire creuse ; *pedum* ; volcan en feu ; tête d'Apollon laurée ; trois nymphes dansant, et volcan ; lyre.
Légende : ΑΠΟΛ. ΑΠΟΛΛΩΝΙΑΤΑΝ.
Métal : Argent et bronze.
Impériales grecques depuis Auguste jusqu'à Gallien.

Byllis.

Types : Tête de Pallas ; de Jupiter ; massue dans une couronne ; corne d'abondance et serpent autour.
Légende : ΒΥΛΛΙΟΝΩΝ.
Métal : Bronze.

Daorsi.

Types : Tête imberbe coiffée du pileus ; navire.
Légende : ΔΑΟΡΣΩΝ.
Métal : Bronze.

Dyrrhachium (*Durazzo*) (1).

Types : Tête de Jupiter, d'Hercule ; trépied dans une couronne de laurier ; massue et caducée réunis ; vache allaitant un veau ; jardins d'Alcinoüs, Pégase volant.
Légende : ΔΥ. ΔΥΡ. ΔΥΡΡΑ.
Métal : Argent et bronze.

ROI DE DYRRHACHIUM.

Monunius (époque incertaine).

Types : Jardins d'Alcinoüs ; vache allaitant un veau, et mâchoire ; tête d'Hercule jeune ; Jupiter aétophore assis.
Légende : ΒΑΣΙΛΕΩΣ. ΜΟΝΟΥΝΙΟΥ. ΔΥΡΡΑ.
Métal : Argent.

(1) M. de Lagoy a fait remarquer qu'un nom propre différent est inscrit sur chacune des drachmes d'argent de Dyrrhachium ; du côté de la vache allaitant un veau, ce nom est au nominatif, et il est au génitif autour du plan des jardins d'Alcinoüs, du côté où se trouve l'indication de la ville ΔΥΡ. M. de Lagoy ne pense pas que cette disposition doive faire supposer que le nom au génitif est celui du père du magistrat dont le nom est au nominatif, et il se fonde sur ce que huit drachmes, connues avec le nom ΛΑΚΑΙΟΣ, ont chacune un autre nom différent au génitif. Suivant ce numismatiste, le dernier nom serait celui du magistrat principal en l'honneur duquel la monnaie serait frappée, la préposition ἐπί étant sous-entendue.

Enchelies.

Types : Vache allaitant un veau ; jardins d'Alcinoüs.
Légende :... NKIΛION.
Métal : Argent.

Olympe.

Types : Tête de Diane; fer de lance dans une couronne.
Légende : ΟΛΥΜΠΑΣΤΑΝ.
Métal : Bronze

Scodra (*Scutari*).

Types : Tête de Jupiter; navire.
Légende : ΣΚΟΔΡΕΙΝΩΝ. ΣΚΟΔΡΙΝΩΝ.
Métal : Bronze.

INSULÆ ILLYRICÆ

Dysceladus.

Les monnaies attribuées à cette île, et sur lesquelles on avait lu ΔΥCΚΛΛΑ., ont été restituées à Asculum d'Aupulie.

Issa (*Lissa*).

Types : Tête de Pallas, virile imberbe et nue ; de femmme ; grappe de raisin ; bouc debout ; diota ; astre.
Légendes : ΙΣ. ΙΣΣΑ.
Métal : Bronze.

Pharus (*Liesina*).

Types : Tête nue et imberbe ; tête juvénile couronnée d'épis ; diota ou canthare ; bouc debout.
Légende : ΦΑ. ΦΑΡ.
Métal : Bronze. C'est par erreur ou de défauts de lecture, que les numismatistes ont attribué des monnaies de Pharus à *Larissa* d'Æolie, et à *Pæstus* de Crète.

ROIS D'ILLYRIE.

Demetrius (régna vers 220 av. J. C.).

Types : Ces monnaies sont signalées par M. Sestini qui n'en donne pas la description.
Légende : ΔΗΜΗΤΡΙΟ.
Métal : Argent.

Gentius (régna vers 165 av. J. C.).
Types : Tête imberbe coiffée du pileus; navire.
Légende : BACIΛE.., ΓENTIOY.
Métal : Bronze.

Ballæus (1).
Types : Tête du roi; Diane tenant des javelots et un flambeau.
Légende : ΒΑΣΙΛΕΩΣ. ΒΑΛΛΑΙΟΥ.
Métal : Bronze.

Zarias.
Types : Tête voilée de femme couronnée d'épis; deux épis debout.
Légende : ΒΑΣΙΛ. ΣΑΡΙΑ.
Métal : Bronze.

PÆONIA

Types : Tête de Jupiter laurée; foudre.
Légende : ΠΑΙΟΝΩΝ.
Métal : Bronze.

ROIS DE PÉONIE

Patraus (époque incertaine).
Types : Tête virile imberbe et laurée; tête diadémée; cavalier frappant de sa lance un ennemi renversé; partie antérieure d'un sanglier.
Légende : ΠΑΤΡΑΟΥ.
Métal : Argent. Le type de la tête de Jupiter au revers de l'aigle, appartient à Patræa d'Achaïe, suivant M. Duchalais.

(1) M. Nisiteo, qui a réuni, le premier, la série des monnaies portant le nom du roi Ballæus, pense qu'il a régné dans l'île de Pharus, parce que c'est là qu'on les trouve le plus fréquemment. Les monnaies représentent le plus souvent Diane en course, tenant des javelots et un flambeau : elle parait quelquefois coiffée d'une espèce de chapeau macédonien ou thessalien, dans le genre de celui qui porte Diane *Planciana* ou *Macedonia*, sur les deniers d'argent de Cn. Plancius. Cf. Eckhel. *D. N. V.*, p. 275, et Riccio, *le Monete delle famiglie di Roma*, p. 173.

Audoléon (régna de 340 à 330 av. J.-C.).

Types : Tête jeune casquée, quelquefois de face ; cheval marchant ; partie antérieure d'un cheval.
Légende : ΑΥΔΩΛΕΟΝΤΟΣ.
Métal : Argent et bronze.

Lycceius (époque incertaine).

Types : Tête virile imberbe et barbue, Hercule luttant contre un lion ; tête d'Apollon diadémée ; cavalier, au-dessous un fer de lance ou la partie antérieure d'un lion ; cheval buvant.
Légendes : ΛΥΚΚΕΙΟΥ. ΛΥ.
Métal : Argent. Nous mettons, d'après A. Duchalais, à ce roi, des monnaies fautivement attribuées à Alexandræa de Troade, et à Lysimaque roi de Thrace.

Eupolemus (époque incertaine).

Type : Trois boucliers macédoniens placés triangulairement ; épée.
Légende : ΕΥΠΟΛΕΜΟΥ.
Métal : Bronze.

MACEDONIA

Macedonia regio.

Types : Tête de Jupiter, de Pan, de Silène de face, d'Apollon, de bacchante couronnée de lierre ; foudre ; trident ; lyre ; proue de navire ; bouclier macédonien (1) ; Victoire tenant une couronne et une palme ; casque ; massue ; couronne de lierre ; trépied ; lyre et arc ; Cérès Lucifère marchant ; chèvre (2) ; tête virile, jeune, tantôt casquée, tantôt les cheveux épars ; tête de Bacchus couronnée de lierre ; tête de Pallas casquée ; ciste, massue et table

---

(1) Le bouclier macédonien a une forme particulière que l'on peut étudier sur le n° 122 de notre planche III : on le retrouve encore sur les monnaies d'Antiochus Ier de Syrie, de Pæstum de Lucanie, de Callatia de la Mésie inférieure, de Philadelphia de Lydie, ainsi que sur les deniers des familles Cæcilia et Quinctia, et sur une pièce d'Hérode le Grand.

(2) Tous ces types appartiennent spécialement à la Macédoine pendant qu'elle était indépendante.

dans une couronne de laurier ; couronne de chêne ; bœuf paissant ; chèvre (1) ; tête de Diane, au milieu de boucliers macédoniens ; d'Hercule imberbe, de Jupiter ; massue dans une couronne ; tête de Persée dans une couronne ; bœuf paissant ; cavalier (2).

Légendes : ΜΑΚΕΔΟΝΩΝ. — ΜΑΚΕ. ΜΑΚ. — ΜΑΚΔΟΝΩΝ. ΠΡΩΤΗΣ. ΔΕΥΤΕΡΑΣ. ou Β. ΤΕΤΑΡΤΗΣ (3)

Métal : Argent et bronze.

Impériales grecques depuis Auguste jusqu'à Gordien III.

Acanthus (*Erissos*).

Types : Lion dévorant un bœuf ou un sanglier ; aire creuse ; tête d'Apollon ; lyre ; tête de Pallas ; roue ; bœuf se couchant à droite ; tête de lion affrontée à une tête de lion.

Légendes : ΑΚΑΝ. ΑΚΑΝΘΙΩΝ.

Métal : Argent et bronze.

Ænia.

Types : Tête de Diane à droite ; bœuf cornupète.

Légende : ΑΙΝΑΩΝ.

Métal : Bronze.

Amphaxus.

Types : Tête d'Hercule jeune ; massue dans une couronne de chêne.

Légende : ΑΜΦΑΞΙΩΝ.

Métal : Bronze.

Amphipolis (*Emboli*).

Types : Tête laurée d'Apollon, de face ; de Cérès ; de Persée ; de Rome ; de Jupiter diadémée et quelquefois laurée ; de Diane ; d'Hercule jeune ; de Méduse, de face ; de Janus, de femme voilée et tourellée ; d'homme barbu ; tête imberbe couronnée de roseaux ; carré creux et au milieu une torche allumée ; massue et astre dans une couronne de chêne ; aigle éployée sur un foudre ; taureau bon-

---

(1) Ces types se voient sur les monnaies macédoniennes postérieures à la victoire des Romains sur le roi Persée.

(2) Ces types se voient sur les monnaies de la Macédoine divisée en quatre provinces. V. la note suivante.

(3) Paul-Émile, après avoir vaincu Persée, divisa la Macédoine en quatre parties : la première Μακεδόνων πρώτης, avait pour capitale Amphipolis ; la seconde, δευτέρας, Thessalonique ; le troisième, Pella ; on n'a pas encore retrouvé de monnaie qui en fît mention. Enfin, la quatrième Macédoine, τετάρτης, Pélagonia.

dissant; cheval marchant ; proue de navire ; épi ; dauphin dans une couronne de chêne ; deux boucs luttant ; Diane sur un taureau ; lion : Pallas Nicéphore ; soldat debout ; deux centaures ; la déesse Rome Nicéphore assise ; trident.
Légende : ΑΜΦΙ. ΑΜΦΙΠΟΛΙΤΩΝ.
Métal : Argent et bronze.
Impériales grecques depuis Auguste jusqu'à Gallien.

Aphytis (*Afiti*).

Types : Tête de Jupiter Ammon ; un aigle et quelquefois deux aigles.
Légendes : ΑΦΥ. ΑΦΥΤΑΙ, ΑΦΥΤΑΙΩΝ.
Métal : Bronze.

Apollonia.

Types : Tête laurée d'Apollon ; diota.
Légende : ΑΠΟΛΛΩΝΟΣ.
Métal : Bronze.

Berhæa *Kara-Beria*).

Types : Tête casquée d'Alexandre le Grand ; homme demi-nu sacrifiant sur un autel allumé, derrière l'autel deux urnes sur une table ; plus loin une colonne surmontée d'un vase.
Légende : ΒΕΡΑΙΩΝ.
Métal : Bronze.

Berga.

Types : Tête de Neptune ; poisson.
Légende : ΒΕΡΓ.
Métal : Bronze.

Bisaltœ.

Types : Homme tenant deux lances et guidant un cheval ; aire creuse, divisée en quatre parties.
Légende : ΝΟΚΙΤΛΑΣΙΒ. ΒΙΣΑΛΤΙΩΝ.
Métal : Argent.

Bottiæa (*Slanizza*).

Types : Bouclier macédonien ; proue de vaisseau ; tête d'Apollon laurée ; lyre ; tête de Pallas casquée ; bœuf paissant.
Légende : ΒΟΤΤΕΑΤΩΝ. ΒΟΤΤΙΑΙΩΝ. ΒΟΤΤΑΙΩΝ.
Métal : Argent et bronze.

Cassandrea (*Cassandra-Kapousi*).

Types : Trois enseignes militaires ; couronne ; cheval et palme.
Légendes : CASSANDRE. CASSANDREA.
Métal : Bronze.
Impériales grecques de Claude jusqu'à Philippe.

Cassera.

Types : Ane marchant à droite; au-dessus un vase ; aire creuse.
Légende : ΚΑ.
Métal : Argent.

Chalcis.

Types : Tête laurée d'Apollon ; lyre ; trépied.
Légende : ΧΑΛΧΙΔΕΩΝ.
Métal : Argent.

Dium (*Stan-Dia*).

Impériales grecques depuis Antonin jusqu'à Salonina.

Edessa (*Monglena*).

Impériales grecques depuis Auguste jusqu'à Philippe Ier.

Eurydicœa.

Types : Tête de femme voilée; trépied.
Légende : ΕΥΡΥΔΙΚΕΩΝ.
Métal : Bronze.

Heraclea Sintica.

Types : Tête de Pallas, d'Apollon, d'Hercule ; deux carrés ; massue et petite victoire dans une couronne de chêne ; trépied ; massue ; cygne à droite et lézard.
Légende : ΗΡΑΚΛΕΩΤΩΝ. ΗΡΑΚΛΕΙΑ.
Métal :

ROI D'HÉRACLÉE

Adæus.

Types : Tête d'Hercule, d'Apollon ; massue couchée; trépied et foudre ; trépied.
Légendes : ΑΔΑΙΟΣ. ΑΔΑΙΟΥ.
Métal : Bronze. Cette attribution est incertaine ; elle fut primitivement proposée par Pellerin, qui avait pensé lire dans un monogramme ΗΡ. Σ ; mais il paraît que l'on doit lire ΑΕ. Σ.

Letæ.

Types : Faune assis à terre ; homme nu poursuivant une femme ; homme ou centaure agenouillé, tenant une femme dans ses bras.
Légende : ΝΟΙΑΤΗΛ.
Métal : Argent.

Mende (*Calandra*).

Types : Silène sur un âne ; diota dans un carré ; âne debout devant un cep de vigne ; âne marchant, *cum veretro erecto*, et corbeau ; corbeau ; cep de vigne dans un carré creux.
Légendes : MIN. ΜΙΝΔΛΟΝ. ΜΕΝΔΑΙΟΝ.
Métal : Argent.

Neapolis (*Eski-Cavala*).

Types : Masque imberbe de face et tirant la langue ; tête de femme à droite dans un carré creux ; tête de Bacchus couronnée de lierre ; grappe de raisin entre deux feuilles de vigne.
Légendes : ΠΟΗΝ. ΝΕΟΠ. ΝΕΑΠ.
Métal : Argent et bronze.

Olynthus (*Ayo-Mama*).

Types : Tête d'Hercule jeune ; massue et caducée ; tête d'Apollon ; aigle déchirant un serpent ; cheval au galop ; cheval près d'une colonne.
Légendes : ΟΛΥΝ. ΟΛΥΝΘ.
Métal : Bronze et argent.

Orestæ.

Types : Satyre tenant une femme dans ses bras ; Bacchus nu armé de deux lances, près de deux bœufs ; taureau couché.
Légendes : ΩΡΕΣΚΙΩΝ. ΩΡΗΣΚΙΩΝ.
Métal : Or et argent.

Orthagoria (*Stavró*).

Types : Tête de Diane de face ; casque surmonté d'une étoile.
Légende : ΟΡΘΑΓΟΡΕΩΝ.
Métal : Argent et bronze.

Ossa.

Types : Cavalier debout près d'un cheval, tenant deux javelots ; carré creux.

Légendes : ΟΣΣΕΩΜ. ΟΣΣΕΟΣ.
Métal : Argent.

Pella (Alla-Clissa. Pella).

Types : Tête virile imberbe et laurée; de femme; de faune; de Pallas casquée; d'Apollon laurée; de Jupiter tantôt laurée et tantôt diadémée; couronne de laurier; victoire marchant; Pallas marchant et lançant un javelot de la main droite; bige; taureau paissant; cheval paissant; lyre; trépied; bœuf debout.
Légendes : ΠΕΛ. ΠΕΛΛΑΙΩΝ. ΠΕΛΛΗΣ. ΠΕΛΛΑ.
Métal : Argent et bronze.
Impériales grecques depuis Hadrien jusqu'à Philippe.

Phila ou Philea (Philen).

Types : Tête de Mercure; vase carré à deux anses.
Légende : ΦΙΛ.
Métal : Bronze. (On donne aussi ces monnaies à Philea de Thrace.)

Philippi (Filipi).

Types : Tête d'Hercule jeune; trépied.
Légende : ΦΙΛΙΠΠΩΝ.
Métal : Or, argent et bronze.
Impériales grecques depuis Auguste jusqu'à Caracalla.

Pydna (Kitro).

Types : Tête de Diane; d'Hercule jeune; chouette de face; aigle dévorant un serpent.
Légendes : ΝΩΙΛΝΔΥΠ. ΠΥΔΝΑΙΩΝ.
Métal : Bronze.

Pythium.

Types : Tête de Minerve à droite; cheval paissant.
Légende : ΠΥΘΙΑΤΩΝ.
Métal : Bronze.

Scione (Jeni-Kassandra).

Types : Tête de Vénus couronnée; deux colombes en regard.
Légende : ΣΚΙΩΝΑΙΩΝ.
Métal : Argent et bronze.

Scotussa.

Types : Tête cornue de Pan; casque; tête de Gorgone de face; grappe de raisin.
Légende : ΣΚΟΤΟΥΣΣΑΙΩΝ.
Métal : Argent et bronze.

Stobi *(Stin)*.

Types : Victoire sur un globe, tenant une couronne et un trophée; bœuf marchant.
Légende : STOBENSIVM.
Métal : Bronze.
Monnaies municipales depuis Vespasien jusqu'à Élagabale.

Terone *(Teroni)*.

Types : Diota orné de grappes de raisin; aire en creux.
Légende : TE.
Métal : Bronze.

Thessalonica *(Saloniki)*.

Types : Tête de femme tourellée; tête d'un cabire laurée, un maillet sur l'épaule; de Jupiter diadémée; d'Apollon laurée; de Diane; d'Hercule jeune; de Janus; de Neptune; de Bacchus couronnée de lierre; de la Concorde; cabire tenant un rhyton et un maillet; aigle; deux chevaux courant; bœuf bondissant; deux boucs combattant; trépied; foudre debout, carquois; couronne de chêne; étoile dans une couronne de chêne; cheval courant; deux cavaliers allant en sens contraire; deux centaures; proue; chèvre; Pégase; Pan marchant; victoire sur un globe; urne de jeux avec une palme; trépied; dessus trois pommes.
Légendes : ΘΕCCΑΛΟΝΙΚΕΩΝ. ΘΕCCΑΛΟΝΙΚΙΙ. ΘΕCCΑΛΝΝΙΚΗC.
Métal : Bronze.
Impériales grecques de Jules César à Salonina.

Traelium.

Types : Tête de Mercure; *balaustium* (1); épi; grappe de raisin.
Légende : ΤΡΑΙΑΙΟΝ.
Métal : Bronze et argent.

Tyrissa.

Types : Tête laurée d'Apollon; feuille de laurier.
Légende : TYPI.
Métal : Argent.

Uranopolis *(Castro)*.

Types: Femme tournée à gauche, assise sur un globe; astre.
Légende : ΟΥΡΑΝΙΔΕΩΝ. ΠΟΛΕΩΣ.
Métal : Bronze.

---

(1) Fleur de grenadier sauvage.

ROIS DE MACÉDOINE

Alexander I (de 497 à 454 av. J.-C.).

Types : Homme couvert du chapeau macédonien, armé de deux lances, marchant près d'un cheval allant à droite; aire carrée divisée en quatre parties.
Légende : ΑΛΕΞΑΝΔΡΟ.
Métal : Argent.

Perdiccas II (de 454 à 413 av. J.-C.).

Types : Cheval; casque dans une aire.
Légendes : ΗΕΡΔΙΚ.
Métal : Argent

Archelaus I (de 413 à 399 av. J.-C.).

Types : Cavalier tenant deux lances; partie antérieure d'une chèvre, quelquefois d'un lion; casque; cheval libre; tête d'Hercule; tête de chien ou de loup.
Légendes : ΑΡΧΕΛΑΟ. ΑΡΧΕ.
Métal : Argent.

Aeropus III (de 399 à 398 av. J.-C.).

Types : Tête barbue d'Hercule; partie antérieure d'un loup; tête jeune coiffée d'un chapeau macédonien; cheval marchant; lion.
Légende : ΑΕΡΟΠΟ.
Métal : Argent, bronze et plomb.

Pausanias (en 298).

Types : Tête du roi Pausanias, imberbe, ceinte d'un diadème; cheval debout à droite dans un carré.
Légende : ΠΑΥΣΑΝΙΑ.
Métal : Argent.

Amyntas (de l'an 397 à 398 av. J.-C.).

Types : Tête du roi Pausanias diadémée; tête d'Hercule couverte de la peau de lion, tantôt barbue, tantôt imberbe;
Légende : ΑΜΥΝΤΑ.
Métal : Argent et bronze.

Alexander II (en 371).

Types : Tête d'Hercule ; figure dans un bige.
Légende : ΑΛΕΞΑΝΔΡΟΥ.
Métal : Bronze.

Perdiccas III (de 366 à 359).

Types : Tête d'Hercule jeune ; cheval marchant ; lion marchant, et brisant une lance dans sa gueule ; taureau ; aigle debout.
Légende : ΠΕΡΔΙΚΚΑ.
Métal : Argent et bronze.

Philippus II (de 359 à 336 av. J.-C.)

Types : Tête d'Apollon laurée ; tête imberbe nue ; tête jeune laurée ; tête de Jupiter laurée ; de Proserpine et deux poissons ; figure dans un bige ; figure virile nue à cheval tenant une palme (1).
Légende : ΦΙΛΙΠΠΟΥ.
Métal : Or et argent.

Alexandre III Magnus (de 336 à 324 av. J.-C).

Types : Tête de Pallas casquée ; d'Hercule imberbe couverte d'une peau de lion ; de Méduse de face ; d'Alexandre cornue et diadémée, et quelquefois casquée ; victoire debout et tenant une massue et un trident ; diota, arc et massue ; Jupiter Aétophore assis ; arc, carquois, massue et grappe de raisin ; massue, arc, carquois et caducée ; proue de vaisseau ; casque à deux aigrettes ; foudre au milieu du bouclier macédonien ; cavalier ; Minerve assise et nicéphore ; lion marchant ; cavalier frappant un ennemi renversé ; la victoire dans un bige foulant un serpent ; deux temples et deux urnes ; femme assise donnant à manger à un serpent dans une patère ; deux urnes sur une table ; figure militaire debout ; couronne de chêne.
Légendes : ΑΛΕΞΑΝΔΡΟΥ — ΒΑΣΙΛΕΩΣ. ΑΛΕΞΑΝΔΡΟΥ.
Métal : Or, argent et bronze.

Un assez grand nombre de monnaies au nom d'Alexandre ont été frappées après sa mort. — On a sur quelques monnaies des dates qui mentionnent les années 1, 3, 4, 10, 14, 24, 25, 28 et 33 du règne de ce roi (2).

---

(1) Il faut faire attention aux imitations de statères de Philippe, qui ont été fabriquées dans plusieurs pays, et surtout dans les Gaules : sur ces copies, tantôt le nom royal est altéré, tantôt il est supprimé. — On remarque un grand nombre de symboles accessoires et de monogrammes sur les monnaies de Philippe II.

(2) Les monogrammes et les symboles font connaître plu-

Philippus Arideæus (règne de 321 à 317 av. J.-C.).

Types : Tête casquée de Pallas; d'Hercule jeune, d'Apollon laurée; tête jeune, imberbe, ceinte d'un diadème : d'Hercule laurée ; victoire debout tenant une couronne et un trident; arc, massue et tête de lion, ou trident, ou foudre ; partie antérieure d'un lion; trident et globule ; diota; foudre et mufle de lion ; Jupiter Aétophore assis ; cavalier marchant à gauche, quelquefois il tient un thyrse ; bouclier macédonien ; casque.

Légendes : ΦΙΛΙΠΠΟΥ — ΒΑΣΙΛΕΩΣ. ΦΙΛΙΠΠΟΥ.
Métal : Or, argent et bronze.

Cassander (règne de 316 à 298 av. J.-C.).

Types : Tête de Jupiter laurée, de Pallas casquée, d'Hercule jeune, diadémée et barbue : trépied ; lion accroupi ; cheval libre en course ; massue, arc et carquois ; casque ; fer de lance ; cavalier marchant ; bouclier macédonien ; casque et bipenne ; casque à deux aigrettes ; Jupiter nu, debout, lançant la foudre.

Légendes : ΒΑΣΙΛΕΩΣ. ΚΑΣΑΝΔΡΟΥ. ΚΑΣΣΑΝΔΡΟΥ.
Métal : Bronze.

sieurs villes où ont été frappées des monnaies d'Alexandre III :

Ace de Palestine. (Inscr. phénic.)
Alexandria de Troade. (Cheval paissant et ancre.)
Aradus. (Palmier, inscr. phénic.)
Ascalo de Palestine : ΑΣ.
Assus de Mysie : griffon ; foudre ailé.
Cea insula : chien en arrêt.
Chios insula : sphinx sur une amphore.
Clazomenes d'Ionie : sanglier ailé.
Corinthus : Pégase volant.
Colophon d'Ionie ; ΚΟΛΟ, lyre.
Cyme d'Æolide ; vase à une anse au milieu d'une couronne de laurier.
Dardanus de Troade : un coq.
Ephesus d'Ionie : mouche.
Erithræ d'Ionie : ΕΡΥ.
Lampsacus de Mysie : partie antérieure d'un cheval marin.
Laodicea de Syrie : scorpion et chouette.
Magnesia d'Ionie : méandre.
Methymna de Lesbos : Arion sur un dauphin.
Myletus d'Ionie : lion.
Mylasa de Carie : trident.
Myrina d'Eolide : ΜΥΡΙ, diota.
Pella : Pallas lançant un javelot.
Priapus de Mysie : Terme de Priape.
Rhodus insula : rose.
Smyrna : tête tourellée ; bœuf.
Seleucia de Syrie : foudre ; caducée.
Tenedos insula : bipenne.
Teos Ioniæ : feuille de lierre.

Philippus IV (règne de 298 à 297 av. J.-C.).

Types : Tête d'Hercule jeune ; cavalier allant à droite, la main droite élevée.
Légendes : ΒΑ. ΦΙ. — ΒΑΣΙΛΕΩΣ. ΦΙΛΙΠΠΟΥ.
Métal : Bronze.

Alexander IV (règne de 297 à 294 av. J.-C.).

Types : Tête jeune diadémée ; cheval libre en course ; cavalier en course.
Légendes : ΑΛΕΞΑΝΔΡΟΥ — ΒΑΣΙΛΕΩΣ. ΑΛΕΞΑΝΔΡΟΥ.
Métal : Bronze.

Antigonus (règne l'an 292 av. J.-C.).

Types : Tête de Pallas casquée, de Neptune barbue, tantôt laurée, et tantôt ceinte d'une couronne formée d'une plante inconnue ; victoire debout tenant une couronne et un trident ; Apollon nu assis sur une proue de vaisseau.
Légendes : ΒΑΣΙΛΕΩΣ. ΑΝΤΙΓΟΝΟΥ.
Métal : Or et argent.

Demetrius Ier (règne de 294 à 287 av. J.-C.).

Types : Femme debout sur une proue de vaisseau, sonnant de la trompette, et tenant un sceptre dans la main droite; Pallas marchant : tête de Démétrius cornue et diadémée ; cavalier en course ; Neptune à demi nu assis sur un rocher; tête d'Hercule jeune ; Jupiter Aétophore assis ; Neptune debout tenant horizontalement son trident ; Neptune debout à gauche le pied droit posé sur un rocher.
Légendes : ΒΑΣΙΛΕΩΣ. ΔΗΜΗΤΡΙΟΥ.
Métal : Or et argent.

Antigonus I (règne depuis 276 à 243 av. J.-C.).

Types : Tête virile imberbe, à gauche, avec deux cornes au front, et une oreille de bouc ; derrière le pédum, le tout au milieu d'un bouclier macédonien orné de sept étoiles ; Pallas marchant, lançant la foudre ; tête de Jupiter laurée, de Pallas casquée ; faune érigeant un trophée ; bouclier macédonien ; casque à deux aigrettes.
Légendes : ΒΑ.ΒΑΣΙ.ΒΑΣ.ΒΑΚΙΛΕΩΣ.ΑΝΤΙΓΟΝΟΥ.
Métal : Argent et bronze.

Demetrius II (règne de 243 à 232 av. J.-C.).

Types : Tête de Jupiter laurée , Pallas marchant, lançant un javelot et se couvrant de son bouclier ; casque à deux aigrettes ; bouclier macédonien.

Légendes : ΒΑ. ΒΔ. ΒΑΣΙ. ΒΑΣΙΛΕΩΣ. ΒΑ. ΔΗΜΗΤΡΙΟΥ.
Métal : Bronze.

Philippus V (règne de 220 à 178 av. J.-C.).

Types : Tête de Philippe, ceinte d'un diadème ; tête virile imberbe, à droite avec un casque ailé ; tête de femme à droite ; d'Hercule ; de faune ; de Jupiter laurée ; Pallas tenant la foudre ; bouclier macédonien ; massue posée horizontalement ; Hercule jeune debout ; aigle les ailes éployées ; deux chèvres couchées ou accroupies ; cavalier ; bouclier macédonien ; *harpe* (1) dans une couronne ; faune marchant, cheval libre au galop ; casque.
Légendes : ΒΑΣΙΛΕΩΣ. ΦΙΛΙΠΠΟΥ. ΒΑΣΙΛΕΩΣ. ΒΑ. ΦΙ. ΒΑΦ.
Métal : Argent et bronze.

Perseus (de l'an 178 à 168 av. J.-C.).

Types : Tête de Persée diadémée ; tête virile imberbe et casquée ; tête d'Hercule jeune ; aigle les ailes éployées sur un foudre, d'autres fois sur une charrue ; cavalier marchant ; bouclier macédonien.
Légendes : ΒΑ. ΒΑΣΙΛΕΩΣ. ΠΕΡΣΕΩΣ.
Métal : Or, argent et bronze.

Philippus VI Andriscus (règne en 149 av. J.-C.).

Types : Tête virile jeune ; foudre ailé.
Légendes : ΒΑΣΙΛΕΩΣ. ΦΙΛΙΠΠΟΥ.
Métal : Bronze (2).

THESSALIA

Types : Tête de cheval avec un frein ; plante ; tête de Jupiter laurée ; Pallas marchant tenant une haste et un bouclier ; tête de femme laurée ; cheval libre.

(1) Espèce de cimeterre ou sabre recourbé.
(2) Les numismatistes classent ici une monnaie de Flaminius en or, d'un travail grec et que l'on pense avoir été frappée après la bataille de Cynocéphale, dans laquelle il vainquit Philippe V. Voy. Mionnet, suppl. c, III, p. 260.

Légendes : ΘΕ. ΘΕΣΣΑΛΩΝ.
Métal : Argent et bronze.
Impériales grecques depuis Auguste jusqu'à Gallien.

Ænianes.

Types : Homme demi-nu brandissant une lance ; vase ; tête de Pallas, de Jupiter ; fer de lance et mâchoire de sanglier ; homme nu, les bras levés.
Légendes : ΑΙΝΙΑΝΩΝ. ΑΙΝΑΝΙΕΩΝ.
Métal : Argent et bronze.

Argesa.

Types : Tête de femme couronnée de fleurs ; cygne ou quelquefois une tête humaine entre deux poissons.
Légende : ΑΡΓΕΣΙΟΝ.
Métal : Argent.

Atrax (*Boidanar*).

Types : Tête de femme ; cheval courant ; couronne de laurier ; vase ; bœuf cornupète ; graine d'ellébore ; partie antérieure d'un cheval.
Légendes : ΑΤ. ΑΤΡΑΓΙΟΝ.
Métal : Argent et bronze. Des monnaies portant ΑΤ. ΦΕ indiquent une alliance entre cette ville et Pheræ ; elles avaient été attribuées à Pheræ de Béotie, mais M. Duchalais propose cette rectification. Il propose également d'expliquer, par une alliance de Pheræ et de Castanea, les monnaies aux mêmes types qui portent ΦΕ. ΚΑ. Voy. plus bas Pheræ.

Cierium.

Types : Tête de femme ; Jupiter marchant ; femme à genoux ramassant un flambeau.
Légende : ΚΙΕΡΙΕΙΩΝ.
Métal : Argent et bronze.

Cithrum (*Zotriwar*).

Types : Tête à droite, œil dans un carré creux.
Légende : ΚΙΘ.
Métal : Argent. (Cf. *Rev. num.*, 1843, p. 421, art. de M. Longpérier.)

Crannon (*Crania* ou *Xérès*).

Types : Buste de jeune homme coiffé du pileus, de Jupiter laurée ; cavalier coiffé du pileus et galopant.
Légendes : ΚΡΑ. ΚΡΑΝΝΩΝΙΩ.
Métal : Argent et bronze.

Crannonii Ephyri.

Types : Tête de Jupiter laurée ; char, dedans, un vase, un oiseau sur chaque roue ; cavalier coiffé du pileus et galopant.
Légendes : ΚΡΑΝΝΟ. ΚΡΑΝΝΟΥ. ΕΦΥΡ.
Métal : Bronze.

Ctemenæ.

Types : Tête casquée de Pallas ; cheval libre ; femme debout appuyée sur un bâton.
Légendes : ΚΤΗ. ΚΤΗΜΕΝΑΙΩΝ.
Métal : Argent et bronze.

Demetrias (*Yeni Sciehere. Volo*).

Type : Tête de Diane.
Légende : ΔΗΜΗΤΡΙΕΩΝ.
Métal : Argent.

Elatæ ou Elatia.

Types : Tête laurée de Jupiter ; cheval bondissant.
Légende : ΕΛΑΤΕΙΑ.
Métal : Bronze.

Eurymenæ.

Types : Tête de Bacchus couronnée de pampre ; cep de vigne chargé de grappes ; cratère et dauphin.
Légende : ΕΥΡΥΜΕΝΑΙΩΝ.
Métal : Bronze.

Gomphi (*Stagi. Kalecia*).

Types : Tête de Méduse de face, les cheveux hérissés ; Jupiter assis, tenant le foudre et une haste.
Légende : ΓΟΜΦΕΩΝ.
Métal : Bronze.

Gyrton (*Tacibolicati*).

Types : Tête imberbe nue à gauche, à côté une tête de cheval ; tête de Méduse de face ; cheval au galop.
Légende : ΓΥΡΤΩΝΙΩΝ. ΓΥΡΤ.
Métal : Bronze.

Heraclia-Trachin.

Types : Tête d'hercule, de Pallas ; Hercule couvert des dépouilles du lion de Némée ; Pégase volant ; tête de lion, massue et feuille de lierre.
Légendes : ΤΡΑΧΙΝΙΩΝ. — ΗΡΑΚΛΕΩΤΑΝ. ΤΡΑΧ. ΗΡΑ.
Métal : Argent et bronze.

Homolium.

Types : Tête de Vulcain couvert d'un bonnet conique ; serpent roulé en spirale.
Légende : ΟΜΟΛΙΕΩΝ.
Métal : Argent et bronze.

Lamia (*Demochi*).

Types : Diota ; trépied dans un carré ; tête de Bacchus couronnée de pampre ; deux vases dont un diota.
Légende : ΛΑΜΙΕΩΝ.
Métal : Argent et bronze.

Lapithæ.

Types : Tête d'Apollon laurée ; lyre dans une couronne de laurier.
Légende : ΛΑΠΙΠΙΘΩΝ.
Métal : Argent et bronze.

Larissa (*Larisa*).

Types : Homme nu terrassant un taureau ; cheval libre courant ; tête de femme de face, les cheveux épars ; aigle sur une *harpe* ; cheval paissant ; femme tenant une amphore ; figure demi-nue, une main sur la tête ; femme se mirant ; jument et son poulain.
Légendes : ΛΑΡΙ. ΛΑΡΙ. ΛΑΡΙΣΑΙ. ΛΑΡΙΣΑΙΩΝ.
Métal : Argent et bronze.

Magnesia (*San-Giorgio*).

Types : Tête laurée de Jupiter ; Apollon sur une proue.
Légende : ΜΑΓΝΗΤΩΝ.
Métal : Argent.

Malienses.

Types : Tête de Bacchus couronnée de pampre ; de Pallas ; deux vases dont un diota ; homme nu lançant une flèche.
Légendes : ΜΑΛΙΕΩΝ.
Métal : Argent et bronze.

Metropolis (*Mascoluri*).

Types : Tête laurée d'Apollon ; partie antérieure d'un bœuf.
Légende : ΜΗΤΡ...
Métal : Bronze.

Minyae.

Types : Cheval marchant derrière un rameau; tête de faune barbue couronnée de pampre; diota et grappe de raisin, aire creuse.
Légendes : MIN. MINY.
Métal : Bronze.

Mopsium.

Types : Tête de face barbue; homme nu combattant un centaure.
Légendes : ΜΟΨΕΙΩΝ. ΜΟΨΕΑΤΩΝ.
Métal : Bronze.

Oetaei.

Types : Tête de lion tenant un fer de lance dans sa gueule; Hercule nu, la tête radiée, tenant une massue de chaque main; tête d'Apollon laurée; défense de sanglier; grappe de raisin; deux boucliers et deux hastes; carquois, arc et défense de sanglier.
Légende : ΟΙΤΑΙΩΝ.
Métal : Argent et bronze.

Othrytæ.

Types : Partie antérieure d'un cheval; autel enflammé.
Légende : ΟΘ.
Métal : Bronze.

Pelinna.

Types : Homme nu marchant et terrassant un taureau; cheval libre et courant; cheval galopant; homme armé combattant.
Légendes : ΠΕ. ΠΕΛΙΝΝΑ.
Métal : Argent et bronze.

Perrhaebia.

Types : Homme nu luttant contre un taureau dont on ne voit que la face extérieure; partie antérieure d'un cheval; Thétis tenant les armes d'Achille.
Légendes : ΠΕΡΑ. ΠΕΡ.
Métal : Bronze.

Phacium.

Types : Tête virile; cavalier.
Légende : ΦΑΚΙΑΤΩΝ.
Métal : Bronze.

Phalanna.

Types : Tête de bœuf et dauphin; tête de cheval et de loup; bouc agenouillé dans un cercle creux; tête de femme de face; tête d'Achille, suivant M. Duchalais.
Légende : ΦΑΛΑΝ.
Métal : Argent et bronze.

Pharcadon.

Types : Pallas debout; cheval marchant; partie antérieure d'un cheval; homme nu luttant contre un taureau dont on ne voit que la partie antérieure; bouclier sur lequel est un pied de taureau; buste d'Esculape.
Légendes : ΦΑΡΚΑΔΟ, ΦΑΡΚΑΔΙΟΝ. ΦΑΡ.
Métal : Argent.

Pharsalus (*Tzatalze-Fersala*).

Types : Tête de Pallas, et quelquefois buste de face de cette déesse; tête de cheval; cavalier combattant un ennemi à pied; cavalier passant au galop.
Légendes : ΦΑΡ. ΦΑR. ΦΑΡΣ.
Métal : Argent et bronze.

Pheræ.

Types : Homme nu luttant contre un taureau; cheval libre dans un quadrilatère; tête de femme laurée de face; femme à cheval tenant une longue torche de chaque main; tête de femme; fontaine s'échappant d'un mufle de lion.
Légendes : ΦΕΡΑΙΩΝ. ΦΕΡΑΙΟΝ. ΦΕ.
Métal : Argent et bronze. Voy. ce que nous avons dit plus haut au sujet de *Atrax*.

TYRAN DE PHÉRES.

Alexander.

Types : Tête d'Hercule; arc et javelot.
Légende : ΑΛΕΞΑΝ... FERE.
Métal : Argent.

Proana.

Types : Massue.
Légende : ΠΡΩΑΝΩΝ.
Métal : Argent.

Scotussà.

Types : Partie antérieure d'un cheval; plante.
Légende : ΣΚΟ.
Métal : Argent et bronze.

Thebæ.

Types : Tête voilée et couronnée d'épis : Protésilas, nu et casqué, tenant une épée et un bouclier, et sortant d'un vaisseau.
Légende :
Métal : Argent et bronze. Cette attribution est due à M. Duchalais qui retire cette monnaie à Thebæ de Béotie.

Thibros.

Types : Massue, arc et carquois.
Légende : ΘΙΒΡΟ.
Métal : Bronze.

Tricca (*Tricala-Trikki*).

Types : Partie antérieure d'un bélier; homme nu luttant contre un taureau dont on n'aperçoit que la partie antérieure; quadrilatère; partie antérieure d'un cheval; tête de femme; Esculape assis tenant une patère dans laquelle mange un serpent, et une haste.
Légendes : ΤΡΙ. ΤΡΙΚΚΑΙΟΝ. ΤΡΙΚΚΑΙΩΝ.
Métal : Argent et bronze.

TYRAN DE THESSALIE

Tisiphon.

Contemporain de Philippe II et d'Alexandre le Grand.
Types : Partie antérieure de lion; partie antérieure de cheval.
Légende : ΤΕΙΣΙΦΟΝΟΥ.
Métal : Argent et bronze.

ILES VOISINES DE LA MACÉDOINE ET DE LA THESSALIE

Halonesus (*Pelaynisi*).

Types : Tête de femme voilée de face; aigle dévorant un serpent.
Légende : ΛΑΟ.
Métal : Bronze.

Irrhesia.

Types : Tête de Diane à droite; Neptune frappant de son trident.
Légende : IPP.
Métal : Bronze.

Peparethus (*Piperi*).

Types : Pallas brandissant une lance; chouette; tête de Bacchus ou de Jupiter; diota; tête d'Apollon; tête de bélier.
Légendes : ΠΕ. ΠΕΠΑ. ΠΕΠΑΡΗ. ΠΕΠΑΡΗΘΙ.
Métal : Bronze.
Impériales grecques depuis Auguste jusqu'à Commode.

Sciathus (*Schiatti*).

Types : Tête de femme; caducée.
Légende : ΣΚΙΑΘΙ.
Métal : Bronze.

EPIRUS

Types : Têtes accolées de Jupiter et de Junon, quelquefois de Jupiter seul; ce dieu est couronné tantôt de chêne, tantôt de laurier; taureau cornupète, aigle, foudre, fer de lance ou trépied dans une couronne de chêne; astre; buste de Diane.
Légende : ΑΠ. ΑΠΕΙΡΩΤΑΝ.
Métal : Argent et bronze.

Ambracia (Ambrakia).

Types : Tête de femme voilée; *meta* (1) dans une couronne de laurier ; tête virile barbue avec des cornes et un cou de taureau ; taureau cornupète ; crabe ; trident ; tête de Jupiter ; du Soleil radiée ; Jupiter foudroyant debout ; griffon

Légende : AM. AMBP.
Métal : Argent et bronze.

Buthrotum (Butronto, Butrinto) (2).

Types : Tête de Junon ; deux cornes d'abondance ; torche ardente ; serpent.
Légende : BYΘ. BVTHR.
Métal : Bronze.

Cassope.

Types : Couronne de laurier ; tête de Jupiter ; aigle sur un foudre, dans une couronne ; quelquefois l'aigle est volant, tête de femme couronnée de fleurs ; taureau cornupète ; serpent enroulé autour d'un autel ; diota.
Légende : ΚΑΣΣΩ. ΚΑΣΣΩΠΑΙΩΝ.
Métal : Argent et bronze.

Damastium.

Types : Tête d'Apollon laurée ; trépied ; tête de femme ; serpent enroulé autour d'un autel ; petite hache et caducée ; double marteau.
Légende : ΔΑΜΑΣΤΙΝΩΝ.
Métal : Argent et bronze.

Horreum.

Types : Tête d'Hercule laurée ; centaure galopant et tenant dans chaque main des rameaux chargées de baies.
Légende : OPP1.
Métal : Bronze.

Molossi.

Types : Foudre, quelquefois dans une couronne ; tête de Vulcain.
Légende : ΜΟΛΟΣΣΩΝ.
Métal : Bronze.

---

(1) Borne conique ou pyramide.
(2) On connaît de cette ville des monnaies coloniales autonomes et des coloniales impériales d'Auguste et de Tibère.

Nicopolis (*Prevesa Vecchia*).

Types : Tête de femme tourellée ; phare ou borne.
Légende : ΝΙΚΟΠΟΛΕΩC.
Métal : Bronze.
Impériales grecques depuis Auguste jusqu'à Salonina.

Oricus.

Types : Tête d'Apollon ; borne dans une couronne de laurier.
Légende : ΟΡΙΚΙΩΝ.
Métal : Bronze.

Pandosia.

Types : Tête laurée de Jupiter ; foudre dans une couronne de laurier.
Légende : ΠΑΝ.
Métal : Bronze.

Phœnice ou Phœnicapea (*Sopoto*).

Types : Tête de Diane, de Jupiter ; fer de lance ou foudre dans une couronne de laurier.
Légende : ΦΟΙΝΙΚΑΠΕΩΝ.
Métal : Bronze.
Impériales grecques de Néron et de Trajan.

THESPROTIA (Epiri regio).

Types : Tête de Jupiter Dodonéen ; tête de Pyrrhus ; quadrige ; cavalier armé.
Légendes : ΘΕΣΠΡΩΤΙΩΝ. ΒΑΣΙΛΕΩΣ. ΠΥΡΡΟΥ.
Métal : Bronze.

Celtæ Aidonites (*Aidonie*).

Types : Tête de Pluton (Aïdoneus) de face ; Cerbère à gauche.
Légende : Α.
Métal : Bronze. M. de Cadalvène a lu sur un exemplaire mieux conservé ΕΛΕΩ, et l'a donné à Eléon de Béotie.

ROIS D'ÉPIRE.

Arisbas (Règne de 351 à 352 avant J.-C.) (1).

Types : Tête d'Hercule jeune ; massue et carquois ; Apollon nu assis tenant un arc.
Légende : ΑΡΙΣ.
Métal : Bronze.

Neoptolemus (règne vers 350 av. J.-C.).

Types : Trois boucliers ; colonne sur une base.
Légende : ΝΕΟΠΤΟΛΕΜΟΥ.
Métal : Bronze. Cette monnaie paraît devoir être de Néoptolème fils d'Alexandre I.

Alexander I (règne de 342 à 326 av. J.-C.).

Types : Tête de Jupiter couronnée de laurier ; du Soleil de face ; d'homme barbue et diadémée ; foudre entre un astre et un fer de lance ; foudre près d'un aigle, ou dans une couronne de laurier.
Légendes : ΑΛΕΞΑΝΔΡΟΥ. ΤΟΥ. ΝΕΟΠΤΟΛΕΜΟΥ ΑΛΕΞΑ. ΤΟΥ. ΝΕ.
Métal : Or, argent et bronze.

Phthia (*Pyrrhi mater*) (2).

Types : Tête de la reine voilée et couronnée ; foudre.
Légende : ΦΘΙΑΣ.
Métal : Bronze. M. Lenormant a démontré qu'il fallait voir ici la nymphe Phthias spécialement honorée à Dodone.

Pyrrhus (règne de 294 à 271 av. J.-C.).

Types : Tête de Pallas casquée, de Diane pharéthrée, de Proserpine couronnée d'épis, d'un jeune homme diadémée et les cheveux longs, d'un homme barbue et diadémée ; du roi Pyrrhus ; victoire marchant tenant une couronne

---

(1) C'est Pellerin qui a attribué des monnaies au roi Arisbas. Quelques numismatistes pensent que ces mêmes pièces sont mieux classées à Thèbes de Béotie.

(2) Les monnaies de Phthia ont été frappées sous le règne du roi Pyrrhus, dont elles portent le nom au revers : elle était femme d'Éacides, fils d'Arisbas, dont on ne connaît pas encore les monnaies.

et un trophée ; Pallas armée et marchant ; femme assise tenant une corne d'abondance et une haste ; foudre ; fer de lance dans une couronne de laurier ; borne dans une couronne de laurier ; éléphant ; l'Amour porté par un dauphin ; char couronné par la Victoire et traîné par des éléphants.
Légende : ΒΑΣΙ. ΠΥΡ. ΠΥΡΡΟΥ. ΒΑΣΙΛΕΩΣ. ΠΥΡ‑ΡΟΥ.
Métal : Argent et bronze.

Alexander II (règne en 272 av. J.-C.).

Types : Tête de femme couverte d'une tête d'éléphant ; d'Hercule jeune, Pallas armée passant ; victoire ; foudre dans une couronne ; aigle sur un foudre.
Légende : ΑΛΕΞΑΝΔΡΟΥ.
Métal : Argent et bronze.

Ptolemeus.

Types : Tête de femme couronnée de fleurs ; **aigle ; astre** ou couronne.
Légende : ΠΤΟΛΕΜΑΙΟ.
Métal : Bronze.

ILE VOISINE DE L'ÉPIRE

CORCYRA (*Corfou*).

Types : Vache allaitant son veau ; partie antérieure d'un bœuf ; aire creuse ; diota accompagné quelquefois d'un vase plus petit, ; deux quadrilatères ayant chacun des symboles divers ; homme revêtu de la toge, tenant un serpent et placé quelquefois entre deux colonnes ; Jupiter assis dans un temple distyle ; tête de la nymphe Corcyra, de femme voilée, de bœuf dans une couronne. Bacchus porté sur une panthère et lançant un dard ; faune transversant dans un diota le contenu d'un autre vase ; tête de Neptune laurée, de Bacchus couronné de pampre, d'Apollon ; Pégase volant ; grappe de raisin, diota, proue de navire ; têtes conjuguées d'un homme et d'une femme.
Légendes : ΚΟΡΚΥΡΑΙ. ΚΟΡΚΥΡΑ. ΚΟ. ΚΟΡ.
Métal : Argent et bronze.
Impériales grecques de Trajan à Gordien d'Afrique.

Cassope Corcyræ (*Cassopo*).

Types : Tête de femme coiffée d'une tiare ; serpent sur un autel ; tête tourellée ; colombe volant ; bœuf cornupète ; tête de Bacchus ; diota.
Légende : ΚΑΣΣΟΠΑΙΩΝ.
Métal : Bronze et argent.

ACARNANIA

Acarnania (*Carnia*).

Types : Tête virile imberbe avec des cornes et un cou de taureau ; Apollon assis tenant un arc et une corne d'abondance ; tête barbue également cornue ; Jupiter foudroyant passant.
Légende : ΑΚΑΡΝΑΝΩΝ.
Métal : Or, argent et bronze.

Alysia (*Ælias*).

Types : Tête de Pallas ; tête d'Hercule, derrière une massue.
Légende : ΑΛΥ.
Métal : Argent et bronze.

Anactorium (*Bonitza*).

Types : Tête d'Apollon ; lyre.
Légende : ΑΝΑΚΤΟΡΙΝ.
Métal : Argent et bronze.

Amphilochia et Argos-Amphilochium (*Filokia*).

Types : Hercule domptant le lion ; Pallas ; Pégase.
Légendes : ΑΜΦΙΛΟΧΙΩΝ. ΑΡΓΕΙΩΝ.
Métal : Argent.
Amphilochia était une partie de l'Acarnanie, dont Argos-Amphilochium était la capitale.

Heraclea.

Types : Tête d'Hercule ; lion passant.
Légende : ΗΡΑΚΛΕΩΤΑΝ.
Métal : Argent et bronze.

Leucas ou **Leucadia** (*Leucadia* ou *Santa-Maura*).

Types : Diane revêtue de la stola ; à ses pieds un cerf ou une chouette ; navire ; autel enflammé ; colombe dans une couronne ; tête d'Hercule ; massue dans une couronne ; Bellérophon sur Pégase ; chimère.
Légendes : ΛΕΥΚΑΔ. ΛΕΥΚΑΔΙΩΝ.
Métal : Argent et bronze.
Impériales grecques de Commode.

Metropolis.

Types : Tête de Minerve ; Pégase à gauche.
Légende : MH en monogramme.
Métal : Argent.

Oeniadae.

Types : Tête de Jupiter, de Pallas, d'Hercule ; tête virile avec un cou et des cornes de taureau.
Légende : ΟΙΝΙΑΔΑΝ.
Métal : Bronze.

Sollium.

Types : Tête casquée de Minerve à droite ; partie antérieure d'un cheval ailé.
Légende : ΣΟΛΛΕΙΩΝ.
Métal : Bronze.

Stratos (*Conopina*).

Types : Tête d'Apollon ; trépied et croissant.
Légende : ΣΤΡΑ.
Métal : Argent.

Thyrreum.

Types : Tête virile imberbe avec des cornes et un cou de taureau ; Apollon assis et tenant un arc ; tête de Pallas ; chouette et flambeau.
Légendes : ΘΥΡΡΕΙΩΝ. ΘΥΡΡΗΩΝ. ΘΥΡΡΕΩΝ.
Métal : Argent et bronze.

ÆTOLIA

Types : Tête de Pallas, d'Hercule, de Jupiter, de Janus, de femme coiffé du pétase ; homme coiffé d'un pétase, assis sur des boucliers, tenant une haste et une victoire ; le

même homme le pied droit sur un rocher; sanglier courant; défense et hure de sanglier.
Légende : AITΩΛΩN.
Métal : Or, argent et bronze.

Apollonia.

Types : Tête de Diane; haste; défense de sanglier.
Légende : ΑΠΟΛΛΩ.
Métal : Bronze.

Athamanes.

Types : Tête de femme voilée; un homme armé debout tenant une patère et une haste.
Légende : ΑΘΑΜΑΝ.
Métal : Bronze.

Calydon (*Calata*).

Types : Tête de femme; lyre; Apollon jouant de la lyre.
Légendes : ΚΑΛΥΔΟΝΙΩΝ. ΚΑΛΥΔΩΝΩΝ.
Métal : Bronze.
Impériales grecques de Septime Sévère.

Lysimachia.

Types : Tête d'Atalante coiffée de la *causia*; sanglier et fer de lance.
Légende : ΛΥ.
Métal : Argent.

Naupactus (*Lepanto*).

Types : Diane chasseresse tirant de l'arc; sanglier courant; casque; centaure; Hercule conduisant Cerbère enchaîné.
Légende : ΝΑ. ΝΑΥ.
Métal : Argent et bronze.

LOCRIS

Amphissa (*Salona* vel *Lampeni*).

Types : Tête d'Apollon; défense de sanglier et astre; épieu.
Légende : ΑΜΦΙΣΣΕΩΝ.
Métal : Bronze :

Axia.

Types : Tête de Jupiter laurée ; diadème ; foudre ailé ; trépied ; foudre dans une couronne de chêne.
Légende : ΑΞ.
Métal : Bronze.

Locri.

Types : Tête de femme ; Pégase volant ; tête casquée de Pallas.
Légende : Λ. ΛΟ. ΛΟΚΡΩΝ.
Métal : Argent et bronze.

Locri Epicnemidii.

Types : Tête de Pallas ; grappe de raisin ; foudre.
Légende : ΛΟΚΡ. ΕΠΙΚΝΑ.
Métal : Bronze.

Locri Opontii.

Types : Tête de femme couronnée d'épis ; guerrier combattant ; tête de Pallas ; diota ; astre.
Légendes : ΛΟΚΡΩΝ. ΟΠΥ. ΟΠΟΝ. ΟΠΟΥΝΤΙΩΝ.
Métal : Argent et bronze.

Thronium (*Paleocastro*).

Types : Tête laurée d'Apollon ; mâchoire de sanglier et fer de lance.
Légende : ΘΡΟΝΙΕΩΝ.
Métal : Bronze.

PHOCIS.

Phocis regio.

Types : Tête d'Apollon laurée ; tête de bœuf de face ; tête de femme, de bœuf ; trois têtes de bœuf en triangle ; T dans une couronne ; cheval paissant.
Légendes : ΦΟΚ. ΙΧΙΟΦ. ΦΩ. Φ. ΦΩΚΕΩΝ.
Métal : Or, Argent et bronze.

Amphicæa.

Types : Tête de femme ; couronne de laurier.
Légende : ΑΜΦΙΚΑΙ.
Métal : Bronze.

Delphi (*Castri* ou *Castro*).

Types : Tête de Cérès voilée et couronnée d'épis ; figure laurée et revêtue de la stola, assise sur une pierre ; tête de bélier entre deux dauphins.
Légende : AMΦIKTIO. M. Duchalais pense que les monnaies portant cette légende ont été frappées à Antéla de Thessalie.
Métal : Argent et bronze.
Impériales grecques depuis Hadrien jusqu'à Caracalla.

Elatea (*Elacta*).

Types : Tête de Pallas ; tête de Neptune, derrière un tri dent.
Légende : ΕΛΑΤΕΙΩΝ.
Métal : Bronze.

BŒOTIA

Bœotia regio.

Types : Diota, bouclier béotien, bouclier et massue ; tête barbue couronnée de pampres ; couronnée d'épis ; tête de Jupiter couronnée de chêne ; Neptune assis tenant un dauphin et un trident (1) ; tête d'Hercule couvert d'une dépouille de lion ; victoire passant et tenant un foudre.
Légende : ΒΟΙΩ. ΒΟΙΩΤΩΝ.
Métal : Argent et Bronze.

Anthedon (*Lukisi* ou *Talandi*).

Types : bouclier béotien ; diota dans un carré.
Légende : A.
Métal : Argent.

Aspledon.

Types : Partie antérieure d'un cheval ; aigle volant.
Légende : ΑΣΠΛΑ. ΣΠΛΑ.
Métal : Argent et bronze. Ces monnaies sont restituées à Sparadocus, roi des Thraces Odrises.

---

(1) Bœotus, qui donna son nom aux Béotiens, était fils de Neptune et de Arnès. Cf. Diodor. Sic., liv. IV.

Cheronea (*Caparna*).

Types : Bouclier béotien; X dans un cercle.
Légende : X.
Métal : Argent.

Copœ.

Types : Bouclier béotien; partie antérieure d'un taureau.
Légende : KΩΠAIΩN.
Métal : Argent. et bronze.
Impériales grecques de Vespasien.

Coronea (*Camari*).

Types : Bouclier béotien; masque tirant la langue; tête d'Hercule.
Légende : KO. Q.
Métal : Argent.

Delium (*Delis*).

Types : Tête de Jupiter laurée; Pallas nicéphore debout, tenant un bouclier.
Légende : ΔI.
Métal : Argent et bronze.

Eleon.

Voy. Celtæ Aïdonites.

Erythræ.

Types : Pégase volant, derrière un bonnet de dioscure; astre; homme nu tenant un cheval par le frein.
Légende : EPYΘO.
Métal : Argent.

Hyla.

Types : Tête imberbe casquée ; trois épis liés ; bouclier béotien et massue.
Légende : YA.
Métal : Bronze.

Ismene.

Types : Bouclier béotien ; tête de bouc.
Légende : IΣMHN.
Métal : Bronze.

Larymna (?).

Types : Tête de femme ; bouclier béotien.
Légende : ΛA.
Métal : Bronze.

Lebadia.

Types : Bouclier béotien.
Légende : ΛΕΒ, dans le champ.
Métal : Bronze.

Mycalessus.

Types : Bouclier béotien ; foudre.
Légende : ΜΥ.
Métal : Argent.

Orchomenus (*Scripu*).

Types : Bouclier béotien.
Légende : ΩΡΧ. ΗΡ. ΕΡΧ.
Métal : Argent et bronze.

Pelecania.

Types : Tête de Pallas ; cheval paissant.
Légende : ΠΕΛΕΚΑΝ.
Métal : Bronze. M. Duchalais donne ces monnaies à Pella de Macédoine, Pelecania n'ayant jamais existé. Eckhel, lui-même, avouait qu'il ignorait dans quel géographe Pellerin avait trouvé une preuve de l'existence de Pelecania, et il pressentait la rectification proposée par M. Duchalais.

Pharæ ou Pheræ.

Types : Diota ; bouclier macédonien.
Légende : ΦΕ. et ΦΑ.
Métal : Argent. Une partie des monnaies primitivement attribuées à cette ville ont été restituées à Pharæ de Thessalie.

Platæa (*Cocla*).

Types : Tête de femme de face, la chevelure ornée de perles ; bouclier béotien.
Légende : ΠΛΑ.
Métal : Argent.

Potniæ.

Types : Tête virile imberbe ; massue.
Légendes : ΠΟΤ.
Métal : Bronze.

Tanagra (*Gremata*).

Types : Partie antérieure d'un cheval ; bouclier béotien ; tête de Bacchus couronnée de lierre ; grappe de raisin ; lyre ; caducée.
Légende : ΤΑ. ΤΑΝΑΓΡΑΙΩΝ.
Métal : Argent et bronze.
Impériales grecques depuis Auguste jusqu'à Faustine II.

Thebæ (*Stives. Thiva. Thiba*).

Types : Homme nu à genoux bandant un arc ; bouclier béotien ; tête de Bacchus indien couronnée de lierre ; diota ; tête imberbe d'Hercule ; diota et thyrse.
Légende : ΘΕΒΑΙΩΗ. ΘΕ. ΘΕΒΙΙ.
Métal : Or, argent et bronze. Voy. ce que nous disons relativement à Thebæ de Thessalie.

Thespiæ.

Types : Tête de femme et deux croissants ; bouclier béotien ; tête de femme voilée ; lyre dans une couronne de laurier.
Légende : ΘΕΣΠΙΕΩΝ. ΘΕΣ.
Métal : Argent et bronze.
Impériales grecques de Vespasien et de Domitien.

Thisbe (*Halikié. Gianikhi. Langia*).

Types : Massue ; tête d'Hercule jeune.
Légende : ΘΕΙΣ. ΑΛΛΥΟΝ.
Métal : Bronze. Pellerin donnait ces monnaies à Alvona de Liburnie.

ATTICA

Anaphlystus.

Types : Tête d'Apollon ; Pégase volant.
Légende : ΑΝΑΦΛΥΣ.
Métal : Bronze.

Athenæ.

Types : Tête de Minerve ; chouette, rameau d'olivier et croissant ; chouette entre deux branches d'olivier ; deux chouettes, quelquefois n'ayant qu'une seule tête ; un ou deux croissants ; têtes virile et féminine réunies comme celles de Janus ; chouette sur un diota, accompagnée de divers symboles ; trépied entre une grenade et un foudre ; tête de mercure ; Pallas marchant ; trophée ; chouette sur une branche de laurier, les ailes éployées ; temple sur un rocher, auprès la statue de Minerve (Acropole) ; Minerve et Neptune, au milieu une olive enroulée d'un serpent et surmontée d'une chouette ; chouette, diota, branche d'olivier et olive ; tête de Pallas sur une table entre une chouette et une couronne d'olivier (1) ; sphinx près d'une couronne d'olivier ; deux flambeaux allumés ; Vulcain debout, marteau, enclume et tenailles (2) ; tête de Cérès ; truie ; Cérès dans un bige traîné par des serpents ; Triptolème traîné dans un char semblable ; Thésée combattant le Minotaure ; tête jeune et massue ; bucrâne ; homme nu soulevant une pierre (3) ; abeille ; navire sur lequel est un guerrier tenant une couronne et un trophée ; trophée, à côté un soldat et un perse captif (4).

Légendes : ΑΘ. ΑΘΕ. ΑΘΗ. ΑΘΗΝΑΙ. ΑΘΗΝΑΙΩΝ. ΑΘΗΝΑΙωΝ.

Métal : Or, argent et bronze.

Monnaies d'argent au nom du roi Mithridate VI, frappées vers l'an de Rome 667, lorsqu'il se rendit maître d'Athènes et du Pirée, à l'instigation d'Aristion (5).

Decelia.

Types : Tête casquée ; caducée.
Légende : ΔΕ. ΔΕΚΕΛΙΕΩΝ.
Métal : Bronze.

Eleusis (*Lessina*).

Types : Cérès dans un bige traîné par des serpents ; truie.
Légendes : ΕΛΕΥ. ΕΛΕΥΣΙΝ.
Métal : Bronze.

Impériales grecques de Commode.

Megara (*Megra. Megara*).

Types : Tête d'Apollon ; femme marchant tenant un flambeau dans chaque main ; lyre ; proue de vaisseau.
Légendes : ΜΕΓΑΡΕΩΝ. ΜΕΓ.
Métal : Argent et bronze.

Impériales grecques d'Antonin le Pieux à Géta.

---

(1) Ce type se rapporte aux Panathénées, dans lesquelles on donnait aux vainqueurs une couronne d'olivier.

(2) Erichthonius, ancien roi d'Athènes, était, suivant quelques auteurs, fils de Vulcain et de Minerve ; Eschyle, *Eumenid.*, v. 13, appelle les Athéniens *fils de Vulcain*.

(3) Thésée est ainsi représenté, cherchant par l'ordre de sa mère des chaussures et l'épée que son père avait cachées sous une pierre.

(4) Ces deux derniers types font allusion à la bataille de Salamine, v. Pausanias, l. I, c. XXXVI.

(5) Cf. Athénée, l. VI. On a aussi des monnaies frappées à Athènes pour Démétrius Poliorcètes, roi de Macédoine. Les monnaies d'Athènes furent servilement imitées à Gortyna, à Hierapytna et à Cydonia de Crète.

Oropus (*Ropo*).

Types : Tête d'Esculape, de Neptune ; serpent et massue ; dauphin et trident.
Légende : ΩΡΩΠΙΩΝ.
Métal : Bronze.

Pagae (*Libadostani*).

Impériales grecques depuis Antonin jusqu'à Septime-Sévère. ΠΑΓΑΙΩΝ.

ILES VOISINES DE L'ATTIQUE

Ægina (*Eghina, Eugia*).

Types : Tête de bélier ; carré creux (1) ; navire ; tête de poisson ; deux poissons en sens contraire.
Légende : ΑΙΓΙΝΗ.
Métal : Argent et bronze.
Impériales grecques de Septime-Sévère à Plautilla.

Helena et Granae (2).

Types : Tête d'Hélène femme de Ménélas ; diota ; chauve-souris ; tête de béliers.
Légendes : ΕΛΕΝΙΤΩΝ. ΚΡ. ΚΡΑΝΑΑΤΩΝ.
Métal : Bronze.
Impériales grecques de Julie jusqu'à Otacilla.

Salamis (*Kalari*).

Types : Tête de bœuf orné de bandelettes ; bouclier béotien.
Légende : ΣΑ. ΣΑΛΑ.
Métal : Bronze.
Impériales grecques de Septime-Sévère et de Caracalla.

---

(1) C'est parmi les monnaies d'Egine que l'on retrouve les plus anciennes de la numismatique.
(2) Cette île fut d'abord nommée Κρανάη, du nom de Cranaus roi d'Attique ; elle prit ensuite le nom de Ἑλένη, en souvenir de ce qu'elle servit de retraite à Páris, quand il eut enlevé Hélène.

PÉLOPONÈSUS

Achaia (1).

Types : Tête de Jupiter ; monogramme dans une couronne de laurier ; femme debout étendant la main ; Jupiter Nicéphore debout ; femme assise tenant une couronne et une haste.
Légende : ΑΧΑΙΩΝ.
Métal : Argent et bronze.
Impériales grecques d'Antinoüs, de L. Verus et de Septime-Sévère.

Ægira.

Types : Tête de femme voilée ; chèvre debout ; tête d'Esculape laurée.
Légende : ΑΙΓΙΡΑΤ ΑΙΓΕΙΡΑΤΩΝ.
Métal : Bronze.
Impériales grecques de Septime-Sévère, J. Domna et de Plautille.

Ægium (*Vostitza*).

Types : Tortue ; aire creuse divisée en quatre parties ; tête de Jupiter ; monogramme dans une couronne de laurier ; tête barbue et laurée ; fleuve couché (2) ; tête de femme tourellée ; jeune fille poursuivant un oiseau ; Jupiter foudroyant ; aigle ; tête de Bacchus couronnée de pampre.

---

(1) Vers l'an de Rome 551, la plupart des villes du Péloponèse, fatiguées d'obéir aux tyrans que leur imposaient les rois de Macédoine, formèrent à l'instigation du Sicyonien Aratus, une confédération connue dans l'histoire sous le nom de *ligue achéenne*. Suivant Polybe (*Hist.*, l. II, c. XXXVII), les villes confédérées se servaient des mêmes lois, des mêmes poids et des mêmes monnaies, νόμοις χρῆσθαι τοῖς αὐτοῖς, καὶ σταθμοῖς, καὶ μέτροις, καὶ νομίσμασι. Ces monnaies représentent, presque uniformément, Jupiter debout tenant une petite victoire et une haste, et une femme assise, tenant une haste, une couronne ou des épis. Les légendes contiennent le nom d'un magistrat, celui de la ville, et le mot ΑΧΑΙΩΝ. Les villes de la ligue achéenne connues par les monnaies sont : *Alea* et *Antigonia* d'Arcadie, *Argos*, *Asea* d'Arcadie, *Carinoea*, *Corone* de Messénie, *Messène*, *Psophis* d'Arcadie, *Sicyon* d'Achaïe, *Tégée* d'Arcadie, *Thissoa* d'Arcadie.

(2) Ægium était traversé par le fleuve Selinun. Sur les monnaies de cette ville, on lit ΗΜΙΟΒΕΛΙΝ, pour ΗΜΙΟΒΟΛΟΝ.

Légende : AI. AIΓ. AIΓI. AIΓIEΩN. AIΓION.
Métal : Argent et bronze.
Impériales grecques depuis Antonin le Pieux jusqu'à Géta.

Bura.

Impériales grecques de la famille de Septime-Sévère.

Corinthus (*Korito. Corinto*) (1).

Types : Tête de Pallas ; trident.
Légende : ΚΟΡΙΝΘΙΩΝ. Q.
Métal : Argent et bronze.
La ville de Corinthe a eu aussi des coloniales autonomes de bronze portant les légendes COR. CORINT. — COL. COR. — COL. L. I. COR.
Impériales latines depuis César jusqu'à Gordien III.

Dyme.

Types : Tête de femme coiffée de la sphendoné ; amphore.
Légende : ΔΥ.
Métal : Argent.

Patræ (*Patra. Patrasso*).

Types : Tête de Jupiter laurée ; d'Hercule laurée ; Pallas tenant une haste et un bouclier ; montagne entre deux collines, le tout dans une couronne de pampre ; monogramme du nom de la ville dans une couronne.
Légende : ΠΑΤΡΕΩΝ.
Métal : Argent et bronze.
Les coloniales autonomes sont en bronze, elles portent : COL. A. A. P. — PA. PAT. — PATR. PATRÆ. PATRENS. On connaît un bronze colonial de Néron portant ΠΑΤΡΕΩΝ. Les bronzes coloniaux des empereurs ont été frappés depuis Auguste jusqu'à Gordien III.

---

(1) Plusieurs villes qui sont notoirement connues comme ayant été des colonies de Corinthe frappèrent monnaie à un type uniforme : à l'avers une tête de Pallas, au revers Pégase. On peut citer parmi ces villes : *Actium*, *Alysia* d'Acarnanie, *Ambracia* d'Épire, *Argos Amphilochium* d'Acarnanie, *Anactorium* d'Acarnanie, *Corcyra*, *Dyrrachium*, *Leucas*, *Locri Epizephyrii*, *Lisimachia* d'Étolie, *Naupactus*, *Syracusæ*, *Tauromenium* de Sicile, *Thyreum*.

Pellene.

Types : Tête laurée de Jupiter ; monogramme dans une couronne de laurier ; femme assise ; Jupiter debout.
Légende : ΠΛΛ. ΠΕΛΛΑΝΕΩΝ.
Métal : Bronze et argent.
Impériales grecques depuis Commode jusqu'à Septime-Sévère.

Phlius (*Santa Flica*).

Types : Bœuf cornupète avec un collier de perles ; carré creux avec des grappes de raisin.
Légende : Φ, placé au milieu du carré creux ; ΦΛΙΑΣΙΩΝ.
Métal : Argent et bronze.
Impériales grecques de la famille de Septime-Sévère.

Rhypæ.

Types : Tête virile laurée ; de Jupiter ; massue, carquois et arc dans une couronne ; aigle sur un foudre ; femme tenant une patère et une corne d'abondance.
Légende : ΡΥ. ΡΥΨ.
Métal : Bronze.

Sicyon (*Basilica*).

Types : Colombe volant ; Σ dans un carré.
Légendes : ΣΙΚΥΩΝΩΝ. ΣΙ.
Métal : Argent et bronze.
Impériales grecques de Septime-Sévère et de Domitien.

ÉLIS

Elis (*Paleopoli*).

Types : Tête d'aigle ; foudre dans une couronne ; aigle dévorant un lièvre ; victoire ; aigle sur un chapiteau ; têtes de Junon, Jupiter, Minerve ; cheval galopant.
Légendes : F. FA. FAΛEIΩN.
Métal : Argent et bronze.
Impériales grecques depuis Hadrien jusqu'à Caracalla.

Euridicium.

Types : Tête de femme voilée ; trépied.
Légende : ΕΥΡΥΔΙΚΕΩΝ.
Métal : Bronze.

Orthia.

Types : Tête casquée de Pallas ; partie antérieure d'un cheval sortant d'un rocher sur lequel s'élèvent deux rameaux d'olivier, le tout dans une couronne.
Légende : ΟΡΘΙΕΩΝ.
Métal : Bronze.

Pylus (1).

Types : Bœuf et dauphin ; carré creux ; tête de femme ; Bouc.
Légende : ΠΥΛΙΩΝ. ΠΥΛ.
Métal : Argent et bronze.

ILES VOISINES DE L'ÉLIDE

Cephallenia.

Types : Tête de Cérès couronnée d'épis ; tête jeune coiffée du pileus ; homme nu tenant une flèche et assis sur un rocher ; tête de femme derrière, un arc.
Légende : ΚΕΦΑ. ΚΕΦΑΛΟΣ.
Métal : Argent et bronze.

Granium Cephall (*Crania*).

Types : Tête de bélier ; pied de bœuf ; bélier passant ; arc dans une aire creuse.
Légende : K. ΚΡΑ. ΚΡΑΝ.
Métal : Argent et bronze.

Nesus Cephall.

Types : Tête d'Apollon laurée à droite ; panthère ; dauphin.
Légende : ΝΑΣΙ.
Métal : Argent et bronze. (Voy. *Rev. num.*, 1845, p. 413 et seq.)

Pallenses Cephall (*Palliki. Lixuri*).

Types : Tête de Cérès couronnée d'épis ; homme nu

---

(1) Ces monnaies ont été aussi classées à Bysance ; quelques numismatistes les donnent à Pythopolis de Bithynie.

tenant une flèche et assis sur un rocher, ΠΑ en monogramme ; dauphin nageant ; tête de Pallas.
Légende : ΠΛ. ΚΕΦΑΛΟC.
Métal : Argent et bronze.

Proni Cephall.

Types : Tête de Jupiter ; monogramme auquel pend une grappe de raisin.
Légende : ΗΡ.
Métal : Bronze.

Same Cephall.

Types : Tête de face casquée, d'Apollon laurée, de Pallas ; bélier ; partie antérieure d'un bélier ; chien aboyant vers la terre.
Légende : ΣΑΜ. ΣΑΜΑΙ. ΣΑΜΑΙΩΝ.
Métal : Argent et bronze.

Zacynthus (*Zakintos. Zante*).

Types : Tête d'Apollon, homme imberbe, à demi nu, assis et saisissant un serpent ; trépied dans un carré ; lune ; tête de Diane ; Apollon assis ; diota ; parties antérieures de Pégase.
Légende : ZAKYNTOY. ZA.
Métal : Argent et bronze.
Impériales grecques depuis Antonin jusqu'à Elagabale.

Ithaca (*Tiaki*).

Types : Tête barbue d'Ulysse, coiffée du pileus ; coq ; tête de Pallas.
Légende : ΙΘΑ. ΙΘΑΚΩΝ.
Métal : Bronze.

MESSENIA

Types : Tête de Jupiter, de Cérès ; de femme voilée ; trépied ; Jupiter foudroyant debout ; Esculape debout.
Légende : ΜΕΣ. ΜΕCCΗΝΙΩΝ.
Métal : Argent et bronze.
Impériales grecques de la famille de Septime-Sévère.

Amphea.

Types : Tête d'Apollon laurée; Jupiter foudroyant assis.
Légende : ΑΜΦΙΤΟΥΝ.
Métal : Bronze.

Colone.

Types : Tête de Pallas; astre, entre les rayons duquel se trouvent les lettres du nom de la ville.
Légende : ΚΟΛΟΝΑΩΝ.
Métal : Bronze.
Impériales grecques de Septime-Sévère.

Corone (*Koroni. Corone*).

Types : Jupiter debout à gauche; femme assise; tête de femme; Pégase.
Légende : ΑΧΑΙΩΝ. ΚΟΡΟΝΑΙΩΝ.
Métal : Bronze.

Cyparissia (*Castel. Piampano*).

Impériales grecques de la famille de Septime-Sévère.

Mothone (*Modoni. Modone*).

Impériales grecques de la famille de Septime-Sévère.

Pylus (*Yavarino, Navarino*).

Types : Tête de Neptune; de bœuf; trident.
Légende : ΠΥ. ΠΥΛΙΩΝ.
Métal : Argent et bronze.
Impériales grecques de la famille de Septime-Sévère.

Thuria.

Types : Tête de Jupiter diadémée; Pallas debout tenant une haste et un bouclier.
Légende : ΘΟΥΡ.
Métal : Bronze.
Impériales grecques de la famille de Septime-Sévère.

LACONIA

Asopus (*Esapo*).

Impériales grecques de la famille de Septime-Sévère, ΑΣΩΠΕΙΤΩΝ.

Boea.

Impériales grecques de la famille de Septime-Sévère.

Gythium (*Kolokithia*).

Impériales grecques de la famille de Septime-Sévère. ΓΥΘΕΑΤΩΝ.

Lacedæmon (*Misitra*).

Types: Tête de Pallas, d'Hercule coiffée de lierre, d'Hercule laurée; Hercule nu assis sur une pierre et couvert de la dépouille d'un lion; diota entre les bonnets des dioscures surmontés d'astres; les dioscures à cheval; tête virile et barbue; massue et caducée réunis; buste de Diane; Diane debout, à ses pieds un chien; tête de la nymphe Sparta.
Légende : ΛΑ. ΛΑΚΕ. ΛΑΚΕΔΑΙΜΟΝΙΩΝ.
Métal : Argent et bronze.
Impériales grecques depuis Auguste jusqu'à Salonina.

ROIS DE LACÉDÉMONE

Agesilas (époque incertaine).

Types : Buste diadémé du roi; Pallas.
Légende :
Métal : Argent. Cette monnaie est signalée, mais non décrite par M. Sestini.

Areus (règne de 309 à 265 avant J.-C.).

Types: Tête d'Hercule imberbe; Jupiter aétophore assis; tête du roi imberbe et diadémée; Pallas debout.
Légendes : ΒΑΣΙΛΕΩΣ. ΑΡΕΟΣ.
Métal : Argent.

Cleomenes III (règne de 230 à 220 avant J.-C.)

Types : Tête imberbe et diadémée du roi; Pallas lançant un javelot.
Légende : ΛΑ.
Métal : Bronze.

Las.

Impériales grecques de la famille de Septime-Sévère. ΛΑΩΝ.

ARGOLIS

Argos (*Planizza*).

Types : Partie antérieure d'un loup (1), tête de femme couronnée; un grand A dans le champ, accompagné de divers symboles; Dioméde debout tenant une épée et le Palladium. — Les monnaies d'argent aux types du loup et du casque avec la légende ΠΥ, sont restituées à Argos par M. Duchalais, qui les enlève à Byzance.
Légende : ΑΡΓΕΙΩΝ.
Métal : Argent et bronze.
Impériales grecques depuis Hadrien jusqu'à Salonina.

Asine (*Furnos*).

Types : Tête d'Hercule ; massue et arc.
Légende : ΑΣΙΝ.
Métal : Bronze.
Impériales grecques de la famille de Septime-Sévère. Quelques numismatistes placent Asine en Laconie.

Cleone (*Clegna*).

Types : Tête d'Hercule ; nom de la ville dans une couronne ; tête d'Apollon ; taureau cornupète.
Légende : ΚΛΗ. ΚΛΕΟΝΑΙΩΝ.
Métal : Bronze.
Impériales grecques de Commode et de la famille de Septime-Sévère.

Epidaurus (*Pedauro. Napoli di Malvasia*).

Types : Tête d'Esculape ; Hygie debout avec un serpent ; loup couché ; chèvre debout ; coq mangeant ; le nom de la ville dans une couronne.
Légende : ΕΠ. ΕΠΙΔΑΥΡΟΥ.
Métal : Argent et bronze.
Impériales grecques depuis Antonin le Pieux jusqu'à Alexandre Sévère.

Hermione (*Kastri*).

Types : Jupiter debout à gauche ; femme assise ; tête de femme ; Pégase.

---

(1) Cf. Pausanias, II, ix, et xix. — Plutarq., *in Pyrrho*, sub fine.

Légendes : AXAIΩN. EPMIΩNEΩN.
Métal : Bronze.
Impériales grecques de la famille de Septime-Sévère.

Methana (*Metana*).

Types : Tête de Vulcain ; couronne d'épis.
Légendes : ME. MEΘ. MEΘANAIΩN.
Métal : Bronze.
Impériales grecques de la famille de Septime-Sévère.

Thyrea.

Types : Tête de Pallas ; tête de loup ; chouette ; carquois ; casque, tête de loup et monogramme.
Légende : Θ. ΘΥPIA.
Métal : Bronze.

Trœzen (*Damala*).

Types : Tête de Neptune ; tête de femme les cheveux relevés ; trident ; tête de Pallas.
Légende : TPO. TPOIZHNIΩN. TPOIZHN.
Métal : Argent et bronze.
Impériales grecques de Commode et de la famille de Septime Sévère.

ILE VOISINE DE L'ARGOLIDE

Irene.

Types : Tête de Pallas ; de femme couronnée d'épis ; trident ; torche ardente dans une couronne.
Légende : IP.
Métal : Argent et bronze.

ARCADIA

Types : Tête imberbe nue de Pan, avec une ou deux cornes ; tête de Jupiter laurée ; houlette dans une couronne de laurier ; Pan imberbe nu et assis ; Pallas debout ; tête de femme dans un carré, les cheveux retenus par un fil ; Jupiter aétophore assis.

ARCADIA

Légende : A. AP (quelquefois en monogramme), APK. ΑΡΚΑ. ΑΡΚΑΔΙΚΟΝ.
Métal : Argent et bronze.
Impériales grecques d'Antinoüs.

Alea.

Types : Tête barbue de Jupiter ; Phyxus sur un bélier.
Légende : ΑΛΕΩΝ. ΑΛΕΙΩΝ.
Métal : Bronze.
Impériales grecques de Marciane, que l'ont croit douteuse

Asea.

Types : Jupiter debout ; femme assise.
Légendes : ΑΧΑΙΩΝ. ΑΣΕΑΤΩΝ.
Métal : Bronze.

Basilis.

Types : Tête barbue de Dardanus ; lyre ; tête de Mercure ; corne d'abondance.
Légendes : ΒΑΣΙΛ. ΒΑCΙΛΕ.
Métal : Argent et bronze.

Caphya.

Types : Tête virile imberbe et nue ; femme debout, tenant deux torches ; Pan assis.
Légende : ΚΑΦΥ.
Métal : Bronze.
Impériales grecques de la famille de Septime-Sévère.

Charisia.

Types : Tête d'Apollon à droite ; tête de femme ; loup marchant.
Légende : ΧΑΡ.
Métal : Bronze.

Clitorium.

Impériales grecques de Julia Domna.

Eva.

Types : Jupiter debout à gauche ; femme assise.
Légende : ΑΧΑΙΩΝ. ΕΥΩΝ.
Métal : Bronze.

Heraea.

Types : Tête casquée de Pallas ; monogramme.
Légende : H.
Métal : Bronze.
Impériales grecques de la famille de Septime-Sévère.

Mantinea-Antigonia.

Types : Tête de Pallas ; truie marchant ; trois glands ; trident ; Bacchus Meliartes debout.
Légende : MANTINEΩN. MAN.
Métal : Bronze et argent.
Impériales grecques de la famille de Septime-Sévère.

Megalopolis (*Sinano*).

Types : Tête de Jupiter laurée ; Pan nu et assis sur un rocher.
Légende : ΜΕΓ. ΜΕΓΑΛΟΠΟΛΕΙΤΩΝ.
Métal : Argent et bronze.
Impériales grecques de la famille de Septime-Sévère.

Methydrium.

Types : Tête de femme couronnée d'épis.
Légende : ΜΕ.
Métal : Bronze.

Orchomenus (*Kalpaki*).

Impériales grecques de la famille de Septime-Sévère : ΟΡΧΟΜΕΝΙΩΝ.

Pallanteum (*Tripolitza*).

Types : Jupiter debout ; femme assise.
Légende : ΑΧΑΙΩΝ. ΠΑΛΛΑΝΤΕΩΝ.
Métal : Bronze.

Pheneus (*Phonia*).

Types : Tête de Cérès couronnée d'épis ; Mercure debout tenant un caducée ; bœuf marchant ; tête de Diane ; cheval paissant.
Légende : ΦΕΝΕΩΝ. ΦΕΝΙΚΟΝ.
Métal : Argent et bronze.
Impériales grecques de la famille de Septime-Sévère.

Phigalea ou Phialea.

Types : Jupiter debout ; femme assise.
Légendes : ΑΧΑΙΩΝ. ΦΙΓΑΛΕΩΝ.
Métal : Bronze.
Impériales grecques de la famille de Septime-Sévère.

Psophis.

Impériales grecques de la famille de Septime-Sévère : ΨΩΦΕΙΔΙΩΝ.

Stymphalus (*Vussi*).

Types : Tête de femme laurée, d'Hercule imberbe et coiffée d'une peau de lion ; Hercule passant ; tête et cou de mouton.
Légende : ΣΤΥΜΦΑΛΙΩΝ.
Métal : Argent et bronze.

Tegea (*Molkia ?*).

Types : Tête de Pallas ; chouette ; biche allaitant un faon ; tête de Diane ; Pallas debout tenant une haste et déposant un objet dans une urne qui lui est présentée par une jeune fille ; tête barbue et diadémée ; le héros Aleus (1) debout et Pallas.
Légende : ΤΕΓΕ. ΤΕΓΕΑ. ΤΕΓΕΑΤΑΝ.
Métal : Argent et bronze.
Impériales grecques de la famille de Septime-Sévère.

Thelpusa.

Types : Tête radiée ; initiale du nom de la ville dans une couronne de laurier.
Légende : ΘΕΛ. ΘΕΛΠΟΥΣΙΩΝ.
Métal : Bronze.
Impériales grecques de Commode et de la famille de Septime-Sévère.

Thisoa.

Types : Jupiter nicéphore debout ; femme assise.
Légende : ΑΧΑΙΩΝ. ΘΙΣΟΑΙΩΝ.
Métal : Bronze.

ILE VOISINE DE L'ARCADIE

Platia.

Types : Tête casquée de Pallas ; chouette, devant une branche d'olivier.
Légende : ΠΛΑΤΕΙ.
Métal : Bronze.

---

(1) Aleus, petit-fils de Jupiter et roi de Tégée, était père d'Augen, dont Hercule eut Telephus.

CRETA INSULA (Kriti, Ghirit-Adassi, Candia).

On connaît des monnaies impériales grecques d'argent et de bronze, depuis Auguste jusqu'à Caracalla ; on y a frappé sous Trajan des deniers bilingues : la légende de l'avers est en latin et celle du revers en grec.

Allaria.
Types : Tête de Pallas ; Hercule debout.
Légende : ΑΛΛΑΡΙΩΤΑΝ.
Métal : Argent.

Apollonia.
Nous n'avons pas vu les monnaies d'argent attribuées à cette ville de Crète.

Aptera (*Paleo Castro*).
Types : Tête de femme, de Jupiter ; guerrier debout ; Mercure debout tenant un caducée ; Apollon nu assis, tenant une patère et une lyre ; abeille ;
Légende : ΑΠΤΕΡΑΙΩΝ. ΑΠΤΑΡΕΩΝ. ΑΠΤΑΡΑΙΩΝ.
Métal : Argent et bronze.

Arcadia (*Capo Arcadi*).
Types : Tête de Jupiter Ammon ; Pallas debout.
Légende : ΑΡΚΑΔΩΝ.
Métal : Argent.

Argos.
Types : Tête casquée de Minerve à gauche ; chouette et arc ; deux poissons et un loup.
Légende : ΑΡΓΕΙΩΝ.
Métal : Argent et bronze.

Arsinoe.
Types : Tête de Pallas ; de femme ; deux dauphins ; guerrier nu et debout.
Légende : ΑΡΣΙ.
Métal : Bronze.

Axus, Oaxus ou Saxus.
Types : Tête de Jupiter ; d'Apollon ; trépied.
Légende : ΑΞΙΩΝ. ΕΑΞΙΩΝ ou FΑΞΙΩΝ.
Métal : Bronze.

Ceratie.

Types : Tête de Diane ; double fer de lance dans une couronne.
Légende : KEPAITAN.
Métal : Argent et bronze

Chersonesus (*Spina-Longa*).

Types : Tête de Diane ; Hercule tenant une massue , Apollon nu et assis tenant une lyre ; tête de Pallas ; vaisseau.
Légendes : ΧΕΡ. ΧΕΡΣΟ. ΧΕΡΟΝΑΣΙΟΝ. ΧΕΡΣΟΝΗ-ΣΙΟΝ. ΧΕΡΣΟΝΑ. ΧΕΡΣΟΝΑΣΙΟΝ.
Métal : Argent et bronze.

Cnossus.

Types : Minotaure à genoux tenant un globe ; aire creuse dans laquelle on aperçoit une forme de labyrinthe ; tête d'Apollon laurée ; labyrinthe rond ; tête de Jupiter ; labyrinthe carré : tête barbue et diadémée ; aigle les ailes déployées ; tête de Diane : carquois.
Légendes : ΚΝΩΣΙΩΝ. ΚΝΩ. ΚΝΩΣΙ. ΚΝΩΣΣΙΩΝ.
Métal : Argent et bronze.
Impériales grecques d'Auguste et de Tibère.

Cydonia (*La Canea*).

Types : Tête de femme ornée de fleurs ; homme nu tenant un arc de chaque main ; homme nu tenant un arc au-dessus d'un feu allumé ; tête de Diane ; de bacchante ; de Pallas ; figure debout, un bras étendu vers un chien, tenant de l'autre main une lampe ; tête de Bacchante ; loup allaitant un louveteau : chien couché ; chouette ; astre et lune : chouette sur un diota.
Légende : ΚΥΔΩΝ, ΚΥΔΩΝΙΑΤΑΝ.
Métal : Argent et bronze.
Impériales grecques depuis Auguste jusqu'à Julia Domna.

Cyparisus.

Impériales grecques d'Antonin le Pieux.

Eleuthernæ.

Types : Tête de femme ; d'Apollon laurée ; Apollon nu debout, tenant une pomme et un arc ; le même nu et assis tenant les mêmes objets.
Légende : ΕΛΕΥ. ΕΛΕΥΘΕ. ΕΛΕΥΘΕΡΝΑΙΩΝ.
Métal : Argent et bronze.
Impériales grecques de Tibère.

Elyrus.

Types : Abeille ; tête de chevreuil ; chevreuil debout broutant un arbuste.
Légende : ΕΛΥΡΙΟΝ.
Métal : Argent et bronze.

Gortyna (*Kortina*).

Types : Jeune fille et aigle sur un tronc d'arbre noueux (1); Europe sur un taureau ; Jupiter sous la forme d'un aigle abusant de Léda ; tête de Jupiter diadémée ; guerrier nu passant, tenant un bouclier et une haste ; homme assis sur un rocher tenant un arc ; taureau cornupète.
Légende : ΓΟΡΤΥΝ. ΓΟΡΤΥΝΙΟΝ. ΓΟΡΤΥΝΙΩΝ.
Métal : Or et argent.
Impériales grecques depuis Caligula jusqu'à Hadrien.

Hierapytna (*Ierapietra. Girapetra*).

Types : Tête de femme tourellée ; aigle les ailes déployées près d'une palme ; astre ; palme.
Légende : ΙΕΡΑ. ΙΕΡΑΠΥ. ΙΕΡΑΠΥΤΝΙ.
Métal : Argent et bronze.
Impériales grecques depuis Auguste jusqu'à Caligula.

Hyrtacus ou Hyrtacinus.

Types : Abeille ; tête de chèvre.
Légende : ΥΡΤΑΚΙΝΙΩΝ.
Métal : Argent.

Itanus.

Types : Tête de Pallas ; aigle debout ; quelquefois on voit dans le champ une femme assise sur un dauphin, et tenant un trident.
Légende : ΙΤΑΝΙΩΝ.
Métal : Argent.
Impériales grecques d'Auguste.

Lampa ou Lappa.

Types : Tête de femme laurée, d'Apollon lauré ; Apollon nu, debout, tenant une lyre ; trois épis.
Légendes : ΛΑ. ΛΑΠΠΑΙ. ΛΑΠΠΑΙΩΝ.
Métal : Argent et bronze.
Impériales grecques depuis Auguste jusqu'à Commode.

---

(1) « Est Gortinæ platanus... statimque ei Græciæ fabulositas superfuit, Jovem sub ea cum Europa concubuisse. » Cf. Pline, XII, 5.

Lasos.

Types : Tête de Diane ; Mercure passant avec un caducée.
Légende : ΛΑΤΙΩΝ.
Métal : Bronze.

Lemnus.

Types : Tête barbue de Bacchus ; bélier.
Légende : ΛΕΜΝΙ.
Métal : Bronze.

Lissus.

Types : Tête de femme ; dauphin.
Légende : ΛΙΣΙΩΝ.
Métal : Bronze.

Lyttus.

Types : aigle volant ; tête de sanglier ; tête de Minerve, de Pallas : caducée ; navire.
Légende : ΛΥ. ΛΥΤ. ΛΥΤΤΙΩΝ.
Métal : Argent et bronze.
Impériales grecques depuis Caligula jusqu'à Germanicus.

Olus.

Types : Tête de Diane ; Jupiter aétophore assis.
Légende : ΟΛΟΝΤΙΩΝ.
Métal : Argent et bronze.

Petra.

Types : Dauphin à gauche ; trident.
Légende : ΠΕΤΡΑ.
Métal : Bronze.

Phæstus.

Types : Homme nu assis tenant un coq, d'un côté une porte, de l'autre un arbre ; bœuf passant ; Hercule nu debout, d'un côté un dragon, de l'autre un oranger : Hercule combattant l'hydre, à ses pieds un cancre ; taureau cornupète ; Hercule debout tenant un arc et une massue ; loup passant ; homme nu ayant de grandes ailes et portant deux globes.
Légendes : ΙΤΣΙΑΦ. ΦΑΙΣΤΙΩΝ. ΦΑΙCΤΙΩΝ.
Métal : Argent et bronze.

Phàlanna.

Types : Tête imberbe couronnée ; deux poissons posés l'un l'autre l'autre.

Légende : ΦΑΛΑΝΝΑΙΩΝ.
Métal : Argent.

Phalasarna.

Types : Grand monogramme, trident.
Légende : ΦΛΛ, en monogramme.
Métal : Argent et bronze.

Polyrhenium.

Types : Tête de Jupiter laurée ; de bœuf ; buste de Diane ; fer de lance ; homme nu marchant ; une main étendue, l'autre tenant une haste.
Légende : ΠΟΛΥΡΗΝΙ. ΠΟΛΥΡΗΝΙΩΝ.
Métal : Argent et bronze.
Impériales grecques depuis Auguste jusqu'à Trajan.

Præsus.

Types : Tête de femme, d'Apollon ; Neptune assis, un trident et un dauphin ; taureau cornupète ; partie antérieure d'un chevreuil et fer de lance ; foudre.
Légende : ΠΡΑΙ. ΠΡΑΙCΙΩΝ. ΠΡΑΙΣΙΩΝ.
Métal : Argent et bronze.

Priansus.

Types : Neptune debout ; trident et dauphin ; femme assise étendant la main vers un serpent ; tête de femme ; palme entre un gouvernail et un dauphin.
Légende : ΠΡΙΑΝΣΙΕΩΝ. ΠΡΙΑΝCΙΩΝ.
Métal : Argent et bronze.
Impériales grecques d'Hadrien.

Pyranthus.

Types : Tête d'Artémis Dyctinna ou d'Acacallis ; de Minerve casquée ; chèvre debout.
Légende : ΠΥΡ.
Métal : Argent.

Raucus.

Types : Neptune nu tenant un trident et domptant un cheval ; trident ; navire.
Légende : ΡΑΥ. ΡΑΥΚ. ΡΑΥΚΙΟΝ.
Métal : Argent et bronze.

Rhithymna (*Retimo*).

Types : Tête de Pallas ; trident ; deux **dauphins**.
Légende : ΡΙ. ΡΙΘΥ.
Métal : Argent et bronze.

Sybritia.

Types : Mercure nu, debout, tenant une patère et un caducée, Bacchus Indien demi-nu tenant un diota et un thyrse ; Bacchus porté sur une panthère ; Mercure un pied sur un rocher ; tête de Bacchus couronnée de pampre ; Mercure debout tenant un long caducée ; tête de Bacchus Indien barbue ; tête de Mercure couvert du pileus ; tête de Jupiter ; dauphin.
Légende : ΣΥΒΡΙΤΙΩΝ.
Métal : Argent et bronze.

Tanos.

Types : Tête de Jupiter ; aigle debout.
Légende : ΤΑΝΟΣ.
Métal : Argent et bronze.

Tegea.

Les monnaies de cette ville sont maintenant classées à Tegea d'Arcadie.

Tylissus.

Types : Tête de femme ornée d'une couronne de fleurs ; homme nu assis, tenant une tête de chevreuil et un arc.
Légende : ΤΥΛΙΣΙΟΝ.
Métal : Argent.

EUBŒA INSULA (Eiriboss-Adassi, Negroponte).

Types : Tête de bœuf ; taureau marchant ou **cornupète** ; colombe ; couronne de laurier.
Légende : ΕΥ, ΕΥΒΟ. ΕΥΒΟΙΕΩΝ.
Métal : Argent et bronze.

Artemisium (?).

Types : Tête imberbe d'Hercule, de lion, de Jupiter, de chien ; gouvernail dessous une flèche.
Légende : ΑΡΤΕ. ΑΡ.
Métal : Argent et bronze.

Carystus (*Karisto. Castel Rosso*).

Types : Coq debout ; vache allaitant veau ; tête d'Hercule ; taureau couché ; tête de taureau ; deux palmes ; tête de Neptune ; dauphin enlacé autour d'un trident ; l'initiale K dans le champ.

Légende : ΚΑΡΥΣΤΙΩΝ. ΚΑΡΥ. ΚΑΡ.
Métal : Or, argent et bronze.
Impériales grecques depuis Néron jusqu'à Antonin le Pieux.

Cerinthus.

Nous n'avons pas vu les monnaies de bronze de cette ville de l'Eubée.

Chalcis (*Egripos. Negroponte*).

Types : Tête d'Apollon, de femme; tête de femme de face; la tête ornée de perles; tête de Neptune avec trident, temple distyle, dedans une niche en forme de cône; aigle dévorant un serpent.
Légendes : ΧΑΛΚΙΔΕωΝ. ΧΑΛ. ΧΑΛΚΙ.
Métal : Argent et bronze.
Impériales grecques depuis Auguste jusqu'à Caracalla.

Eretria.

Types : Tête de Diane, de Pallas; taureau couché; deux grappes de raisin. Diane marchant avec un arc; polype; bœuf se grattant.
Légende : ΕΡΕΤΡΙΕΩΝ. ΕΡΕ.
Métal : Argent et bronze.

Histiæa (*Orio*).

Types : Tête de Bacchante; femme assise sur une proue de navire, et tenant un voile étendu; taureau debout et vigne.
Légende : ΙΣΤΙΑΙΕΩΝ. ΙΣΤΙ.
Métal : Argent et bronze.

AMORGUS INSULA (Amorgo).

Types : Tête d'Apollon laurée; globe posé sur un trépied; astre dans un croissant; deux thyrses en croix; mouche.
Légende : ΑΜ. ΑΜΟ.
Métal : Bronze.

Ægiale Amorgi (*Hyali*).

Types : Tête laurée de Jupiter, casquée de Pallas; instrument avec un crochet et serpent; chouette.
Légende : ΑΙΓΙ.
Métal : Bronze.

ANAPHE INSULA (Naufio).

Types : Tête laurée d'Apollon, de face ; vase à deux anses et abeille.
Légende : ΑΝΑΦ.
Métal : Bronze.

ANDRUS INSULA (Andro).

Types : Tête de Bacchus couronnée de pampre ; thyrse ; panthère ; femme debout tenant une haste ; diota.
Légende : ΑΝΔΡ. ΑΝΔΡΙ.
Métal : Argent et bronze.
Impériales grecques d'Antonin le Pieux et de Lucius Verus.

CEOS ou CEA INSULA (Murtad-Adassi, Zea).

Types : Tête barbue et laurée, quelquefois radiée ; tête imberbe ; partie antérieure d'un chien dans des rayons ; partie antérieure d'un cheval.
Légende : ΚΕ. ΚΕΩΝ. ΚΕΙ. ΚΕΙΩΝ.
Métal : Bronze.

Carthaea Ceæ.

Types : Tête laurée tantôt imberbe, tantôt barbue ; tête de jeune homme laurée ; tête de Bacchus couronnée de pampre ; partie antérieure de chiens au milieu de rayons ; astre ; grappe de raisin et astre.
Légende : ΚΑΡ. ΚΑΡΘΑ. ΚΑΡΘΑΙ.
Métal : Bronze.

Coresia Ceæ.

Types : Sèche et poisson ; aire creuse ; grappe de raisin ; tête d'Apollon Sminthien ; tête casquée de Minerve Nedusia ; astre.
Légende : ΚΟ. ΚΟΡΗ.
Métal : Bronze et argent.

Julis Ceæ.

Types : Tête laurée et barbue ; abeille.
Légende : ΙΟΥΛ.
Métal : Bronze.

Poesa Cœ.

Types : Tête barbue de Bacchus; tête d'Aristée ; grappe de raisin.
Légende : ΠΟΕΣ.
Métal : Bronze.

CIMOLIS INSULA (Kimoli, L'argentiera).

Types : Tête de Pallas; de Mercure; trident; dauphin, coquille; abeille.
Légende : ΚΙΜΩΛΙ. ΧΙ.
Métal : Bronze.

CYTHNUS INSULA (Thermia).

Types : Tête laurée d'Apollon ; lyre ; chouette et mouche ; croissant et astre.
Légende : ΚΥ. ΚΥΘΝΙ.
Métal : Bronze.

DELUS INSULA (Istille, Stile).

Types : Tête d'Apollon ; lyre ; trépied.
Légende : ΔΗ. ΔΗΛΙΩΝ.
Métal : Argent et bronze.

GYAROS INSULA (Yura).

Nous n'avons pas vu les monnaies de bronze attribuées à cette île.

IOS INSULA (Nio).

Types : Tête de femme laurée, de Bacchus Indien ; ancre ; palme ; tête tantôt laurée, tantôt diadémée ; Pallas debout ; couronne de laurier (1).

(1) Quelquefois on voit sur les monnaies d'Ios une tête laurée qui d'après la légende est celle d'Homère. Cette île avait des prétentions à être la patrie d'Homère ; les uns, comme Strabon,

Légende : IH. IHTΩN.
Métal : Bronze.
Impériales grecques de Faustine la mère et de Lucille.

MELOS INSULA (Deyrmen-Adassi, Milo).

Types : Grenade ; M. dans une aire creuse ; diota, de l'anse duquel pend une grappe de raisin ; tête de Pallas ; buste de la même déesse ; tête nue et barbue ; trois grenades ; femme debout tenant un enfant et appuyée sur une colonne ; philosophe assis ; Hercule tirant de l'arc ; diota.
Métal : Argent et bronze.
Légende : MH. MHΛIΩN. MA. MAΛI.
Impériales grecques depuis Néron jusqu'à Caracalla.

MYCONUS INSULA (Miconi).

Types : Tête de Jupiter ; de face de Bacchus ; de Cérès ; grappe de raisin ; grappe de raisin et épi ; deux épis unis ; couronne de lierre.
Légende : MYKO. MYKONIωN.
Métal : Argent et bronze.
Impériales grecques d'Auguste et de Domitien.

NAXUS INSULA (Naxia).

Types : Tête de Bacchus couronnée de pampre ; diota accompagné quelquefois d'un thyrse, quelquefois de pampres.
Légende : NA. NAΞI. NAΞIΩN.
Métal : Argent et bronze.
Impériales grecques de la famille de Septime-Sévère.

prétendaient qu'il y avait été enterré ; d'autres, et de ce nombre sont Étienne de Byzance et Pausanias, disent que la mère de l'illustre poète était native d'Ios.

PARUS INSULA (Paros, Naucsa).

Types : Tête de Bacchus couronnée de pampre ; femme assise tenant un thyrse ; chèvre ; tête de Cérès.
Légende : ΠΑΡΙΩΝ.
Métal : Argent et bronze.
Impériales grecques de Marc-Aurèle et de Faustine la Jeune.

PHOLEGANDRUS INSULA (Policandro).

Types : Tête du héros Pholegandrus ; taureau cornupète.
Légende : ΦΟΛΓΛ.
Métal : Bronze.

SERIPHUS INSULA (Serfanto).

Types : Chimère ; colombe volant dans une couronne de laurier ; tête jeune coiffée d'un casque ailé ; harpe ; tête de Méduse ; Persée nu debout.
Légende : ΣΕ. ΣΕΡΙ. ϹΕΡΙΦΙΩΝ.
Métal : Bronze. Les pièces d'argent qui avaient été d'abord données à cette île, ont été rendues à *Sycione* d'Achaïe.
Impériales grecques de Marc Aurèle.

SICINUS INSULA (Sikino).

Types : Tête virile nue ; abeille ; grappe de raisin.
Légende : ΣΙ. ΣΙΚΙ.
Métal : Bronze.

SIPHNUS INSULA (Sifanto).

Types : Chimère ; aigle ou colombe volant dans une couronne de laurier ; tête de femme ; oiseau volant dans une aire creuse ; aigle volant et tenant un serpent dans son bec ; tête d'Apollon laurée ; de Jupiter laurée ; trident ; arbre ; buste de Pallas ; colombe au repos ; trépied dans une couronne de laurier.
Légende : ΣΙ. ΣΙΦ. ΣΙΦΝ.
Métal : Argent et bronze.
Impériales grecques depuis Septime-Sévère jusqu'à Gordien III.

SYRUS INSULA (Sira).

Types : Partie antérieure d'un taureau cornupète ; épi ; tête barbue et cornue; bouc près d'un arbuste.
Légende : ΣΥΡΙΩΝ. ΣΥΡΙΕΩΝ.
Métal : Bronze.
Impériales grecques de Marc-Aurèle.

TENUS INSULA (Tine, Tino, Istindil).

Types : Tête cornue, tantôt imberbe et tantôt barbue ; Neptune debout ou assis, tenant le trident et un dauphin.
Légende : TH. THNI. THNIΩN.
Métal : Argent et bronze.
Impériales grecques depuis Sabine jusqu'à Maxime.

THERA INSULA (Santorini).

Types : Tête jeune de face ; trois dauphins ; bœuf cornupète.
Légende : ΘΗ. ΘΗΡΑΙΩΝ.
Métal : Bronze.
Impériales grecques depuis Marc-Aurèle jusqu'à Septime-Sévère.

ASIA

BOSPHORUS CIMMERIUS

Gorgippia.

Types : Tête d'Apollon ; trépied entre deux monogrammes.
Légende : ΓΟΡΓΙΠΠΕΩΝ.
Métal : Bronze.

Phanagoria (*Taman*).

Types : Tête nue et barbue ; de Pan ; arc et flèche.
Légendes : ΦΑ. ΦΑΝΑ.
Métal : Argent et bronze.

COLCHI

Dioscurias (*Iscuriah*).

Types : Les bonnets des Dioscures ; borne ou phare.
Légende : ΔΙΟΣΚΟΥΡΙΑΔΟΣ.
Métal : Bronze.

PONTUS

Amasia (*Amassia*).

Types : Tête jeune casquée ; tête de Jupiter ; tête imberbe et diadémée ; carquois, aigle sur un foudre ; corne d'abondance entre les bonnets des dioscures.
Légende : ΑΜΑΣΣΕΙΑΣ. AMAC. AMACIAC.
Métal : Bronze.
Impériales grecques depuis Domitien jusqu'à Julia Mammea.

Ameria.

Nous n'avons pas vu les monnaies de bronze attribuées à cette ville.

Amisus (*Himisso. Samsum*).

Types : Tête de femme tourellée, de Bacchus couronnée de lierre, de Pallas ; de Jupiter ; de jeune homme casquée ;

buste de l'Amour; chouette dans une couronne (1); ciste mystique et thyrse; Persée debout tenant une harpe et la tête de Méduse décollée; aigle sur un foudre; carquois; l'égide, et dessus une tête de Méduse; arc et carquois; buste de Pallas; Rome Nicéphore assise; tête de Bacchus; fleuve couché appuyé sur une corne.
Légende: ΑΜΙΣΟΥ. ΑΜΙCΟΥ. ΑΜΙCΗΝΩΝ.
Métal: Argent et bronze.
Impériales grecques depuis Trajan jusqu'à Salonina (2).

Asiba.

Impériales grecques de Gordien III : cette attribution n'est pas certaine : ΑCΙΒΑΙΩΝ.

Cabira (*Turkal*).

Types: Tête de Pallas; d'un jeune homme casquée; Persée combattant Méduse; victoire passant; égide; aigle sur un foudre.
Légendes: ΚΑΒΗΡΩΝ.
Métal: Bronze.

Cerasus (*Chikonda, Ghirecin, Keresum*).

Impériales grecques d'Antonin le Pieux, de Marc-Aurèle et d'Élagabale : ΚΕΡΑCΟΥΝΤΙΩΝ.

Chabacta.

Types: Tête imberbe et casquée; carquois, soleil et lune; égide; victoire passant; Pégase paissant un pied levé.
Légende: ΧΑΒΑΚΤΩΝ. ΤΗΑΒΑΧ.
Métal: Bronze.

Comana (*Mermer Klissa. Gomanak*).

Types: Tête de Pallas; égide; Persée tuant Méduse; victoire passant.
Légende: ΚΟΜΑΝΩΝ.
Métal: Bronze.
Impériales grecques depuis Nerva jusqu'à Élagabale. — Coloniales de Caracalla : COL. IVL. AVG. F. COMANORVM.

---

(1) Ce type rappelle qu'Amisus a été fondé par les Athéniens.
(2) On lit sur les monnaies d'Amisus des dates qui indiquent une ère dont la première année remonte à l'an 721 de la fondation de Rome.

Gasuira (*Azurnis*).

Types : Tête de Jupiter ; tête jeune casquée ; aigle sur un foudre ; carquois.
Légende : ΓΑΣΙΟΥΡΩΝ.
Métal : Bronze.

Laodicea (*Ladik*).

Types : Égide ; victoire passant ; tête jeune et carquois ; carquois.
Légende : ΛΑΟΔΙΚΕΩΝ.
Métal : Bronze.

Neocæsarea (*Niksar. Nixaria*).

Types : Tête d'Hercule laurée ; couronne de laurier.
Légende : NEOKAICAPEIAC.
Métal : Bronze.
Impériales grecques depuis Tibère jusqu'à Gallien.

Pharnacia.

Types : Tête de Jupiter ; taureau marchant ; aigle éployée.
Légende : ΦΑΡΝΑΚΕΙΑΣ.
Métal : Bronze.

Pimolisa (*Osmangik*).

Types : Tête casquée et barbue ; tête juvénile et casquée ; carquois.
Légende : ΠΙΜΩΛΙΣΩΝ.
Métal : Bronze.

Sarbanissa.

Types : Tête diadémée de Polémon II ; la Fortune debout.
Légendes : ΣΑΡΒΑΝΙΣΣΩΝ. ΤΩΝ, ΣΙΝΩ.
Métal : Bronze.

Sebastopolis.

Types : Tête de Bacchus couvert de pampre ; ciste duquel sort un serpent.
Légende : CEBACTOΠOΛEITΩN.
Métal : Bronze.
Impériales grecques d'Antonin le Pieux et de Julia Domna.

Sinda.
Types : Tête d'Hercule ; tête de cheval.
Légende : ΣΙΝΔΩΝ.
Métal : Argent.

Trapesus (*Trabisan. Trebisonda*) (1).
Impériales grecques depuis Trajan jusqu'à Philippe Ier :
ΤΡΑΠΕΖΟΥΝΤΙΩΝ.

Zela (*Zilé*).
Impériales grecques de J. Domna, de Caracalla et de Géta : ΖΗΛΙΤΩΝ. ΤΟΥ. ΠΟΝΤΟΥ.

ROIS DE PONT ET DU BOSPHORE CIMMÉRIEN.

Leuco II ou III.
Roi du Bosphore, au milieu du IVe siècle avant J.-C.
Types : Tête d'Hercule jeune ; arc et massue.
Légende : ΒΑΣΙΛΕΩΣ. ΛΕΥΚΩ.
Métal : Bronze.

Pærisades II.
Roi du Bosphore, de 289 à ... avant J.-C.
Types : Tête du roi diadémée ; Pallas Nicéphore assise.
Légende : ΒΑΣΙΛΕΩΣ. ΠΑΙΡΙΣΑΔΟΥ.
Métal : Or.

Mythridates III.
Roi de Pont, de 297 à 266 avant J.-C.
Types : Tête du roi diadémée ; Jupiter Nicéphore assis.
Légende : ΒΑΣΙΛΕΩΣ. ΜΙΘΡΑΔΑΤΟΥ.
Métal : Argent.

Pharnaces I.
Roi de Pont, de 184 à 157 avant J.-C.
Types : Tête du roi diadémée et un peu barbue ; divinité panthée.
Légende : ΒΑΣΙΛΕΩΣ. ΦΑΡΝΑΚΟΥ.
Métal : Argent.

---

(1) M. Duchalais propose de restituer à cette ville les monnaies classées à Trapezopolis de Carie.

Mithridates V Evergetes.
Roi de Pont, de 157 à 125 avant J.-C.

Types : Tête du roi diadémée ; figure barbue debout, un modius sur la tête, tenant un aigle et un sceptre.
Légendes : ΒΑΣΙΛΕΩΣ. ΜΙΘΡΑΔΑΤΟΥ. ΕΥΕΡΓΕΤΟΥ.
Métal : Argent.

Mithridates VI Eupator Dionÿsus.
Roi de Pont, de 125 à 62 avant J.-C.

Types : Tête du roi diadémée : cerf ou Pégase paissant, soleil et lune, le tout dans une couronne de lierrre.
Légendes : ΒΑΣΙΛΕΩΣ ΜΙΘΡΑΔΑΤΟΥ ΕΥΠΑΤΟΡΟΣ.
Métal : Or et argent.

Pharnages II.
Roi du Bosphore et de Pont, de 62 à 47 avant J.-C.

Types : Tête du roi diadémée ; Apollon assis devant un trépied, tenant un rameau et une lyre.
Légendes : ΒΑΣΙΛΕΩΣ. ΒΑΣΙΛΕΩΝ. ΜΕΓΑΛΟΥ. ΦΑΡΝΑΚΟΥ.
Métal : Or et argent.

Asander.
Gouverneur puis roi de Pont, de 46 à 13 avant J.-C.

Types : Tête d'Asander imberbe et nue ; tête du même, diadémée ; victoire sur une proue de navire.
Légendes : ΑΡΧΟΝΤΟΣ. ΑΣΑΝΔΡΟΥ. ΒΟΣΠΟΡΟΥ. — ΒΑΣΙΛΕΩΣ. ΑΣΑΝΔΡΟΥ.
Métal : Or, argent et bronze.

Polemo I.
Roi de Bosphore et de Pont, de 13 à 1 avant J.-C.

Types : Tête de Polémon, de Marc-Antoine, d'Auguste.
Légende : ΒΑϹΙΛΕΩΣ. ΠΟΛΕΜΩΝΟϹ.
Métal : Argent et bronze.

Dÿnamis.
Première femme de Polémon I,

Types : Buste de la reine, la tête ceinte d'un diadème ; astre au-dessus d'un croissant.
Légende : ΒΑΣΙΛΙΣΣΗ. ΔΥΝΑΜΕΩΣ.
Métal : Or.

Pythodoris.
Seconde femme de Polémon I.

Types : Tête d'Auguste et de Tibère; capricorne; balance.
Légendes : ΒΑΣΙΛΙΣΣΑ. ΠΥΘΟΔΩΡΙΣ.
Métal : Argent.

Polemo II.
Roi de Pont et du Bosphore, de 38 à 63 de J.-C.

Types : Tête du roi diadémée, de Claude, d'Agrippine, de Néron ; tête radiée.
Légendes : ΒΑΣΙΛΕΩΣ. ΠΟΛΕΜΩΝΟΣ.
Métal : Argent et bronze.

Tryphæne.
Femme de Polémon II.

Types : Tête diadémée de Polémon II.
Légendes : ΒΑCΙΛΙCCΗC. ΤΡΥΦΑΙΝΗC.
Métal : Argent.

Ti. Julius Sauromates I.
Roi du Bosphore ; comtemporain d'Auguste et de Tibère.

Types : Tête du roi diadémée ; d'Auguste; de Tibère ; victoire passant; chaise curule ; dessus une couronne ; haste et torche ; haste et bouclier ; bouclier et trépied ; homme nu dans un quadrige.
Légendes : ΤΙ. ΙΟΥΛΙΟΥ. ΒΑCΙΛΕΩC. CΑΥΡΟΜΑΘΟΥ. — ΒΑΣΙΛΕΩΣ. ΣΑΥΡΟΜΑΘΟΥ.
Métal : Bronze.

Cepæpiris.
Femme de Sauromates I.

Types : Tête de la reine diadémée : tête du roi Sauromates Ier.
Légendes : ΒΑΣΙΛΙΣΣΗΣ. ΓΗΠΑΙΠΙΡΕΩΣ.
Métal : Bronze.

Rhescupuris II.
Roi du Bosphore ; comtemporain d'Auguste, de Tibère et de Caligula.

Types : Tête diadémée et barbue : de femme diadémée, de Tibère, de Caligula.
Légendes : ΤΙΒΕΡΙΟC. ΙΟΥΛΙΟC. ΒΑCΙΛΕΥC. ΡΗCΚΟΥΠΟΡΙC. — ΒΑ. Ρ.
Métal : Or et bronze.

Mithridates.
Roi du Bosphore ; contemporain de Claude.

Types : Tête du roi imberbe et diadémée : massue à laquelle sont suspendues les dépouilles d'un lion, carquois et trident, balance ; tête de Néron.
Légendes : BACIΛEΩC. MIΘPAΔATOY. — EΠI. ΚΛΑΥΔΙΟΥ ΜΥΘΡΑΔΑΤΟΥ.
Métal : Bronze.

Cotys I.
Roi du Bosphore, comtemporain de Claude et de Néron.

Types : Tête du roi Cotys : d'Agrippine, de Néron, de Claude.
Légendes : BA. K. — BA. KO.
Métal : Or et bronze.

Rhescuporis II.
Roi du Bosphore ; contemporain de Domitien.

Types : Tête du roi diadémée, tête de Domitien laurée.
Légendes : BACIΛEωC. PHCKOYΠOPIΔOC.
Métal : Or.

Sauromates II.
Roi du Bosphore ; contemporain de Trajan et d'Hadrien.

Types : Tête du roi diadémée, de Trajan, d'Hadrien ; aigle tenant une aigle dans son bec ; MH dans une couronne de chêne.
Légendes : BACIΛEΩC. CAYPOMATOY.
Métal : Or et bronze.

Cotys II.
Contemporain d'Hadrien.

Types : Tête diadémée du roi ; d'Hadrien : dates dans une couronne de chêne.
Légendes : BACIΛEωC. KOTYOC — BA. K.
Métal : Or et bronze.

Rhœmetalces.
Contemporain d'Hadrien et d'Antonin.

Types : Tête diadémée du roi, d'Hadrien, d'Antonin ; victoire passant.
Légendes : BACIΛEωC. POIMHTAΛKOY.
Métal : Or et bronze.

Eupator.
Contemporain d'Antonin et de M. Aurèle.

Types : Tête diadémée du roi, d'Antonin ; deux têtes de face, l'une nue et l'autre tourellée ; tête de cheval ; buste barbu et casqué avec un bouclier ; dates dans une couronne ; fronton de temple ; femme assise tenant un globe ; têtes de Marc-Aurèle et de Lucius Verus.
Légendes : BACIΛEωC. EΥΠATOPOC. — BA. EΥ. — BA. E.
Métal : Or et bronze.

Sauromates III.
Contemporain de M. Aurèle, de Commode et de Septime-Sévère.

Types : Tête diadémée du roi, de Commode, de Septime-Sévère, de Sévère et de Caracalla ; cavalier ; femme assise tenant un globe et une haste ; dans le champ, une tête de Septime-Sévère.
Légende : BACIΛEωC. CAΥPOMATOΥ.
Métal : Or, électrum, argent et bronze.

Rhescuporis III (de 211 à 229).
Types : Tête diadémée du roi, de Caracalla, le roi à cheval.
Légende : BACIΛEΩC. PIICKOΥΠOPIΔOC.
Métal : Or, électrum, argent et bronze.

Cotys III (de 229 à 235).
Types : Tête diadémée du roi ; bustes affrontés de Cotys et d'Astarté ; Astarté assise ; tête d'Alexandre Sévère.
Légende : BACIΛEΩC. KOTΥOC.
Métal : Or, électrum et argent.

Rhescuporis IV (de 234 à 235).
Types : Bustes du roi barbu et d'Astarté ; Astarté assise.
Légende : BAΣIΛEΩΣ PHCKOΥΠOPIΔOΣ.
Métal : Bronze.

Ininthimeus (de 235 à 239).
Types : Buste du roi barbu, devant un aigle ; Astarté assise ; tête de Maximin.
Légende : BAΣIΛEΩΣ. ININΘΥMEOΥ.
Métal : Argent et bronze.

Rhescuporis V (de 240 à 268).

Types : Buste jeune du roi; têtes de Gordien III, de Gallien; Astarté assise.
Légende : ΒΑΣΙΛΕΩΣ ΡΗΣΚΟΥΠΟΡΙΔΟΣ.
Métal : Argent et bronze.

Rhescuporis VI (de 284 à 312).

Types : Buste diadémé du roi, devant un trident; bustes de Carin et de Numérien.
Légende : ΒΑΣΙΛΕΩ ΡΗΣΚΟΥΠΟΡΙΔΟΣ.
Métal : Bronze.

Rhescuporis VII (de 314 à 335).

Types : Tête du roi; buste de Constantin.
Légende : ΒΑΣΙΛΕΩΣ ΡΗΣΚΟΥΠΟΡΙΣ.
Métal : Bronze.

Phareanses (de 254 à 255).

Types : Tête diadémée du roi; tête de Valérien.
Légende : ΒΑΣΙΛΕΩΣ ΦΑΡΕΑΝΣΟΥ.
Métal : Bronze.

Teiranes (de 276 à 279).

Types : Tête diadémée du roi ; de Probus.
Légendes : ΒΑCΙΛΕΩC. ΤΕΙΡΑΝΟΥ.
Métal : Bronze.

Thothorses (de 279 à 308).

Types : Tête diadémée du roi, de Probus, de Dioclétien, de Constantin.
Légende : ΒΑCΙΛΕΩC. ΘΟΘΟΡCΟΥ.
Métal : Bronze.

Radamses (de 309 à 321).

Types : Buste diadémé du roi; buste de Constantin.
Légende : ΒΑΣΙΛΕΟΣ. ΡΑΔΑΜΣΑΔ.
Métal : Bronze.

PAPHLAGONIA

Aboni-Tichos. Ionopolis (*Aïnèh-Boli. Ynebolu*).

Types : Tête de Jupiter; aigle les ailes éployées.
Légendes : ΑΒΩΝΟΥ. ΤΕΙΧΟΥ. ΙΩΝΟΠΟΛΕΙΤΩΝ. ΓΛΥΚΩΝ.
Métal : Bronze.
Impériales grecques d'Antonin et de Marc-Aurèle, Lucius Verus et Lucilla.

Ægialus (*do Castelli. Calla de Gide*).
Impériales grecques de Julia Domna et de Caracalla.

Amastris (*Amassrch. Amastra. Amarsa. Samatro*).
Types : Tête de Pallas ; jeune casquée ; de Jupiter ; aigle ; Persée tenant Méduse ; carquois ; aigle sur un foudre ; victoire passant ; tête de femme tourellée ; thyrse dans une couronne ; Jupiter assis tenant un aigle et une haste ; tête de femme voilée et tourellée ; victoire debout ; tête d'Homère diadémée ; le fleuve Melès couché et tenant une lyre ; tête de femme voilée et tourellée.
Légendes : ΑΜΑΣΤΡΕ. ΑΜΑΣΤΡΕΩΣ. ΑΜΑCΤΡΙC. ΑΜΑCΤΡΙΑΝΩΝ (1).
Métal : Argent et bronze.
Impériales grecques depuis Domitia jusqu'à Gordien III.

Aulari.
Types : Tête de Mars ; parazonium et ceinturon.
Légende : ΑΤΛΑΡΩΝ en monogr.
Métal : Bronze.

Cromna (*Gromena. Calle de Carayat*).
Types : Tête de Jupiter ; tête de femme ceinte d'une couronne élevée.
Légende : ΚΡΩΜΝΑ.
Métal : Argent.

Gangra. Germanicopolis (*Ghiengari. Ghiengra*).
Impériales grecques de Marc-Aurèle, de Faustine II et de la famille de Septime-Sévère : ΓΕΡΜΑΝΙΚΟΠΟΛΙC.

Mastia.
Types : Tête imberbe casquée à droite ; carquois.
Légende : ΜΑΣΤΙΕΩΝ.
Métal : Bronze.

Neoclaudiopolis.
Impériales grecques depuis Antonin le Pieux jusqu'à Caracalla : ΝΕΟΚΛΑΥΔΙΟΠΟΛΕΙΤΩΝ.

---

(1) Parmi les monnaies autonomes il y en a qui portent le nom de Sébaste de Paphlagonie, et parmi les impériales, d'autres portent le nom d'Amisus, en signe d'alliance. — Une tradition prétendait qu'Homère était né près du fleuve Mélès, à Smyrne, et on pense qu'Amastris était une colonie venue de Smyrne.

Pompeiopolis (*Tache-Hupru*).

Impériales grecques depuis Marc-Aurèle jusqu'à Faustine II : ΠΟΜΠΕΙΟΠΟΛΙC.

Sebaste (*Sivas*).

Types : Buste de Diane pharétrée; Pallas debout.
Légendes : ΣΕΒΑΣΤΕΝΩΝ... ΜΗΤ.
Métal : Bronze.

Impériales grecques de Trajan, de Marc-Aurèle et de L. Verus.

Sesamus.

Types : Tête barbue et laurée; tête de femme.
Légende : ΣΗΣΑ.
Métal : Bronze.

Sinope (*Sinab. Sinope*).

Types : Taureau cornupète; roue dans une aire creuse; tête de femme ; aigle dévorant un poisson; tête de femme ceinte d'une couronne élevée ; aigle éployée ; tête de Persée casquée; harpe sur un cippe; tête de Pallas, de Jupiter; buste de Cupidon ailé ; Persée tenant Méduse; victoire passant ; carquois ; carquois et arc; corne d'abondance entre les bonnets des Dioscures.
Légende : ΣΙΝΩ. ΣΙΝΩΠΗ. ΣΙΝΩΠΗΣ.
Métal : Argent et bronze.

Coloniales autonomes de bronze, portant C. I. C. F. S. *Colonia Julia Cæsarea Felix Sinope*.

Coloniales impériales latines depuis Jules César jusqu'à Gallien.

ROI DE PAPHLAGONIE

Pylæmenes (Époque incertaine).

Types : Tête de taureau de face; caducée; tête du roi imberbe et nue, une massue par derrière; victoire passant.
Légende : ΒΑΣΙΛΕΩΣ. ΠΥΛΑΙΜΕΝΟΥ. ΕΥΕΡΓΕΤΟΥ
Métal : Bronze.

BITHYNIA

Impériales grecques d'argent et de bronze depuis Vespasien jusqu'à Sabine, ΚΟΙΝΩΝ ΒΕΙΘΥΝΙΑΣ.

Alyatta.

Types : Tête casquée ; lyre.
Légendes : ΑΛΥ. ΑΛΥΑΤΤΗΝΩΝ.
Métal : Bronze.

Apamea. Myrlea (*Medaniah. Mudagna*).

Types : Tête d'Apollon laurée ; lyre.
Légende : ΑΠΑΜΕΩΝ, ΜΥΡΛΕΑ.
Métal : Bronze.
Coloniales autonomes de bronze. C. I. C. A.
Coloniales impériales latines depuis Auguste jusqu'à Gallien.

Bithynium. Claudiopolis (*Bastan*).

Types : Tête de Bacchus ; Rome assise.
Légendes : ΒΙΘΥΝΙΕΩΝ. — ΚΛΑΥΔΙΟΠΟΛΙC. ΚΛΑΥΔΙΟΠΟΛΕΙωC, ΚΛΑΥΔΙΟΠΟΛΕΙΤΩΝ.
Métal : Bronze.
Impériales grecques de bronze avec le nom de Claudiopolis, depuis Claude jusqu'à Hadrien, et avec le nom de Bithynium depuis Antinoüs jusqu'à Gallien.

Chalcedon (*Kadi-Kioy*).

Types : Tête barbue et nue ; taureau debout ; taureau sur un épi ; roue ; carré creux.
Légende : ΚΑΛ. ΚΑΛΧ. ΚΑΛΧΑΔΟΝΙΩΝ (1).
Métal : Argent et bronze.
Impériales grecques depuis Agrippine II jusqu'à Tranquilline.

Cius. Prusias ad mare (*Kig. Kiomti*) (2).

Types : Tête d'Apollon laurée, d'Hercule barbue et diadémée, d'Hercule coiffée des dépouilles du lion, de Diane ; proue de navire ; arc et massue ; arc, bouclier et massue ; trépied.
Légendes : ΚΙ. Κ. ΚΙΑ. — ΠΡΟΥCΙΕΩΝ. ΤΩΝ. ΠΡΟC ΘΑΛΑCCΑΝ.
Métal : Argent et bronze.
Impériales grecques de Domitien avec le nom de Prusias, et de Claude jusqu'à Salonina avec le nom de Cius.

---

(1) Sur quelques autonomes on lit le nom de Byzantium de Thrace en signe d'alliance.
(2) Philippe V, roi de Macédoine, ayant pris Cius, donna cette ville à Prusias, fils de Zéla, qui lui fit prendre son nom.

Cratia. Flaviopolis (*Bayndir*).

Types : Tête laurée de Jupiter, d'Apollon; foudre ailé; tête tourellée de femme; Mercure debout.
Légende : ΚΡΗ. ΦΛΑΒΙΟΠΟΛΙC.
Métal : Bronze.

Les impériales grecques frappées depuis Antonin jusqu'à Gallien portent le nom de Flaviopolis.

Dia.

Types : Tête laurée de Jupiter; de Bacchus barbue; aigle sur un foudre; ciste mystique; grappe de raisin.
Légende : ΔΙΑΣ.
Métal : Bronze.

Erebœa.

Impériales grecques de Commode : ΕΡΕΒΟΙΩΝ. La monnaie qui porte ce nom n'a été publiée que par Vaillant et par Hardouin.

Hadriani (*Edrenes*).

Types : Buste d'Esculape; tête jeune laurée; la Fortune debout; Télesphore debout.
Légende : ΑΔΡΙΑΝΕΩΝ.
Métal : Bronze.

Impériales grecques depuis Hadrien jusqu'à Salonina.

Hadrianopolis (*Boli*).

Types : Tête de Pallas; le dieu Mensis debout.
Légende : ΑΔΡΙΑΝΟΠΟΛΙΤΩΝ.
Métal : Bronze.

Impériales grecques depuis Hadrien jusqu'à Philippe.

Hadrianotheræ.

Types : Tête d'Hercule et massue; tête jeune; lion; Esculape debout.
Légende : ΑΔΡΙΑΝΟΘΗΡΙΤΩΝ.
Métal : Bronze.

Impériales grecques depuis Hadrien jusqu'à Philippe.

Heraclea (*Elegri. Ereyli. Penderaski*).

Types : Buste d'Hercule diadémée et massue; tête d'Hercule; Hercule traînant Cerbère, à côté. statue de Cérès sur un cippe; tête de femme ornée de fleurs; massue; arc et carquois.
Légendes : ΗΡΑΚΛΕΙΑ. ΗΡΑΚΛΕΩΤΑΝ.
Métal : Argent et bronze.

Impériales grecques depuis Vespasien jusqu'à Salonina

ROIS D'HÉRACLÉE

Timotheus et Dionysius.

Types : Tête d'Apollon ou de Bacchus ; Hercule élevant un trophée.
Légendes : ΤΙΜΟΘΕΟΥ. ΔΙΟΝΥΣΙΟΥ.
Métal : Argent.

Dionysius *seul*.
Contemporain d'Alexandre le Grand.

Types : Tête de Bacchus couronnée de lierre et thyrse, Hercule tenant une massue, auprès d'un trophée.
Légende : ΔΙΟΝΥΣΙΟΥ.
Métal : Argent.

Amastris.
Femme de Dionysius.

Types : Tête de la reine Amastris, femme tourelle assise et tenant une victoire.
Légendes : ΑΜΑΣΤΡΙΟ. ΒΑΣΙΛΙΣΣ.
Métal : Argent et bronze.

Juliopolis (*Bey-Bazar*).

Types : Tête de Sérapis ; Hercule nu, la main sur un trophée.
Légende : ΙΟΥΛΙΟΠΟΛΕΙΤΩΝ.
Métal : Bronze.
Impériales grecques depuis Trajan jusqu'à Gallien.

Metroum.

Types : Deux têtes accolées ; lien entre les bonnets des dioscures.
Légende : ΜΗΤΡΟΣ.
Métal : Bronze.

Nicæa (*Isnik*).

Types : Tête de femme laurée ; tête jeune couronnée; auprès une enseigne militaire ; tête de Bacchus ; Hercule debout ; victoire passant ; trois enseignes militaires ; diota ; caducée et massue unis ; Rome assise.

Légende : NIKAIΩN. NIKEIωN. NIKAIEΩN.
Métal : Bronze.
Impériales grecques depuis Jules César jusqu'à Gallien ; on a aussi des monnaies de Nicæa aux noms de Macrien et de Quietus.

Nicomedia (*Ismid. Isnimid. Nicomedia*).

Types : Diota ; massue et caducée unis ; tête de Pallas ; victoire ; têtes accolées de Bacchus Indien et d'Hercule ; Rome assise ; tête de femme tourellée ; Diane debout tenant une torche et un arc ; aigle sur un foudre.
Légende : NIKOMHΔEΩN (1).
Métal : Bronze.
Impériales grecques depuis Auguste jusqu'à Salonina.

Prusa ad Olympum (*Brusa*).

Types : Tête jeune, de femme tourellée, Rome assise ; Cupidon sur une colonne.
Légende : ΠΡΟΥΣΑΕΩΝ.
Métal: Bronze.
Impériales grecques depuis Néron et Trajan jusqu'à Salonina.

Prusias ad Hypium (*Uskubi*).

Types : Tête de femme tourellée ; Némésis debout, un doigt sur la bouche.
Légende : ΠΡΟΥCΙΕΩΝ. ΠΡΟC. ΥΠΙΩ.
Métal : Bronze.
Impériales grecques depuis Vespasien jusqu'à Gallien.

Tium (*Thios. Tillios. Filios. Fatios*).

Types : Tête jeune diadémée ; femme assise devant un autel, tenant une roue sur un cippe et une corne d'abondance ; Neptune un pied sur un rocher, tenant un dauphin et une haste.
Légende : TEIOC. TIANΩN.
Métal : Bronze.
Impériales grecques depuis Domitien jusqu'à Gallien.

---

(1) On trouve en signe d'alliance sur les monnaies de Nicomedia les noms de Amasia de Pont, de Smyrne d'Ionie et de Laodicæa de Phrygie.

ROIS DE BITHYNIE

Nicomedes I (règne de 278 à 250 avant J.-C.).

Types : Tête diadémée et imberbe ; figure tantôt mâle, tantôt femelle, assise sur un rocher, tenant deux hastes et un parazonium, derrière un arbre ébranché ; femme assise tenant un rameau et une haste ; cheval passant.
Légende : ΒΑΣΙΛΕΩΣ. ΝΙΚΟΜΗΔΟΥ.
Métal : Argent et bronze.

Ziaélas (de 250 à 228 av. J.-C.).

Types : Tête diadémée de roi ; trophée.
Légende : ΒΑΣΙΛΕΩΣ. ΞΙΑΗΛΑ.
Métal : Bronze.

Prusias I (règne de 228 à 180 avant J.-C.).

Types : Tête diadémée et ailée du roi ; Jupiter demi-nu debout tenant une couronne et une haste. — Tête de Bacchus, de Jupiter, d'Apollon, de Mercure ; centaure jouant de la lyre ; victoire debout tenant une couronne de laurier lyre ; caducée.
Légendes : ΒΑΣΙΛΕΩΣ. ΠΡΟΥΣΙΟΥ.
Métal : Argent et bronze.

Prusias II (règne de 180 à 149 avant J.-C.).

Types : Tête diadémé et ailée du roi, avec une barbe naissante ; Jupiter demi-nu debout tenant une couronne et une haste ; Hercule debout ; tête de cheval ; fer de lance ; sanglier ; aigle sur un foudre ; foudre ; aigle et carquois.
Légendes : ΒΑΣΙΛΕΩΣ. ΠΡΟΥΣΙΟΥ. ΒΑΣ ΠΡ.
Métal : Argent et bronze.

Nicomedes II Epiphanes (règne de 149 à 93 avant J.-C.).

Types : Tête diadémée du roi ; Jupiter demi-nu tenant une couronne et une haste.
Légendes : ΒΑΣΙΛΕΩΣ. ΕΠΙΦΑΝΟΥΣ. ΝΙΚΟΜΗΔΟΥ.
Métal : Or et argent.

Nicomedes III Epiphanes (règne de 93 à 73 avant J.-C.).

Types : Tête diadémée du roi ; Jupiter nu.
Légendes : ΒΑΣΙΛΕΩΣ. ΕΠΙΦΑΝΟΥΣ. ΝΙCΟΜΗΔΟΥ
Métal : Argent.

Oradaltis regina (époque incertaine).

Types : Tête de la reine diadémée ; foudre dans une couronne.
Légendes : ΩΡΑΔΑΛΤΙΔΟΣ ΒΑΣΙΛΕΩΣ. ΛΥΚΟΜΗ-ΔΟΥ. ΘΥΓΑΤΡΟΣ.
Métal : Bronze.
Cette monnaie a été frappée à *Prusias ad mare*.

Orsobaris regina.

Types : Tête de femme ; tête d'Hercule.
Légendes : ΒΑΣΙΛΙΣΣΗΣ. ΜΟΥΣΗΣ. ΟΡΣΟΒΑΡΙΟΣ.
Métal : Bronze (1).

MYSIA

Adramytium (*Edremit, Adramitti*).

Types : Buste de Pallas ; tête de femme laurée ; tête barbue et diadémée ; Jupiter aétophore debout ; corne d'abondance entre les bonnets des dioscures.
Légende : ΑΔΡΑΜΥΤΗΝΩΝ (2).
Métal : Bronze.
Impériales grecques depuis Domitien jusqu'à Gallien.

Antandrus (*Antandro*) (3).

Types : Cerf debout ; tête d'Alexirhoë, femme de Priam, chèvre broutant ; chouette sur un diota couché.
Légende : ΑΝΤΑΝ. ΑΝΤΑ. ΑΝΤΑΝΔΡΕΩΝ.
Métal : Argent et bronze.
Impériales grecques depuis Titus jusqu'à Julia Paula.

---

(1) Au sujet de ces deux reines et des monnaies des rois de Bithynie, consulter le travail de M. Théodore Reinach : *Trois royaumes de l'Asie Mineure*, Paris, Rollin et Feuardent, 1888.
(2) On trouve des monnaies d'Adramytium, portant en signe d'alliance, sur les autonomes, le nom de Thèbes de Troade, et sur les impériales ceux de Mytilène de Lesbos, de Laodicæa de Phrygie et d'Ephesus d'Ionie.
(3) Cf. *Revue numismatique*, 1845, p. 5 et seq.

Apollonia ad Rhyndacum (*Abullona*).

Types : Tête laurée de Jupiter; foudre horizontal; Apollon dans un temple; fleuve couché; navire.
Légende : ΑΠΟΛΛΩΝΙΑΤΩΝ. ΡΥΝ.
Métal : Bronze.
Impériales grecques depuis Domitien jusqu'à Gallien.

Assus (*Asso*).

Types : Tête de Pallas, griffon; tête de taureau sur un diota.
Légende : ΑΣΣΙΩΝ.
Métal : Argent et bronze.
Impériales grecques depuis Auguste jusqu'à Alexandre Sévère. M. Cousinery donne à Assus un didrachme présentant une tête de femme et une tête de taureau de face, que M. Duchalais pense être de Céphallonie.

Astyra (1).

Types : Tête imberbe de face; *Harpa*.
Légende : ΑΣΤΥ.
Métal : Bronze.
Impériales grecques d'Antonin. M. Duchalais pense que les monnaies autonomes données à Astyra sont de Astypalea, l'une des Cyclades.

Atarnea.

Types : Tête d'Apollon laurée; partie antérieure d'un cheval.
Légende : ΑΤΑΡ.
Métal : Électrum et bronze.
Impériales grecques de Marc-Aurèle et de Gordien III.

Cama, Cane ou Camena (*Coloni*).

Impériales grecques d'Hadrien, de Commode et de Septime-Sévère.

Cisthena.

Types : Tête de Cérès; cavalier courant.
Légende : ΚΙΣ.
Métal : Bronze.

---

(1) On a attribué à cette ville des impériales grecques qui paraissent être plutôt de Antandrus.

Cyzicus (*l'île Artaki. Cizico. Arta Koig*).

Types : Tête de lion, de veau ; carré creux ; tête de femme ; tête et patte de lion ; tête de Proserpine couronnée d'épis ; corne d'abondance remplie d'épis et de pavots ; Bacchus dans un bige traîné par des centaures ; femme nicéphore brandissant une haste ; tête diadémée du héros Cyzicus (1) ; le même héros debout donnant la main à une Amazone ; tête de Bacchante ; d'Hercule (avec un thon) ; victoire nue et ailée, dessous un thon.
Légende : K. KYZIKHNΩN. KYZI.
Métal : Or, électrum, argent et bronze.
Impériales grecques depuis Auguste jusqu'à Claude le Gothique.

Gargara (*Ine Kioy*).

Types : Buste de Pallas et deux serpents ; Télesphore.
Légende : ΓΑΡΓΑΡΕΩΝ.
Métal : Argent et bronze.
Impériales grecques de Commode.

Gergithus (*Gergili*).

Types : Tête laurée d'Apollon, de face ; sphinx assis.
Légende : ΓΕΡ.
Métal : Bronze. Cette monnaie est restituée à Perga.

Germe.

Types : Tête de femme tourelée ; du sénat ; virile laurée.
Légende : IEPA. ΓΕΡΜΗΝΩΗ.
Métal : Bronze.
Impériales grecques depuis Trajan jusqu'à Philippe II.

Lampsacus (*Lapseki, Lamsaki*).

Types : Tête de Bacchus couronnée de lierre ; tête barbue et casquée ; cheval marin ailé ; carré creux divisé en quatre ; Laocoon un genou en terre et entouré de serpents ; Apollon debout tenant une lyre et un *plectrum* ; double tête junévile ; Bacchus et thyrse ; diota ; tête de Jupiter Ammon.
Légendes : ΛΑΜΨΑΚΗΝΩΝ. ΛΑ. ΛΑΜ. ΛΑΜΨ. ΛΑΜΨΑ.
Métal : Or, argent et bronze.
Impériales grecques depuis Auguste jusqu'à Gallien.

---

(1) Cyzicus, roi de Cyzique, reçut les Argonautes lors de leur passage, et fut tué par accident par Jason ou Hercule.

Miletopolis (*Melle*).

Types : Tête de Pallas ; une chouette, quelquefois deux chouettes n'ayant qu'une seule tête.
Légende : ΜΙΛΗΤΟ. ΜΙΛΗΤΟΠΟΛΙΤΩΝ.
Métal : Bronze.
Impériales grecques depuis Tibère jusqu'à Otacilia.

Parium (*Kiemer, Kamares. Porto-Camera*).

Types : Tête de Cérès couronnée d'épis ; tête jeune et nue ; couronne de lierre ; taureau debout et regardant en arrière ; carré creux ; monstre tirant la langue et hérissé de serpents ; victoire passant ; tête de femme ; chèvre debout courant, ou cornupète ; taureau cornupète ; tête de taureau ; autel enflammé, quelquefois un diota à côté ; couronne d'épis ; grappe de raisin ; épi ; abeille ; lyre ; tête de Méduse de face ; aigle éployé ; foudre ailé ; tête de Jupiter ; lapin.
Légendes : ΠΑΡΙ. ΠΑΡΙΑΝΩΝ. — Colonia, Gemella, Iulia, Hadriana, Pariana.
Métal : Or, argent et bronze.
Coloniales autonomes de bronze.
Coloniales impériales depuis Jules César jusqu'à Salonina.

Pergamus (*Bergam. Pergamo*).

Types : Tête d'Hercule jeune ; Pallas ou Hermès tenant une haste ; Pallas debout : victoire ; aigle sur un foudre ; bâton d'Esculape ; serpent : Télesphore ; tête de taureau, quelquefois double ; tête barbue et diadémée de Pergamus, fondateur de la ville ; tête du héros Eurypilus ; temple de Vénus Paphia ; tête de Pallas ; victoire debout ; tête de Jupiter ; buste de Pallas ; Esculape debout.
Légendes : ΠΕΡΓΑ. ΠΕΡΓΑΜΗΝΩΝ (1).
Métal : Or, argent et bronze.
Impériales grecques depuis Auguste jusqu'à Salonina.

---

(1) On lit sur les autonomes de Pergame le nom de Mitylène de Lesbos en signe d'alliance. Sur des impériales on voit également les noms de diverses villes d'Asie.

ROIS DE PERGAME

Philetairus (284 à 263 avant J.-C.) (1).

Types : Tête du roi laurée et quelquefois diadémée ; de Pallas casquée ; d'Apollon ; Pallas assise tenant un bouclier ou une lance : serpent, trépied ; feuille de lierre.
Légende : ΦΙΛΕΤΑΙΡΟΥ.
Métal : Argent et bronze.

Attalus I (241 à 197 av. J.-C.).

Types : Tête laurée du roi ; même revers que le précédent.
Légende : Α. ΦΙΛΕΤΑΙΡΟΥ.
Métal : Argent.

Eumène II (198 à 157 av. J.-C.).

Types : Tête laurée du roi ; même revers.
Légende : ΕΥΜΕΝΟ en monogr. ΦΙΛΕΤΑΙΡΟΥ.
Métal : Argent.

Attalus II (157 à 137 av. J.-C.).

Types : Tête laurée du roi ; même revers.
Légende : Α. ΦΙΛΕΤΑΙΡΟΥ.
Métal : Bronze. — On hésite à attribuer cette pièce à Attale II ou à Attale III.

Perperene.

Types : Tête de femme ; buste de Pallas ; grappe de raisin.
Légende : ΠΕΡΠΕΡΗΝΙΩΝ.
Métal : Bronze.
Impériales grecques depuis Néron jusqu'à Otacilia.

Piona.

Types : Buste de Pallas ; le palladium dans un temple tétrastyle ; tête de Bacchus ; Hercule ; cheval courant.
Légende : ΠΙΟΝΙΤΩΝ.
Métal : Bronze.
Impériales grecques de la famille de Septime-Sévère.

---

(1) Le fondateur du royaume de Pergame, qui s'appelait Philetairus, eut plusieurs successeurs du même nom que lui, de sorte qu'il est difficile d'attribuer avec certitude les monnaies qui portent ce nom.

Pitane.

Types : Tête de Jupiter Ammon, de Pallas, de Rome ; Jupiter debout tenant un aigle et une lance ; Télesphore, pentagone.
Légende : ΠΙΤΑΝΑΙΩΝ.
Métal : Bronze.
Impériales grecques de Caius et Lucius César jusqu'à Alexandre Sévère.

Pœmaneni.

Types : Tête barbue ; foudre.
Légende : ΠΟΙΜΑΝΗΝΩΝ.
Métal : Bronze.
Impériales grecques de Trajan.

Poreselene (*Musco, Nisi*).

Types : Buste de Pallas ; Télesphore debout, de face.
Légende : ΠΟΡΠCΕΛΗΝΕΙΤΩΝ.
Métal : Bronze.
Impériales grecques depuis Antonin jusqu'à Valérien.

Priapis (*Karaboa*).

Types : Tête de femme voilée ; tête de taureau dans une couronne d'épis ; tête d'Apollon ; cancre allongé.
Légende : ΠΡΙΑΠΗΝΩΝ.
Métal : Bronze.
Impériales grecques d'Auguste.

Trimenothyrei.

Types : Tête barbue et diadémée ; Junon Pronuba debout ; tête d'Hercule : Mercure debout ; tête du démos ; Jupiter aétophore assis ; tête du Sénat ; la déesse Lunus debout.
Légende : ΤΡΙΜΕΝΟΘΥΡΕΩΝ.
Métal : Bronze.

ILE VOISINE DE LA MYSIE

Proconnesus (*Mermer, Adassi, Marmara*).

Types : Tête laurée ; partie antérieure d'un cerf regardant en arrière ; tête de Jupiter ; foudre ailé.
Légende : ΠΡΟΚΟΝ.
Métal : Argent et bronze.

TROAS

Abydus (*Aidos, Nagara*).

Types : Masque de face tirant la langue ; tête de Pallas ; ancre ; aigle debout ; tête d'Apollon laurée ; buste de Diane ; aigle et dauphin autour d'un trident, le tout dans une couronne ; cerf debout dans une couronne ; buste d'Apollon ; lyre.
Légende : ABY. ABYΔIINΩN.
Métal : Or, électrum, argent et bronze.
Impériales grecques depuis Auguste jusqu'à Maximin.

Alexandria Troas (*Eski-Stambul*).

Types : Tête laurée d'Apollon, de face ; tête d'Apollon ; lyre dans une couronne de laurier ; cheval paissant, à ses pieds un aigle ; Apollon Sminthius debout.
Légendes : ΑΛΕΞΑΝ. ΑΛΕΞΑΝΔΡΕΩΝ. — COL. TROAS. AVG. ALEX.
Métal : Électrum, argent et bronze.
Coloniales autonomes de bronze. — Coloniales impériales depuis Trajan jusqu'à Salonina.

Amaxitus.

Types : Tête laurée d'Apollon ; lyre ; Minerve Iliade debout
Légende : AMA. AMAΞITEΩN.
Métal : Bronze.

Arisba (*Mussa-Kiou*).

Types : Tête de Pallas ; grain d'orge et grappe de raisin
Légende : AP. API.
Métal : Bronze.
Impériales grecques de Trajan et de Pescennius Niger.

Berytis.

Types : Tête d'Ulysse ; massue ; trois croissants formant une triquètre.
Légende : BIPY.
Métal : Bronze.

Cebrenia.

Types : Tête de bélier ; d'Apollon.
Légende : KEPB.
Métal : Argent et bronze.

Dardanus (*Burnu, Punta dei Barbieri*).

Types : Femme revêtue de la stola sur un cheval; coq debout; cavalier armé; tête d'Esculape; serpent se dressant.
Légende : ΔΑΡ. ΔΑΡΔ. ΔΑΡΔΑ.
Métal : Argent et bronze.
Impériales grecques depuis Auguste jusqu'à Géta.

Gentinos.

Types : Tête tourellée de femme; abeille et feuille dans un carré.
Légende : ΓΕΝΤΙ.
Métal : Bronze.

Ilium (*Bunar-Bachi*).

Types : Tête de Pallas; femme assise, voilée, une haste à une main et un pin à l'autre; Apollon revêtu de la stola tenant une patère et une lyre; Enée s'enfuyant avec Anchise et Iule; tête de femme tourellée; aigle enlevant Ganimède par les cheveux; Minerve Iliade debout.
Légende : ΙΛΙ. ΙΛΙΕΩΝ.
Métal : Argent et bronze.
Impériales grecques depuis Auguste jusqu'à Salonina.

Neandria.

Types : Tête laurée d'Apollon; grain d'orge et grappe de raisin; bélier debout.
Légende : ΝΕΑΝ.
Métal : Bronze.

Ophrynium.

Types : Tête casquée et barbue de face; homme nu, à genoux, tenant une grappe de raisin.
Légende : ΟΦΡΥ.
Métal : Argent et bronze.

Roeteum.

Types : Tête d'Apollon; trois croissants enlacés.
Légende : ΡΟΕΤΕΙ.
Métal : Argent.

Scepsis.

Types : Cheval marin ailé : arbre; aigle éployée.
Légende : ΣΚΗΨΙΩΝ. ϹΚΗΨ.
Métal : Argent et bronze.
Impériales grecques depuis Marc-Aurèle jusqu'à Maximien.

Sigeum (*Yeni-Cheher*).

Types : Tête de Pallas de face ; chouette et croissant ; deux chouettes n'ayant qu'une seule tête.
Légende : ΣΙΓΕ.
Métal : Bronze.

Teria.

Types : Tête laurée d'Apollon ; branche d'olivier dans un carré ; tête de femme, les cheveux retroussés et retenus par un large bandeau.
Légende : THPI.
Métal : Argent.

Thebe (*Adramytenorum*).

Types : Tête de Cérès avec le reticulum ; cheval marin ; tête de griffon ; trois croissants.
Légende : ΘHB. ΘHBA.
Métal : Bronze.

Zeleia.

Types : Tête de femme ; symbole disposé comme les replis d'un serpent, dans une couronne d'épis.
Légende : ΞΕΛΕ.
Métal : Bronze.

ILE VOISINE DE LA TROADE

Tenedus (*Bozgia, Bogho, Adassi, Tenedos*).

Types : Deux têtes accolées, l'une d'un homme barbu et laurée l'autre d'une femme ; hache à deux tranchants ; chouette ; grappe de raisin et lyre ; tête d'Apollon ; hache entre deux grappes de raisin.
Légende : TEN. TENEΔI. TENEΔIΩN.
Métal : Or, argent et bronze.

ÆOLIS

Types : Tête diadémée de femme ; foudre et grappe de raisin.
Légende : AIOΛE.
Métal : Bronze.

Ægæ (*Ghiusel-Hyssar*).

Types : Buste de femme tourellée, une bipenne sur l'épaule ; la Fortune debout ; Pallas debout tenant une patère, une haste et un bouclier ; tête d'Apollon ; bouc ; tête de bouc ; Jupiter nu, debout, tenant un aigle et une haste.
Légende : ΑΙΓΗ. ΑΙΓΑΙΕΩΝ.
Métal : Argent et bronze.
Impériales grecques depuis Claude jusqu'à Trajan Dèce.

Cyme (*Sanderli, Nemurt*).

Types : Tête juvénile, de femme tourellée ; cheval marchant ; Isis debout ; vase monotome ; aigle ; la Fortune debout ; le fleuve Hermus couché à terre ; femme tenant un globe et une haste.
Légende : ΚΥ. ΚΥΜΑ. ΚΥΜΑΙΩΝ. ΚΥΜΑΙΟΙC.
Métal : Argent et bronze.
Impériales grecques depuis Drusus César jusqu'à Salonina.

Elæa (*Jalea*).

Types : Couronne d'olivier ; navire ; Pallas debout tenant un globe et une lance ; Cérès avec ses attributs ; tête juvénile nue, derrière une branche d'olivier ; Esculape debout.
Légende : ΕΛΑΙ. ΕΛΑΙΤΩΝ.
Métal : Argent et bronze.
Impériales grecques depuis Auguste jusqu'à Aurélien.

Larissa.

Types : Tête de bœuf ; de Diane, de face.
Légende : ΛΑ.
Métal : Bronze.

Mania.

Types : Tête d'Apollon, de face ; cavalier.
Légende : ΜΑΝΙΑ.
Métal : Bronze.

Myrrhina.

Types : Tête d'Apollon laurée et diadémée ; femme demi-nue passant, tenant un rameau et une patère, à ses pieds un diota, dans une couronne d'olivier ; homme demi-nu, représenté de même ; lyre et branche de laurier ; tête de femme tourellée ; la Fortune debout ; diota et lyre.
Légende : ΜΥΡΙΝΑΙΩΝ. ΜΥΡΕΙΝΑΙΩΝ.
Métal : Argent et bronze.
Impériales grecques depuis Domitien jusqu'à Tranquillina

Neontichos.

Types : Tête de Pallas ; chouette debout.
Légende : NE, en monogramme.
Métal : Bronze.

Temnus (*Meleinen*).

Types : Tête de Jupiter ; homme nu assis ; tête de femme tourellée ; la Fortune debout ; tête jeune du Sénat.
Légende : ΤΗΜΝΕΙΤΝΩ. ΤΗΜΝΟC.
Métal : Bronze.
Impériales grecques depuis Auguste jusqu'à Philippe II.

ILES VOISINES DE L'ÉOLIDE

Lesbus insula (*Metelin*).

Impériales grecques de bronze de Marc-Aurèle et de Commode ; ΛΕCΒΙΩΝ.

Antissa Lesbi (*Petra*).

Types : Tête juvénile, quelquefois diadémée et quelquefois laurée ; tête barbue.
Légende : ΑΝΤΙΣ.
Métal : Bronze.

Eresus Lesbi (*Eresso*).

Types : Tête juvénile coiffée du pileus ; tête virile diadémée ; tête de Cérès couronnée d'épis ; épi ; trépied ; monogramme dans une couronne d'épis ; flambeau.
Légende : ΕΡΕΣΙ. ΕΡΕΣΙΩΝ. ΕΡ.
Métal : Argent et bronze.
Impériales grecques depuis Adrien jusqu'à Alexandre Sévère.

Methymna Lesbi.

Types : Tête de Pallas dans un quadrilatère ; sanglier ; tête d'Apollon ; Orion sur un dauphin tenant une lyre ; tête de Pallas, de Bacchus de face ; lyre ; diota ; couronne de lierre.
Légende : ΜΑΘΥ. ΜΑΘΥΜΝΑΙΟΣ. ΜΗΘΓΜΝΑΙΩΝ.
Métal : Argent et bronze.
Impériales grecques depuis Auguste jusqu'à Alexandre Sévère.

Mitylene Lesbi (*Midilli-Castro*).

Types : Tête d'Apollon, de Jupiter Ammon, imberbe diadémée et cornue de Bacchus ; de femme (Sapho), de Julia Domna, de Nausicaa, de Pittacus, de Théophanes, de femme tourellée ; lyre ; Hermès barbu sur un navire ; femme tourellée assise ; Jupiter, Pluton et Neptune debout ; femme assise, à ses pieds, un globe, Sapho assise, jouant de la lyre ; tête d'Alcæus ; tête de femme voilée ; femme assise, entourée d'Esculape, de Diane d'Éphèse et de deux Némésis (1).
Légende : MY. MYTI. MYTIΛHNAIΩN. MYTIΛ. MYTIΛHNH (2).
Métal : Argent et bronze.
Impériales grecques depuis Auguste jusqu'à Salonina.

Nasi ou Napi Lesbi.

Types : Tête laurée d'Apollon ; tigre debout, tête de Diane de face ; tête de bœuf.
Légende : ΝΑΠ. ΝΑ. ΝΑΣΙ.
Métal : Argent et bronze.

IONIA

Impériales grecques de bronze d'Antonin et de Marc-Aurèle. ΤΩΝ. ΚΟΙΝΟΝ. ΙΩΝΩΝ.

Cadme. Priene.

Types : Tête de Pallas ; d'Hercule ; détours du Méandre ; taureau.
Légende : ΠΡΙΗ. ΠΡΙΗΝΕΩΝ.
Métal : Argent et bronze.
Impériales grecques depuis Auguste jusqu'à Valérien.

---

(1) Parmi les types de Mitylène on voit figurer les têtes de plusieurs personnages célèbres : Sapho, poète ; Nausicaa, fille d'Alcinoüs ; Pittacus, philosophe ; Alcæus, poète ; Théophanes, écrivain politique ; et Julia Procla, qualifiée de ἡρωΐδα sur les monnaies au sujet desquelles les historiens gardent le silence.

(2) On lit sur les monnaies de Mitylène, en signe d'alliance, les noms d'Éphèse, Pergame, Smyrne et Adramytium.

Clazomene (*Klisma*).

Types : Sanglier ailé ; tête de lion ; tête de Pallas, tantôt de face, tantôt tournée à droite ou à gauche ; bélier marchant, ou couché, ou nu seulement à moitié, tête de femme laurée de face ; cygne ; tête de femme tourellée ; femme revêtue de la *stola*, debout, étendant la main vers un animal ; tête jeune du Sénat ; la Fortune debout.
Légende : ΚΛΑΖΟΜΕΝΙΩΝ. ΚΛΑ.
Métal : Or, argent et bronze.
Impériales grecques depuis Auguste jusqu'à Gallien.

Colophon.

Types : Tête de femme ; lyre ; Homère assis, tenant un volumen ; Apollon passant, tenant une lyre et un archet.
Légende : ΚΟΛΦΩΝ. ΚΟΛΟΦΩΝΙΩΝ.
Métal : Or, argent et bronze.
Impériales grecques depuis Néron jusqu'à Salonina.

Ephesus (*Anyasuluk, Efeso*).

Types : Tête pharétrée de Diane ; Diane d'Éphèse debout ; cerf et abeille ; abeille ; aire creuse ; partie antérieure d'un cerf regardant en arrière et palme ; torche allumée entre deux cerfs ; Hercule jeune saisissant des serpents ; buste de Pallas ; les fleuves Cayster et Marnas couchés.
Légende : ΕΦ. ΕΦΕΣΙΩΝ. ΕΦΕΣΙΟΝ. ΕΦΕCΙΩΝ.
Métal : Or, argent et bronze.
Impériales grecques depuis le triumvirat jusqu'à Salonina. La série numismatique d'Éphèse est fort intéressante par la variété de ses types : on en voit qui sont consacrés à rappeler la fameuse Diane d'Éphèse, Jupiter qualifié dans cette ville de Ζεὺς πρῶτος Ἀσίας, Apollon surnommé Ἐμβάσιος, la déesse Rome qui avait eu un temple dans cette ville, par ordre d'Auguste et les Amazones qui étaient considérées comme ses plus antiques fondatrices.

Erae.

Types : Tête de Cérès ; couronne d'épis.
Légende : ΕΡΑΙ.
Métal : Argent.
Impériales grecques de bronze d'Auguste ; attribution peu certaine.

Erythrae (*Eritra*).

Types : Tête d'Hercule jeune couverte de la dépouille d'un lion ; massue, arc, carquois et chouette ; tête d'Hercule barbue ; abeille ; tête de femme tourellée ; Hercule

debout tenant sa massue ; buste de femme voilée et couronnée d'épis.
Légende : ΕΡΥ. ΕΡΥΘΡΑ. ΕΥΡΥΘΡΑΙΩΝ.
Métal : Or, argent et bronze.
Impériales grecques depuis Auguste jusqu'à Valérien.

Gambrium.

Types : Tête laurée d'Apollon ; taureau cornupète ; étoile ; trépied.
Légende : ΓΑΜ.
Métal : Bronze.

Heraclea (1).

Types : Tête de femme ornée de pampre ; Pégase volant ; victoire marchant à gauche ; thyrse avec une bandelette ; aigle debout ; chouette debout ; poisson pris à un hameçon ; aigrette de casque ; tête imberbe d'Hercule ; Amazone debout ; Diane d'Éphèse ; Mercure nu, debout, tête du Sénat.
Légende : ΗΡΑ. ΗΡΑΚΛΕΩΤΩΝ.
Métal : Argent et bronze.
Impériales grecques depuis Auguste jusqu'à Géta.

Lebedus (*Sivri-Hyssar*).

Types : Tête de Pallas ; chouette entre deux cornes d'abondance.
Légende : ΛΕΒΕΔΙΩΝ.
Métal : Or, argent et bronze.
Impériales grecques depuis Vespasien jusqu'à Géta.

Magnesia (*Aidin, Ghiusel, Hyssar*).

Types : Têtes de Diane, de Pallas, du Soleil radiée, de Sérapis ; Apollon nu tenant un rameau, et détours du Méandre, le tout dans une couronne de laurier ; taureau cornupète entouré des détours du Méandre ; cavalier armé et galopant ; Apollon debout tenant une lyre ; Junon Pronuba assise ; Diane Polymaste assise et la victoire Voltigeant.
Légende : ΜΑΓΝΗΤΩΝ. ΜΑΓΝ.
Métal : Argent et bronze.
Impériales grecques depuis Livie jusqu'à Gallien.

---

(1) L'attribution des autonomes est douteuse, parce que quelques personnes les donnent à Heraclea de Carie.

Metropolis (*Turbali*).

Types : Tête virile nue et imberbe (1) ; tête de Pallas ; foudre.
Légendes : ΚΟΙΝΟΝ. ΜΗΤΡΟΠΟΔΕΙΤΩΝ. ΤΩΝ. ΕΝ. ΙΟΝΙΑ.
Métal : Bronze.
Impériales grecques depuis Trajan jusqu'à Gallien.

Milctus (*Balat, Palaisca, Milet*).

Types : Tête d'Apollon laurée ; tête juvénile de face ; lion se retournant et regardant un astre ; proue de navire.
Légende : ΜΙ. ΜΙΛΗCΙ. ΜΙΛΗΤΟC. ΜΙΛΗΣΙΩΝ.
Métal : Argent et bronze.
Impériales grecques depuis Auguste jusqu'à Salonina ; monnaies frappées avec la tête d'Antiochus I et d'Antiochus II.

Myus.

Types : Tête laurée d'Apollon ; oie ou cygne.
Légende : ΜΥΗ.
Métal : Bronze.

Neapolis (*Kuche, Adassi, Neapoli, Scalanuova*) (2).

Types : Tête de femme de face, casquée ; aigle debout.
Légende : ΝΕΑΠ... ΛΙΤΩΝ.
Métal : Bronze.
Impériales grecques de J. Domna, de Gordien III et de Trébonien Galle ; on y lit quelquefois le nom d'Harpasa de Carie en signe d'alliance.

Phocea (*Foya, Foggia, Fokia Vecchia, le Foglieri*).

Types : Tête de Pallas, du Sénat, de femme tourellée ; griffon et pileus ; Pallas debout tenant une patère, une haste et un bouclier, les bonnets des Dioscures ; navire et *pilei* ; chien mangeant un poisson ; femme tourellée assise, à côté Cybèle entre deux lions, tenant une patère et un tympanum ; la partie antérieure d'un griffon volant ; tête de griffon entre les bonnets des Dioscures.
Légendes : ΦΩ. ΦΩΚΑΙ. ΦΩΚΑΙΕΩΝ. ΦΩΚΑΕΩΝ.
Métal : Or, électrum et bronze.
Impériales grecques depuis Claude jusqu'à Philippe II.

---

(1) L'attribution des autonomes est douteuse ; Spon, qui l'a fait connaître, lit autour de la tête COΛωΝΟC : peut-être la lecture est-elle mauvaise et doit-on lire CΑΛΩΝΙΝΟC.

(2) Nous suivons ici l'opinion des numismatistes qui donnent à cette ville des monnaies attribuées d'abord à Neapolis de Macédoine.

Phygela.

Types : Tête de Diane Munichia ; bœuf cornupète ; tête laurée d'Apollon.
Légende : ΦΥΓ. ΦΥ.
Métal : Bronze.

Priene.

Types : Tête de Pallas ; chouette ; trépied.
Légende : ΠΡΙΗΝΕΩΝ.
Métal : Bronze.

Smyrna (*Ismir, Smirne, le Smirne*).

Types : Tête de femme tourellée, quelquefois dans une couronne de laurier ou de chêne (1) ; tête juvénile laurée ; tête de Jupiter *hoplopulax* nue ; d'Hercule *Arcensis* nue ; buste de femme voilée, tenant des épis et une corne d'abondance ; femme voilée, appuyée sur une colonne et tenant une petite victoire ; lion ou léopard marchant ; légende dans une couronne de chêne ; figure virile assise tenant un *volumen* ; main serrée dans des courroies et palme ; Homère assis ; proue de navire ; le fleuve Mélès couché ; lyre ; la Fortune assise ; abeille ; une ou deux Némésis avec griffons.
Légendes : ΣΜΥΡΝΑΙΩΝ. ΞΜΥΡΝΑΙΩΝ. CΜΥΡΝΑΙΩΝ (2).
Métal : Or, électrum, argent et bronze.
Impériales grecques depuis Auguste jusqu'à Salonina.

Teos (*Sigagik*).

Types : Tête de Bacchus ou de Bacchante coiffée de pampres ; griffon ; diota et grappe de raisin ; tête casquée de l'Amazone Teos ; de Neptune ; d'Homère ; Anacréon nu, debout, tenant une lyre ; Pallas debout.
Légende : ΤΗΙΩΝ. ΤΗΙ.
Métal : Or, argent et bronze.
Impériales grecques depuis Auguste jusqu'à Salonina.
— Alliance avec Colophon d'Ionie.

---

(1) Cette tête représente tantôt l'Amazone *Smyrna*, tantôt Cybèle *Sipylene*.

(2) On lit sur les monnaies de cette ville en signe d'alliance les noms d'Athènes, de Lacédémone, d'Asia de Lydie, de Magnesia de Lydie et de Cæsarea de Cappadoce. — On voit aussi sur une de ces monnaies la tête de Mithridate VI de Pont.

ILES VOISINES DE L'IONIE

Chios insula (*Sakiss-Adassi, Chio, Scio*).

Types : Sphinx ailé ; partie antérieure d'un lion ailé ; diota sur un cippe ; Homère barbu et assis ; Sphinx, les pattes tantôt sur un diota, tantôt sur une proue de navire : Bacchus demi-nu, tenant une canthare et un thyrse, à côté Apollon, entre eux un autel ; diota dans une couronne de laurier ; diota entre deux astres ; deux torches dans une couronne de pampre ; Hercule debout.
Légende : XIΩN.
Métal : Or, électrum, argent et bronze.
Impériales grecques d'argent d'Auguste sans sa tête.

Iracaria insula (*Nakaria*).

Types : Tête de Neptune à gauche ; Diane chasseresse appuyée sur sa lance.
Légende : EKKAPIEΩN. IKAPIEΩN.
Métal : Bronze.
Impériales grecques de Commode.

Draconium Icariæ.

Types : Partie antérieure d'une biche à droite ; légende dans une couronne de laurier.
Légende : ΔPA.
Métal : Bronze. Attribution de A. Duchalais.

Oene Icariæ.

Types : Tête de Bacchus ; grappe de raisin.
Légende : OINAIΩN.
Métal : Bronze.

Patmos insula (*Patmos, Patmosa*).

Types : Tête juvénile couronnée de pampre ; diota.
Légende : ΠATMOY.
Métal : Bronze.
Impériales grecques de Septime-Sévère.

Samos insula (*Susam-Adassi, Samo*).

Types : Tête de lion, la gueule ouverte ; carré creux, tête de bœuf ; tête de face de lion ; partie antérieure d'un bœuf et rameau ; tête de femme ; pavot ; tête de femme et croissant ; tête du Sénat.

Legende : Σ. ΣΑ. ΣΑΜΙΩΝ. CAMIΩN.
Métal : Or, électrum ; argent et bronze.
Impériales grecques depuis Auguste jusqu'à Valérien II.
— Alliance avec Alexandria d'Égypte.

CARIA

Aba.

Types : Tête de Jupiter ; foudre dans une couronne.
Légende : ABRAITΩN.
Métal : Bronze.
Impériales grecques de Marc-Aurèle, de Lucius Verus et d'Alexandre Sévère.

Alabanda.

Types : Rome nicéphore assise, tenant une haste ; légende dans une couronne de laurier ; Pégase ; aigle ; tête d'Apollon laurée.
Légende : ΑΛΑΒΑΝΔΕΩΝ.
Métal : Argent et bronze.
Impériales grecques depuis Auguste jusqu'à Gordien III.

Alinda (*Mugla*).

Types : Tête d'Hercule, dépouille d'un lion sur une massue, le tout dans une couronne de laurier.
Légende : ΑΛΙΝΔΕΩΝ.
Métal : Bronze.
Impériales grecques depuis Auguste jusqu'à Annia Faustina.

Antiochia ad Meandrum (*Yeni-Chiehere*).

Types : Tête juvénile du *demos* ; le Méandre couché à terre ; Pégase.
Légendes : ANTIOXEΩN. MAIANΔPOC.
Métal : Argent et bronze.
Impériales grecques depuis Auguste jusqu'à Salonina. — Alliance avec Plarasa de Carie, Hierapolis de Phrygie et Ephesus d'Ionie.

Aphrodisias.

Types : Tête de femme voilée; aigle sur un foudre; Vénus représentée avec divers attributs; le dieu Hyménée debout; les fleuves Corsymus et Tymelés couchés à terre.
Légende : ΑΦΡΟΔΙCΙΕΩΝ.
Métal : Bronze.
Impériales grecques depuis Auguste jusqu'à Salonina.

Apollonia.

Types : Tête de Jupiter; statue équestre, dessus le Méandre.
Légende : ΑΠΟΛΛΩΝΙΑΤΩΝ (1).
Métal : Bronze.
Impériales grecques depuis Auguste jusqu'à Salonina.

Bargasa (Arab-Hyssar).

Types : Tête d'Hercule; Diane et Polymamma; la Fortune debout; Jupiter debout; Bacchus debout; tête de Sérapis; Isis debout.
Légende : ΒΑΡΓΑCΗΝΩΝ.
Métal : Bronze.
Impériales grecques depuis Néron jusqu'à Salonina.

Bargylia.

Types : Tête virile ceinte d'un diadème; Pégase volant.
Légende : ΒΑΡΓΥΛΙΗΤΩΝ.
Métal : Argent et bronze.
Impériales grecques depuis Titus jusqu'à Géta.

Calynda.

Types : Tête laurée de Jupiter; aigle éployée sur un foudre.
Légende : ΚΑΛΙΝΔΕΩΝ.
Métal : Bronze.

Caunus.

Types : Sphinx à droite assis; taureau cornupète; partie antérieure d'un taureau à droite.
Légende : ΚΑΥ.
Métal : Bronze.

---

(1) Il y a des monnaies portant le nom d'Apollonia, qui mentionnent Alexandre le Grand comme fondateur; les numismatistes sont incertains sur le point de fixer si cette ville est de Carie ou de Pisidie; Eckel propose Apollonia de Carie.

Ceramus (*Keramo*).

Types : Tête de Jupiter laurée ; aigle dans un quadrilatère.
Légende : ΚΕΡΑΜΙΗΠΟΛΙΤΩΝ. KERMI...
Types : Argent et bronze.
Impériales grecques d'Antonin le Pieux.

Cnidus (*Porto Crio*).

Types : Tête de Vénus ; tête et patte de lion ; tête nue et barbue ; autel enflammé.
Légende : KNI. ΚΝΙΔΙΩΝ.
Métal : Argent et bronze.
Impériales grecques depuis Néron jusqu'à Caracalla et Plautilla.

Cyon.

Types : Tête de Diane ; *pedum* et carquois liés ensemble, le tout dans une couronne de laurier ; partie antérieure d'un cheval.
Légende : ΚΥΙΤΩΝ. ΚΥ. ΚΥΙ.
Métal : Bronze.
Impériales grecques de Julia Domna.

Dædala.

Impériales grecques de bronze de Caracalla.

Eriza.

Types : Bipenne ; trident.
Légende : ΕΡΙΖΕΩΝ.
Métal : Bronze.

Evippe.

Types : Buste de Diane ; Pégase.
Légende : ΕΥΙΠΠΕΩΝ.
Métal : Bronze.
Impériales grecques de Lucilla et de Julia Domna.

Euromus.

Types : Jupiter Labradeus ; aigle debout ; double hache.
Légende : ΕΥΡΩΜΕΩΝ.
Métal : Bronze.
Impériales grecques de Septime-Sévère et de Caracalla.

Halicarnassus (*Budrun, Bodroni, San Pedro*).

Types : Tête de Pallas ; tête de face, peut-être de Méduse, de Neptune ; trident ; tête de Jupiter ; trépied.

Légende : ΑΛΙΚΑΡ. ΛΛΙΚΑΡΝΑCCEΩΝ.
Métal : Argent et bronze.
Impériales grecques depuis Agrippine jusqu'à Gordien III.

Harpasa (*Arpache Kalessi*).

Types : Tête du Sénat ; Bacchus debout.
Légende : ΑΡΠΑCΗΝΩΝ.
Métal : Bronze.
Impériales grecques depuis Antonin jusqu'à Gordien III.
— Alliance avec Neapolis d'Ionie.

Heraclea.

Types : Tête d'Hercule barbue et nue ; figure debout tenant une patère et une bipenne.
Légende : ΗΡΑΚΛΕΩΤΩΝ.
Métal : Bronze.

Hydrela (*Denisli*).

Types : Buste de Pallas ; Mercure debout.
Légendes : ΥΔΡΗΛΕΙΤΩΝ.
Métal : Bronze.

Iasus (*Askein-Kalessi*).

Types : Tête d'Apollon ; têtes accolées d'Apollon et de Diane ; enfant sur un dauphin ; tête de Jupiter ; fleur de lotus.
Légendes : ΙΑΣΕΩΝ. ΙΑCΕΩΝ. ΙΑ.
Métal : Argent et bronze.
Impériales grecques depuis Auguste jusqu'à Gordien III.

Idymus.

Types : Tête virile imberbe, vue de face, les cheveux épars, et armée de cornes naissantes ; feuille de figuier.
Légende : ΙΔΥΜΙΟΝ.
Métal : Argent (1).

Imbrus.

Types : Tête juvénile laurée ; homme marchant, tenant un rameau et une patère.
Légendes : ΙΜΒΡΟΥ.
Métal : Bronze.

Medmasa.

Les monnaies, attribuées à tort à Medmasa par Sestini, appartiennent vraisemblablement à Mégiste, île de Carie.

---

(1) M. le duc de Luynes a le premier proposé l'attribution de cette monnaie ; suivant ce numismatiste, la tête représenterait Pan ou Actéon.

Mylassa (*Meless, Mylaso, Marmora*).

Types : cheval passant ; bipenne ; trident, aigle.
Légendes : ΜΥΛΑΣΣΕΩΝ.
Métal : Bronze.
Impériales grecques depuis Auguste jusqu'à Philippe II

Mindus (*Menteche, Mindes*).

Types : Tête de Jupiter ; d'Apollon ; lotus ; chouette.
Légende : ΜΥΝΔΙΩΝ.
Métal : Argent et bronze.
Impériales grecques depuis Antonin jusqu'à Septime-Sévère et Julia Domna.

Nysa (*Nazely, Nozly*).

Types : Tête du dieu Mensis sur un croissant ; légende dans une couronne ; tête du dieu Bacchus à droite ; Mercure avec son caducée.
Légende : ΝΥCΑΕΩΝ. ΝΥΣΑΕ.
Métal : Argent et bronze.
Impériales grecques depuis Auguste jusqu'à Gallien. Des monnaies de cette ville avaient été, par erreur, données à Nysa de Péonie.

Orthosia.

Types : Tête de Bacchus, du Sénat ; thyrse ; enlèvement de Proserpine.
Légende : ΟΡΘΩΣΙΕΩΝ.
Métal : Bronze.
Impériales grecques depuis Auguste jusqu'à Maximin.

Plarasa.

Types : Tête de femme voilée ; un alpha.
Légende : ΠΛΑΡΑΣΕΙΩΝ.
Métal : Bronze. — Cette monnaie a été frappée en communauté avec Aphrodisias.

Prenassus ou Prinassus.

Types : Sphinx ; Diane debout.
Légende : ΠΡΕΝΑΣ.
Métal : Bronze. — Cette monnaie paraît appartenir à Perga de Pamphylie.

Pyrnus.

Types : Tête du soleil de face ; coquille.
Légende : ΠΥΡΝΗΩΝ.
Métal : Bronze.

Stratonicea (Eski-Chichere).

Types : Victoire passant ; légende dans une couronne ; tête de femme tourellée ; Diane chasseresse ; Bellérophon menant Pégase par le frein ; autel enflammé entre deux torches allumées ; tête de femme laurée ; Pégase volant ; tête du Sénat ; Jupiter assis, tenant une patère et une haste.

Légendes : CTPATONIKEΩN. CTPATONEIKEΩN.
Métal : Argent et bronze.
Impériales grecques depuis Antonin jusqu'à Salonina.

Taba (Dava-Su, Tabas).

Types : Tête de Bacchus ; tête laurée ; Neptune debout ; fortune debout ; urne sur une table ; bonnets des dioscures.
Légende : TABHNΩN.
Métal : Argent et bronze.
Impériales grecques depuis Drusus jusqu'à Salonina.

Telemissus.

Types : Tête radiée du Soleil, vue de face ; Apollon tenant un arc et assis sur la cortine.
Légende : TEΛEMHΣΣEΩN.
Métal : Bronze.

Trapezopolis (Karagia-Su).

Types : Tête du dieu Mensis ; tête jeune laurée.
Légende : TPAΠEZOΠOΛITΩN.
Métal : Bronze.
Impériales grecques d'Auguste, de Commode et de Julia Domna. Il faut restituer à Trapezus de Pont les pièces de Trajan d'abord données à Trapezopolis, et qui portent au revers le Soleil à mi-corps, coiffé du bonnet de Mithras tenant un cheval.

Tripolis (Tribul).

Types : Latone assise ; la même tenant ses deux jumeaux et assise dans un temple, quelquefois placée près d'une table sur laquelle est l'urne des jeux ; tête de femme ; légende dans une couronne ; Jupiter Laodicenus, Némésis, Diane, Hercule, Bacchus ; buste du Sénat ; Cérès assise.
Légende : TPIΠOΛEITΩN.
Métal : Bronze.
Impériales grecques depuis Auguste jusqu'à Salonina.

ROIS DE CARIE

Hecatomnus (381 à 372 avant J.-C.).
Types : Lion passant; Jupiter Labrandensis tenant une haste et une bipenne.
Légende : EKATOM.
Métal : Argent.

Maussolus (372 à 313 avant J.-C.).
Types : Tête du Soleil; de face; Jupiter Labrandensis.
Légende : ΜΑΥΣΣΩΛΛΟ.
Métal : Argent.

Hidrieus (mort vers 244 avant J.-C.).
Types : Tête du Soleil de face; Jupiter Labrandensis.
Légende : ΙΔΡΙΕΩΣ.
Métal : Argent.

Pixodarus (mort vers 336 avant J.-C.).
Types : Tête du Soleil de face; tête d'Apollon laurée; Jupiter Labrandensis.
Légende : ΠΙΞΩΔ. ΠΙΞΩΔΑΡΟΥ.
Métal : Or et argent.

Othontopates (règne en 334 avant J.-C.).
Types : Tête du Soleil de face; Jupiter Labrandensis.
Légende : ΟΘΟΝΤΟΠΑΤΟ.
Métal : Bronze.

ILES VOISINES DE LA CARIE

Astypalæa insula (*Stimfalia*).
Types : Navire; dauphin; tête d'Esculape; serpent enroulé autour d'un bâton.
Légende : ΑΣΤΥΠΑΛΑ.
Métal : Bronze.
Impériales grecques de Livie et de Tibère.

16

Calymna insula (*Calmine*).

Types : Tête casquée; lyre.
Légende : ΚΑΛΥΜΝΙΩΝ.
Métal : Argent et bronze.

Cos insula (*Istanko, Lango*).

Types : Tête d'Hercule imberbe ; crabe; tête de femme voilée; tête d'Hercule barbue; figure virile debout tenant une patère et une haste; tête de Vénus; Esculape debout; tête barbue du *démos*; Hercule debout, l'Amour sur son bras; tête d'Hippocrate; tête de Xénophon; bâton et serpent; Hygie debout; tête d'Esculape.
Légende : ΚΩΙΩΝ.
Métal : Argent et bronze.
Impériales grecques depuis Auguste jusqu'à Philippe.

Nisyros insula (*Nisari, Nicero*).

Types : Tête de Vénus, de Neptune, d'Hercule; Neptune sur un rocher tenant un trident; dauphin; crâne de bœuf.
Légende : ΝΙΣΥΡΙΟΝ.
Métal : Argent et bronze.

Rhodus insula (*Rodus, Rodi*).

Types : Tête du soleil de face; rose; fleur en forme de calice; tête de Bacchus couronnée de lierre, de Méduse de face ; victoire passant, quelquefois sur une proue ; balaustium ; Hercule enfant étouffant des serpents ; tête d'Apollon à droite ; bouton de rose.
Légende : ΡΟ. ΡΟΔΙΟΝ. ΡΟΔΙΩΝ.
Métal : Or, argent et bronze.
Impériales grecques depuis Tibère jusqu'à Commode.

Astyra Rhodi.

Types : Tête du Soleil de face; deux vases dont un diota.
Légende : ΑΣΤΥΡ.
Métal : Bronze.

Camirus Rhodi.

Types : Feuille de figuier dont une sinuosité ; deux carrés creux, légende dans le champ en deux lignes.
Légende : ΚΑΜΙΡΕΩΝ.
Métal : Argent.

Ialysus Rhodi.

Types : Tête d'oiseau de proie à droite, dans le champ une palmette, le tout dans un carré creux; partie antérieure d'un sanglier ailé.

Légende : IAΛΥΣION.
Métal : Argent (1).

Lindus Rhodi.

M. Witte, dans un article publié dans la *Revue numismatique*, 1845, p. 466, signale, sans en décrire les types ni les légendes, une monnaie d'argent de Lindus existant dans le cabinet de M. le duc de Luynes.

Megiste Rhodi.

Types : Tête radiée du Soleil; fleur du balaustium dans un carré.
Légende : ME.
Métal : Argent.

Syme.

Types : Tête de Bacchus; diota entre deux ceps de vigne.
Légende : ΣΥ.
Métal : Argent.

Telos insula (*Elleci, Tillos, Episcopi*).

Types : Tête de Jupiter; de Pallas; crabe.
Légende : THVI.
Métal : Bronze.

LYCIA

Les monnaies des Lyciens, en général, sont des impériales grecques d'argent, frappées depuis Claude jusqu'à Trajan : leurs types se rapportent au culte d'Apollon. Les légendes portent ΛΥΚΙΩΝ (2).

---

(1) C'est encore M. de Luynes qui a signalé ce curieux tétradrachme, qui avait été d'abord attribué à Clazomène. Lindus, Ialysus et Camirus avait été fondées par Tlépolème, fils d'Hercule, qui régna ensuite sur l'île entière, et assista les Grecs au siège de Troie.
(2) Sur beaucoup de monnaies lyciennes, les noms des villes sont précédés ou suivis du même mot ΛΥΚΙΩΝ.
Consulter le travail publié sur les monnaies de **Lycie** par M. J.-P. Six, dans la *Revue numismatique*, 1884.

Acalissus (*Ghiourostan-Lik*).

Impériales en bronze de Gordien III : ΑΚΑΛΙΣΣΕΩΝ.

Antiphellus.

Le nom de cette ville ΑΝΤΙΦΕΙΛΛΕΙΤΩΝ, se lit sur une impériale grecque de bronze de Gordien III.

Aperla.

Types : Tête de lion ; tête barbue et Pan ; triskèle.
Légende : PERECLE en caractères lyciens.
Métal : Argent.

Les monnaies de cette ville, attribuées par M. Sharpe à une localité du nom d'Héraclée, ont été restituées à Aperla ; on connaît de la même ville une impériale grecque de Gordien III, portant ΑΠΕΡΛΕΙΤΩΝ

Apollonia.

Types : Tête de Diane ; cerf.
Légende : ΑΠΟΛΛΟΝΙ.
Métal : Bronze.

Impériales grecques de Marc-Aurèle, Géta et Gallien.

Arina.

Voy. Xanthus.

Arycanda.

Types : Tête d'Apollon ; arc et carquois ; cerf.
Légende : ΛΥΚΙΩΝ ΑΡΧ.
Métal : Bronze.

Le nom de cette ville, ΑΡΥΚΑΝΔΕΩΝ, se lit sur les impériales grecques de Gordien III et de Tranquillina.

Balbura.

Types : Tête d'Apollon ; épi.
Légende : ΒΑΛΒΟΥΡΕΩΝ.
Métal : Bronze.

Impériales grecques de Caligula.

Bubon (*Abadjik*).

Types : Tête de Diane ; cerf ; arc et carquois.
Légende : ΒΟΥ.
Métal : Bronze.

Cabalia.

Types : Triskèle.
Légende : KOPALLE, en caractères lyciens.
Métal : Argent.

Choma.

Types : Tête barbue et laurée ; massue dans une couronne.
Légende : ΧΩ.
Métal : Bronze.

Corydallus.

Le nom de cette ville, ΚΟΡΥΔΑΛΛΕΩΝ, se lit sur des impériales grecques de Gordien III et de Tranquillina.

Cragus.

Types : Têtes d'Apollon, de Diane ; cerf debout ; lyre ; parazonium ; rose ; lyre ; arc et carquois.
Légende : ΚΡ. ΚΡΑΓ ; ΛΥΚΙ ΚΡ.
Métal : Argent et bronze.
Des monnaies de cette ville portent, en signe d'alliance, les noms de Myra, de Tlos et de Xanthus.

Cyaneæ.

Types : Tête laurée d'Apollon ; lyre et casque dans un carré creux ; tête de Méduse, de face ; tête du Soleil, de face ; rose ; tête de Diane ; cerf.
Légende : ΚΥΑ. ΛΥ — ΚΥ.
Métal : Argent et bronze.
Impériales grecques de Gordien III.

Cydna.

Types : Tête d'Apollon ; lyre.
Légende : ΚΥ.
Métal : Argent.

Gagae.

Types : Déesse voilée, les bras étendus ; lyre.
Légende : ΛΥΚΙΩΝ ΓΑ.
Métal : Bronze.

Limyra.

Types : Tête d'Apollon ; lyre accompagnée d'un foudre ; arc et carquois.
Légende : ΛΙ. ΛΥΜΙΡΕΩΝ ; ΛΥΚΙ ΛΙ.
Métal : Argent.
Impériales grecques de Gordien III et de Tranquillina.

Massicytes.

Types : Tête de femme, d'Apollon laurée ; lyre ; figure debout ; tête de Soleil posée de face et en partie cachée par un aigle de profil ; rose ; buste de Diane ; parazonium et tête de cerf.

Légende : ΜΑΣ. ΜΑ.
Métal : Argent et bronze.
Des monnaies de cette ville mentionnent une alliance avec Xanthus. — Impériales grecques d'Auguste.

Mira (*Mira*).

Types : Triskèle ; tête de Pallas.
Légende : MERE, en caractères lyciens, ΜΥΡΕΩΝ.
Métal : Argent et bronze.
Impériales grecques depuis Antonin le Pieux jusqu'à Valérien. — Des monnaies de cette ville mentionnent des alliances avec Patara et Sido.

Olympus (*Porto Venetico*).

Types : Tête de femme laurée ; d'Apollon laurée ; lyre et foudre.
Légende : ΟΛΥΜ. ΟΛΥΜΗ. ΟΛΥΜΠΗ.
Métal : Argent.

Patara (*Patera*).

Types : Tête d'Apollon laurée, du Soleil de face, en partie cachée par un aigle de profil ; lyre rose ; balaustium; arc et carquois.
Légendes : ΠΑ. ΠΑΤΑΡΑ, en monogramme ; PTTA-RAZV, en caractères lyciens, ΠΑΤΑΡΕΩΝ ; ΛΥΚΙΩΝ ΠΑ.
Métal : Argent.
Des pièces de cette ville indiquent une alliance avec Arendæ de Lycie, dont on ne connaît pas de monnaies particulières. — Impériales grecques de Gordien III ; sur quelques-unes de celles-ci on voit une alliance avec Myra.

Phaselis (*Fionda*).

Types : Partie antérieure de sanglier disposée en proue de navire ; proues de navire de diverses formes, et quelquefois surmontées d'une victoire ; Pallas marchant ; tête de Jupiter ; d'Apollon ; tête de femme laurée ; lyre.
Légende : ΦΑΣ. ΦΑΣΗ. ΦΑ. ΦΑCΗΛΕΙΤΩΝ.
Métal : Argent et bronze.
Impériales grecques de Gordien III et Antonin.

Phellus.

Types : Tête laurée d'Apollon ; arc et carquois.
Légende : ΛΥΚΙΩΝ ΦΕ.
Métal : Bronze.
Impériales grecques en bronze de Gordien III.

Podalia.

Types : Tête laurée d'Appollon ; arc et carquois en sautoir.
Légende : ΛΥ. ΠΟΔ. ΠΟΔΑΛΙΩΤΩΝ.
Métal : Bronze.
Impériales grecques de Tranquillina.

Rhodia. Rhodiopolis.

Types : Tête laurée d'Apollon ; lyre dans un carré creux.
Légende : ΛΥΚΙΩΝ. PO.
Métal : Argent.
Impériales grecques de Tranquillina : ΡΟΔΙΑΠΟΛΕΙΤΩΜ.

Telephius (1).

Types : Tête de Minerve ; tête d'Hercule.
Légende : TELEVVEVEVE en caractères lyciens.
Métal : Argent.

Tlos.

Types : Tête laurée d'Apollon, quelquefois il est coiffé comme Diane ; lyre et caducée ; arc et carquois ; cheval courant.
Légende : ΤΛ. ΤΛΩΕΩΗ. *TROAVNEME* en caractères lyciens.
Métal : Argent et bronze.
Les monnaies de Tlos mentionnent une alliance avec Xanthus. — Impériales grecques de Gordien III.

Trabala.

Types : Tête laurée d'Apollon à droite : arc et carquois en sautoir.
Légende : ΛΥΚΙΩΝ. ΤΡ.
Métal : Bronze.

Trebenna.

Impériales grecques de Gordien III : ΤΡΕΒΕΝΝΑΤΩΝ.

Xanthus (*Eksenide*).

Types : Apollon revêtu de la stola tenant un arc ; lyre ; tête de Pallas casquée ; Pallas assise tenant devant elle un bouclier ; lyre.

---

(1) Cette monnaie se trouve dans la collection de la banque d'Angleterre, et a été déterminée par M. Sharp ; c'est d'après un exemplaire moins bien conservé que M. de Luynes avait proposé d'y lire le nom de Trabala.

Légendes : ZA. ΛY ΞA. *ARINA* (1) en caractères lyciens.
Métal : Argent et bronze.
Sur les monnaies de cette ville on voit une alliance avec Pegasa de Carie, inscrite PEGEASA en caractères lyciens.

ILE VOISINE DE LA LYCIE

Rhope (2).

Types : Tête de Pallas casquée; lion dans une aire carrée.
Légende : *AROFVTEIESE*, en caractères lyciens.
Métal : Argent.

PAMPHYLIA

Ariassus.

Impériales grecques de bronze de Lucilla à Géta ; ΑΡΙΑΣΣΕΩΝ.

Aspendus (*Menugat*).

Types : Deux lutteurs ; frondeurs ; sanglier à mi-corps; triquetra formée de quatre jambes.
Légende : ΕΣΤΓΕΔΙΙΥΣ.
Métal : Argent et bronze.
Impériales grecques d'Auguste et de Julia Soæmias à Salonina; ΑΣΠΕΝΔΙΩΝ.

Attalia (*Palea-Attalia*) (3).

Types : Tête de Diane, de Minerve, de Neptune, de Jupiter ; aigle éployée ; la Fortune debout ; Neptune debout; Pallas tenant un dauphin et une haste.

---

(1) Etienne de Byzance nous apprend que primitivement Xanthus s'appelait *Arina*.
(2) Cf. *Revue numismatique*, 1843, p. 330 et suiv.
(1) Il ne faut pas confondre les monnaies données à Attalia de Pamphylie avec celles d'Attalia de Lydie : on pense que la première de ces villes étant maritime, les types qui se rattachent au culte de Neptune doivent lui être préférablement classés.

Légendes : ΑΤΤΑΛΕΑΤΩΝ. ΑΤΤΑΛΕΩΝ.
Métal : Bronze.
Impériales grecques d'Auguste à Salonina.

Casa.

Impériales grecques de bronze de Gordien III, Etruscilla et Her. Etruscus ; ΚΑCΑΤΩΝ.

Etenna.

Types : Femme debout ; femme marchant tenant un serpent ; à terre, un diota ; couteau recourbé.
Légendes : ΕΤ. ΕΤΕΝ. ΕΤΕΝΝΕΩΝ.
Métal : Bronze.
Impériales grecques de Faustine II à Salonina.

Isindus.

Types : Tête de Diane ; de Jupiter ; épi ; carquois, cavalier.
Légende : ΙΣΙΝ.
Métal : Bronze.
Impériales grecques de Lucius Verus à Gallien.

Magydus.

Types : Buste de Pallas ; Apollon debout appuyé sur une colonne.
Légende : ΜΑΓΥΔΕΩΝ.
Métal : Bronze.
Impériales grecques d'Auguste à Julia Domna.

Panemotichos.

Impériales grecques de Julia Domna ; ΠΑΝΕΜΟΤΕΙΧΕΙΤΩΝ.

Perga (*Kara-Hyssar*, *Tekie-Si*).

Types : Tête de Bacchus, de Diane, de femme diadémée ; têtes accolées d'Apollon et Diane ; sphinx ; Diane chasseresse debout ; la même déesse dans un temple distyle ; Diane Phosporos ; victoire.
Légendes : ΠΕΡ. ΠΕΡΓΑΙΕΩΝ. ΠΕΡΓΑΙΩΝ.
Métal : Argent et bronze.
Des monnaies mentionnent des alliances avec Apollonie de Pisidie et Syde de Pamphylie. — Impériales grecques d'argent et de bronze d'Auguste à Salonina, d'Aurélien et de Tacite.

Pogla.

Impériales grecques de Géta, de Julia Domna ; ΠΩΓΛΕΩΝ.

Side (*Eski Adalia*).

Types : Tête de Pallas dans un carré; grenade accompagnée ou non de poissons; aire creuse (1); Pallas debout tenant une hasteetun bouclier ou une chouette, ou une petite victoire; homme debout tenant divers objets devant un autel (2); victoire passant, tenant une couronne, dans le champ, une grenade (3).
Légende : ΣΥ. ΣΙΔΗΤΩΝ ΣΙΔΗ.
Métal : Argent et bronze.
Impériales grecques d'Auguste à Salonina; on y voit mentionnées des alliances avec Myra de Lycie; Attalia et Perga de Pamphylie.

Sillyum (*Assar Koï*).

Types : Tête barbue et casquée de Mars; figure militaire debout; Jupiter.
Légende : CIΛΛΥΕΩΝ.
Métal : Bronze.
Impériales grecques d'Auguste, et depuis Antonin jusqu'à Salonina.

PISIDIA

Andeda.

Impériales grecques de Marc-Aurèle à Gallien : ΑΝΔΗΔΕΩΝ.

Amblada.

Types : Tête barbue à droite; massue.
Légende : ΑΜΛΑΔΕΩΝ.

---

(1) Ces types se voient sur les monnaies les plus anciennes, et qui sont anépigraphes; la grenade a suffi pour indiquer la ville de Side.
(2) Ce type est souvent contremarqué d'un bœuf.
(3) La tête de Pallas, que l'on voit à l'avers de ce type est contremarquée des initiales : ΠΕΡΓΑ, ΣΑΡ ou ΤΡΑ; d'un arc et d'un carquois, d'une ancre, d'une grenade, d'une petite tête de Pallas. Les initiales qui précèdent font connaître que les monnaies de Side étaient en usage à Pergame, à Sardium et à Trallium.

Métal : Bronze.
Impériales grecques de Marc-Aurèle jusqu'à **Alexandre** Sévère.

Antiochia (*Ak-Chiehere*).

Types : Tête du dieu Lunus; buffle, coq.
Légende : ANTIOCH. COL. ANT.
Métal : Bronze.
On a de cette ville des coloniales impériales de Tibere à Claude le Gothique.

Apollonia-Mordiæum.

Cette ville n'est connue dans la numismatique, que sur des bronzes où son nom est en alliance avec Perga de Pamphylie, les Lycii et Lysias de Phrygie.

Baris.

Les monnaies de cette ville sont des impériales grecques d'Alexandre Sévère.

Codrula.

Impériales grecques de Marc-Aurèle à Commode. KO-ΔPOYΛEΩN.

Conana.

Types : Tête laurée d'Apollon; grappe de raisin.
Légende : KONANH.
Métal : Bronze.
Impériales grecques de Marc-Aurèle, Plautille et Philippe II.

Cremna (*Kebrinaz*).

Types : Tête de Jupiter; foudre ailé; tête jeune casquée; partie antérieure d'un lion.
Légende : KPH.
Métal : Bronze.
Les monnaies de cette ville sont des coloniales impériales de Caracalla, Géta, Héliogabale, Etruscilla et Trébonien Galle. COL. IVL. AVG. FE. CREMNA.

Hadrianopolis.

Monnaies impériales grecques de Septime-Sévère.

Laodicea Combusta.

Monnaies impériales grecques de Titus et de Domitien.

Lyrbe.

Monnaies impériales grecques d'Alexandre Sévère, Salonina et Valérien II. ΛΥΡΒΕΙΤΩΝ.

Mylias.

Types : Jupiter assis; lion marchant.
Légende : MI.
Métal : Bronze.

Olbasa.

Monnaies coloniales impériales au nom d'Antonin, de Julia Mœsa, de Gordien III et de Volusien. — COL. IVL. AVG. OLBABEN.

Pappa.

Impériales grecques d'Antonin, ΠΑΠΠΗΝΩΝ.

Pednelissus.

Monnaies impériales grecques de Maxime. — ΠΕΔΝΗΛΙΣΣΕΩΝ.

Prostanna.

Types : Tête tourellée de femme ; Vénus debout.
Légende : ΠΡΟCΤΑΝΝΕΩΝ.
Métal : Bronze.
Impériales grecques de Claude le Gothique.

Sagalassus (*Sadyaklu*).

Types : Tête de Jupiter ; couronne ; grappe de raisin ; épis ; deux boucs luttant ; victoire marchant.
Légende : CAΓ. CAΓA. ΣΑΓΑΛΑΣΣΕΩΝ.
Métal : Argent et bronze.
Impériales grecques depuis Auguste jusqu'à Claude le Gothique.

Sandalium.

Types : Tête de Pallas ; quatre croissants.
Légende : ΣΑΜΔΑΛΙ.
Métal : Bronze.

Seleucia (*Selefke*).

Monnaies impériales grecques depuis Hadrien jusqu'à Claude le Gothique ; ΚΛΑΥΔΙΟCΕΛΕΥΚΕΩΝ.

Selge.

Types : Deux athlètes nus ; figure virile debout, les bras étendus et tenant deux torches ; Hercule debout ; Mars combattant ; tête d'Hercule ; tête barbue et laurée ; tête

barbue et radiée; tête de Pallas; foudre, arc et triquetra; bouclier; fer de lance; partie antérieure d'un cerf.
Légende : ΣΕΛΓΕΩΝ. ΣΕΛ. ΣΕ.
Métal : Argent et bronze.
Impériales grecques depuis Hadrien jusqu'à Salonina. On lit sur les impériales le nom de Lacédémone de Laconie en signe d'alliance. Arianus (*Descrip. orb.* v. 165) dit:

« Et Lacedemoniæ surgunt fastigia Selges. »

Termessus (*Gulik-Khan*).

Types : Tête de Jupiter; Pallas debout; Hercule debout; femme à cheval tenant un sceptre; la Fortune debout; homme demi-nu assis avec une massue; cheval en course; partie antérieure d'un cheval; tête nue de Mercure; tête radiée du Soleil, d'Hercule; Bacchus debout et panthère; Victoire, édifice distyle.
Légende : ΤΕΡ; ΤΕΡΜΗCCΕΩΝ.
Métal : Bronze.
Monnaies impériales grecques depuis Auguste jusqu'à Alexandre Sévère.

Tityassus, Pytiassus.

Types : Partie antérieure d'un sanglier; temple.
Légende : ΤΙΤΥΑCCIC.
Métal : Bronze.
Monnaies impériales grecques d'Hadrien, Antonin et Géta.

ISAURIA

Carallia.

Monnaies impériales grecques depuis Marc-Aurèle jusqu'à Maximin; ΚΑΡΑΛΛΙΩΤΩΝ ou ΚΑΡΑΛΛΕΑΤΩΝ.

Isaurus (*Rey-Scieheri*).

Monnaies impériales grecques d'Hadrien à Héliogabale; ICAYPON.

Lalassis.

Types : Tête de femme voilée et tourellée, devant une palme; corne d'abondance et triquetra; femme debout tenant une corne d'abondance et des épis.
Légende : ΛΑΛΑCCΕΩΝ.
Métal : Argent et bronze.

Num. ancienne.

Titiopolis.

Impériales grecques portant la tête barbue d'Hadrien. TITIOΠΟΛΕΙΤΩΝ.

LYCAONIA (1)

Coropissus (*Ku-Hyssar*).

Monnaies impériales grecques d'Hadrien, Faustine II et Maximin; ΚΟΡΟΠΙССΕωΝ.

Iconium (*Kuniah Konich, Cogni*).

Types : Tête de Jupiter, de Méduse; buste de Persée; tête juvénile couronnée de lierre; Persée debout; femme tourellée assise, à ses pieds un fleuve; la Fortune debout.
Légendes : ΕΙΚΟΝΙΕΩΝ. ΙΚΟΝΙ. ΚΛΑΥΔΙΕΩΝ.
Métal : Bronze.
On a de cette ville des impériales grecques, au nom de Néron et Poppée, d'Hadrien, de Marc-Aurèle et de Faustine II; on en a aussi des coloniales impériales au nom de Gordien III, de Valérien et de Gallien.

Laranda (2).

Impériales grecques de Philippe II; ΛΑΡΑΝΔΕΩΝ.

Parlais.

On ne connaît de cette ville que des coloniales au nom de Marc-Aurèle jusqu'à Maximin, IVL. AVG. COL. PARLAIS, et des impériales grecques de Gallien ΠΑΡΛΑΕΙΩΝ.

Savatra.

Les monnaies de cette ville sont des impériales grecques de bronze au nom d'Antonin, CAOYATPEΩN.

---

(1) Le nom des Lycaoniens paraît sur une monnaie de bronze d'Antiochus IV, roi de Commagène.
(2) Cette attribution est de Vaillant; Eckhel pense que c'est une mauvaise lecture, et que ces monnaies sont d'Alabanda de Carie.

CILICIA

Ægæ (*Aias-Kale*).

Types : Tête de femme voilée et tourellée, de chèvre, de Pallas, de cheval ; buste de Pallas ; chèvre.
Légende : ΑΙΓΕΑΙΩΝ.
Métal : Bronze.
Impériales grecques d'argent et de bronze depuis Auguste jusqu'à Salonina.

Alæ.

Impériales grecques au nom d'Hadrien ; ΑΛΑΙΩΝ. ΚΙΛΙΚΩΝ.

Alexandria ad Issum (*Iskanderona, Alessandretta*).

Types : Tête de femme tourellée, d'Hercule imberbe ; la Fortune debout ; figure debout revêtue de la toge et étendant un bras ; Bacchus debout.
Légende : ΑΛΕΞΑΝΔΡΕΩΝ.
Métal : Bronze.
Impériales grecques d'Hadrien et de Caracalla. Voy. le paragraphe relatif à Antiochus IV, roi de Commagène.

Amanienses.

Types : Tête de Jupiter ; Mercure debout.
Légende : AMANIT.
Métal : Bronze.

Anazarbus, Cæsaræ ad Anazarbum (*Aynzarba*) (1).

Types : Tête barbue et laurée, de femme voilée, femme debout tenant une corne d'abondance.
Légendes : ΑΝΑΖΑΡΒΕΩΝ — KAICAP. ΓΠ. ANAZAR.
Métal : Bronze.
Impériales grecques depuis Claude jusqu'à Gallien.

---

(1) On présume qu'Anazarbus, qui tirait son nom d'une montagne du voisinage, prit celui de *Cæsarea*, sous le règne d'Auguste. Les monnaies de cette ville mentionnent une époque dont le commencement paraît correspondre avec l'an de Rome 734 : c'est alors que l'empereur Auguste allant en Syrie passait par la Cilicie.

Anemurium (Anamur, Scalemura).

Types : Tête de femme voilée et tourellée ; jeune homme nu debout, tenant un arc et appuyé contre une colonne.
Légende : ΑΝΕΜΟΥΡΙΕΩΝ.
Métal : Bronze.

Impériales grecques de Domitien jusqu'à Valérien ; voy. aussi les monnaies d'Antiochus IV, roi de Commagène.

Antiochia ad Sarum, Adana (Edena, Adana).

Types : Tête de femme voilée ; cheval libre marchant ; tête de Pallas ; de Jupiter ; buste de Pallas ; victoire passant.
Légende : ΑΝΤΙΟΧΕΩΝ. ΤΩΝ. ΠΡΟΣ. ΤΟΙ. ΣΑΡΟΙ. — ΑΔΑΝΕΩΝ.
Métal : Bronze et argent.

Impériales grecques de Marc-Aurèle, avec le nom d'Antiochia ; avec celui d'Adona, de Marc-Aurèle à Gallien ; voy. les monnaies d'Antiochus IV, roi de Commagène.

Antiocha Maritima.

Impériales grecques de Philippe Ier et de Valérien Ier.

Antiocha (incerta Ciliciæ).

Types : Tête de femme tourellée ; Jupiter assis.
Légende : ΑΝΤΙΟΧΕΩΝ. ΤΩΝ. ΠΡΟ... ΑΚΩΙ (Τραγου ?)
Métal : Bronze.

Argos.

Les monnaies de cette ville ΑΡΓΕΙΩΝ, sont des impériales grecques frappées au nom de Valérien, Gallien et Salonina.

Augusta.

Types : Tête de femme ; capricorne tenant un globe ; au-dessus, un astre.
Légende : ΑΥΓΟΥΣΤΑΝΩΝ.
Métal : Bronze et argent.

Impériales grecques depuis Auguste jusqu'à Valérien Ier.

Celenderis (Kelnar).

Types : Bouc se retournant et fléchissant un genou ; aire creuse ; homme nu assis sur un cheval ; tête de femme voilée et tourellée ; Apollon debout avec une lyre posée sur une colonnette.
Légende : ΚΕΛ. ΚΕΛΕΝ. ΚΕΛΕΝΔΕΡΙΤ.
Métal : Argent et bronze.

Impériales grecques depuis Lucius Verus jusqu'à Etruscille.

Cennati ; voy. Olba.
Codrigæ ; voy. Tarsus de Cilicie.
Colybrassus.

Impériales grecques depuis Marc-Aurèle jusqu'à Salonina; ΚΟΛΥΒΡΑϹϹΕΩΝ.

Corasesium (*Castel Ubaldo*).

Impériales grecques depuis Trajan jusqu'à Salonina ; ΚΟΡΑΚΗϹΙΩΤΩΝ.

Corycus (*Korcum, Korcu, Korigos*).

Types : Tête de femme tourellée ; Mercure debout tenant une patère et une corne d'abondance.
Légendes : ΚΩΡΥΚΙΩΤΩΝ.
Métal : Bronze.
Impériales grecques depuis Trajan jusqu'à Gallien.

Diocæsarea.

Impériales grecques depuis Septime-Sévère jusqu'à Philippe II. On lit sur les monnaies de cette ville le nom des *Cennati*; ΑΔΡΙΑΝΩΝ. ΔΙΟΚΑΙϹΑΡΕΩΝ. ΜΗΤΡΟ. ΚΕΝΝΑΤΩ.

Doron.

Impériales grecques depuis Marc-Aurèle ; ΔωΡΕωΝ. ΒΟϹ.

Epiphanea, Oeniandos (1).

Types : Tête jeune couronnée de lierre ; figure barbue debout.
Légende : ΕΠΙΦΑΝΕΩΝ.
Métal : Bronze.
Impériales grecques depuis Hadrien jusqu'à Gordien III.

Flaviopolis.

Impériales grecques depuis Domitien jusqu'à Valérien Ier; ΦΛΑΟΥΙΟΠΟΛΕΙΤΩΝ.

Germanicopolis (2).

Types : Tête laurée et voilée de femme ; femme voilée assise ; à ses pieds un fleuve couché.
Légendes : ΓΕΡΜΑΝΙΚΟΠΟΛΕΙΤΩΝ.
Métal : Bronze.

---

(1) Cette ville, qui primitivement s'appela Œniandos, suivant Pline, prit par la suite le nom d'Epiphanea, en l'honneur d'Antiochus.

(2) Cette attribution est incertaine, et les numismatistes ne

Hamaxia.

Types : Tête de jeune homme ; trois bâtons rangés en triangle, et un oiseau sur l'un d'eux.
Légende : ΑΜΗΞΙΩΝ.
Métal : Bronze.

Hieropolis.

Types : Tête de femme voilée et tourellée ; de Bacchus ; Cérès assise ; homme nu, nageant et tenant un aigle sur le poing ; aigle debout ; Jupiter Nicéphore.
Légendes : ΙΕΡΟΠΟΛΙΤΩΝ. ΤΩΝ. ΠΡΟΣ. ΤΩ. ΠΥΡΑΜΩ.
Métal : Argent.
Impériales grecques depuis Marc-Aurèle jusqu'à Caracalla. Voy. les monnaies d'Antiochus IV de Syrie.

Iotape.

Impériales grecques de Philippe II et de Valérien Ier ; ΙΩΤΑΠΕΙΤΩΝ.

Irenopolis.

Impériales grecques depuis Domitien jusqu'à Gallien ; — sur les monnaies de cette ville on voit en signe d'alliance le nom de Zéphyrium de Cilicie ; ΕΙΡΗΝΟΠΟΛΙΤΩΝ.

Lacanatis.

Types : Tête de femme voilée et couronnée d'épis ; lyre.
Légende : ΛΑΚΑΝΑΤΩΝ.
Métal : Bronze.

Laerte.

Types : Tête d'Antiochus IV, roi de Syrie ; Diane chasseresse.
Légende : ΛΑ... ΝΩΝ. ΤΩΝ. ΠΡΟC. ΤΟΝ. ΠΥΡΑΜΟΥ. — ΛΑΕΡΤΕΤΙΩΝ.
Métal : Bronze.
Impériales grecques depuis Trajan jusqu'à Salonina.

Lamus.

Impériales grecques de Septime-Sévère et de Caracalla : ΜΗΤΡΟ. ΛΑΜΩΤΙΑ — ΜΕΤΡΟΠ. ΛΑΜΩΤΙΔΟC.

sont pas d'accord sur la question de savoir s'il s'agit ici de Germanicopolis de Cilicie, ou de la ville du même nom qui était en Paphlagonie.

Mallus *(Karadosch-Burun)*.

Types : Tête barbue laurée à droite ; de Vénus diadémée ; tête barbue coiffée du bonnet phrygien ; homme barbu avec couronne radiée ; tête virile casquée ; dans le champ, un bœuf ; Hercule accroupi terrassant un lion ; Minerve assise sur un rocher ; Vénus drapée, appuyée sur Minerve ; femme tourellée assise sur un rocher, et deux fleuves (1).
Légende : ΜΑΛ. ΜΑΛΛΩΤΩΝ.
Métal : Argent et bronze.
Impériales grecques depuis Auguste jusqu'à Marc-Aurèle.

Megarsus.

Types : Tête de femme voilée et tourellée ; fleuve nageant et tenant un oiseau sur le poing ; édifice crénelé ; partie antérieure d'un bœuf agenouillé.
Légendes : ΜΕΓΑΡΣΩΝ. ΤΩΝ. ΠΡΟΣ. ΤΩ. ΠΥΡΑΜΩ.
Métal : Bronze.

Mopsus, Mopsuestia *(Messis)*.

Types : Tête barbue et laurée, de femme voilée et tourellée, de Pallas ; autel embrasé ; Apollon demi-nu devant un trépied ; le Soleil dans un char.
Légende : ΜΩΨΕΑΤΩΝ.
Métal : Bronze.
Impériales grecques de Domitien à Gallien.

Nagidus.

Types : Vénus couronnée par l'Amour ; Jupiter debout ; tête barbue de Bacchus ; tête de Pan.
Légendes : ΝΑΓΙ. ΝΑΓΙΔ. ΝΑΓΙΔΙΚΟΝ.
Métal : Argent et bronze.

Nephelis, Nephelidda.

Types : Tête coiffée à la manière des **rois de Perse** ; tête casquée de Pallas.
Légende : Légende barbare.
Métal : Argent et bronze.

Olbá.

Types : Massue ; tour.
Légende : ΟΛΒΕΩΝ.

---

(1) M. Dutens attribue à cette ville des monnaies d'argent représentant Jupiter Tarnensis assis et tenant un aigle ; au revers un lion terrassant un taureau. Les légendes sont en caractères phéniciens.

Métal : Bronze.
Coloniales impériales de Septime-Sévère.

TOPARQUES D'OLBIA (1).

Polemo.
Contemporain de Marc-Antoine.

Types : Tête de Polémon ; de Marc-Antoine ; trône et *triquetra* ; foudre.

Légendes : ΠΟΛΕΜΩΝΟΣ. ΑΡΧΙΕΡΕΩΣ et ΔΥΝΑΣΤΟΥ.

Métal : Bronze.

Ajax.
Contemporain d'Auguste.

Types : Têtes d'Ajax, d'Auguste ; *triquetra* ; foudre.
Légendes : ΑΙΑΝΤΟΣ. ΤΟΠΑΡΧΟΥ.
Métal : Bronze.

Philadelphia.
Impériales grecques de Trajan et de Maximin : ΦΙΛΑΔΕΛΦΕΩΝ ΚΕΤΙΔΟΣ.

Seleucia ad Calycadnum (*Selefke*).
Types : Tête de Pallas, d'Apollon ; victoire marchant ; partie antérieure d'un cheval.

Légende : ΣΕΛΕΥΚΕΩΝ. ΤΩΝ. ΠΡΟΣ. ΤΟΙ. ΚΑΛΥΚΑΔΝΟΙ.

Métal : Argent et bronze.
Impériales grecques depuis Tibère jusqu'à Gallien.

Seleucia ad Pyramum (*Terkychen*).
Types : Tête barbue ; autel allumé ; centaure.
Légende : ΣΕΛΕΥΚΕΩΝΤΩΝ ΠΡΟΣ ΤΟ ΠΥΡΑΜΩ.
Métal : Bronze.

---

(1) Sur les monnaies des toparques d'Olbia, on lit le nom des Cennati, qui se voit aussi à Diocæsarea, ainsi que celui des Lalassenses. Les géographes gardent le silence sur les premiers, mais Pline et Ptolémée nous apprennent que les seconds étaient dans le pays qui s'étendait depuis les montagnes jusqu'à la mer, vers Anemurium.

Selinus-Trajanopolis (*Selenti*).

Types : Diane passant.
Légende : CEΛINOYCIΩ.
Métal : Argent et bronze.
Impériales grecques de Lucilla et de Septime-Sévère.

Soli, Solopolis, Pompeiopolis (*Coran-Cheïr*).

Types : Figure virile barbue, bandant un arc ; tête de Pallas ; grappe de raisin ; tête jeune radiée ; Pallas assise ; tête du Soleil radiée ; Diane ; *balaustium* ; Pallas marchant ; chouette ; tête de Pompée ; victoire passant ; tête nue et barbue ; buste barbu, la main sortant de son vêtement.
Légendes : ΣΟ. ΣΟΛΕΩΝ. ΖΟΛΕΩΝ. ΣΟΛΟΙ. ΣΟΛΙ. ΣΟΛΙΟΝ. COΛΟΠΟΛΕΙΤΩΝ. ΠΟΜΠΗΙΟΠΟΛΕΙΤΩΝ.
Métal : Argent et bronze.
Impériales grecques de Pompée à Trébonien Galle.

Syedra.

Impériales grecques de Néron à Salonine ; CYEΔPEΩN.

Tarsus (*Tersus, Tarsus, Tersine, Tarso*) (1).

Types : Tête de femme tourellée, quelquefois voilée ; Hercule luttant contre un lion ; Apollon assis tenant une lyre ; pyramide surmontée d'un aigle ; Jupiter Nicéphore assis ; femme tourellée assise tenant des épis et des pavots, à ses pieds un fleuve ; Hermès entre deux animaux ; figure assise sur un quadrupède.
Légendes : TAPΣEΩN. TAPCOY.
Métal : Argent et bronze.
Impériales grecques depuis Auguste jusqu'à Salonina.

Zephyrium.

Types : Tête de femme voilée et tourellée ; deux flambeaux dans une couronne.
Légende : ΣΕΦΥΡΙΩΤΩΝ.
Métal : Bronze.
Impériales grecques depuis Hadrien jusqu'à Trébonien Galle (1).

(1) Le duc de Luynes a classé aux satrapes de Tarsus, Dernès, Siennesis et Gaos, des monnaies portant des légendes en caractères palmyréens et phéniciens.

ILE VOISINE DE LA CILICIE

Elaeusa, Sebaste (*la Piccola Isola di Corco*).
Types : Tête de Jupiter diadémée, de femme voilée, et quelquefois tourellée ; victoire passant ; abeille ; têtes d'Antiochus IV, roi de Commagène et d'Iotapé.
Légendes : ΕΛΑΙΟΥΣΙΩΝ. ΣΕΒΑΣΤΗΝΩΝ.
Métal : Bronze.
Impériales grecques depuis Auguste jusqu'à Valérien Ier

ROIS DE CILICIE

Tarcondimotus Ier.
Types : Tête du roi, imberbe et diadémée ; Jupiter Nicéphore assis.
Légendes : ΒΑΣΙΛΕΩΣ. ΤΑΡΚΟΝΔΙΜΟΤΟΥ.
Métal : Bronze.

Philopator (1).
Types : Tête de femme voilée et tourellée ; Pallas Nicéphore debout.
Légendes : ΒΑCΙΛΕΩC. ΦΙΛΟΠΑΤΟΡΟC.
Métal : Bronze.

CYPRUS INSULA (Kipri, Cipri, Cipro).

Impériales grecques depuis Auguste jusqu'à Macrin ; ΚΥΠΡΙΩΝ (2).

---

(1) Il y eut deux rois de Cilicie du nom de Philopator ; l'un fils de Tarcondimotus Ier, l'autre de Tarcondimotus II, fils du précédent ; on ne sait pas au juste auquel des deux appartiennent les monnaies en question.

(2) Nous ne parlons pas ici des autonomes, parce que leur authenticité est contestée ; les impériales d'Auguste et de Livie portent des légendes latines ; et le temple de Vénus Paphia, sans mentionner le nom de l'île ; les monnaies de Claude ont des légendes grecques et latines, toutes les monnaies de ses successeurs ont des légendes grecques.

Marium.

Types : Tête de femme laurée ; tête barbue et laurée.
Légende : MAPI.
Métal : Argent.

Paphus (*Baffo*).

Types : Tête de Vénus ornée de fleurs ; Apollon assis sur une cortine.
Légende : ΝΙΚΟΚΛΕΟΥΣ. ΠΑΦΙΟΝ.
Métal : Argent.

Salamis (*Costanza*).

Types : Tête de bœuf ; proue de navire ; bélier ; corne de bœuf dans un carré.
Légende : ΣΑΛΑΜΙΝΙ. ΣΑΛΑΜΙΝΙΟΝ.
Métal : Argent.

ROIS DE CHYPRE

Evagoras (vers 350 av. J.-C.).

Types : Tête barbue et diadémée d'Evagoras à gauche ; aigle les ailes éployées, le pied droit sur un foudre et le gauche sur un vautour, le tout dans une couronne de laurier ; lion, cheval paissant.
Légende : ΒΑΣΙΛΕΩΣ. ΕΥΑΓΟΡΟΥ. ΚΥΠΡΙΩΝ.
Métal : Argent et plomb.

Nicocles (époque incertaine).

Voy. les monnaies de Paphus.

LYDIA

Acrasus (*Kirkagatho*).

Types : Têtes d'Hercule, de Pallas ; Télesphore ; lion marchant.
Légende : ΑΚΡΑΣΙΩΤΩΝ.
Métal : Bronze.
Impériales grecques de Trajan à Alexandre Sévère.

Aninesum.

Types: Tête de Jupiter; tête jeune diadémée; cheval et palme; Diane d'Ephèse.
Légendes : ΑΝΙΝΗΣΙΩΝ. ΑΝΙΝΗCΙΟΙC.
Métal : Bronze.

Apollonis.

Types : Tête de femme tourellée; Jupiter assis, tenant une haste et une patère.
Légende : ΑΠΟΛΛΩΝΙΔΕΩΝ.
Métal : Bronze.
Impériales grecques depuis Domitien jusqu'à Alexandre Sévère.

Apollonoshieron.

Types : Tête de Pallas, du Sénat (συγκλήτου); Jupiter assis, tenant un aigle et une haste.
Légende : ΑΠΟΛΛΩΝΙΕΡΕΙΤΩΝ.
Métal : Bronze.
Impériales grecques de Tibère, Néron et Hostilien.

Asia.

Types : Tête de femme tourellée; faune debout soufflant dans une double flûte.
Légende : ΑΣΙΕΩΝ.
Métal : Bronze.
Impériales grecques depuis Trajan jusqu'à Gordien III; il y a des monnaies de bronze de cette ville qui portent le nom d'Alexandre le Grand; sur le bronze de Gordien III, on lit en signe d'alliance le nom de Smyrne.

Attalia.

Types: Tête d'Hercule, de Pallas; lion marchant; Télesphore debout; tête de bacchante; tête de Diane; aigle éployée; la Fortune debout.
Légende : ΑΤΤΑΛΕΑΤΩΝ.
Métal : Bronze.
Impériales grecques depuis Trajan jusqu'à Géta (1).

Aureliopolis.

Types : Tête du Sénat; Pallas debout.
Légende : ΑΥΡΗΛΙΟΠ.
Métal : Bronze
Impériales grecques depuis Commode jusqu'à Gordien III.

(1) Voyez ce que nous avons dit au sujet des monnaies d'Attalia de Pamphilie.

Bagas.

Types : Tête de Sérapis ; femme assise tenant une patère.
Légende : ΒΑΓΗΝΩΝ.
Métal : Argent et bronze.
Impériales grecques de Néron à Salonina. Des monnaies indiquent une alliance avec Temenothyræ.

Blaundos.

Types : Tête de Jupiter, de femme laurée ; aigle éployée, arc et carquois ; Mercure debout ; la Fortune.
Légende : ΒΛΑΥΝΔΕΩΝ.
Métal : Bronze.
Impériales grecques de Néron à Volusien.

Briula.

Types : Tête du Soleil radiée ; homme nu debout ; Cybèle debout entre deux lions.
Légende : ΒΡΙΟΥΛΕΙΤΩΝ.
Métal : Bronze.
Impériales grecques de Trajan, d'Antonin et de Marc-Aurèle.

Caystriani.

Types : Tête barbue diadémée ; tête de femme tantôt nue, tantôt tourellée, tantôt couronnée d'épis ; Junon Pronuba debout ; lyre ; massue et quelquefois dépouilles d'un lion.
Légende : ΚΑΥΣΤΡΙΑΝΩΝ.
Métal : Bronze.

Cilbiani inferiores.

Types : Femme debout ; tête de femme couverte du modius ; Bacchus indien debout.
Légende : ΚΙΛΒΙΑΝΩΝ. ΤΩΝ. ΚΑΤΩ.
Métal : Bronze.
Impériales grecques d'Auguste.

Cilbani superiores.

Types : Tête du Sénat ; Diane d'Éphèse.
Légende : ΚΙΛΒΙ. ΤΩΝ. ΑΝΩ.
Métal : Bronze.
Impériales grecques d'Auguste à Géta.

Cilbiani Nicæenses.

Types : Tête tourellée de femme ; Bachus nu et panthère.
Légende : ΚΙΛΒΙΑΝΩΝ. ΝΕΙΚΑΕ. et ΝΕΙΚΑΙΩΝ.

Métal : Bronze.
Impériales grecques depuis Caïus et Lucius césars jusqu'à Géta.

Cilbiani pergameni.

Impériales grecques de Domitien : sur les règles de Domitien et de ses successeurs jusqu'à Caracalla, on trouve les monnaies qui portent à la fois le nom de Pergameni et des Nicæenses Cilbiani. ΚΙΛΒΙΑΝΩΝ. ΠΕΡ. — ΠΕΡ. ΝΙΚΑΕΩΝ. ΚΙΛΒΙΑΝΩΝ.

Cilbiani Ceæti.

Types : Tête radiée à droite ; Diane d'Éphèse.
Légendes : ΚΙΛΒΙΑΝΩΝ. ΚΕΑΙΤΩΝ.
Métal : Bronze.

Daldis.

Types : Diane tenant un cerf par les cornes ; Jupiter aëtophore ; la Fortune debout.
Légende : ΔΑΛΔΙΑΝΩΝ.
Métal : Bronze.
Impériales grecques depuis Auguste jusqu'à Philippe II.

Dioshieron.

Types : Tête barbue et laurée ; Esculape debout ; tête de Jupiter ; aigle éployée.
Légendes : ΔΙΟΣΙΕΡΕΙΤΩΝ.
Métal : Bronze.
Impériales grecques depuis Auguste jusqu'à Alexandre Sévère.

Gordus Julia (*Cordu*).

Types : Tête de femme tourellée ; Bacchus ; Esculape ; Diane d'Éphèse ; fleuve couché.
Légende : ΓΟΡΔΟC. — ΙΟΥΛΙΑ ΓΟΡΔΟC.
Métal : Bronze.
Impériales grecques depuis Trajan jusqu'à Gallien.

Heraclea.

Impériales grecques depuis Hadrien jusqu'à Maximin, ΗΡΑΚΛΕΩΤΩΝ.

Hermocapelia.

Types : Tête de femme tourellée ; buste du Sénat.
Légende : ΕΡΜΟΚΑΠΗΛΑΙΤΩΝ.
Métal : Bronze.
Impériales grecques depuis Hadrien jusqu'à Hostilien.

Hermupolis.

Types : Tête de Sérapis ; la Fortune debout.
Légende : ΕΡΜΟΥΠΟΛΙΤΩΝ.
Métal : Bronze.
Impériales grecques de Trébonien Galle.

Hierocæsarea (1).

Types : Tête de Diane pharétrée, de femme tourellée, d'homme jeune et lauré ; autel enflammé ; Diane chasseresse debout ; Diane dans un bige.
Légende : ΙΕΡΟΚΑΙΣΑΡΕΩΝ.
Métal : Bronze.
Impériales grecques depuis Vespasien jusqu'à Caracalla.

Hypæpa (*Pyrge, Birge*).

Types : Tête d'Hercule nue, tourellée de femme ; temple tétrastyle : Esculape debout.
Légendes : ΥΠΑΙΠΗΝΩΝ.
Métal : Bronze.
Impériales grecques depuis Auguste jusqu'à Salonina.

Hyrcania.

Types : Tête de femme tourellée, d'Hercule ; la Fortune debout ; Esculape ; Télesphore debout.
Légende : ΥΡΚΑΝΩΝ.
Métal : Bronze.
Impériales grecques depuis Hadrien jusqu'à Philippe II.

Mæonia.

Types : Tête de Jupiter laurée ; d'Hercule nue ; Omphale et Hercule ; armes d'Hercule ; Rome assise ; cygne.
Légende : ΜΑΙΟΝΩΝ. ΜΑΙΟΝΙΟΝ.
Métal : Bronze.
Impériales grecques depuis Néron jusqu'à Étruscille.

Magnesia ad Sipylum (*Manassie*).

Types : Tête de femme tourellée ; tête nue barbue de Sipylus fils d'Agénor qui donna son nom à une montagne située près de Magnésie ; taureau avec une bosse ; Esculape ; la Fortune debout (2).

---

(1) Suivant Tacite, *Ann.* III, LXII, les habitants de Hierocæsarea prétendaient avoir un temple de Diane *Persica*, dédié par le roi Cyrus.
(2) Sur les monnaies autonomes de Magnesia on voit le nom

Légende : ΜΑΓΝΗΤΩΝ.
Métal : Bronze.
Impériales grecques depuis Auguste jusqu'à Salonina.

Mastaura *(Tiria)*.

Types : Tête de femme ; Apollon debout tenant une lyre ; cyprès et autel.
Légende : ΜΑСΤΑΥΡΕΙΤΩΝ.
Métal : Bronze.
Impériales grecques de Tibère et Livie jusqu'à Salonina.

Mossina ou Mossinus.

Types : Tête voilée de Cérès ; épi ; tête radiée ; tête du Sénat ; homme nu debout tenant une patère et un bâton ; fleuve couché.
Légende : ΜΟΣΣΙΝΩΝ. ΑΥΔΩΝ.
Métal : Bronze.

Mostene.

Types : Amazone à cheval ; autel et cyprès ; tête de Cérès ; épi dans une couronne.
Légende : ΜΟCΤΗΝΩΝ.
Métal : Bronze.
Impériales grecques de Claude jusqu'à Salonine.

Nacrasa.

Types : Tête d'Hercule, buste du Sénat ; Diane d'Éphèse ; serpent se dressant près d'un autel.
Légende : ΝΑΚΡΑΣΙΤΩΝ.
Métal : Bronze.
Impériales grecques depuis Domitien jusqu'à Géta.

Pactolei.

Types : Tête laurée d'Apollon ; tête de Diane pharétrée.
Légende : ΠΑΚΤΩΛΕΩΝ.
Métal : Bronze.

Philadelphia *(Ala-Chichere)*.

Types : Tête de femme tourellée ; Jupiter nicéphore assis ; tête jeune diadémée ; de Diane ; Apollon tenant une lyre ; cercle de boucliers macédoniens ; foudre dans une couronne de laurier ; figure assise par terre près d'une corne dont s'échappe de l'eau ; bouclier macédonien.

de Cicéron, et une tête que l'on suppose, mais sans certitude, être celle de cet orateur. Sur une impériale grecque de Valérien Ier, on lit en signe d'alliance le nom de Smyrna d'Ionie.

Légende : ΦΙΛΑΔΕΛΦΕΩΝ.
Métal : Argent et bronze.
Impériales grecques depuis Auguste jusqu'à Valérien Ier.

Sætteni.

Types : Fleuve couché ; tête d'Hercule, du Sénat ; Bacchus debout ; Hercule debout ; Pallas casquée et debout.
Légende : ϹΑΙΤΤΗΝΩΝ. CAIT.
Métal : Bronze.
Impériales grecques depuis Adrien jusqu'à Salonina.

Sardes (*Sart, Sard, Sardes*) (1).

Types : Tête de Jupiter diadémée, de femme ; buste du dieu Mensis ; tête d'Hercule nue ; tête virile imberbe et laurée ; têtes de lion et de taureau affrontées ; Hercule debout ; Rome nicéphore assise ; déesse voilée entre un épi et un pavot ; le fleuve Hermus couché ; Omphale et Hercule ; Bacchus assis tenant un canthare ; figure nue debout tenant une palme et un oiseau.
Légendes : ϹΑΡΔΙΑΝΩΝ. ΣΑΡΔΙΑΝΩΝ.
Métal : Argent et bronze.
Impériales grecques depuis Auguste jusqu'à Valérien II.

Silandus.

Types : Tête barbue et nue ; tourellée de femme ; Jupiter assis tenant une patère ; lion passant.
Légende : ϹΙΛΑΝΔΕΩΝ.
Métal : Bronze.
Impériales grecques depuis Domitien jusqu'à Caracalla.

Tabala.

Types : Fleuve couché.
Légende : ΤΑΒΑΛΕΩΝ.
Métal : Bronze.
Impériales grecques depuis Trajan jusqu'à Gordien III et Tranquilline.

Temenothyræ.

Types : Tête barbue et nue, de femme quelquefois voilée ; Jupiter assis ; femme debout tenant une haste ; Diane d'Ephèse ; têtes de Pallas, d'Hercule, de Rome ; autel,

---

(1) Les pièces d'argent autonomes sont des médaillons cistophores : on lit en signe d'alliance sur les monnaies de Sardes les noms d'Ephesus d'Ionie, de Pergamus de Mysie, de Smyrna d'Ionie d'Hypæpa de Lydie.

dessus un serpent; lion passant; Hercule combattant l'hydre, devant une statue de Pallas.
Légendes : THMENOΘYPEΩN.
Métal : Bronze.
Impériales grecques de Faustine à Salonina.

Thyatira (*Ak-Hyssar*).

Types : Tête de Diane, d'Apollon, d'Hercule, de Pallas; de femme voilée et tourellée; fleuve nu, couché, tenant un arbre et une urne; à ses pieds, un bœuf.
Légende : ΘYAT. ΘYATEIPHNΩN. ΘYATEIPA.
Métal : Argent (1) et bronze.
Impériales grecques depuis Auguste jusqu'à Salonina.

Thyessus.

Types : Tête jeune; fer de lance.
Légende : ΘYEΣΣEΩN.
Métal : Bronze.

Tmolus (*Buz-Daghi*).

Types : Tête de vieillard barbue.
Légende : TMΩΛEITΩN.
Métal : Bronze.
Impériales grecques de Sabine et de Faustine.

Tomarena.

Types : Tête nue et barbue d'Hercule; lion marchant.
Légende : TOMAPHNΩN.
Types : Bronze.

Tralles, Seleucia (*Sultan-Hyssar*).

Types : Tête de Jupiter; d'Apollon radiée, quelquefois laurée; de femme voilée; tête du soleil radiée; Diane d'Ephèse; grappe de raisin; foudre; trépied; la Fortune debout; types relatifs aux jeux; ciste entr'ouvert d'où sortent deux serpents; massue et dépouille de lion; bison.
Légende : TPAΛΛIANΩN.
Métal : Argent et bronze (2).
Impériales grecques depuis Auguste jusqu'à Valérien II.

(1) Les autonomes d'argent sont des médaillons cistophores.
(2) Les autonomes d'argent sont des médaillons cistophores. On lit sur les monnaies de Tralles, en signe d'alliance, les noms d'Amorium de Phrygie, d'Ephesus d'Ionie, de Laodicea de Phrygie, de Pergamus de Mysie, de Smyrna d'Ionie et de Synnada de Phrygie.

PHRYGIA

Acmonia.

Types : Tête de Jupiter; Esculape debout; foudre; Jupiter assis; Hercule terrassant un lion.
Légendes : AKMONE. AKMONEΩN. AKMONΩN.
Métal : Bronze.
Impériales grecques depuis Tibère jusqu'à Salonina.

Aezani.

Types: Tête de femme tourellée; tête du Génie de la ville; de Sérapis; de Diane; le soleil dans un quadrige; Hygiée debout; Isis debout; le soleil, radié, debout.
Légende : ΑΙΣΑΝΙΤΩΝ.
Métal : Bronze.
Impériales grecques depuis Jules César jusqu'à Gallien.

Alia.

Types : Tête de Mensis; homme debout tenant des épis et une haste; homme drapé tenant un globe et une haste.
Légende : ΑΛΙΗΝΩΝ.
Métal : Bronze.
Impériales grecques de Gordien III.

Amorium (*Hergian, Amoria*).

Types : Tête d'Hercule jeune; aigle éployée; tête du Sénat; victoire sur un globe; fleuve assis; tête casquée de Rome; deux mains jointes.
Légende : ΑΜΟΡΙΑΝΩΝ.
Métal : Bronze.
Impériales grecques depuis Auguste jusqu'à Gallien.

Ancyra (*Angur*).

Types : Diane d'Ephèse; Bacchus; Jupiter debout; autel allumé; cippe.
Légende : ΑΝΚΥΡΑΝΩΝ.
Métal : Bronze.
Impériales grecques depuis Néron jusqu'à Gallien.

Apamea (*Afiun-Kara-Hysser*).

Types : Tête de femme tourellée, de Pallas, de Lucius césar, de Jupiter; de femme voilée: Marsyas jouant de la double flûte; Méandre, aigle et bonnets des Dioscures; Méan-

dre et épis; Junon Pronuba: la triple Hécate tenant différents attributs de ses cinq mains; ciste entr'ouverte et serpents.
Légendes : AΠAME. AΠAMEIA. AΠAMEΩN.
Métal : Argent (1) et bronze.
Impériales grecques depuis Auguste jusqu'à Salonina.

Appia.
Impériales grecques de Philippe II.

Attæa.
Types : Tête de femme tourellée; Pallas debout.
Légende : ATTAITΩN.
Métal : Bronze.
Impériales grecques depuis Auguste jusqu'à Géta.

Attuda.
Types : Tête du Peuple; Latone et ses enfants; Amazone à cheval; cippe sur lequel se trouvent deux vases avec des fleurs et trois de pin.
Légende : ATTOYΔEΩN.
Métal : Bronze.
Impériales grecques depuis Auguste jusqu'à Salonina.

Beudos.
Impériales grecques d'Hadrien : BEYΔHNΩN ΠAΛAIΩN.

Briana.
Types : Tête de Sérapis; Isis debout.
Légende : BPIANΩN.
Métal : Bronze.
Impériales grecques de Julia Domna.

Bruzus.
Impériales grecques depuis Antonin jusqu'à Gordien III : BPOYZHNΩN.

Cadi (*Kedus*).
Types : Tête barbue et coiffée du bonnet phrygien; tête diadémée du *démos*; Cybèle assise.
Légende : KAΔOANΩN.
Métal : Bronze.
Impériales grecques depuis Claude I jusqu'à Gallien.

---

(1) Les autonomes d'argent d'Apamée sont des médaillons cistophores.

Ceretape (*Thard ·h*).

Types : Jupiter assis; tête de Sérapis; Pallas debout; arc dans son étui; tête d'Hercule; massue et peau de lion.
Légende : ΚΕΡΕΤΑΠΕΩΝ.
Métal : Bronze.
Impériales grecques depuis Plotine jusqu'à Septime-Sévère.

Cibyra (*Buruz, Buras*).

Types : Tête casquée; cavalier casqué et armé; têtes des Dioscures; victoire élevant un trophée; partie antérieure d'un bœuf bossu; tête de femme voilée et tourellée; lion passant Mensis debout; légende dans une couronne; Pluton assis et Cerbère.
Légende : ΚΙΒΥΡΑΤΩΝ.
Métal : Argent et bronze.
Impériales grecques depuis Domitien jusqu'à Étruscille.

ROIS DE CIBYRA

Moagetes (époque incertaine).

Types : Tête nue et barbue et massue; lion marchant; tête de Diane; cerf passant.
Légende : B. MOA. — B. MOAΓ.
Métal : Bronze.

Amyntas (époque incertaine).

Types : Crabe; légende dans le champ.
Légende : B. AMEINTOY. M.
Métal : Bronze.

Chotis (époque incertaine).

Types : M. Sestini qui signale cette pièce ne la décrit pas.
Légende : B. XOT. E.
Métal : Bronze.

Cidramus.

Types : Tête tourellée de femme; deux cornes d'abondance.
Légendes : ΚΙΔΡΑΜΗΝΩΝ.
Métal : Bronze.
Impériales grecques depuis Marc-Aurèle jusqu'à Julia Mœsa.

Cidyessus.

Impériales grecques de Domitien, de Caracalla et des Philippe ; ΚΙΔΙΗCCΕΩΝ. ΚΙΔΥΕΣΣΕΙΣ.

Clanudda.

Types : Tête d'Apollon ; divinité femelle debout et de face, les deux bras étendus, et dans une couronne de feuillage ; tête de Jupiter ; aigle sur un foudre ; taureau.

Légende : ΚΛΑΝΟΥΔΔΕΩΝ.

Métal : Bronze.

Colossæ (*Kolos*).

Types : Tête juvénile laurée ; le Soleil dans un quadrige ; femme debout tenant un globe et une haste ; tête de Sérapis ; Jupiter Laodiceus debout ; Isis debout.

Légendes : ΚΟΛΟCΙΙΝΩΝ. ΚΟΛΟCCΗΝΟΝ. ΚΩΛΟC-CΙΙΝΩΝ.

Métal : Bronze.

Impériales grecques d'Agrippine I, de Commode et de Gordien III.

Cotiæum (*Kutaye, Cutuja*).

Types : Tête juvénile ; tête barbue ; tête de femme voilée ; Jupiter ou Cybèle assis ; le Soleil dans un quadrige ; Hercule debout.

Légende : ΚΟΤΙΑΕΩΝ.

Métal : Bronze.

Impériales grecques depuis Tibère jusqu'à Salonina.

Diococlia.

Impériales grecques de Gordien III. — Sur quelques monnaies, on lit *Mococlia*.

Dionysopolis.

Types : Tête de femme ; de Silène ; Diane d'Éphèse ; tête de Jupiter diadémée ; Méandre assis par terre ; tête de Bacchus debout ; Mercure debout ; ciste.

Légende : ΔΙΟΝΥCΟΠΟΛΕΙΤΩΝ.

Métal : Bronze.

Impériales grecques d'Auguste, d'Antonin le Pieux, d'Annia Faustine et de Julia Domna.

Docimæum (*Kara-Chichere*).

Types : Tête juvénile nue et caducée ; montagne ; tête barbue et laurée : Esculape debout.

Légende : ΔΟΚΙΜΕΩΝ.

Métal : Bronze.

Impériales grecques depuis Néron jusqu'à Gordien III.

Dorylæum (*Eski-Chiehere*).

Impériales grecques d'Auguste, de Titus jusqu'à Philippe II.

Epictetus.

Types : Tête laurée d'Apollon; cheval bridé à droite, astre et palme; tête de Pallas, de Jupiter; aigle sur un foudre.
Légende : ΕΝΙΚΤΗ, ou seulement E.
Métal : Bronze.

Eucarpia.

Types : Tête de Mercure; de femme tourellée; Fortune assise; lune; deux astres et tête de bœuf.
Légende : ΕΥΚΑΡΠΕΩΝ.
Métal : Bronze.
Impériales grecques depuis Auguste jusqu'à Trébonien Galle.

Eumenia.

Types : Tête de Sérapis; fleuve couché; Diane d'Ephèse; Jupiter debout tenant une bipenne et une haste; aigle.
Légende : ΕΥΜΕΝΕΩΝ.
Métal : Bronze.
Impériales grecques depuis Auguste jusqu'à Gallien.

Fulvia.

Types : Tête de la Victoire; Pallas marchant.
Légende : ΦΟΥΛΟΥΑΝΩΝ.
Métal : Bronze.

Hierapolis (*Pambuk-Kalessi*).

Types : Tête du Soleil radiée; louve allaitant un louveteau; Hygie; Télesphore; Apollon tenant un archet et une lyre; légende dans une couronne; Amazone debout; tête barbue; Pégase volant; autel enflammé entre deux torches enflammées; Pluton enlevant Proserpine; tête de femme tourellée; victoire passant. Isis debout; Jupiter Laodiceus debout.
Légende : ΙΕΡΑΠΟΛΕΙΤΩΝ (1).
Métal : Bronze.
Impériales grecques depuis Auguste jusqu'à Gallien.

---

(1) **On lit en signe d'alliance les noms d'Ephesus d'Ionie, de Sardes de Lydie, d'Aphrodisias de Carie, de Ceretape de Phrygie de Smyrna d'Ionie, de Pergamus de Mysie.**

Hyrgalea.

Types : Tête de femme voilée ; fleuve couché.
Légendes : ΥΡΓΑΛΕΩΝ.
Métal : Bronze.
Impériales grecques de Julia Domna et de Caracalla.

Ipsus.

Types : Tête virile de femme ; Pégase volant.
Légende : ΙΨΥ.
Métal : Bronze.

Julia.

Impériales grecques d'Agrippine II jusqu'à Valérien : ΙΟΥΛΙΕΩΝ.

Laodicæa (*Eski-Hyssar*).

Types : Jupiter tenant un enfant, la main droite tendue vers une chèvre ; ciste entr'ouverte ; deux serpents et carquois ; corne d'abondance et caducée ; Vénus debout ; tête voilée et tourellée de femme ; corne d'abondance ; Victoire ; trépied, tête virile imberbe et laurée ; Jupiter aétophore ; tête de Jupiter ; Bacchus assis ; tête du dieu Mensis ; aigle debout.
Légende : ΛΑΟΔΙΚΕΩΝ.
Métal : Argent et bronze.
Impériales grecques depuis Auguste jusqu'à Salonina.

Lysias.

Types : La triple Hécate.
Légende : ΛΥΣΙΑΔΕΩΝ.
Métal : Bronze.
Impériales grecques de Gordien III.

Metropolis (*Tireh*).

Types : Tête tourellée de femme ; foudre ailé.
Légende : ΜΕΤΡΟΠΟΛΙΤΩΝ.
Métal : Bronze.
Impériales grecques depuis Néron jusqu'à Salonina.

Midaeum (*Seïd-Gazi*).

Impériales grecques de Caligula jusqu'à Philippe II : ΜΙΔΑΕΩΝ. ΜΙΔΑΩΝ.

Nacolea.

Types : Tête de Diane ; Apollon debout tenant un archet et une lyre ; Diane debout tirant une flèche de son carquois ; Apollon debout tenant une patère et une lyre.

Légende : NAKOΛEΩN.
Métal : Bronze.
Impériales grecques depuis Titus jusqu'à Gordien III.

Otrus.

Types : Tête diadémée d'Esculape ; Télesphore debout.
Légende : OTPOHNΩN.
Métal : Bronze.
Impériales grecques depuis Julia Domna jusqu'à Géta.

Peltae.

Types : Tête de femme voilée ; aigle debout ; tête de femme tourellée ; Némésis debout, à ses pieds une roue ; tête de Bacchus ; lion assis ; Vénus debout ; cerf ; les trois Grâces.
Légendes : ΠΕΛΤΗΝΩΝ.
Métal : Bronze.
Impériales grecques d'Antonin et d'Alexandre Sévère.

Philomelium (*Ilgun*).

Types : Buste de la Victoire ; double corne d'abondance soleil et lune ; trépied.
Légende : ΦΙΛΟΜΗΛ.
Métal : Bronze.
Impériales grecques depuis Auguste jusqu'à Trébonien Galle.

Prymnessus.

Types : Femme debout tenant une balance et des épis ; tête du roi Midas, coiffée du bonnet phrygien ; tête de Jupiter Sérapis ; Esculape debout.
Légende : ΠΡΥΜΝΗCCEΩN.
Métal : Bronze.
Impériales grecques depuis Auguste jusqu'à Gallien.

Sala.

Types : Femme drapée tenant une couronne et un casque, et appuyée contre une colonne ; buste lauré et barbu ; tête d'Hercule ; raisin ; Cybèle assise ; buste de Pallas ; Télesphore debout ; Mercure debout.
Légendes : CAΛHNΩN. CAΛHNEITΩN.
Métal : Bronze.
Impériales grecques depuis Domitia jusqu'à Herennius Etruscus.

Sébaste.

Buste imberbe, lauré ; aigle de face ; tête de bacchante ; Cybèle assise ; buste de Lunus ; Hygiée debout ; Jupiter assis ; Bacchus debout.
Légende : ΣΕΒΑΣΤΗΝΩΝ.
Métal : Bronze.
Impériales grecques depuis Julia Domna jusqu'à Gordien III.

Sibidunda (*Sibildi*).

Impériales grecques de Caracalla.

Siblia.

Types : Tête du dieu Lunus ; Télesphore debout.
Légende : ΣΕΙΒΛΙΑΝΩΝ.
Métal : Bronze.

Stectorium.

Types : Hygie ; la Fortune debout ; tête radiée du Soleil ; croissant, astre et bucrane.
Légende : ΣΤΕΚΤΟΡΗΝΩΝ.
Métal : Bronze.
Impériales grecques de Faustine II, et des Philippes.

Synaos.

Types : Esculape et Hygie debout ; deux Némésis debout
Légende : ΣΥΝΑΕΙΤΩΝ.
Métal : Bronze.
Impériales grecques de Néron et Agrippine II, de Marc-Aurèle, de Lucius Vérus.

Synnada (*Sandakli*).

Types : Tête de femme tourellée ; Jupiter debout tenant un foudre ou une lance ; tête barbue nue de Sérapis, de femme laurée ; temple à deux colonnes, dedans une pierre ; montagne ; guerrier debout tenant une statuette de Pallas et une haste ; chouette sur une amphore ; aigle ; Némésis.
Légende : ΣΥΝΝΑΔΕ.
Métal : Bronze.
Impériales grecques depuis Auguste jusqu'à Gallien.

Themisonium (*Teseni*).

Types : Tête de Sérapis ; Mercure ; tête radiée d'Apollon ; fleuve couché.

Légende : ΘEMICΩNIΩN.
Métal : Bronze.
Impériales grecques depuis Antonin jusqu'à Philippe II.

Tiberiopolis.

Types : Apollon nu appuyé sur une colonne et tenant un rameau ; Diane d'Ephèse : tête du Sénat ; figure drapée et voilée tenant un rameau, derrière une femme tenant un caducée ; Jupiter Laodiceus.
Légende : TIBEPIOΠOΛITΩN.
Métal : Bronze.
Impériales grecques depuis Trajan jusqu'à Caracalla.

Timbrias.

Impériales grecques de bronze d'Hadrien.

Trajanopolis.

Types : Tête laurée du *demos* ; le dieu Mensis sacrifiant devant un autel ; Cybèle assise.
Légende : TPAIANOΠOΛITΩN.
Métal : Bronze.
Impériales grecques depuis Trajan jusqu'à Gordien III.

Trimenothyræ.

Les monnaies de Trimenothyra de Phrygie sont maintenant classées à son homonyme de Mysie.

GALATIA

Impériales grecques depuis Néron jusqu'à Trajan : KOINON. ΓΑΛΑΤΩΝ. ou ΓΑΛΑΤΙΑΣ.

Ancyra (*Enguri, Engora*).

Impériales grecques depuis Auguste jusqu'à Salonina : ANKΥPA, ANKΥPAC.

Eubrogis.

Types : Tête de femme tourellée à droite ; vase à deux anses.
Légende : EΥBP.
Métal : Argent.

Germe (*Ghermesti*).

Coloniales impériales depuis Domitien jusqu'à Étruscille : COL. GERMEN, ou GERMENORVM.

Pessinus (*Uchiache-Kioy*).

Types : Têtes accolées de Cybèle et d'Atys ; lion accroupi.
Légendes : ΜΗΤΡΟΣ. ΘΕΩΝ. ΠΕΣΣΙΝΕΑΝ. ΠΕCCΙΝ. ΠΕCCΙΝΟΥΝΤΙΩΝ.
Métal : Bronze.
Impériales grecques depuis Auguste jusqu'à Géta.

Sebaste.

Types : Tête coiffée d'un bonnet phrygien sur un croissant ; buste de même ; temple à six colonnes ; le dieu Mensis debout.
Légendes : ΣΕΒΑΣΤΗΝΩΝ. ΤΕΚΤΟΣΑΓΩΝ. CΕΒΑC-ΤΗΝΩΝ.
Métal : Bronze.
Impériales grecques depuis Claude jusqu'à Gordien III.

Tavium.

Impériales grecques depuis Marc-Aurèle jusqu'à Élagabale. ΤΑΟΥΙΑΝΩΝ.

Tolistobogi.

Impériales grecques de Néron. On lit aussi le nom de cette peuplade sur une monnaie de Pessinus : ΓΑΛ. ΤΟ-ΛΙC. ΠΕCCΙΝΟΥΝΤΙΩΝ.

Trocmi.

Types : Tête nue d'Esculape ; lituus terminé par une tête de serpent.
Légendes : ΣΕΒΑΣΤΗΝΩΝ. ΤΡΟΚΜΩΝ.
Métal : Bronze.
Impériales grecques depuis Domitien jusqu'à Antonin.

ROIS DE GALATIE

Psamytes (époque incertaine).

Types : Tête juvénile nue et massue ; lion passant.
Légende : ΨΑΜΥΤΟC. ΒΑCΙΛ.
Métal : Bronze.

Ætolobus (époque incertaine).

Types: M. Sestini, qui le premier a signalé cette monnaie, ne l'a pas décrite.
Légende : ΑΙΤΟΛΟΒΟΥ. ΒΑCΙΛ...
Métal : Bronze.

Brogitarus (règne en 56 avant J.-C.).

Types : Tête de Jupiter couronnée de chêne, au milieu d'une couronne ; aigle sur un foudre.
Légende : ΒΑΣΙΛΕΩΣ. ΒΡΟΓΙΤΑΡΟΥ. ΦΙΛΟΡΩΜΑΙΟΥ.
Métal : Argent.

Dejotarus (contemp. de Pompée et de J. César).

Types : Buste de la Victoire ; aigle éployée sur un pieu, entre les bonnets des Dioscures.
Légende : ΒΑΣΙΛΕΩΣ. ΔΗΙΟΤΑΡΟΥ.
Métal : Bronze.

Amyntas (contemp. de Marc-Antoine et d'Auguste).

Types : Tête laurée et barbue, derrière une massue ; tête de Diane ; tête de Mercure et caducée ; lion passant ; cerf passant ; caducée ; Victoire.
Légende : ΒΑΣΙΛΕΩΣ. ΑΜΥΝΤΟΥ.
Métal : Or, argent et bronze.

CAPPADOCIA

Castabala (*Kalat-Masman*).

On est convenu de classer ici les monnaies qui primitivement avaient été données à Hiéropolis de Cilicie.

Impériales grecques de Faustine I, de Macrin, de Diaduménien et d'Elagabale ; ΚΑΣΤΑΒΑΛΕΩΝ. ΙΕΡΟΠ. ΚΑΣΤΑΒΑΛΕΩΝ.

Comana (*Al-Bostan*).

Coloniales impériales d'Antonin et de Caracalla.

18.

Cybistra (*Bustereh*).

Types : Tête de femme tourellée ; *harpa*.
Légende : ΚΥΒΙCΤΡΕωΝ.
Métal : Bronze.

Eusebia-Cæsaræa (*Kayserie*).

Types : Tête de femme tourellée, de Pallas, d'Hercule, barbue et laurée, et massue ; corne d'abondance ; proue et gouvernail ; le mont Argée ; aigle éployée ; temple tétrastyle.
Légendes . ΕΥΣΕΒΕΙΑΣ. ΚΑΙCΑΡΙΑ.
Métal : Bronze.
Impériales grecques d'or, d'argent, de potin et de bronze depuis Tibère jusqu'à Gordien III.

Saricha.

Types : Tête virile imberbe et casquée ; prêtre de Mithras debout.
Légendes : ΣΑΡΙ. ΜΟΡΙ (1).
Métal : Bronze.

Tyana (*Tiana*).

Types : Taureau passant ; Jupiter assis tenant une patère et une haste ; tête de Mercure, de femme tourellée ; partie antérieure de Pégase.
Légendes : ΤΥΑΝ. ΤΥΑΝΕωΝ.
Métal : Bronze.
Impériales grecques depuis Néron jusqu'à Septime-Sévère.
Coloniales impériales de Julia Domna et Caracalla.

ROIS DE CAPPADOCE

Datame (règne vers 362 avant J.-C.).

Types : Tête de femme ; aigle sur un dauphin.
Légende : ΔΑΤΑΜ.
Métal : Argent.

---

(1) Cette ville était située *in præfectura Morimena*.

Ariarathes Ier (règne de 331 à 322 avant J.-C.).

Types : Comme le précédent ; Baal assis ; griffon dévorant un cerf.
Légende : ARIOARATH, en caract. araméens.
Métal : Argent.

Ariarathes II (règne de 301 à 280 avant J.-C.).

Types : Archer ; ibex.
Légende : ARIOR... en caract. araméens.
Métal : Argent.

Ariamamne (règne de 280 à 230 av. J.-C.).

Types : Tête casquée ; cavalier.
Légende : ΑΡΙΑΡΑΜΝΟΥ.
Métal : Bronze.

Ariarathes III (règne de 230 à 220 av. J.-C.).

Types : Tête casquée ; la déesse Mâ, debout ; Pallas assise.
Légende : ΒΑΣΙΛΕΩΣ. ΑΡΙΑΡΑΘΟΥ.
Métal : Bronze.

Ariarathes IV (règne de 220 à 163 avant J.-C.).

Types : Tête imberbe et diadémée du roi ; Pallas nicéphore assise tenant une haste.
Légende : ΒΑΣΙΛΕΩΣ. ΑΡΙΑΡΑΘΟΥ. ΕΥΣΕΒΟΥΣ.
Métal : Argent.

Ariarathes Oropherne (règne en 158 av. J.-C.).

Types : Tête diadémée à droite ; victoire.
Légende : ΒΑΣΙΛΕΩΣ. ΟΡΟΦΕΡΝΟΥ. ΝΙΚΗΦΟΡΟΥ.
Métal : Argent.

Ariarathes V (règne de 163 à 130 av. J.-C.).

Types : Tête du roi ; Pallas nicéphore debout
Légendes : ΒΑΣΙΛΕΩΣ. ΑΡΙΑΡΑΘΟΥ. ΕΥΣΕΒΟΥΣ. ΦΙΛΟΠΑΤΟΡΟΣ.
Métal : Argent.

Ariarathes VI (règne de 130 à 112 av. J.-C.).

Types : Tête diadémée du roi ; Pallas debout.
Légende : ΒΑΣΙΛΕΩΣ. ΑΡΙΑΡΑΘΩΥ. ΕΠΙΦΑΝΟΥΣ.
Métal : Argent.

Ariarathes VII (règne de 112 à 100 av. J.-C.).

Types : Tête du roi ; Pallas debout.
Légende : ΒΑΣΙΛΕΩΣ. ΑΡΙΑΡΑΘΟΥ. ΦΙΛΟΜΗΤΟΡΟΣ.
Métal : Argent (1).

Ariarathes VIII (règne de 117 à 105 av. J.-C.).

Types : Tête jeune casquée à droite ; Pallas debout.
Légende : ΒΑΣΙΛΕΩΣ. ΑΡΙΑΡ.
Métal : Bronze.

Ariarathes IX (règne en 87 av. J.-C.).

Types : Tête diadémée ; Pégase paissant ; Pallas.
Légende : ΒΑΣΙΛΕΩΣ. ΑΡΙΑΡΑΘΟΥ. ΕΥΣΕΒΟΥΣ. ΦΙΛΟΠΑΤΟΡΟΣ.
Métal : Argent.

Ariobarzanes I (règne de 96 à 63 av. J.-C.).

Types : Tête du roi diadémée ; Pallas Nicéphore assise.
Légende : ΒΑΣΙΛΕΩΣ. ΑΡΙΟΒΑΡΖΑΝΟΥ. ΦΙΛΟΡΩΜΑΙΟΥ.
Métal : Argent.

Ariobarzanes II (règne de 63 à 32 av. J.-C.).

Types : Tête du roi diadémée ; Pallas Nicéphore assise.
Légende : ΒΑΣΙΛΕΩΣ. ΑΡΙΟΒΑΡΖΑΝΟΥ. ΦΙΛΟΠΑΤΟΡΟΣ.
Métal : Argent.

Ariobarzanes III (règne de 32 à 42 av. J.-C.).

Types : Tête du roi diadémée ; Pallas debout.
Légende : ΒΑΣΙΛΕΩΣ. ΑΡΙΟΒΑΡΖΑΝΟΥ. ΕΥΣΕΒΟΥΣ. ΚΑΙ. ΦΙΛΟΡΩΜΑΙΟΥ.
Métal : Argent.

Ariarathes X (règne de 42 à 36 av. J.-C.).

Types : Tête du roi diadémée et barbue ; Pallas debout.
Légende : ΒΑΣΙΛΕΩΣ. ΑΡΙΑΡΑΘΟΥ. ΕΥΣΕΒΟΥΣ. ΦΙΛΑΔΕΛΦΟΥ.
Métal : Argent.

---

(1) On a une drachme sur laquelle il est représenté avec Nysa, sa femme.

Archelaus (règne de 36 av. à 17 après J.-C.).

Types : Tête du roi diadémée ; tête d'Hercule ; le mont Argée; massue.
Légendes : ΒΑΣΙΛΕΩΣ. ΑΡΧΕΛΑΟΥ. ΦΙΛΟΠΑΤΡΙ-ΔΟΣ.
Métal : Argent.

ARMENIA

ROIS D'ARMÉNIE

Arsames (règne vers 245 av. J.-C.).

Types: Tête imberbe du roi, couverte d'une tiare ; cavalier couvert d'une coiffure conique ; victoire.
Légende : ΒΑΣΙΛΕΩΣ. ΑΡΣΑΜΟΥ.
Métal : Bronze.

Sames et la reine **Pythodoris** (époque incertaine).

Types : Tête du roi couverte de la tiare ; thyrse et pin; tête imberbe radiée ; victoire passant (1).
Légende : ΒΑΣΙΛΕΩΣ. ΣΑΜΟΥ. ΘΕΟΣΕΒΟΥΣ. ΚΑΙ. ΔΙΚΑΙΟΥ. — ΠΥΘΟΔΩΡΙΔΟΣ.
Métal : Bronze.

Xerxes (règne vers 148 av. J.-C.).

Types : Tête du roi barbue et couverte d'une tiare ; victoire assise tenant une couronne.
Légendes : ΒΑΣΙΛΕΩΣ. ΞΕΡΞΟΥ.
Métal : Bronze.

Abdissarus (époque incertaine).

Types: Tête du roi coiffé de la tiare; aigle éployé ; tête de cheval bridée.
Légende : ΒΑΣΙΛΕΩΣ. ΑΡΔΙΣΣΑΡΟΥ.
Métal : Bronze.

---

(1) On voit quelquefois aussi au revers des monnaies de Sames la tête de la reine Pythodoris.

Mithridates (règne vers 118 av. J.-C.).

Types : Tête juvénile coiffée d'une tiare ; massue dans une couronne de laurier ; Pallas.
Légendes : ΒΑΣΙΛΕΩΣ. ΜΙΘΡΑΔΑΤΟΥ. ΚΑΛΛΙΝΙΚΟΥ. — ΒΑΣΙΛΕΩΣ. ΜΙΘΡΑΔΑΤΟΥ. ΦΙΛΟ.
Métal : Bronze.

Artaxias (Contemporain de Germanicus).

Types : Tête de Germanicus ; Germanicus debout couronnant le roi.
Légende : ARTAXIA.
Métal : Argent. (Cf. *Rev. num.*, 1838, p. 338 et suiv.)

Artavasdes (règne de 61 à 34 av. J.-C.).

Types : Tête juvénile coiffée d'une tiare ; victoire passant.
Légende : ΒΑΣΙΛΕΩΣ. ΒΑΣΙΛΕΩΝ. ΑΡΤΑΥΑΣ...
Métal : Bronze.

Tigranes IV et Erato (peu av. l'ère chrét.).

Types : Tête d'Erato à gauche, tête de Tigrane coiffée de la tiare.
Légendes : ΕΡΑΤΩ. ΒΑΣΙΛΕΩΣ. ΤΙΓΡΑΝΟΥ. ΑΔΕΛΦΗ. — ΒΑΣΙΛΕΥΣ. ΒΑΣΙΛΕΩΝ. ΤΙΓΡΑΝΗΣ.
Métal : Bronze.

Aristobule et Salomé.

Types : Tête d'Aristobule et de Salomé.
Légende : ΣΑΛΟΜΗ.
Métal : Bronze.

SYRIA

Impériales grecques de Trajan, de Julia Domna et de Caracalla.

ROIS DE SYRIE (1)

Seleucus I Nicator (règne de 312 à 282 av. J.-C.).

Types : Tête de Pallas; tête d'Hercule couverte de la dépouille d'un lion; Victoire debout tenant un sceptre et un trident; Jupiter demi-nu assis tenant un aigle et une haste; tête du roi avec des cornes de taureau; le roi à cheval terrassant un ennemi; tête de cheval bridée et cornue; Pallas érigeant un trophée; éléphant cornu; tête d'Apollon; de Jupiter, d'Hercule; taureau cornupète.
Légende : ΒΑΣΙΛΕΩΣ. ΣΕΛΕΥΚΟΥ — ΒΑ. ΣΕ.
Métal : Or argent et bronze (2).

Antiochus I Soter (règne de 282 à 262 av. J.-C.).

Types : Tête du roi diadémée, d'Hercule imberbe; du roi diadémée et ailée; d'Apollon; Apollon nu et assis tenant une flèche et un arc; ancre et bonnets des Dioscures; Jupiter aétophore assis; éléphant; trépied et ancre; boucliers macédoniens rangés en cercle; Pallas Nicéphore debout, à ses pieds un bouclier.
Légende : ΒΑΣΙΛΕΩΣ. ΑΝΤΙΟΧΟΥ ΣΩΤΗΡΟΣ.
Métal : Or, argent et bronze.

Antiochus II (règne de 262 à 247 av. J.-C.).

Types : Tête du roi diadémée, au-dessus, un astre; Apollon nu tenant un arc et une flèche; Hercule assis tenant une massue.
Légende : ΒΑΣΙΛΕΩΣ. ΑΝΤΙΟΧΟΥ.
Métal : Or et argent.

---

(1) Pour distinguer les monnaies des rois de Syrie, qui portent les mêmes noms, et quelquefois des types analogues, il faut avoir soin de remarquer les traits du visage, ainsi que les époques gravées dans le champ : nous observerons que les monnaies d'Antiochus I se distinguent facilement par son surnom de σωτήρ; celles d'Antiochus II, par un astre qui est quelquefois gravé au-dessus de sa tête. Les monnaies des Séleucus, qui ne portent que ΒΑΣΙΛΕΩΣ ΣΕΛΕΥΚΟΥ, doivent être étudiées avec soin, afin de diminuer les nombreuses incertitudes qu'il est à regretter de voir dans leur classification.

(2) On lit le nom de ce roi sur des monnaies de Diocæsarea de Galilée.

Seleucus II, Callinicus, Pogon (règne de 247 à 226 av. J.-C.).

Types : Tête du roi diadémée; Apollon assis, etc.; Pégase volant; le roi à cheval; cheval passant.
Légende : ΒΑΣΙΛΕΩΣ. ΣΕΛΕΥΚΟΥ.
Métal : Or argent et bronze.

Antiochus Hierax (règne vers 226 av. J.-C.).

Types : Tête du roi diadémée; Apollon assis, etc.
Légende : ΒΑΣΙΛΕΩΣ. ΑΝΤΙΟΧΟΥ.
Métal : Argent.

Seleucus III (règne de 227 à 224 av. J.-C.).

Types : Tête du roi diadémée; Apollon, etc.
Légendes : ΒΑΣΙΛΕΩΣ. ΣΕΛΕΥΚΟΥ.
Métal : Argent.

Antiochus III Magnus (règne de 223 à 187 av. J.-C.).

Types : Tête du roi diadémée; palme; sphinx assis tenant une couronne; diota dans une couronne; Apollon assis; navire.
Légendes : ΒΑΣΙΛΕΩΣ. ΑΝΤΙΟΧΟΥ, quelquefois ΜΕΓΑΛΟΥ.
Métal : Argent et bronze.

Acheus (règne vers 215 avant J.-C.).

Types : Tête de femme, les cheveux bouclés; tête virile couverte des dépouilles d'un lion; aigle et rameau; aigle tenant une couronne.
Légendes : ΒΑΣΙΛΕΩΣ. ΑΧΑΙΟΥ.
Métal : Or et bronze.

Seleucus IV (règne de 187 à 176 avant J.-C.).

Types : Tête du roi diadémée; lyre; tête de femme; navire; Apollon assis.
Légendes : ΒΑΣΙΛΕΩΣ. ΣΕΛΕΥΚΟΥ, quelquefois ΦΙΛΟΠΑΤΟΡΟΣ.
Métal : Argent et bronze.

Antiochus IV (règne de 176 à 164 avant J.-C.).

Types : Tête du roi diadémée, quelquefois radiée; de Jupiter laurée; victoire dans un bige; Apollon assis; Jupiter Nicéphore assis; aigle sur un foudre; tête d'Isis avec lotus; Isis debout; Isis assise, à ses pieds un ibis.

Légendes : ΒΑΣΙΛΕΩΣ. ΑΝΤΙΟΧΟΥ, ΘΕΟΥ, ΕΠΙΑΝΟΣ (1).
Métal : Or, argent et bronze.

Antiochus V (règne de 164 à 163 avant J.-C.).

Types : Tête du roi diadémée; Jupiter nicéphore; foudre.
Légendes : ΒΑΣΙΛΕΩΣ. ΑΝΤΙΟΧΟΥ. ΕΣΠΑΤΟΡΟΥ.
Métal : Argent et bronze.

Demetrius I (règne de 163 à 151 avant J.-C.).

Types : Tête du roi diadémée, quelquefois dans une couronne ; d'Apollon laurée, de Diane pharétrée, de lion la gueule ouverte ; de griffon, de cheval, d'éléphant ; femme assise ; un Apollon tenant une corne d'abondance ; corne d'abondance ; trépied ; arc et carquois ; tête de sanglier.
Légendes : ΒΑΣΙΛΕΩΣ. ΔΗΜΗΤΡΙΟΥ, quelquefois ΣΩΤΗΡΟΣ (2).
Métal : Or, argent et bronze.

Alexander I Bala (règne de 151 à 146 avant J.-C.).

Types : Tête du roi diadémée ; du roi et de sa femme Cléopâtre, voilée; du roi casquée; du roi couverte des dépouilles d'un lion ; d'une femme couverte d'une tête d'éléphant ; de Méduse sur un bouclier ; Jupiter nicéphore assis ; trépied ; Apollon assis ; Apollon nu debout ; acrostolium ; Pégase volant.
Légendes : ΒΑΣΙΛΕΩΣ, ΑΛΕΞΑΝΔΡΟΥ, ΘΕΟΠΑΤΟΡΟΣ, ΕΥΕΡΓΕΤΟΥ (3).
Métal : Argent et bronze.

Demetrius II (règne de 146 à 126 avant J.-C.).

Types : Tête du roi diadémée, de Jupiter laurée, d'Apollon, de femme très ornée ; Apollon assis ; femme assise tenant une corne d'abondance ; Pallas nicéphore assise et

---

(1) On lit le nom de ce roi sur des monnaies d'Antiochia ad Sarum, de Sidon, de Tripolis, de Tyrus, d'Ascalon, de Seleucia Pieriæ.

(2) On lit le nom de ce prince sur les monnaies de Sidon et de Tyrus de Phénicie. — On connait une assez grande quantité de pièces au nom de Démétrius, mais on n'est pas encore fixé sur les rois de ce nom, auxquels elles doivent être données. — Nous devons aussi noter que, sur des monnaies de Démétrius I, on lit quelquefois le nom de sa femme Laodice.

(3) On lit le nom de ce roi sur des monnaies d'Apamée, de Cyrrhus, d'Hiéropolis, de Laodicea, de Sidon et de Tyrus.

ailée; corne d'abondance; tenailles; Bacchus barbu, debout et revêtu de la *stola*; Jupiter nicéphore assis; palme; aigle; femme debout tenant un thyrse et une pomme, la tête radiée et ornée de deux pommes de pin et deux *phallus*; animal sur un cratère.
Légendes : ΒΑΣΙΛΕΩΣ. ΔΗΜΗΤΡΙΟΥ, ΘΕΟΥ, ΦΙΛΑΔΕΛΦΟΥ, ΝΙΚΑΤΟΡΟΣ.
Métal : Argent et bronze.

Seleucus V (126 avant J.-C.).

Types : Tête laurée d'Apollon; buste de Diane; Apollon debout; Diane debout.
Légende : ΒΑΣΙΛΕΩΣ ΣΕΛΕΥΚΟΥ.
Métal : Bronze : les bords dentelés.

Antiochus VI (règne de 146 à 143 avant J.-C.).

Types : Tête du roi diadémée, radiée avec une figure d'enfant; tête coiffée du pileus; étoile et lune; Jupiter nicéphore assis; les Dioscures à cheval; Apollon nu assis; éléphant; couronne de lierre; bœuf bossu.
Légendes : ΒΑΣΙΛΕΩΣ, ΑΝΤΙΟΧΟΥ, ΕΠΙΦΑΝΟΥΣ, ΔΙΟΝΥΣΟΥ.
Métal : Argent et bronze.

Tryphon (règne de 143 à 138 avant J.-C.).

Types : Tête du roi diadémée; casque; bonnets des Dioscures; Jupiter debout tenant une couronne.
Légende : ΒΑΣΙΛΕΩΣ. ΤΡΥΦΩΝΟΣ. ΑΥΤΟΚΡΑΤΟΡΟΣ.
Métal : Argent et bronze.

Antiochus VII (règne de 138 à 127 avant J.-C.).

Types : Tête juvénile couronnée de lierre; du roi diadémée; buste de Cupidon; tête de lion; ancre dans une couronne de laurier; Pallas nicéphore; lotus; massue.
Légende : ΒΑΣΙΛΕΩΣ. ΑΝΤΙΟΧΟΥ. ΕΥΕΡΓΕΤΟΥ.
Métal : Argent et bronze.

Alexander II (règne de 129 à 123 avant J.-C.).

Types : Tête du roi diadémée; Jupiter nicéphore assis; Bacchus; victoire; fortune; corne d'abondance.
Légendes : ΒΑΣΙΛΕΩΣ. ΑΛΕΞΑΝΔΡΟΥ.
Métal : Argent et bronze.

Antiochus VIII (règne de 123 à 97 avant J.-C.).

Types : Têtes accolées du roi et de sa mère Cléopâtre; tête du roi diadémée, quelquefois radiée; aigle sur un foudre; Jupiter aétophore assis; aigle et palme; lotus; chouette sur une amphore; homme nu et quelquefois à demi nu, une main étendue vers un astre, tenant de la gauche une haste, une lune au dessus de sa tête; tête de Diane pharétrée; Apollon nu debout.

Légendes : ΒΑΣΙΛΕΩΣ. ΑΝΤΙΟΧΟΥ. ΕΠΙΦΑΝΟΥΣ. — ΒΑΣΙΛΙΣΣΗΣ. ΚΛΕΟΠΑΤΡΑΣ, ΘΕΑΣ.

Métal : Or, argent et bronze (1).

Antiochus IX (règne de 113 à 96 avant J.-C.).

Types : Tête du roi diadémée et légèrement barbue; Pallas nicéphore debout.

Légendes : ΒΑΣΙΛΕΩΣ. ΑΝΤΙΟΧΟΥ. ΦΙΛΟΠΑΤΟΡΟΣ.

Métal : Argent et bronze.

Seleucus VI (règne de 96 à 95 avant J.-C.).

Types : Tête du roi diadémée; Pallas nicéphore debout; double corne d'abondance; Apollon debout appuyé à une colonne; Diane debout tirant une flèche de son carquois.

Légende : ΒΑΣΙΛΕΩΣ, ΣΕΛΕΥΚΟΥ, ΕΠΙΦΑΝΟΥΣ, ΝΙΚΑΤΟΡΟΣ.

Métal : Argent et bronze.

Antiochus X (règne vers 95 avant J.-C.).

Types : Tête du roi diadémée; Jupiter nicéphore assis; victoire passant; la Fortune debout; bonnets des Dioscures.

Légende : ΒΑΣΙΛΕΩΣ, ΑΝΤΙΟΧΟΥ, ΕΥΣΕΒΟΥΣ, ΦΙΛΟΠΑΤΟΡΟΣ.

Métal : Argent et bronze.

Antiochus XI (règne vers 95 avant J.-C.).

Types : Tête du roi diadémée; Pallas nicéphore debout.

Légendes : ΒΑΣΙΛΕΩΣ. ΑΝΤΙΟΧΟΥ. ΕΠΙΦΑΝΟΥΣ. ΦΙΛΑΔΕΛΦΟΥ.

Métal : Bronze.

Philippus (règne vers 95 avant J.-C.).

Types : Tête du roi diadémée; Jupiter nicéphore assis.

Légende : ΒΑΣΙΛΕΩΣ, ΦΙΛΙΠΠΟΥ, ΕΠΙΦΑΝΟΥΣ, ΦΙΛΑΔΕΛΦΟΥ.

Métal : Argent.

(1) On lit le nom de ce roi sur des monnaies des Antiocheni de Ptolémaïde, de Sidon, de Laodicea et de Seleucia.

Demetrius III (règne de 95 à 89 avant J.-C.).

Types : Tête du roi radiée et barbue; victoire passant; Diane d'Éphèse debout entre deux épis; Jupiter nicéphore assis; Mercure debout; femme debout tenant une ancre et une corne d'abondance; foudre sur un siège.

Légende : ΒΑΣΙΛΕΩΣ. ΔΗΜΗΤΡΙΟΥ, ΘΕΟΥ, ΦΙΛΟΠΑΤΟΡΟΣ. ΣΩΤΗΡΟΣ, ΦΙΛΟΜΗΤΟΡΟΣ, ΕΥΕΡΓΕΤΟΥ. ΚΑΛΛΙΝΙΚΟΥ.

Métal : Argent et bronze.

Antiochus XII (règne de 89 à ..... avant J.-C.).

Types : Tête du roi diadémée et barbue; Jupiter nicéphore debout.

Légendes : ΒΑΣΙΛΕΩΣ. ΑΝΤΙΟΧΟΥ, ΔΙΟΝΥΣΟΥ, ΕΠΙΦΑΝΟΥΣ, ΦΙΛΟΠΑΤΟΡΟΣ, ΚΑΛΛΙΝΙΚΟΥ.

Métal : Bronze.

Tigranes (règne de 83 à 66 avant J.-C.).

Types : Tête du roi coiffée d'une tiare radiée et diadémée; femme voilée et tourelée assise sur un rocher, un fleuve à ses pieds, le tout dans une couronne; cheval passant; victoire.

Légendes : ΒΑΣΙΛΕΩΣ. ΤΙΓΡΑΝΟΥ, ΘΕΟΥ, ΜΕΓΑΛΟΥ; ΒΑΣΙΛΕΩΣ ΒΑΣΙΛΕΩΝ.

Métal : Argent et bronze.

Antiochus XIII (règne vers 60 avant J.-C.).

Types : Tête diadémée, tantôt imberbe tantôt légèrement barbue: Jupiter nicéphore assis; victoire passant.

Légendes : ΒΑΣΙΛΕΩΣ ΑΝΤΙΟΧΟΥ, ΕΠΙΦΑΝΟΥΣ, ΦΙΛΟΠΑΤΟΡΟΣ, ΚΑΛΛΙΝΙΚΟΥ.

Métal : Bronze.

COMMAGÈNE

Types. Tiare; capricorne et astre; deux mains jointes tenant un caducée (1).

Légende : ΚΟΜΜΑΓΗΝΩΝ.

Métal : Bronze.

---

(1) Les monnaies, qui portent le nom de la province de Commagène, *in genere*, paraissent avoir été frappées sous Antiochus IV, dernier roi de ce pays qui posséda une partie de l'Arménie; la tiare arménienne semble l'indiquer.

Antiochia ad Euphratem (*Anteb*).

Impériales grecques de Marc Aurèle et de Lucius Vérus : ΑΥΓΙΟΧΕωΝ. ΠΡΟ. ΕΥΡΑΤΙΙΝ.

Antiochia sub Tauro.

Impériales grecques de Faustine II.

Doliche (*Deluk*).

Impérialss grecques de Marc Aurèle, de Lucius Vérus et de Commode : ΔΟΛΙΧΑΙΩΝ.

Germanicia Cæsarea (*Germanigh*).

Impériales grecques depuis Hadrien jusqu'à Valérien : ΚΑΙϹΑΡΕΙΑΣ. ΓΕΡΜΑΝΙΚΙΙϹ. — ΓΕΡΜΑΝΙΚΕΩΝ. — ΓΗΡΜΑΝΙΚΑΙΩΝ.

Samosata (*Chiamsat, Sumsat, Samosata*).

Types : Tête d'Apollon, de Jupiter ; lion passant ; femme tourelée assise sur un rocher ; tête nue et barbue ; aigle éployée ; figure nicéphore assise.
Légendes : ΣΑΜΟΣΑΤΗΝΩ. ΣΑΜΟΣΑΤΩΝ. CAMO.
Métal : Bronze.
Impériales grecques depuis Hadrien jusqu'à Dèce.

Zeugma (*Zehme*).

Types : Tête voilée et tourelée de femme ; autel.
Légende : ΖΕΥΓΜΑΤΕΩΝ.
Métal : Bronze.
Impériales grecques depuis Antonin jusqu'à Philippe II

ROIS DE COMMAGÈNE

Antiochus IV (règne de 70 à 40 av. J.-C.).

Types : Tête du roi diadémée, et quelquefois couverte d'une tiare ; double corne d'abondance ; scorpion dans une couronne de laurier ; capricorne et ancre dans une couronne ; Bacchus nu debout et sur ses pieds une panthère ; lion passant ; taureau cornupète.
Légende : ΒΑΣΙΛΕΩΣ. ΑΝΤΙΟΧΟΣ, ΜΕΓΑΣ, ΕΠΙΦΑ.
Métal : Bronze.

Iotape femme d'Antiochus IV.

Types : Tête du roi Antiochus IV ; de la reine radiée ; femme assise tenant une patère ; scorpion dans une couronne de laurier.
Légendes : ΒΑΣΙΛΙΣΣΑ. ΙΟΤΑΠΗ.
Métal : Bronze.

Epiphanes et Callinicus (vers 70 de J.-C.).

Types : Deux cornes d'abondance surmontées des têtes des jeunes princes ; ancre et astre ; tiare et scorpion dans une couronne ; les deux princes à cheval ; capricorne, astre et ancre dans une couronne de laurier ; tête de bélier.
Légendes : ΒΑΣΙΛΕΩC. ΥΙΟΙ.
Métal : Bronze.

CYRRHESTICA (1)

Berœa (*Halep, Allepo*).

Impériales grecques depuis Trajan jusqu'à Antonin : ΒΕΡΟΙΑΩΝ.

Cyrrhus (*Korus*).

Les monnaies autonomes de cette ville sont de bronze et portent les têtes et les noms des rois de Syrie.
Impériales grecques depuis Trajan jusqu'à Philippe II ; ΚΥΡΡΗCΤΩΝ.

Hieropolis (*Membrik, Bambuk*).

Types : Tête d'Antiochus IV et d'Alexandre I, rois de Syrie ; d'Apollon laurée ; de femme voilée et tourelée ; Jupiter debout tenant tantôt une couronne, tantôt une palme ; lyre ; autel enflammé.
Légendes : ΙΕΡΟΠΟΛΙΤΩΝ.
Métal : Bronze.
Impériales grecques depuis Trajan jusqu'à Philippe II.

---

(1) On attribuait autrefois à la Cyrrhestique des monnaies qui sont actuellement restituées à la ville de Cyrrhus.

CHALCIDÈNE

Chalsis.

Types : Ancre ; Tête de Diane ; arc et carquois.
Légende : ΧΑΛΚΟΥΣ.
Métal : Bronze.
Impériales grecques depuis Trajan jusqu'à Commode.

TÉTRARQUES DE CHALCIS

Ptolemæus (mort en 60 av. J.-C.).

Types : Tête barbue de Jupiter laurée ; deux guerriers debout ; aigle volant et tenant une couronne.
Légende : ΠΤΟΛΟΜΗ... ΤΕΤΡΑΡΧΗ.
Métal : Bronze.

Lysanias (règne en 60 avant J.-C.).

Types : Tête imberbe de Lysanias, devant un caducée ; Pallas nicéphore debout.
Légendes : ΛΥΣΑΝΙΟΥ. ΤΕΤΡΑΡΧΟΥ. ΚΑΙ. ΑΡΧΙΕΡΕΩΣ.
Métal : Bronze.

PALMYRÈNE (1)

Palmyra (*Tadmur*).

Types : Tête de face, radiée, barbue, surmontée d'un modius entre deux têtes de femmes ; victoire tenant une balance sur une petite colonne.
Légende : ΠΑΛΜΥΡΑ.
Métal : Bronze.

---

(1) Les monnaies frappées par les souverains de Palmyre sont placées aux impériales grecques frappées en Egypte.

SELEUCIS, PIERIA

Types : Tête de Jupiter laurée ; de Diane ; foudre dans une couronne ; Apollon et trépied ; Jupiter Antiochenus assis ; trépied dans une couronne ; femme debout tenant une couronne et une corne d'abondance.
Légende : ΑΔΕΛΦΩΝ. DHMΩN.
Métal : Bronze.

Antiochia ad Orontem (*Antak, Antakié*) (1).

Types : Tête de Jupiter, de femme voilée et tourelée, de femme laurée ; tête juvénile laurée ; d'Apollon laurée ; Jupiter nicéphore assis ; trépied ; femme debout tenant une ancre et une corne d'abondance ; trépied et cornes d'abondance ; deux épis ; pavot et deux grappes de raisin ; femme voilée et tourelée assise sur un rocher, à ses pieds un fleuve ; bélier regardant un astre, et quelquefois un croissant ; rameau de laurier ; lyre ; autel enflammé ; femme assise déposant une pierre dans un vase ; caducée ; carquois et arc, ancre.
Légende : ΑΝΤΙΟΧΕΩΝ.
Métal : Bronze.
Impériales grecques de bronze, d'argent et de potin depuis Auguste jusqu'à Volusien.

---

(1) Les monnaies d'Antioche présentent une série presque complète des empereurs romains depuis Auguste jusqu'à Valérien. Sur les autonomes avec l'ère des Séleucides se trouve la tête d'Alexandre I, Bala; d'autres pièces portent une ère qui n'a pas encore été déterminée; l'ère actiaque est employée sous Auguste et Tibère, l'ère césarienne depuis Auguste jusqu'à Titus. Les impériales portant les sigles SC ont, à la fois, des légendes latines, ainsi que les coloniales impériales. — Il existe des petits bronzes que l'on pense avoir été frappés à Antioche, sous Julien l'Apostat : ces pièces portent les types et légendes suivants :
GENIO. ANTIOCHENI. Femme tourelée assise sur un rocher, devant elle un fleuve. — ℞. APOLLONI. SANCTO Apollon revêtu de la *stola*, tenant une patère et une lyre ; à l'exergue S. M. A.
GENIO. CIVITATIS. Tête de femme voilée et tourelée. — ℞. Mêmes types. Sous le Bas Empire, Antioche portait le nom de *Theupolis*, qui se lit sur des monnaies byzantines.

Antiocheni ad Daphnen.

Types : Tête d'Antiochus IV, roi de Syrie ; Jupiter debout.
Légendes : ANTIOXEΩN. TΩN. ΠΡΟΣ. ΔΑΦΝΕΙ.
Métal : Bronze.

Antiocheni Ptolemaïdis.

Types : Tête de femme tourelée, de Jupiter, d'Apollon, d'Antiochus IV, d'Antiochus VIII et Cléopâtre ; victoire debout ; Jupiter debout ; femme demi-nue tenant une haste et deux torches ; corne d'abondance.
Légendes : ANTIOXEΩN. TΩN. EN. ΠΤΟΛΕΜΑΙΔΙ.
Métal : Bronze.

Antiocheni ad Callirhoem.

Types : Tête d'Antiochus IV, roi de Syrie ; Jupiter debout tenant la haste et un aigle.
Légendes : ANTIOXEΩN. TΩN. ΕΠΙ. ΚΑΛΛΙΡΟΗΙ.
Métal : Bronze.

Apamea (*Faniah*).

Types : Tête de femme tourelée, de Bacchus, de Jupiter, de Pallas, d'Alexandre I et d'Antiochus III, rois de Syrie ; figure militaire passant, levant une main et tenant une haste ; Jupiter aétophore debout ; Jupiter debout tenant un casque et une haste ; Jupiter nicéphore assis ; éléphant ; victoire ; corne d'abondance ; thyrse ; Pallas.
Légende : ΑΠΑΜΕΩN.
Métal : Bronze.
Impériales grecques d'Auguste.

Arethusa (*Al-Rustan*).

Types : Tête de femme voilée et tourelée ; Jupiter nicéphore assis.
Légende : ΑΡΕΘΟΥΣΑΤΩN.
Métal : Bronze.
Impériales grecques de Septime Sévère et de Diadumenien.

Balanea.

Types : Tête de femme ; Jupiter nicéphore assis.
Légende : ΒΑΛΑΝΕΩN.
Métal : Bronze.
Impériales grecques de Marc Antoine et d'Auguste.

Daphné.

Types : Tête de Jupiter, laurée; caducée.
Légende : ΔΑΦΝ.
Métal : Argent.

Emisa (*Hams*).

Impériales grecques de Domitien et d'Antonin le Pieux: EMICHNΩN.
Coloniales impériales de potin et de bronze depuis Julia Domna jusqu'à Sulpice Antonin : EMICΩN. KOΛΩNIAC. — ΚΟΛ. EM.

Epiphania (*Hamah*).

Types : Tête de femme voilée et tourelée ; figure militaire tenant une victoire et un bouclier ; Jupiter assis.
Légende : ΕΠΙΦΑΝΕΩΝ.
Métal : Bronze.
Impériales grecques depuis Tibère jusqu'à Gordien III.

Gabala (*Gebele*).

Types : Tête nue et barbue ; buste de Pallas ; crustacée, croissant et astre ; bouclier et lance.
Légende : ΓΑΒΑΛΕΩΝ.
Métal : Bronze.
Impériales grecques depuis Auguste jusqu'à Soemias.

Heraclea.

Impériales grecques de Caracalla (attrib. dout.). HPA-ΚΛΕΟΥ.

Laodicea (*Latakie, Latakkia*).

Types : Tête de femme voilée et tourelée; Jupiter nicéphore assis ; tête d'Alexandre I de Syrie ; tête radiée ; buste de Diane ; figure militaire tenant une haste ; Diane chasseresse ; tête de sanglier ; victoire ; chouette ; la Fortune ; Sérapis ; scorpion ; Neptune assis tenant un dauphin et un trident.
Légendes : ΛΑΟΔΙΚΕΩΝ. — ΛΑΟΔΙΚΕΩΝ. ΤΩΝ. ΠΡΟΣ. ΘΑΛΑΣΣΑΝ.
Métal : Argent et bronze.
Impériales grecques d'argent et de bronze depuis Auguste jusqu'à Caracalla.
Coloniales impériales de bronze depuis Septime Sévère jusqu'à Valérien le père ; *légendes latines :* LAODICEON. COL. LAODICEAS.

Larissa (*Chizar*).

Types : Tête de Jupiter laurée; tête de femme voilée et tourelée ; trône ; cheval paissant.
Légende : ΛΑΡΙΣΑΙΩΝ.
Métal : Bronze.

Myriandrus.

Impériales grecques d'Antonin et de Marc Aurèle : ΜΥΡΙΑΝΔΡΙΤΩΝ.

Nicopolis Seleucidis.

Impériales grecques de Commode, Alexandre Sévère et Philippe I : ΝΕΙΚΟΠΟΛΕΙΤΩΝ. ΤΗC. CΕΛΕΥΧΙΔΟC.

Paltos (*Boldo*).

Impériales grecques depuis Commode jusqu'à Julia Paula : ΠΑΛΤΗΝΩΝ.

Rephanea.

Impériales grecques d'Elagabale et d'Alexandre Sévère: ΡΕΦΑΝΕΩΝ. ΡΑΦΑΝΕΩΤΩΝ, ΡΕΦΑΝΕΩΤΩΝ.

Rhosus (*Rosos*).

Types : Tête de femme tourelée ; figure debout entre les bonnets des Dioscures ; harpa.
Légendes : ΡΩΣΕΩΝ.
Métal : Bronze.
Impériales grecques de Commode et de Septime Sévère.

Seleucia (*Suveidieh*).

Types : Tête radiée d'Antiochus IV, d'Antiochus VII de Syrie ; tête de Jupiter laurée, d'Apollon, de femme voilée et tourelée ; Jupiter nicéphore ou stéphanophore assis ; foudre sur une table ; foudre dans une couronne de laurier ; trépied ; la Victoire passant ; temple tétrastyle, dedans, une pierre ; tête de Marc Antoine, de Cléopâtre.
Légendes : ΣΕΛΕΥΚΕΩΝ. ΤΩΝ. ΕΝ. ΠΙΕΡΙΑΙ. — ΣΕΛΕΥΚΕΩΝ. — CΕΛΕΥΚΕΩΝ.
Métal : Argent et bronze.
Impériales grecques depuis Auguste jusqu'à Alexandre Sévère.

COELESYRIA

Capitolias.

Impériales grecques depuis Marc Aurèle jusqu'à Macrin : ΚΑΠ. — ΚΑΠΙΤω. ΚΑΠΙΤωΛΙΕΩΝ.

Damascus (*Sciam, Damick, Damasco*).

Types : Tête de femme tourelée, de Bacchus, du Soleil ; la Victoire passant ; femme debout tenant un gouvernail et une corne d'abondance ; deux thyrses en sautoir ; tête de la Lune ; buste de femme sur un croissant ; bélier tournant et regardant en arrière le Soleil et la Lune ; biche ; femme tourelée assise sur un rocher ; Pallas debout ; Mercure debout.

Légende : ΔΑΜΑΣΚΗΝΩΝ.
Métal : Bronze.

Impériales grecques depuis Auguste jusqu'à Alexandre Sévère.

Coloniales impériales depuis Alexandre Sévère jusqu'à Salonine. COLONIA. ÆMILIA. ΔΑΜΑCCO. ΜΗΕΤΡΟ.

ROI DE DAMAS

Arétas (1) (époque incertaine).

Types : Tête du roi diadémée ; femme assise sur un rocher, tenant une corne d'abondance et des épis ; à ses pieds un fleuve couché.

Légendes : ΒΑΣΙΛΕΩΣ. ΑΡΕΤΟΥ. ΦΙΛΕΛΛΗΝΟΣ.
Métal : Bronze.

Demetrias.

Impériales grecques de Néron : ΔΗΜΗΤΡΙΕΩΝ ΤΗΣ ΙΕΡΑΣ.

Heliopolis (*Baalbeck*).

Coloniales impériales en bronze depuis Néron jusqu'à Gallien : COL. HEL — C. I. Hel. — COL. IVL. HEL — COL. H. — COL. HELIOP. — COL. IVL. AUG. FEL. HEL.

---

(1) On n'a pas encore déterminé les monnaies qui peuvent appartenir aux deux rois de Damas, du nom d'Arétas.

Laodicea ad Libanum.

Impériales grecques depuis Antonin jusqu'à Trajan Dèce, ΛΑΟΔΙΚΕωΝ. ΛΙΒΑΝΟΥ. ou ΠΡΟΣ. ΛΙΒΑΝΟΥ. ou ΤΩΝ. ΕΝ. ΤΩ. ΛΙΒΑΝΩ.

Leucas.

Types : Victoire ; partie antérieure d'un enfant nageant ; tête de femme voilée et tourelée ; tête de Junon ; abeille.
Légende : ΛΕΥΚΑΔΙΩΝ.
Métal : Bronze.
Impériales grecques depuis Claude jusqu'à Gordien III.

TRACHONITIS ITURAEA

Cæsarea-Panias (*Baniass, Panaas*).

Types : Apollon debout ; à ses pieds, une colombe ; Diane chasseresse marchant.
Légendes : ΚΑΙΣ. ΠΑΝΙ.
Métal : Bronze.
Impériales grecques depuis Auguste jusqu'à Aquilia Severa ; on lit sur quelques monnaies de cette ville le nom d'Agrippa I, roi de Judée.

Gaba.

Impériales grecques depuis Titus jusqu'à Caracalla : ΓΑΒΗΝΩΝ.

Neronias.

Impériales grecques de Néron ; ces monnaies portent dans une couronne le nom d'Agrippa II, roi de Judée. ΕΠΙ. ΒΑΣΙΛ. ΑΓΡΙΠΠΑ. ΝΕΡΩΝΙΕ.

DECAPOLIS

Abila-Leucas.

Impériales grecques depuis Faustine II jusqu'à Elagabale : ΛΕΥΚ. ΑΒΙΛΑ — ΑΒΙΛΗΝωΝ.

Antiochia ad Hippum.

Impériales grecques de Néron et d'Antonin jusqu'à Commode : ANTIOX. IIP. III.

Canatha.

Impériales grecques de Claude et de Domitien : ΚΑΝΑΘΗΝΩΝ.

Dium.

Impériales grecques de Caracalla et de Géta : ΔΕΙΗΝΩΝ.

Gadara (Gerrach).

Impériales grecques depuis Auguste jusqu'à Gordien III : ΓΑΔΑΡΑ. ΓΑΔΑΡΕΙΣ. ΓΑΔΑΡΕΩΝ.

Gerasa.

Impériales grecques depuis Hadrien jusqu'à Alexandre Sévère : ΓΕΡΑCΩN.

Pella.

Impériales grecques de Commode et d'Elagabale : ΠΕΛΛΑΙΩΝ.

Philadelphia (Ammam).

Types : Tête de femme ; buste de Cérès ; cinq épis ; corbeille remplie d'épis et de pavots.
Légende : ΦΙΛΑΔΕΛΦΕ.
Métal : Bronze.
Impériales grecques depuis Agrippine la jeune jusqu'à Alexandre Sévère.

PHOENICE (1)

Types : Tête de femme tourelée ou voilée ; de Jupiter ; Pallas sur un navire ; figure appuyée sur une colonne et tenant une *acrostolium* ; double corne d'abondance.
Légende : Inscriptions phéniciennes encore indéterminées
Métal : Bronze.
Impériales grecques de Caracalla. ΚΟΙΝΟΝ ΦΟΙΝΙΚΗC.
Coloniales de Gordien III : COL. NV. PHOENICES.

---

(1) Un assez grand nombre de monnaies d'argent et de bronze portent des lettres ou des légendes phéniciennes. On doit remarquer qu'elles se retrouvent :
1º Dans la Phénicie proprement dite, comme à Marathus, à Sidon, à Tyrus, à Ace-Ptolémaïs, Berytus, Laodicea ;

Berythus (*Beyrut, Baruti*).

Types : Tête d'Antiochus IV, d'Alexandre I et de Démétrius II, roi de Syrie ; tête de Jupiter, de femme tourelée d'un Dioscure entre deux astres ; Neptune porté sur un hippocampe ; bonnets des Dioscures ; femme sur un navire ; victoire ; massue dans une couronne de laurier ; Silène ; proue de navire.

Légendes : BHPY. — BHPYTIΩN. Inscriptions en caractères phéniciens.

Métal : Bronze et argent.

Coloniales autonomes COL. BER. en bronze.

Coloniales impériales depuis Jules César jusqu'à Salonine.

Botrys (*Botrun*).

Impériales grecques depuis Marc Aurèle jusqu'à Soemias : BOTPYENΩN.

Byblus (*Gebail*).

Types : Tête de femme, tourelée ; Cronos debout avec six ailes.

Légende : *Djebel*, en caract. phéniciens.

Métal : Bronze.

Impériales grecques depuis Auguste jusqu'à Valérien le père : BYBΛIOY.

Arca, Cæsarea ad Libanum (*Arche, Arcihs, Arka*).

Impériales grecques de bronze d'Antonin et Marc Aurèle : KAICAPEIAC. ΛIBANOY.

Coloniales impériales depuis Caracalla jusqu'à Alexandre Sévère : COL CAESARIA. LIB.

Demetrias.

On est convenu de donner à Démétrias de Phénicie les monnaies autonomes grecques en bronze, attribuées d'abord à Démétrias de Thessalie.

Impériales grecques d'Auguste, de Tibère et d'Hadrien.

2º En Cilicie ;
3º En Afrique, à Carthage, colonie phénicienne ;
4º En Sicile, dans les pays soumis à la domination carthaginoise ;
5º Dans les îles de Gaulos, de Cossura ;
6º En Numidie ;
7º En Espagne.

Dora (*Tartura*).

Types : Tête de Tryphon, roi de Syrie ; figure debout tenant un vexillum et une corne d'abondance ; tête de Jupiter.
Légendes : ΔωPEITωN. — ΔωPITEITωN, ΔωPIHTωN.
Métal : Bronze.
Impériales grecques depuis Vespasien jusqu'à Aquilia Severa.

Marathus.

Types : Tête de femme voilée, de Mercure, d'Apollon ; homme debout appuyé à une colonne et tenant un *acrostolium*.
Légende : MARTHA. en caractères phéniciens.
Métal : Bronze.

Orthosia.

Types : Tête de femme tourelée ; Jupiter nicéphore assis ; homme nu debout retenant deux panthères par un frein.
Légende : ΩΡΘΩCIEΩN.
Métal : Bronze.
Impériales grecques depuis Tibère jusqu'à Alexandre Sévère.

Sidon (*Seida*).

Types : Têtes d'Antiochus IV, Démétrius I, Alexandre I, Démétrius II, Antiochus VII, Antiochus VIII, Antiochus IX et Démétrius III, rois de Syrie ; tête de femme voilée et tourelée ; de Jupiter ; deux tête conjuguées ; tête de Bacchus ; aigle sur un gouvernail et palme ; Europe sur un taureau ; Astarté sur un navire ; navire ; victoire sur une proue ; ciste et thyrse ; ciste mystique dans une couronne de lierre ; Bacchus debout tenant un diota et un thyrse ; buste d'Astarté dans un char.
Légendes : ΣΙΔΩΝΟΣ. ΣΙΔΩΝΙΩΝ. *LETZIDON* en caractères phéniciens.
Métal : Argent et bronze.
Impériales grecques depuis Auguste jusqu'à Hadrien.
Coloniales impériales d'Elagabale et de sa famille, ainsi que d'Alexandre Sévère : COLonia Aurelia Pia SID. — COL. AVR. PIA. METRP. SIDON.

Tripolis (*Sciam, Trabulus, Tripoli di Soria*).

Types : Têtes d'Antiochus IV, roi de Syrie ; profils conjugués des Dioscures surmontés d'astres, Astarté tourelée tenant un bâton et une corne d'abondance ; tête de femme

voilée et tourelée ; victoire sur un navire ; Némésis se découvrant le sein ; palme dans une couronne de laurier ; les Dioscures debout avec, ou sans chevaux ; bonnets des Dioscures ; enlèvement d'Europe.
Légendes : ΤΡΙΠΟΛΙΤΩΝ.
Métal : Argent et bronze.
Impériales grecques depuis Marc Antoine jusqu'à Maxime.

ROI DE TRIPOLI

Dionysius (contemporain de Pompée).

Types : Tête du roi imberbe et laurée ; les **Dioscures** à cheval.
Légende : Δ......... ΤΡΙΠΟΛΙΤΩΝ.
Métal : Bronze.

Tyrus (*Tur, Tiro*).

Types : Tête d'Antiochus IV, Démétrius I, Alexandre I, Démétrius II et Antiochus VII, rois de Syrie ; d'Hercule laurée ; aigle sur un gouvernail, et palme ; tête de femme voilée et tourelée ; navire ; palme ; époques inscrites dans le champ.
Légende : ΤΥΡ. ΤΥΡΟΥ.
Métal : Argent et bronze.
Impériales grecques depuis Septime Sévère jusqu'à Salonine.

ILE VOISINE DE LA PHÉNICIE

Aradus (*Rovad, Avret-Adassi*).

Types : Tête de femme voilée et tourelée ; victoire marchant tenant un *acrostolium* et une palme ; abeille ; cerf debout ; femme assise sur un gouvernail, tenant une corde et une corne d'abondance ; tête de Jupiter ; navire ; Pallas combattant.
Légende : ΑΡΑΔΙΩΝ.
Métal : Argent et bronze.
Impériales grecques depuis Marc Antoine jusqu'à Elagabale.

GALILAEA

Ace-Ptolemaïs (*Ake, Akka, Acri, S. Giovanni d'Acri*).

Types : Tête de femme tourelée; de Jupiter; d'Apollon; Hercule debout tenant une massue; la Fortune debout; diota et oiseau; lotus; massue.
Légende : AKH. — ΠΤΟΛΕΜΑΙΕΩΝ. Inscriptions phéniciennes.
Métal : Or, argent et bronze.
Impériales grecques de Claude.
Coloniales impériales depuis Claude jusqu'à Salonine.

Sepphoris-Diocæsarea (*Safurie, Sefuri*).

Impériales grecques de bronze de Trajan. ΣΕΠΦΩΡΗΝΩΝ, et d'Antonin le Pieux, de Commode et de Caracalla : ΔΙΟΚΑΙCΑΡΕΙΑC : on connaît aussi de cette ville une monnaie portant la tête de Séleucus I, roi de Syrie.

Tiberias (*Tabariah*).

Impériales grecques de bronze de Tibère jusqu'à Antonin : ΤΙΒΕΡΙΑC; ΚΛΑΥΔΙΟΤΙΒΕΡΙΕΩΝ. Des bronzes de cette ville portent le nom d'Hérode Antipas, tétrarque de Judée.

SAMARITIS

Cæsarea (*Kayserie*).

Types : Tête de femme, tourelée et voilée; torche allumée.
Légende : ΚΑΙΣΑΡΕΩΝ.
Métal : Bronze.
Impériales grecques de Néron et de Caligula : ΚΑΙΣΑΡΙΑ. Η. ΠΡΟΣ. ΣΕΒΑΣΤω. ΛΙΜΕΝΙ : les monnaies de Caligula portent le nom d'Agrippa 1, roi de Judée.
Coloniales impériales depuis Domitien jusqu'à Gallien : COL. PRIMA. FL. AVG. CÆSAR.

Diospolis (*Lud*).

Impériales grecques de la famille de Septime Sévère : ΔΙΟCΠΟΛΙC.

Joppe (*Jaffa, Giaffa*).

Types : Tête de femme voilée et tourelée; Neptune assis sur un rocher.
Légende : ΙΟΠΗ.
Métal : Bronze.

Neapolis (*Nabolos, Napulosa*).

Impériales grecques de Titus et de Volusien : ΝΕΟC-ΠΟΛΕΩC. ΦΛ.
Coloniales impériales depuis Philippe I jusqu'à Volusien : COL. NEAP. — COL. SERG. NEAPOL.

Nysa, Scythopolis (*Beysan*).

Impériales grecques depuis Néron jusqu'à Gordien III; ΝΥCΛ. ΝΥCΑΙΕωΝ. ΤωΝ. ΚΑΙ. CΚΥΘΟΠΟΛΙΤΩΝ.

Sebaste (*Schiemrum*).

Impériales grecques depuis Néron jusqu'à Caracalla : ΣΕΒΑΣΤΗΝΩΝ,
Coloniales impériales de Julia Domna, de Caracalla et de Géta : ΚΟΛ. CEBACTE. — COL. L. SEP. SEBASTE.

JUDAEA (1)

Hierosolyma, Ælia Capitolina (*Kud-el-Cherif, Ilia, Gerusalemme*).

Colonies impériales depuis Hadrien jusqu'à Hostilien : COL. ÆL. CAP. — ΚΟΛ. ΑΙL. ΚΑ.

Agrippias, Anthedon.

Types : Tête de femme voilée; navire. Les autonomes avec le nom d'Anthédon sont frappées au nom d'Agrippa I et Agrippa II, rois de Judée.

---

(1) On classe parmi les incertaines de la Judée des impériales grecques de bronze, frappées depuis Auguste jusqu'à Néron, qui, bien qu'appartenant à cette contrée, ne peuvent être données à des villes déterminées.

Légendes : ΑΓΡΙΠΠΕΩΝ — ΑΝΘΗΔΟΝΟC.
Métal : Bronze.
Impériales grecques de Caracalla.

Ascalon (*Askalon, Ascalona*).

Types : Têtes d'Antiochus III, d'Antiochus IV, de Tryphon et d'Antiochus VIII, rois de Syrie ; tête juvénile nue, du Soleil radiée, de femme voilée et tourelée, de Jupiter ; Jupiter debout tenant une couronne ; deux Hermès coiffés de bonnets coniques ; navire ; aigle sur un foudre et palme en travers.
Légende : ΑΣ. ΑΣΚΑ. ΑΣΚΑΛΩΝΙΤΩΝ.
Métal : Argent et bronze.
Impériales grecques depuis Auguste jusqu'à Alexandre Sévère.

Azotus (*Azud, Ezdod*).

Impériales grecques de Septime Sévère avec Julia Domna : ΑCΩΤΙΩΝ.

Eleuthcropolis.

Impériales grecques de J. Domna et Caracalla : ΕΛΕΥΘΕ

Gaza (*Gazza, Gaza*).

Types : Tête de femme tourelée ; de Jupiter, laurée ; un signe en forme de Z traversé par un I (1) ; femme debout tenant une patère et une corne d'abondance ; figure debout tenant une couronne ; guerrier tenant un long rameau et un sceptre.
Légendes : ΓΑ. ΓΑΖΑΕΩ. ΓΑΖΑ. ΓΑΖΗ.
Métal : Bronze.
Impériales grecques depuis Auguste jusqu'à Gordien III.

Nicopolis (*Amoas*).

Impériales grecques de Trajan et de Faustine la mère : ΝΕΙΚΟΠΟΛΕΩC.

Raphia.

Impériales grecques de Commode jusqu'à Philippe I : ΡΑΦΙΑ.

---

(1) Les numismatistes ne sont pas d'accord sur la signification de ce monogramme.

PRINCES ET ROIS DE JUDÉE (1)

Jean Hyrcan (règne de 135 à 106 av. J.-C.).

Le premier prince juif qui ait battu monnaie paraît être Jean Hyrcan I*er*, fils et successeur de Simon ; ce prince et ses successeurs, dit M. Th. Reinach, ne frappèrent que des monnaies locales en bronze. Les types sont empruntés aux monnaies contemporaines des Ptolémées et des Séleucides : couronne, corne d'abondance, fleur, ancre, astre, palme. Les légendes sont hébraïques jusqu'à Alexandre Jannée ; alors elles deviennent bilingues.

Pendant la révolte juive de 66 à 70, on frappa des sicles et des 1/2 sicles en argent et des sicles en bronze, portant en caractères hébraïques les légendes : *Sicle d'Israël. Jérusalem la Sainte*. On s'accorde à penser que les monnaies qui portent : *Simon, prince d'Israël*, longtemps attribuées à Simon Macchabée, sont de Barchocébas et datent de la seconde révolte (133-135).

Alexander Jannæus Jonathan (de 105 à 79 avant J.-C.).

Types : Ancre ; astre.
Légendes : ΒΑΣΙΛΕΩΣ. ΑΛΕΞΑΝΔΡΟΥ. *Jehonathan Melech* (*Jonathan rex*), en caractères hébraïques.
Métal : Bronze.

Mattatias Antigonus (règne de 40 à 38 av. J.-C.).

Types : Légendes dans une couronne ; simple ou double corne d'abondance.
Légende : ΒΑCΙΛΕΟC. ΑΝΤΙΓΟΝΟΥ. *Grand prêtre* en caractères hébraïques.
Métal : Bronze.

Hérodes I Magnus (règne de 40 à 4 av. J.-C.).

Types : Grappe de raisin ; casque et caducée ; **autel enflammé** ; quatre boucliers en cercle.
Légendes : ΒΑΣΙΛΕΩΣ. ΗΡΩΔΟΥ.
Métal : Bronze.

---

(1) On a des monnaies juives en bronze, des procurateurs romains, aux noms de Tibère, de Livie, de Claude et de Néron ; celles qui portent la date de l'an 16 de Tibère, furent frappées sous le gouvernement de Ponce Pilate : ces pièces représentent des dattiers, des diota, des épis, des palmes, des simpulum, des lituus.

Archelaus (règne de 4 av. à 6 ap. J.-C.).

Types : Grappe; casque; caducée; ancre; proue; corne d'abondance; couronne; galère.
Légende : ΗΡΟΔΟΥ ΕΘΝΑΡΧΟΥ.
Métal : Bronze.

Herodes II Antipas (règne de 4 av. J.-C. à 39 de J.-C.).

Types : Palme de laurier, légende dans une couronne.
Légende : ΗΡΩΔΟΥ. ΤΕΤΡΑΡΧΟΥ. — ΗΡΩΔΗΣ. ΤΕ-ΤΡΑΡΧΗΣ (1).
Métal : Bronze.

Philippus, Tétrarque de Traconis
(règne de 4 av. J.-C. à 34 de J.-C.).

Types : Tête d'Auguste laurée; temple tétrastyle.
Légendes : ΦΙΛΙΠΠΟΥ. ΤΕΤΡΑΡΧΟΥ.
Métal : Bronze.

Agrippa I Magnus (règne de 37 à 44 de J.-C.).

Types : Têtes du roi Agrippa, de Caligula, de Claude; figure virile debout, revêtue de la toge et tenant un rouleau de parchemin; le roi dans un quadrige; femme debout tenant un gouvernail et une corne d'abondance; légende dans une couronne; le fils du roi à cheval.
Légendes : ΒΑΣΙΛ. ΑΓΡΙΠΠΑ. — ΒΑΣΙΛΕΥΣ. ΜΕΓΑΣ. ΑΓΡΙΠΠΑΣ. ΦΙΛΟΚΑΙΣΑΡ. — ΕΠΙ. ΒΑΣΙΛΕ. ΑΓΡΙΠ. ΤΙΒΕΡΙΕΩΝ.
Métal : Bronze.

Herodes III, roi de Chalcis (contemp. de Claude).

Types : Tête d'Hérode diadémée; légende dans une couronne.
Légendes : ΒΑΣΙΛΕΥΣ. ΗΡΩΔΗΣ.
Métal : Bronze.

Agrippa II, roi de Chalcis (règne de 48 à 90 de J.-C.).

Types : Tabernacle; trois épis; têtes de Néron, de Vespasien, de Titus et de Domitien; légende dans une couronne; main tenant des épis et des pavots; victoire écrivant sur un bouclier; trirème; palme; victoire; caducée et deux cornes d'abondance.

---

(1) Sur des bronzes d'Hérode II, on lit le nom de Caligula.

Légendes : ΒΑϹΙΛΕωϹ. ΑΓΡΙΠΠΑ. — ΒΑΣΙΛΕΟϹ. ΜΑΡΚΟΥ. ΑΓΡΙΠΠΟΥ. — ΒΑ. ΑΔΡΙΠ. — ΒΑ. ΑΓΡΙ. — ΒΑϹΙ. ΑΓΡΙΠΠ. ΑΓΡΙΠΠΑ. ΑΓΡΙΠΠΙΑϹ.
Métal : Bronze.

Zenodorus, Tétrarque et grand Prêtre
(contemp. d'Auguste).

Types : Tête d'Auguste ; de Zénodore nue.
Légendes : ΖΗΝΟΔΟΡΟΣ. ΤΕΤΡΑΡΧΗΣ. ΚΑΙ. ΑΡΧΗΡ.
Métal : Bronze (1).

ARABIA

Impériales grecques d'Hadrien : ΑΡΑΒΙΑ.

Adraa (Edrai).

Impériales grecques depuis Marc Aurèle jusqu'à Emilien : ΑΔΡΑΗΝΩΝ.

Bostra (Bostra).

Impériales grecques depuis Antonin jusqu'à Caracalla : ΒΟϹΤΡΩΝ. — ΝΕΑϹ. ΤΡΑΙΑΝΗϹ. ΒΟϹΤΡΑϹ.
Coloniales impériales d'Elagabale jusqu'à Dèce : COLONIA. BOSTRA—NOVA. TRAIANA. BOSTRA—NOVA. TRAIANA. ALEXANDRIANÆ. COL. BOST.

Esbus (*Esebon*).

Impériales grecques de Caracalla : ΕϹΒΟΥ — ΑΥΡ. ΕϹΒΟΥϹ.

Moca.

Impériales grecques d'Antonin et de Septime Sévère : ΜΟΚΑ.

---

(1) On trouve depuis Auguste jusqu'à Néron des petits bronzes impériaux, que leurs types font classer à la Judée. En voici la description sommaire :
Auguste. ΚΑΙϹΑΡΟϹ, épi et palme.
Tibère et Julie. ΤΙΒΕΡΙΟΥ. ΚΑΙϹΑΡΟϹ. ϹΕ—ΙΟΥΛΙΑ ; couronne, lis, simpulum, légende dans une couronne, trois épis, lituus, diota, grappes de raisin.
Claude et Agrippine, deux épis, couronne de laurier.
Néron et Britannicus, deux boucliers, palme, couronne de laurier.

Petra (*Petra*).

Impériales grecques depuis Hadrien jusqu'à Géta : ΠΕΤΡΑ.

Philippopolis.

Coloniales impériales de Macrin, de Philippe I et d'Otacilie.

Rabathmoba.

Impériales grecques depuis Septime Sévère jusqu'à Gordien III : ΡΑΒΑΘΜΟ — ΡΑΒΒΑΘΜΩΜΗΝΩΝ. — ΡΑΒΑΤΑΜΗΝΩΝ.

ROIS DES NABATHÉENS

Arétas II et Sycamnith (62 av. J.-C.).

Types : Bustes accolés du roi et de la reine, cornes d'abondance en sautoir.
Légende : *Hareth Sycamnith*, en caractères samarit.
Métal : Bronze.

Malchus et Sycamnith (de 46 à 30 av. J.-C.).

Types : Bustes du roi et de la reine.
Légendes : *Mulkou roi de Nabat; Sycamnith sa sœur, reine de Nabat*, en caractères samarit.
Métal : Argent.

Zabélus et Gamalith (sous Jules César).

Types : Bustes accolés du roi et de la reine, cornes d'abondance en sautoir.
Légende : *Zabel Gamalith*, en caractères samarit.
Métal : Bronze.

MESOPOTAMIA (1)

Anthemusia.

Impériales grecques de Domitien, Caracalla et Domitien I : ΑΝΘΕΜΟΥCΙΕΩΝ.

---

(1) On a des monnaies d'argent, de Marc Aurèle, de Faustine II, de Lucius Verus et de Lucille, qui appartiennent à la Mésopotamie, sans qu'on puisse déterminer dans quelle ville

Carrhæ.

Types : Tête du Soleil radiée et torche : croissant; deux astres et bucrâne; tête du dieu Mensis coiffée d'un bonnet phrygien ; lune et astre; tête nue et barbue, épis.
Légende : ΧΑΡΡ, ΚΑΡΡΗΝΩΝ.
Métal : Bronze.
Impériales grecques de Marc Aurèle et de Lucius Verus.
Coloniales impériales depuis Marc Aurèle jusqu'à Tranquilline : ΚΟΛ. ΜΗΤΡ. ΚΑΡΡ. — ΑΥΡ. ΚΑΡΡΗΝΩΝ. ΦΛΟΡ. ΚΟΛ. — COL. AVR. METROPOL. ANTONIANA. CA.

Edessa (*Roha, Ursa*).

Impériales grecques de Commode à Dèce : ΚΟΛ. ΜΑΡ. ΕΔΕϹϹΑ. — ΜΗΤ. ΑΥΡ. ΚΟΛ. ΕΔΕϹϹΗΝΩΝ.

ROIS D'ÉDESSE OU D'OSRHOËNE

Mannus (contemp. de Marc Aurèle).

Types : Têtes de Marc Aurèle, de Lucius Verus, de Faustine II et de Lucille; femme debout tenant une patère et une haste; Cérès assise tenant des épis; la déesse *Salus* assise; Pallas debout; Junon debout; à ses pieds, un paon.
Légendes : ΒΑϹΙΛΕΥϹ. ΜΑΝΝΟΥ. ΦΙΛΟΡΟΜΑΙΟϹ.
Métal : Bronze.

Abgarus VIII (153 à 188).

Types : Tête de Commode, d'Abgare coiffé d'une tiare.
Légende : ΒΑϹΙΛΕΥϹ. ΑΒΓΑΡΟϹ.
Métal : Bronze.

Abgarus IX (188 à 199).

Types : Tête d'Abgare barbue et coiffée d'une tiare; de Septime Sévère laurée; de Mannus jeune.
Légendes : ΒΑϹΙΛΕΥϹ. ΑΒΓΑΡΟϹ. — ΜΑΝΝΟϹ. ΠΑΙϹ.
Métal : Bronze.

elles ont été frappées ; presque toutes portent : ΥΠΕΡ. ΝΙΚΗϹ. ΤΩΝ. ΚΥΡΙΩΝ, ou ΥΠΕΡ. ΝΙΚΗϹ. ΡΩΜΑΙΩΝ, ou ΥΠΕΡ. ΝΙΚΗ. ΤΩΝ ϹΕΒΑϹ. On pense que leur origine vient de la conquête de la Mésopotamie faite sous Marc Aurèle.

Mannus (contemp. de Caracalla).

Types : Tête d'Abgare le père ; de Mannus.
Légende : Mêmes légendes, mais en désordre.
Métal : Bronze.

Abgarus XI (vers 240).

Types : Tête de Gordien III tantôt radiée, tantôt laurée ; tête du roi Abgare coiffée de la tiare ; le roi tendant son sceptre à Gordien *nicéphore* assis sur une estrade ; l'empereur et le roi debout ; Abgare à cheval.
Légende : ABΓAPOC. BACIΛEYC.
Métal : Bronze.

Maiozamalcha.

Types : Tête voilée du Sénat ; femme tourelée, assise entre deux enseignes.
Légendes : MAIO. COLONIA.
Métal : Bronze.

Nicephorium.

Impériales grecques de Gordien III et de Gallien : NIKHΦOPIΩN.

Nisibi (*Nisbin*).

Coloniales impériales d'Élagabale à Dèce : CEΠ. KOΛΩ. NECIBI.

Rhesaena (*Ras-Ayn*).

Impériales grecques de Caracalla : PHCAINHCIΩN.
Coloniales impériales de Sévère Alexandre à Herennius Etruscus : CEΠ. KOΛ. PHCAINHCIΩN.

Seleucia ad Tigrim (*Suleiman-Pak*).

Types : Tête de femme tourelée ; de Seleucus I, roi de Syrie ; trépied.
Légendes : ΣΕΛΕΥΚΕΩΝ. ΤΩΝ. ΠΡΟΣ. ΤΙΓΡΕΙ.
Métal : Bronze.

Singara (*Sengiar*).

Impériales grecques depuis Alexandre Sévère jusqu'à Philippe II : AYP. CEΠ. KOΛ. CINΓAPA.

Zayta.

Impériales grecques de Trajan et de Septime Sévère : ZAYΘHC. NIAC.

BABYLONIA

ROIS DE BABYLONE

Timarchus (vivant vers 160 ans av. J.-C.).
Types : Tête imberbe du roi ; victoire marchant.
Légendes : ΒΑΣΙΛΕΩΣ ΜΕΓΑΛΟΥ. ΤΙΜΑΡΧΟΥ.
Métal : Bronze.

ASSYRIA

Niniva Claudiopolis.
Coloniales impériales depuis Trajan jusqu'à Gordien III.

PARTHIA

Tambrax.
Des numismatistes signalent le nom de cette ville sur des monnaies d'Arsace XI. Les impériales grecques au nom de Trajan qui portent le nom de la Parthie, ont été frappées par les Romains, hors de cette contrée, en souvenir de leurs victoires.

ROIS DES PARTHES (1)

DYNASTIE DES ARSACIDES

Arsaces I (époque incertaine).
Types : Tête du roi imberbe, casquée et diadémée ; le roi assis sur un siège couvert d'un tapis, et bandant un arc.
Légende : ΒΑΣΙΛΕΩΣ. ΑΡΣΑΚΟΥ.
Métal : Argent et bronze.

(1) Parmi les monnaies des rois Arsacides des Parthes, il en est que l'on ne peut classer d'une manière certaine. — Quelquefois on trouve marqués les noms des *mois* : *Artemisius, Dœsius,*

Tiridates (règne de 251 à 210 av. J.-C.).

Types : Mêmes types ; cheval trottant.
Légendes : ΒΑΣΙΛΕΩΣ. ΜΕΓΑΛΟΥ. ΑΡΣΑΚΟΥ.
Métal : Argent et bronze.

Artaban I (règne de 210 à 195 av. J.-C.).

Types : Tête barbue, diadémée du roi ; le roi assis.
Légende : ΜΕΓΑΛΟΥ ΒΑΣΙΛΕΩΣ ΘΕΟΠΑΤΟΡΟΣ ΑΡΣΑΚΟΥ.
Métal : Argent.

Phraapate (règne de 195 à 180 av. J.-C.).

Mêmes types et légendes, sauf ΦΙΛΑΔΕΛΦΟΥ.
Métal : Argent.

Phraates I (règne de 180 à 170 av. J.-C.).

Types : Tête du roi ; tête tiarée ; buste de cheval ; arc et carquois ; abeille.
Légende : ΜΕΓΑΛΟΥ ΑΡΣΑΚΟΥ ΒΑΣΙΛΕΩΣ.
Métal : Argent et bronze.

Mithridates I (règne de 170 à 140 av. J.-C.).

Types : Buste du roi ; buste tiaré ; buste à cheval ; Pégase ; victoire.
Légende : ΜΕΓΑΛΟΥ ΑΡΣΑΚΟΥ ΕΠΙΦΑΝΟΥΣ ΒΑΣΙΛΕΩΣ.
Métal : Argent et bronze.

Phraates II (règne de 140 à 126 av. J.-C.).

Mêmes types : ΒΑΣΙΛΕΩΣ ΜΕΓΑΛΟΥ ΑΡΣΑΚΟΥ ΘΕΟΠΑΤΟΡΟΣ ΕΥΕΡΓΕΤΟΥ. ΝΙΚΑΤΟΡΟΣ.
Métal : Argent et bronze.

Artaban II (règne de 126 à 120 av. J.-C.).

Mêmes types : ΒΑΣΙΛΕΩΣ ΜΑΓΑΛΟΥ ΑΡΣΑΚΟΥ ΑΥΤΟΚΡΑΤΟΡΟΣ ΦΙΛΟΠΑΤΟΡΟΣ ΕΠΙΦΑΝΟΥΣ ΦΙΛΕΛΛΗΝΟΥΣ.
Métal : Argent.

Lous, Gorpiœus, Hyperberetaus, Dius, Apellœus, Audinœus, Peritius, Dystrus, Xanthicus. Nous devons faire observer que les monnaies des rois parthes portent des dates ou des époques qui sont d'un grand secours pour la classification.

Mithridates II (règne de 120 à 88 av. J.-C.).

Mêmes types : ΒΑΣΙΛΕΩΣ ΜΕΓΑΛΟΥ ΑΡΣΑΚΟΥ ΕΠΙΦΑΝΟΥΣ ΦΙΛΗΛΛΗΝ. ΦΙΛΟΠΑΤΟΡΟΣ ΕΥΕΡΓΕΤΟΥ.
Métal : Argent et bronze.

Mnaskyres (règne de 88 à ? av. J.-C.).
Mêmes types ; la tête plus vieille.

Sanatroces (Règne de 77 à 70 av. J.-C.).
Mêmes types : ΒΑΣΙΛΕΩΣ ΜΕΓΑΛΟΥ ΑΡΣΑΚΟΥ ΕΥΕΡΓΕΤΟΥ ΕΠΙΦΑΝΟΥΣ ΦΙΛΕΛΛΕΝΟΥΣ.
Métal : Argent et bronze.

Phraates III (règne depuis 70 jusqu'à 60 av. J. C.).
Types : Mêmes types.
Légende : ΒΑΣΙΛΕΩΣ. ΑΡΣΑΚΟΥ. ΜΕΓΑΛΟΥ. ΔΙΚΑΙΟΥ. ΘΕΟΥ. ΕΥΠΑΤΟΡΟΣ. ΦΙΛΕΛΛΗΝΟΣ.
Métal : Argent et bronze.

Mithridates III (règne de 60 à 54 av. J.-C.).
Types : Buste à gauche de Mithridate III avec le diadème, barbu ; Arsace assis sur un trône avec l'arc.
Légendes : ΒΑΣΙΛΕΩΣ. ΒΑΣΙΛΕΩΝ, ΑΡΣΑΚΟΥ. ΦΙΛΟΠΑΤΟΡΟΣ. ΔΙΚΑΙΟΥ. ΕΠΙΦΑΝΟΥΣ. ΦΙΛΕΛΛΗΝΟΣ ΕΥΠΑΤΟΡΟΣ.
Métal : Argent et bronze.

Orodes I (règne de 54 à 37 av. J.-C.).
Types : Tête barbue et diadémée d'Orodes, quelquefois ayant au cou un collier auquel est fixé un capricorne ; le roi assis, tenant un arc.
Légendes : ΒΑCΙΛΕΩC. ΒΑCΙΛΕΩΝ. ΑΡCΑΚΟΥ. ΕΥΕΡΓΕΤΟΥ. ΔΙΚΑΙΟΥ. ΕΠΙΦΑΝΟΥC. ΦΙΛΕΛΛΗΝΟC.
Métal : Argent et bronze.

Phraates IV (règne de 37 av. à 9 après J.-C.).
Types : Tête ou buste du roi ; femme tourelée debout, tenant une corne d'abondance et tendant une palme au roi ; Pallas debout, tenant une haste et tendant une couronne au roi assis ; Parthe assis, tenant un arc.
Légendes : ΒΑΣΙΛΕΩΣ. ΒΑΣΙΛΕΩΝ. ΑΡΣΑΚΟΥ. ΕΥΕΡΓΕΤΟΥ. ΔΙΚΑΙΟΥ. ΕΠΙΦΑΝΟΥΣ. ΦΙΛΕΛΛΗΝΟΣ.
Métal : Argent et bronze.

Tiridates II (règne de 28 à 21 av. J.-C.).

Mêmes types : ΒΑΣΙΛΕΩΣ ΒΑΣΙΛΕΩΝ. ΑΡΣΑΚΟΥ. ΕΥΕΡΓΕΤΟΥ. ΔΙΚΑΙΟΥ. ΕΠΙΦΑΝΟΥΣ. ΦΙΛΕΛΛΗΝΟΣ.
Métal : Argent et bronze.

Phraatace (règne de 3 av. à 1 après J.-C.).

Mêmes types et légendes. Sa tête et celle de sa femme Mauza paraissent sur une monnaie en argent, celle-ci avec la légende ΜΟΥΣΗΣ. ΒΑΣΙΛΙΣΣΑ ΘΕΑΣ ΟΥΡΑΝΙΑΣ.

Orodes II (règne de 1 à 5 de J.-C.).

Types : Tête de bœuf ; vase et grappes de raisin ; porte de ville.
Métal : Bronze.

Vonones I (règne de 3 à 14 de J.-C.).

Types : Tête diadémée et barbue du roi ; victoire debout.
Légendes : ΒΑCΙΛΕΥC. ΟΝωΝΗC. ΝΕΙΚΗCΑC. ΑΡΤΑΒΑΝΩΝ.
Métal : Argent et bronze.

Artabanus III (règne de 14 à 41 de J.-C.).

Types : Tête du roi ; femme debout tendant une couronne au roi assis, croissant ; tête tourelée ; coupe à deux anses ; bison.
Légendes : ΒΑΣΙΛΕΩΣ. ΒΑΣΙΛΕΩΝ. ΑΡΣΑΚΟΥ. ΕΥΕΡΓΕΤΟΥ. ΕΠΙΦΑΝΟΥΣ. ΦΙΛΕΛΛΗΝΟΣ. ΔΙΚΑΙΟΥ.
Métal : Argent et bronze.

Bardanes (règne de 41 à 47 de J.-C.).

Types : Tête diadémée et barbue de Bardanes ; Arsace, assis devant une femme tenant une corne d'abondance, qui lui présente une palme.
Légende : ΒΑΣΙΛΕΩΣ. ΒΑΣΙΛΕΩΝ. ΑΡΣΑΚΟΥ. ΕΥΕΡΓΕΤΟΥ, etc.
Métal : Argent et bronze.

Gotarzes (règne de 45 à 50 de J.-C.).

Types : Tête du roi ; le roi assis ; à cheval ; aigle éployée ; tête diadémée jeune ; victoire assise ; poisson.
Légendes : ΒΑΣΙΛΕΩΣ. ΒΑΣΙΛΕΩΝ, etc.
Métal : Argent et bronze.

PARTHIA

Meherdates (règne vers 49 de J.-C.).

Types : Tête barbue et diadémée de face ; tête diadémée de femme à gauche, le cou orné d'un collier ; dans le champ, un fer de lance.
Légendes : Comme ci-dessus.
Métal : Argent et bronze.

La monnaie de Volagase I (an 52), de Bardane II (60 à 64), de Volagase III (64 à 70) ne se distinguent guère que par les dates.

Volagase III (règne de 77 à 148 de J.-C.).

Types : Tête barbue de roi ; le roi assis recevant une couronne d'une femme à genoux ; aigle ; buste de la Victoire ; de femme tourelée.
Légende : ΒΑΣΙΛΕΩΣ ΒΑΣΙΛΕΩΝ ΑΡΣΑΚΟΥ ΟΛΑΓΑΣ ΔΙΚΑΙΟΥ ΕΠΙΦΑΝΟΥΣ ΦΙΛΕΛΛΗΝΟ.
Métal : Argent et bronze.

Pacorus (règne de 77 à 107 de J.-C.).

Types : Tête imberbe du roi, etc.
Légende : ΒΑΣΙΛΕΟΣ ΒΑΣΙΛΕΩΝ ΑΡΣΑΚΟΥ ΠΑΚΟΡ ΔΙΚΑΙΟΥ ΕΠΙΦΑΝΟΥΣ ΦΙΛΕΛΛΗΝΟΣ.
Métal : Argent et bronze.

Artaban IV (règne de 60 à 76 de J.-C.)

Types : Tête diadémée et barbue ; le roi assis ; **buste de cheval** ; bucrâne.
Légende : Comme pour Volagase Iᵉʳ.
Métal : Argent et bronze.

Chosroes (règne de 108 à 160 de J.-C.).

Types : Tête barbue du roi ; une ville personnifiée assise et tournée vers la gauche, la tête appuyée sur sa main droite.
Point de légende ; la classification se fait par les dates.
Métal : Bronze.

Mithridate V.

Types : Buste diadémé du roi ; le roi assis.
Légende : *Mithridate Malca*, en caract. araméens.
Métal : Argent.

Volagase IV (règne de 148 à 149 de J.-C.).

Types : Tête barbue et coiffée d'une tiare ; femme tourelée, etc.
Légendes : ΒΑΣΙΛΕΩΣ. ΒΑΣΙΛΕΩΝ. ΑΡΣΑΚΟΥ. ΟΛΑΓΑΣΟΥ. ΔΙΚΑΙΟΥ. ΕΠΙΦΑΝΟΥ. ΦΙΛΕΛΛΕΝ.
Métal : Argent et bronze.

Volagase V (règne de 191 à 208 de J.-C.).

Types : Tête barbue de Volagase coiffée d'une tiare; femme tourelée, etc.
Légendes : ΒΑCΙΛΕ..... ΟΛΑΓΑCΟ..... ΕΠΙΦΑΝΟΥ..... ...ΛΕΛΛΗ.
Métal : Argent et bronze.

Volagase VI (règne de 209 à 227 de J.-C.).

Types : Tête barbue coiffée d'une tiare ; femme tourelée, etc.
Légendes : ΒΑCΙΛ..... ΟΛΑΓΑC..... ΕΠΙ.
Métal : Argent et bronze.

Artaban V.

Types : Types ordinaires : *Artaban Malca* en caractères araméens. Bronze.

Artabazd.

Types : Types ordinaires : *Artabazd Malca* en caractères araméens.

PERSIA

ROIS DE PERSE

On classe les monnaies perses à Darius fils d'Hystape (521-485), Xerxès (485-472) Artaxerxès Ier (471-424), Darius II (423-404) et Artaxerxès II (404-302). A la suite des rois de Perse, on peut placer les satrapes de Tarse, de Tyr, de Chistius, de Biblos et d'Aradus.

Types : Figure virile agenouillée, la tête radiée, tenant une haste et un arc ; même figure tirant une flèche d'un carquois ; navire ; cavalier ; poisson ; aire creuse.
Légendes : Lettres ou légendes phéniciennes.
Métal : Or, argent et bronze.

DYNASTIE DES SASSANIDES

Nous emprunterons à Adrien de Longpérier quelques détails sur la numismatique des rois de Perse, de la dynastie des Sassanides, qui rétablirent dans ce pays une monarchie nationale, ainsi que la religion de Zoroastre, vers 222 de l'ère chrétienne. Artaxerxe, fils de Babec, ayant détrôné le dernier prince de la dynastie des Arsacides, s'empara du trône de Perse. Les Sassanides gouvernèrent la Perse jusqu'au VIIe siècle que ce royaume, envahi par les musulmans, ne fut plus qu'une province du vaste empire des Khalifes.

L'alphabet des monnaies sassanides, presque semblable à celui des Hébreux au commencement du IIIe siècle, devient, au commencement du VIIe, identique à celui employé dans les alphabets pehlvis.

Le système monétaire des Sassanides était, pour l'or, l'emprunt de l'aureus romain ; pour l'argent, l'adoption de la drachme attique.

Artaxerxes I (222 à 240).

Types : Tête du roi, à droite, la barbe longue, les cheveux entièrement cachés par un bonnet à oreillères, par-dessus lequel est une tiare richement brodée, de laquelle pendent des fanons ; pyrée ou autel de feu d'où s'élancent des flammes, dessous deux cassolettes à parfum.

Légendes : *Mazdiesn bëh Artahchetr* ou *Artchetr*, ou *Artachetr, malcan malca Airan* (l'adorateur d'Ormuzd, l'excellent Artaxerxe, roi des rois de la Perse) ; *Artahchetr iezdani* (le divin Artaxerxe) ; *minoutchetri men iezdan* (germe céleste des dieux).

Métal : Argent et bronze.

Sapor I (240 à 271).

Types : Buste du roi, la tête coiffée d'un bonnet à longues oreillères, par-dessus lequel est une couronne à pointe surmontée d'un globe céleste ; barbe frisée ; les cheveux s'échappent de dessous la couronne. Pyrée, de chaque côté duquel on voit le roi lui-même et le grand pontife debout, tenant une haste, et la main posée sur la garde de leurs épées.

Légende : *Mazdiesn bëh Chahpouhr malcan malca Airan minoutchetri men iezdan* (l'adorateur d'Ormuzd, l'excellent Sapor, roi des rois de l'Iran, germe céleste des dieux) *Chahpouhri iezdani* (le divin Sapor).

Métal : Or, argent et bronze.

Hormisdas I (271 à 273).

Les monnaies de ce roi ne sont pas encore déterminées ; la pièce qui lui a été attribuée par M. de Sacy, et que Visconti a comprise dans son iconographie, est d'Artaxerxe I.

Varahran I (273 à 279).

Types : Buste du roi Varahran, analogue à ceux de ses prédécesseurs. Pyrée et le roi debout, ainsi que le grand pontife.

Légende : Mazdiesn bèh Varahran malcan malca Airan ve Amiran minoutchetri men iezdan (l'adorateur d'Ormuzd, l'excellent Varahran, roi des rois de l'Iran et du Touran, germe céleste des dieux). *Varahran* (le divin Varahran).

Métal : Argent.

Varahran II (279 à 296).

Types : Buste du roi ; buste du roi et d'une reine accolés, quelquefois on voit, devant, un autre buste imberbe, coiffé d'une tiare recourbée, se terminant en tête d'aigle ou d'épervier. Pyrée, de chaque côté, le roi debout et le grand prêtre remplacé quelquefois par la reine.

Légende : Mêmes légendes que le précédent.

Métal : Or et argent.

Varahran III (296 à 300).

Types : Buste du roi, la tête ceinte d'une couronne à petits fleurons et surmonté d'un globe étoilé ; pyrée, le roi et le grand prêtre.

Légende : Mazdiesn bèh Varahran malcan minoutchetri men iezdan (l'adorateur d'Ormuzd, l'excellent Varahran, roi, germe céleste des dieux).

Métal : Argent.

Narses (300 à 303).

Types : Buste de roi ; pyrée, le roi et le grand prêtre.
Légende : Mêmes légendes, *Narceht* (Narsès).
Métal : Argent.

Hormisdas II (303 à 310).

Types : Buste du roi, il a une tiare ailée recourbée en forme de tête d'épervier ; pyrée, dessus un buste tourné à gauche au milieu des flammes (1), Hormisdas et le grand prêtre.

Légende : Mêmes légendes, *Aouhrmazdi* (Hormisdas).
Métal : Or et argent.

---

(1) M. de Longpérier croit reconnaître dans ce buste le *Ferouer* ou génie du roi. Si l'on adopte l'opinion de M. F. Lajard, ce buste serait celui d'Ormuzd : il est ainsi figuré au milieu des flammes sur des monnaies de Sapor II, de Sapor III, de Varahran V et de Volagase. Sur une pièce de ce dernier roi, le buste en ques-

Sapor II (310 à 380).

Types : Buste du roi ; pyrée et deux cassolettes ; pyrée, le roi et le grand prêtre.
Légende : Mazdiesn bèh Chaphour ou Chaphouri malcan Airan (l'adorateur d'Ormuzd, l'excellent Sapor, roi de l'Iran), ou *malcan malca Airan ve Aniran* (roi des rois de l'Iran et du Touran).
Métal : Argent et bronze.

Artaxerxes II (380).

Types : Buste du roi ; pyrée, le roi et le grand prêtre.
Légende : Mazdiesn bèh Ram Artahchetr iezdani malcan malca (l'adorateur d'Ormuzd, l'excellent Ram Artaxerxe, divin roi des rois).
Métal : Argent.

Sapor III.

Types : Buste du roi ; pyrée, le roi et le grand prêtre.
Légende : Mazdiesn bèh Chahpouhri malcan (l'adorateur d'Ormuzd, l'excellent Sapor, roi).
Métal : Or et argent.

Varahran IV (389 à 399).

Types : Buste du roi ; pyrée, le roi et le grand prêtre.
Légende : Mazdiesn bèh Varahan malcan malca (l'adorateur d'Ormuzd, l'excellent Varahran, roi des rois).
Métal : Argent.

Izdegerd I (399 à 428).

Types : Buste du roi ; pyrée, le roi et le grand prêtre tenant à la main chacun une fleur de lotus ; et quelquefois une haste.
Légende : Mazdiesn.... Izdkerd malcan (l'adorateur d'Ormuzd..... Izdegerd, roi).
Métal : Argent.

Varahran V (421 à 440).

Types : Buste du roi ; pyrée, le roi et le grand prêtre, au milieu des flammes du pyrée on voit un buste humain.
Légendes : Malcan bèh iezdani Varahran malcan (le roi excellent, le divin Varahran, roi).
Métal : Argent et bronze.

tion est coiffé comme la tête du roi, ce qui n'aurait rien d'insolite chez les Perses, qui regardaient le roi comme l'image de la divinité sur la terre.

Izdegerd II (440 à 457).

Les monnaies de ce roi sont encore indéterminées.

Hormisdas III (457).

Types : Buste du roi, au-dessus une tête de taureau ; pyrée, le roi et le grand prêtre ; au-dessus du pyrée un astre.
Légendes : Aouhrimazd (Hormisdas).
Métal . Argent.

Perose, et **Soufraï** règnent pendant la guerre du roi contre les Huns (457 ou 458 à 488).

Types : Buste du roi ; pyrée, le roi et le grand prêtre.
Légendes : Mazdiesn... Pirouzi (l'adorateur d'Ormuzd, Pérose) : *Souprai* (Soufraï).
Métal : Argent.

Vologese (488 à 492).

Types : Tête du roi ; pyrée, le roi et le grand pontife.
Légende : Volakhesch (Vologèse).
Métal : Argent.

Cavades (492 à 532).

Types : Buste du roi ; pyrée, le roi et le grand pontife, au-dessus de l'autel un astre et un croissant.
Légende : Kavâd (Cavadès).
Métal : Argent.

Jamasp (usurpateur de 498 à 531).

Types : Buste du roi, la marge de la médaille, en dehors du grènetis, représente trois astres dans des croissants ; pyrée entre deux personnages posés de face.
Légendes : Ziamasp ou *Kav Amasp* (Jamasp ou le roi Amasp).
Métal : Argent.

Cosroes I (532 à 579).

Types : Buste du roi ; le roi debout, de face les deux mains appuyées sur son épée ; trois astres et croissants sur la marge.
Légende : Khousrouï (Cosroës).
Métal : Or et argent.

Hormisdas IV (579 à 589).

Types : Buste du roi ; astres et croissants sur la marge ; pyrée et deux figures debout, les mains appuyées sur leurs épées.
Légende : Aouhrmazd (Hormisdas).
Métal : Argent.

Varahran VI (589 à 591).

Types : Buste du roi ; astres et croissants sur la marge ; pyrée comme au roi précédent.
Légende : *Varahran.*
Métal : Argent.

Cosroes II (591 à 628).

Types : Buste du roi ; astres et croissants sur la marge ; tantôt le roi est représenté barbu, tantôt il est imberbe ; pyrée et deux figures.
Légende : *Khousroui malcan malca* (Cosroès, roi des rois).
Métal : Argent.

Artaxerxes III (629).

Types : Buste du roi ; pyrée et deux figures debout ; à 'avers et au revers, astres et croissants sur la marge.
Légende : *Artahchetr* (Artaxerxe).
Métal : Argent.

Sarbaraz (629).

Types : Buste du roi ; pyrées et deux figures debout.
Légende : *Sarparas* (Sarbaraz).
Métal : Argent.

Pouran (630).

Types : Buste d'un roi (bien que Pouran soit fille de Cosroès II) ; pyrée et deux figures debout.
Légende : *Pourdan* (Pouran).
Métal : Argent.

Azermi (631).
Sœur de Pouran.

Types : Mêmes types que ceux de Pouran.
Légende : *Zermi.*
Métal : Or.

Les monnaies de Ferakzad et de Izdegerd III, dernier roi Sassanide, ne sont pas encore déterminées.

BACTRIANA ET INDIA

ROIS DE LA BACTRIANE

Agathodes (247 av. J.-C.).

Types : Panthère; victoire marchant à gauche.
Légende : ΒΑΣΙΛΕΩΣ ΑΓΑΘΟΚΛΕΟΥΣ.
Métal : Bronze à flan carré.

Panthaléon (227 av. J.-C.).

Types semblables : ΒΑΣΙΛΕΩΣ ΠΑΝΤΑΛΕΟΝΤΟΣ; *Pantalevasa* en caract. bactriens.
Métal : Bronze à flan carré.

Euthydemus (de 220 à 196 av. J.-C.).

Types : Tête du roi; Hercule assis; cheval courant.
Légende : ΒΑΣΙΛΕΩΣ ΕΥΘΥΔΗΜΟΥ.
Métal : Argent et bronze.

Héliocles (190 av. J.-C.).

Types : Tête du roi; Jupiter debout.
Légende : ΒΑΣΙΛΕΩΣ ΔΙΚΑΙΟΥ ΗΛΙΟΚΛΕΟΥΣ *Maharajasa heliyakreyasa*, en caract. bactr.
Métal : Argent.

Antimachus (173 av. J.-C.)

Types : Victoire; le roi à cheval.
Légende : ΒΑΣΙΛΕΩΣ ΝΙΚΕΦΟΡΟΥ ΑΝΤΙΜΑΧΟΥ; *Maharajasa Antimakasa*, en caract. bactr.
Métal : Argent.

Eucratides (de 185 à 173 av. J.-C.).

Types : Tête du roi; Apollon debout; les dioscures; bonnets des dioscures.
Légende : ΒΑΣΙΛΕΩΣ ΜΕΓΑΛΟΥ ΕΥΚΡΑΤΙΔΟΥ.
Métal : Or, argent et bronze.

Philoxenes (165 av. J.-C.).

Types : Femme debout; bison.
Légende : ΒΑΣΙΛΕΩΣ ΑΝΙΚΗΤΟΥ ΦΙΛΟΞΕΝΟΥ.
Métal : Bronze.

Apollodete (165 av. J.-C.).

Types : Buste du roi; Pallas combattant; éléphant; Apollon debout; trépied.
Légende : ΒΑΣΙΛΕΩΣ ΣΩΤΗΡΟΣ ΚΑΙ ΦΙΛΟΠΑ-ΤΟΡΟΣ ΑΠΟΛΛΟΔΟΤΟΥ; *Maharajasa Tradatasa Apollodetasa*, en caract. bactr.
Métal : Argent et bronze.

Lysias (de 159 à 150 av. J.-C.).

Types : Buste du roi; éléphant.
Légende : ΒΑΣΙΛΕΩΣ ΑΝΙΚΗΤΟΥ ΛΥΣΙΟΥ; *Maharajasa Apadihatasa Lisikasa*, en caract. bactr.
Métal : Bronze.

Antialcides (150 av. J.-C.).

Types : Buste du roi; Jupiter assis; bonnets des dioscures.
Légende : ΒΑΣΙΛΕΩΣ ΝΙΚΗΦΟΡΟΥ ΑΝΤΙΑΚΙΔΟΥ; *Maharajasa Jagadharasa Antialkidasa*, en caract. bactr.
Métal : Argent et bronze.

Menander (de 161 à 140 av. J.-C.).

Types : Buste casqué du roi; Pallas; victoire; chouette; égide; massue.
Légende : ΒΑΣΙΛΕΩΣ ΣΩΤΗΡΟΣ ΜΕΝΑΝΔΡΟΥ; *Maharajasa Tradatasa Monadrasa* en caract. bactr.
Métal : Argent et bronze.

Hermaeus (126 av. J.-C.).

Types : Buste diadémé du roi: Jupiter; Hercule.
Légende : ΒΑΣΙΛΕΩΣ ΣΩΤΗΡΟΣ ΕΡΜΑΙΟΥ; *Maharajasa Tradatasa Hermayasa* en caract. bactr.
Métal : Bronze. — Il y a des monnaies en argent de ce roi et de Calliope. avec leurs bustes accolés, et Hermaeus à cheval : ΒΑΣΙΛΕΩΣ ΣΩΤΗΡΟΣ ΕΡΜΑΙΟΥ ΚΑΙ ΚΑΛΛΙΟΠΗΣ; *Maharajasa Tradatasa Hermayasa Kalyapaya*, en caract. bactr.

Mayes (126 av. J.-C.).

Types : Neptune assis; figure debout, de face; cheval, trépied; Apollon; éléphant; le roi assis de face.
Légende : ΒΑΣΙΛΕΩΣ ΒΑΣΙΛΕΩΝ ΜΕΓΑΛΟΥ ΜΑΥΟΥ *Rajadirajasa Mahatasa Moasa*, en caract. bactr.
Métal : Bronze.

Kadphises (105 av. J.-C.).

Types : Buste du roi; Hercule.
Légende : ΚΟΡΣΗΛΟ ΚΟΖΟΥΛΟ ΚΑΔΦΙΖΟΥ. *Dhama Phidasa Kujasa Kushanayatugasa*, en caract. bactr.
Métal : Bronze.

Kozola Kadaphes Choranus.

Types : Tête du roi ; Schyte assis.
Légende : ΚΟΣΟΛΑ ΚΑΔΑΦΕΣ ΧΟΡΑΝ ΣΥΖΑΘΟΥ. *Khasanusa Yanasa Kuyula Kaphsasa Sackha d'Hani Phidasa*, en caract. pehlvis.
Métal : Bronze.

Kodes.

Types: Tête barbue du roi ; guerrier debout, de face ; partie antérieure d'un cheval.
Légende : ΚΩΔΟ.
Métal : Argent.

Vonones et Spalatores (105 av. J.-C.).

Types : Mercure debout; Minerve.
Légende : ΒΑΣΙΛΕΩΣ ΒΑΣΙΛΕΩΝ ΜΕΓΑΛΟΥ ΟΝΩ-ΝΟ. *Maharajasa Bhrata Dhramikasa Spalahorosa*, en caract. pehlvis.
Métal : Bronze.

Spalyrius (105 av. J.-C.).

Types : Le roi à cheval ; Hercule.
Légende : ΣΠΑΛΥΡΙΟΣ ΔΙΚΑΙΟΥ ΑΔΕΛΦΟΥ ΤΟΥ ΒΑΣΙΛΕΩΣ; *Spalaora patrasa Dhramiasa Spalagadamasa*, en caract. pehlvis.
Métal : Bronze.

Spalyrises ?

Mêmes types et légendes, sauf CΠΑΛΙΡΙΣΙΟΥ.

Ares (de 110 à 80 av. J.-C.).

Types : Le roi à cheval; Jupiter; Pallas; bison; éléphant; panthère; le roi assis ; Siva; Cérès; femme tourelée debout
Légendes : ΒΑΣΙΛΕΩΣ ΒΑΣΙΛΕΩΝ ΜΕΓΑΛΟΥ ΑΖΟΥ. *Maharajasa Rajarajasa Mahatasa Ayasa*, en caract. pehlvis.
Métal : Argent et bronze.

Azilices (80 av. J.-C.).

Types : Le roi à cheval ; victoire ; figure casquée debout ; bison.

Légende : ΒΑΣΙΛΕΩΣ ΒΑΣΙΛΕΩΝ ΜΕΓΑΛΟΥ ΑΖΙΛΙΣΟΥ ; *Maharajasa Rajarasa Eahatasa Agileshasa*, en caract. pehlvis.
Métal : Argent et bronze.

Soter (80 à 60 av. J.-C.).

Types : Buste du roi ; le roi à cheval ; le roi debout.
Légendes : ΒΑΣΙΛΕΩΣ ΒΑΣΙΛΕΩΝ ΣΩΤΕΡ ΜΕΓΑΣ ; *Maharajasa Rajadirajasa Mahatasa Tradatasa*, en caract. pehlvis.
Métal : Argent et bronze.

Gondophares (26 av. J.-C.).

Types : Buste du roi ; victoire ; Jupiter assis.
Légende : ΒΑΣΙΛΕΩΣ ΣΟΤΗΡΟΣ ΥΝΑΔΦΑΡΟΥ ; *Maharajasa Mahatasa Gadapharasa*, en caract. pehlvis.
Métal : Bronze.

Abdalgasus (26 av. J.-C.).

Types : Le roi à cheval ou debout.
Légende : ΒΑΣΙΛΕΩΣ ΒΑΣΙΛΕΩΝ ΑΒΔΑΛΓΑΣΟΥ ou ΒΑΣΙΛΕΩΝΤΟΥ. *Godophara Bhrada Putrasa Maharajasa Abdagasasa*, en caract. pehlvis.
Métal : Bronze.

Arsaces (44 apr. J.-C.).

Types : Le roi à cheval ; figure militaire debout.
Légende : ΒΑΣΙΛΕΥΟΥΤΟΣ ΒΑΣΙΛΕΩΝ ΔΙΚΑΙΟΥ ΑΡΣΑΚΟΥ. *Maharajasa Rajarasa Mahatasa Ashshakàsa Tradanasa*, en caract. pehlvis.
Métal : Bronze.

Pacorus (107 apr. J.-C.).

Types : Buste du roi, barbu ; victoire.
Légende : ΒΑΣΙΛΕΩΣ ΒΑΣΙΛΕΩΝ ΜΕΓΑΣ ΠΑΚΟΡΗΣ. *Maharajasa Rajadirajasa Mahatasa Pakurasa*, en caract. pehlvis.
Métal : Bronze.

Kadphises.

Types : Buste du roi, tiare ; Siva ; le roi sacrifiant.
Légende : ΒΑΣΙΛΕΩΣ ΒΑΣΙΛΕΩΝ ΣΩΤΗΡ ΜΕΓΑΣ ΟΟΜΗΝ ΚΑΔΦΙΣΕΣ. *Maharajasa Rajadhirajasa Sabatraphatirahama Kadphirasa d'Hamasa*, en caract. pehlvis.
Métal : Or et bronze.

Kanerkes.

Types : Le roi sacrifiant; Siva; le soleil debout; divinité nimbée.
Légende : ΒΑΣΙΛΕΩΣ ΒΑΣΙΛΕΩΝ ΚΑΝΕΡΧΟΥ.
Métal : Or et bronze.

Keronaro.

Types : Le roi sur un éléphant; assis; figure debout; couchée sur un lit.
Légende : ΚΕΡΟΝΑΡΟ ΝΟΝΑ ΡΑΟ ΟΟΗΡ.
Métal : Bronze.

Overki.

Types : Buste du roi; figure nimbée debout; deux figures debout analogues aux dioscures.
Légende : ΡΑΟ ΝΑΝΟ ΡΑΟ ΟΟΕΡΚΙ ΚΟΡΑΝΟ.
Métal : Or.

Baraoro.

Types : Le roi debout, sacrifiant; divinité nimbée debout.
Légende : ΡΟΟ. ΝΟ. ΡΟΟ ΒΟΔΟΡΟ ΚΟΒΟΡΟ.
Métal : Or.

Ordokro.

Types : Le roi debout sacrifiant; femme assise sur un trône; le roi coiffé d'un chapeau plat remplaçant la tiare.
Métal : Or, argent et bronze. Ces pièces ont été frappées dans l'Inde au xii⁰ et au xiii⁰ siècles.

CHARACENES (1)

ROIS DE CHARACENES

Tiraeus.

Contemporain de Seleucus II, roi de Syrie.
Types : Tête barbue et diadémée du roi; Hercule assis sur un rocher.
Légende : ΒΑΣΙΛΕΩ... ΤΙΡΑΙΟΥ. ΣΩΤΗΡΟC... ΕΥΕΡ...
Métal : Argent.

---

(1) La Characène est aujourd'hui le Khouzistan. Nous recommandons à nos lecteurs le livre intitulé : *Recherches sur l'histoire*

Artabazes.
Contemporain des derniers Séleucides.

Types : Tête barbue du roi ; Hercule assis sur un cippe.
Légende : ΒΑCΙΛ. ΑΡΤΑΠΑ... ΣΩΤΗΡΟC.
Métal : Argent.

Attambilus.
Contemporain d'Auguste.

Types : Tête barbue du roi ; Hercule assis sur une base.
Légende : ΒΑΣΙΛΕΩΣ. ΑΤΑΜΒΙΛΟΥ. ΦΙΛΟΞΕΝΟΥ.
Métal : Potin et bronze.

Adinnigaus.
Contemporain de Tibère.

Types : Tête barbue et diadémée du roi ; Hercule assis sur un rocher.
Légende : ΒΑΣΙΛΕΩΣ. ΑΔΙΝΝΙΓΑΟ ΣΩΤΗΡΟC.
Métal : Potin.

Monneses.
Contemporain de Trajan.

Types : Tête barbue et diadémée du roi ; Hercule assis sur un cippe.
Légende : ΒΑΣΙΛΕΩΣ. ΜΟΝΝΗΣ... ΣΩΤΗΡΟC. ΔΙΚΑΙΟΥ. ΕΥΕΡΓΗΤΟΥ.
Métal : Bronze.

Meredates.
Contemporain d'Antonin.

Types : Buste barbu du roi avec tiare ; de la reine Uphoba, tourelée.
Légende : ΒΑΣΙΛ. ΒΑΣΙΛΕΥΣ ΜΕΡΕΔΑ. ΥΙΦΟΒΑ.
Métal : Bronze.

AFRICA — ÆGYPTUS

Aryandis, satrape (règne vers 525 av. J.-C.).

Types : Le satrape sur un navire entre deux hoplites ; vautour tenant un bélier.
Légende : ΑΡΥΑΝ.
Métal : Argent.

---

et la géographie de la Mésène et de la Characène, par M. J. Saint-Martin, ouvrage posthume publié en 1838, sous les auspices du ministre de l'instruction publique.

Alexandre Aegus (règne de 323 à 311 av. J.-C.).

Types : Tête d'Alexandre couverte d'une peau d'éléphant; Jupiter aétophore assis ; proue.
Légende : ΑΛΕΞΑΝΔΡΟΥ.
Métal : Or et argent.

Ptolémée Soter (règne de 323 à 285 av. J.-C.).

Types : Tête de Pallas; victoire; tête du roi ; aigle; tête de la reine Bérénice.
Légende : ΠΤΟΛΕΜΑΙΟΥ ΒΑΣΙΛΕΩΣ.
Métal : Or, argent et bronze.

Bérénice.

Types : Tête voilée de la Vertu ; corne d'abondance.
Légende : ΒΕΡΕΝΙΚΗΣ ΒΑΣΙΛΙΣΗΣ.
Métal : Or.

Ptolémée II (règne de 285 à 247 av. J.-C.).

Types : Tête du roi ; aigle.
Légende : ΠΤΟΛΕΜΑΙΟΥ ΒΑΣΙΛΕΩΣ.
Métal : Or, argent et cuivre.

Arsinoé Ire.

Types : Tête de la reine ; double corne d'abondance.
Légende : ΑΡΣΙΝΟΗΣ ΦΙΛΑΔΕΛΦΟΥ.
Métal : Or.

Arsinoé II.

Mêmes types et légende ; or et argent.

ROIS D'ÉGYPTE

Ptolémée I, Soter (règne de 300 à 285 av. J.-C.).

Types : Tête du roi diadémée; aigle sur un foudre ; Jupiter tenant la foudre et un bouclier dans un quadrige d'éléphants; tête de la reine Bérénice.
Légende : ΠΤΟΛΕΜΑΙΟΥ. ΒΑΣΙΛΕΩΣ. — ΠΤΟΛΕΜΑΙΟΥ. ΣΩΤΗΡΟΣ.
Métal : Or, argent et bronze.

Ptolémée III (règne de 247 à 222 av. J.-C.).

Types : Tête radiée du roi ; double corne d'abondance ; aigle.
Légende : ΠΤΟΛΕΜΑΙΟΥ ΒΑΣΙΛΕΩΣ.
Métal : Or, argent et bronze.

On lui attribue des monnaies d'or frappées avec les bustes de Soter, de Bérénice, de lui-même et d'Arsinoé II, et la légende ΘΕΩΝ ΑΔΕΛΦΩΝ.

Bérénice II.
Femme de Ptolémée III.

Types : Tête de Bérénice : corne d'abondance ; aigle sur un foudre.
Légende : ΒΕΡΕΝΙΚΗΣ. ΒΑΣΙΛΙΣΣΗΣ.
Métal : Or, argent et bronze.

Ptolémée IV Philopator (règne de 221 à 204 av. J.-C.)

Types : Têtes diadémée du roi, de Jupiter ; d'Hercule ; aigle sur un foudre.
Légende : ΠΤΟΛΕΜΑΙΟΥ ΒΑΣΙΛΕΩΣ.
Métal : Or, bronze et argent.

Arsinoé II.
Femme de Ptolémée IV.

Types : Tête d'Arsinoé diadémée, un bâton sur l'épaule ; corne d'abondance.
Légende : ΑΡΣΙΝΟΗΣ. ΦΙΛΟΠΑΤΟΡΟΣ.
Métal : Or.

Ptolémée V, Epiphane (règne de 204 à 181 av. J.-C.)

Types : Tête du roi avec un diadème orné d'épis, la chlamyde sur le dos ; aigle sur un foudre.
Légende : ΠΤΟΛΕΜΑΙΟΥ. ΒΑΣΙΛΕΩΣ.
Métal : Argent.

Ptolémée VI Philometor (règne de 181 à 146 av. J.-C.).

Types : Tête du roi, diadémée, de Jupiter ; aigle sur un foudre.
Légendes : ΒΑΣΙΛΕΩΣ. ΠΤΟΛΕΜΑΙΟΥ. — ΦΙΛΟΜΗΤΟΡΟΣ. ΘΕΟΥ.
Métal : Argent, potin et bronze.

Ptolémée VII Evergetes II, Physcon.
(règne de 146 à 116 av. J.-C.).

Types : Tête du roi, vieillard ; aigle sur un foudre.
Légende : ΕΥΕΡΓΕΤΟΥ ΒΑΣΙΛΕΩΣ. ΠΤΟΛΕΜΑΙΟΥ.
Métal : Argent et bronze.

Cléopatre.
Femme de Ptolémée VII.

Types : Tête de Jupiter Ammon ; deux aigles sur un foudre ; tête de femme couverte d'une dépouille d'éléphant ; aigle sur un foudre.
Légendes : ΒΑΣΙΛΕΩΣ. ΠΤΟΛΕΜΑΙΟΥ. — ΒΑΣΙΛΙΣΗΣ. ΚΛΕΟΠΑΤΡΑΣ.
Métal : Bronze.

Ptolémée VIII Soter II (1) (règne depuis 116 à 81 av. J. C.).

Types : Tête de Jupiter diadémée ; double corne d'abondance ; tête de Jupiter Ammon ; deux aigles sur un foudre.
Légende : ΒΑΣΙΛΕΩΣ. ΠΤΟΛΕΜΑΙΟΣ. ΣΩΘΕ.
Métal : Or et bronze.

Ptolémée IX Alexandre I (règne de 116 à 88 av. J.-C.).

Types : Tête de Jupiter Ammon ; de femme coiffée d'une tête d'éléphant ; un ou deux aigles sur un foudre.
Légende : ΒΑΣΙΛΕΩΣ. ΠΤΟΛΕΜΑΙΟΥ.
Métal : Bronze.

Ptolémée X Alexandre II (règne de 81 à 65 av. J.-C.).

Les monnaies de ce roi en argent ne se distinguent de celles de ses homonymes que par la fabrique et les dates. Au sujet des monnaies des rois d'Egypte, il faut consulter l'ouvrage publié par M. Feuardent à propos de la collection G. di Demetrio.

Ptolémée XI Auletes (règne de 59 à 50 av. J.-C.).

Types : Tête du roi couronné de laurier ; aigle sur un foudre.
Légende : ΠΤΟΛΕΜΑΙΟΥ. ΒΑΣΙΛΕΩΣ.
Métal : Bronze.

---

(1) Il existe beaucoup de monnaies de bronze portant la tête de Jupiter Ammon, et au revers ΠΤΟΛΕΜΑΙΟΥ. ΒΑΣΙΛΕΩΣ, avec deux aigles sur un foudre, que l'on donne à Ptolémée VIII et à Ptolémée IX, son frère, qui régnèrent de concert avec leur mère Cléopâtre.

Ptolémée XII Dionysos (règne de 50 à 47 av. J.-C.).
Types : Tête du roi couronnée de lierre ; aigle éployée.
Légendes : ΒΑΣΙΛΕΩΣ. ΠΤΟΛΕΜΑΙΟΥ.
Métal : Argent.

Ptolémée XIII (règne de 47 à 42 av. J.-C.).
Même observation que pour Ptolémée X.

Cléopatre (règne de 50 à 30 av. J.-C.).
Types : Tête de la reine diadémée, de Marc Antoine nue ; de la reine pharétrée, ornée de perles ; double corne d'abondance ; crocodile ; aigle sur un foudre.
Légendes : ΒΑCΙΛΙCCΑ, ΚΛΕΟΠΑΤΡΑ. ΘΕΑ. ΝΕΩΤΕΡΑ. — ΑΝΤΩΝΙΟC. ΑΥΤΟΚΡΑΤΩΡ. ΤΡΙΤΟΝ. ΤΡΙΩΝ. ΑΝΔΡΩΝ. — ΒΑΣΙΛΙΣΣΗΣ. ΚΛΕΟΠΑΤΡΑΣ.
Métal : Argent et bronze (1).

(1) Nous donnons ici la série des empereurs romains dont on a des monnaies en potin et en bronze, frappées à Alexandrie :

Marc Antoine, B.	Marc Aurèle, P. B. *plomb*.
Auguste, B.	Faustine II, P. B.
Livie, B.	Lucius Verus, P. B.
Caïus césar, B.	Lucille, P. B.
Lucius césar, B.	Commode, P. B.
Tibère, P. B.	Crispine, P. B.
Antonia, P.	Pertinax, B.
Claude, P. B.	Titiane, P.
Messaline, P.	Septime Sevère, P. B.
Agrippine II, P. B.	Julia Domna, AR. P. B.
Néron, P. B.	Caracalla, P. B.
Octavie, P.	Géta, P.
Poppée, P. B.	Macrin, P. B.
Galba, P. B.	Diaduménien, P.
Othon, P. B.	Elagabale, P.
Vitellius, P. B.	Julia Paula, P.
Vespasien, P. B.	Aquilia Severa, P.
Domitille, P. B.	Annia Faustina, P.
Titus, P. B.	Julia Soemias, P.
Domitien, P. B.	Julia Mœsa, P.
Domitia, P. B.	Alexandre Sevère, P. B.
Nerva, P. B.	Orbiana, P.
Trajan, P. B.	Mamée, P. B.
Hadrien, P. B.	Maximin, P.
Sabine, P. B.	Maxime, P.
Antinoüs, B.	Gordien I, P.
Ælius césar, P. B.	Gordien II, P.
Antonin, P. B. *plomb*.	Balbin, P.
Faustine I, P. B.	Pupien, P.

MONNAIES DES NOMES (1) D'ÉGYPTE

Alexandria.....	Rakoti............ Iskenderie.......... Alessandria d'Egitto	BR. Hadrien. ΑΛΕΞ.
Antæspolites...	Tkoou............. Kaou.............. El-Kharab.........	BR. Trajan et Hadrien. ΑΝΤΑΙΟ.
Aphroditopolites	Tpih.............. Athfihh........... Asphoun.......... Asfun.............	BR. Trajan et Hadrien. ΑΦΡΟΔΕΙΤΟΠΟΛΙΤΗC.
Apollonopolites.	Atbo.............. Odfou............ Edfou.............	BR. Hadrien et Antonin. ΑΠΟΛΛωΝΟΠΟΛΙΤΗC.
Arabia.........	Tiarabia...........	BR. Trajan et Hadrien. ΑΡΑΒΙΑ.
Arsinoites......	Piom............. Fayyoum..........	BR. Trajan et Hadrien. ΑΡCΙΝΟΙΤΗC.
Athribites......	Atrib............. Athribi............	BR. Trajan et Hadrien. ΑΘΡΙΒΙΤΗC.
Bubastites......	Phelbes........... Belbeis............ Tall-Bastah........	BR. Hadrien. ΒΟΥΒΑC.

Gordien III, P. A.
Tranquilline, P.
Philippe I, P. B.
Otacilia, P. B.
Philippe II, P.&B.
Trajan Dèce, P. B.
Etruscille, P.
Herennius Etruscus, P.
Hostilien, P.
Trebonien Galle, P.
Volusien, P.
Æmilien, P.
Cornelia Supera, P.
Valérien I, P.
Gallien, P. B.
Salonine, P. B.
Salonin, P.
Macrien II, P.

Quietus, P.
Domitius Domitianus, P.
Claude II le Gothique, P. B.
Quintillus, P.
Aurélien, P.
Severine, P.
Zénobie, P.
Vabalathe Athénodore, P.
Tacite, P.
Probus, P.
Carus, P.
Numérien, P.
Carin, P.
Dioclétien, P.
Maximien Hercule, P.
Constance I Chlore, P.
Maximien Galère, P.
Domitius Domitianus, P.

(1) Les nomes d'Egypte étaient des chefs-lieux de gouvenement: *dividitur Ægyptus*, dit Pline, V, IX, *in præfecturas oppidorum quas nomos vocant*. Les monnaies des *nomes* ont été frappées sous Trajan, Hadrien, Antonin et Marc Aurèle.

.ÆGYPTUS

Busirites........	Pousiri..............	BR. Hadrien et Antonin.
	Aboussir............	BOYCIPIT.
Cabasites.......	Chbehs..............	BR. Hadrien : KABACI.
	Kabas...............	
Canopus........	Kani-Annoub........	BR. Hadrien. KANω.
	Abou-kir...........	
Coptites........	Keft.................	AR. Trajan et Hadrien :
	Quift................	ΚΟΠΤΙΤΗC.
	Qefth................	
Cynopolites.....	Kais.................	BR. Hadrien : KYNO.
	El-Gis...............	
Diospolis magna.	Tape................	BR. Hadrien. ΔΙΟΠΟΛΙ-
	Medineh-Tabou.....	ΜΕ.
Diospolis parva.	Ho..................	BR. Hadrien et Antonin.
	Hou.................	ΔΙΟΠΟΛΕΙΤΗC.
Gynæcopolites..	....	BR. Hadrien. ΓΥΝΑΙΚ.
Heliopolites.....	On..................	BR. Hadrien. ΗΛΙΟΠ.
	Mathariah...........	
Heptanomis	....	BR. Hadrien. ΕΠΤΑΝΩΝ.
Heracleopolites.	Knes................	BR. Hadrien. ΗΡΑΚΛΕω
	Anhas...............	ΠΟΛΙΤΩΝ.
Hermonthites...	Ermont..............	
	Erment..............	BR. Hadrien. ΕΡΜωΝΔ.
	Arment..............	
	Balad-Mousa........	
Hermopolites...	Chmoun.............	BR. Hadrien et Antonin.
	Ochmounein........	ΕΡΜΟΠΟΛΙΤΗC.
Heroopolites....	....	BR. Hadrien. ΗΡΟ.
Hypseliotes.....	Schotp..............	BR. Hadrien. ΥΨΑΙ.
Latopolites.....	Sne.................	
	Esne................	BR. Hadrien. ΛΑΤΟΠΟΛ.
	Asna................	
Leontopolites...	Thamoni.............	BR. Hadrien et Antonin.
	Tel-Essabe..........	ΛΕΟΝ.
Letopolites.....	Derote	BR. Hadrien. ΛΗΤΟΠ.
Libya...........	Niphaiat	BR. Hadrien. ΛΙΒΥΗ.
Lycopolites.....	Siooout.............	
	Asiouth.............	BR. Hadrien. ΛΥΚΟ.
	Osiouth	
Mareotes.......	Mariouth............	BR. Hadrien et Antonin.
		ΜΑΡΕωΤΗC.
Memphites......	Mesi................	BR. Trajan, Hadrien et
	Memi................	Antonin. ΜΕΜΦΙΤΗC.
	Massr-el-Gadimah..	
Mendesius......	Chmoun-an-Erman.	BR. Hadrien, Antonin et
	Ochmoum...........	Marc Aurèle. ΜΕΝΔ.
Menelaites	....	BR. Trajan, Hadrien, An-
		tonin, Marc Aurèle.
		ΜΕΝΕΛΑΙΤΗC.
Metelites.......	Damalidi............	BR. Hadrien. ΜΕΤΗΛΙ.
Naucratis.......	Samocrat	BR. Trajan, Hadrien, Marc
		Aurèle. ΝΑΥΚΡΑΤΙC.

Neout............	....	BR. Hadrien.
Nicopolites.....	....	BR. Antonin. ΝΙΚΟΠΟΛΙ-ΤΗC.
Oasis magna...	Ouahhat..........	BR. Trajan. ΟΑCΙC. ΜΕΓ.
Ombites........	Ambo.............	BR. Hadrien.
Onuphites......	Nuf...............	BR. Hadrien. ΟΝΟΥΦΙ.
Oxyrynchites...	Pemsye............ Behnese............ Bahnasa............	BR. Hadrien et Antonin. ΟΞΥΡΥΓΧΙ.
Panopolites.....	Chmin............. Chmim............. Akhmim............	BR. Hadrien. ΠΑΝΟ.
Pelusium........	Peremoun.......... Alfarama...........	BR. Hadrien. ΠΗΛΟΥ.
Pharbaethites...	Pharbait........... Horbait............	BR. Hadrien. ΦΑΡΒΑΙ.
Phthemphites..	....	BR. Hadrien.
Phtheneotes....	Ptcneto............	BR. Hadrien. ΦΘΕΝΕΟΥ.
Pinamys........	....	BR. Hadrien. ΠΙΝΑ.
Prosopites......	Pchati............. Abchadi...........	BR. Hadrien, Antonin, Marc Aurèle, ΠΡΟCω-ΠΙΤΗC.
Saites..........	Sai................ Ssa................	BR. Hadrien, Antonin. CΑΙΤΗC. ΝΟΜΟCCΑΘΙ-ΤΗC.
Sebennytes.....	Syemnouti......... Semenoud.......... Samaunoud........	BR. Trajan, Hadrien, Antonin. CΕΒΕΝΝΥΤΗC.
Sethroites......	Psariom............	BR. Trajan, Antonin, CΕ-ΘΡωΙΤΗC.
Tanites.........	Syani.............. Tzan............... Ssan...............	BR. Hadrien. ΤΑΝΙ.
Tentyrites......	Nitenthory......... Dendera............	BR. Hadrien, Antonin. ΤΕΝΤΥΡ.
Thinites........	Tunah	BR. Hadrien. ΘΙΝΙ.
Xoites..........	Skoou.............. Sakha..............	BR. Hadrien. ΞΟΙΤ.

LIBYA

Types: Tête d'Hercule ; lion marchant.
Légendes : ΛΙΒΥΩΝ.
Métal: Argent.

MARMARICA

Petra.

Types : Dauphin ; trident.
Légende : ΠΕΤΡΑ.
Métal : Bronze.

CYRENAICA (1)

Types : Tête de Jupiter Ammon ; silphium ; victoire dans un quadrige ; cheval courant ; roue ; tête de femme, d'Apollon ; lyre ; homme diadémé, radié, cornu, tenant une lance et la Victoire, à ses pieds un bélier ; tête de Pallas, de Diane pharétrée, de femme tourelée, de femme laurée.
Légende : ΚΥ. ΚΥΡΑ. ΚΥΡΑΝΑΙΩΝ. ΚΥΡΗΝΑΙΩΝ.
Métal : Argent et bronze.
Proconsulaires de bronze des gouverneurs, au nom de personnages des familles Porcia, Lollia, Papia.
Proconsulaires impériales des familles Porcia et Oppia, frappées sous Auguste.
Impériales d'Auguste, d'Agrippa, Tibère, Drusus, Titus, Trajan, Hadrien, Antonin, Faustine I et Marc Aurèle (1).

Aphrodisias.

Types : Tête à gauche ; bélier.
Légende : ΑΦΡ.
Métal : Bronze.

Arsione.

Types : Tête de femme voilée ; cerf debout, un genou fléchi, et regardant en arrière.
Légendes : ΑΡΣΙ. ΚΥ.
Métal : Argent et bronze.

Automala.

Types : Tête imberbe avec une corne de bélier ; Hermès.
Légendes : ΑΥΤ.
Métal : Bronze.

---

(1) Consulter l'ouvrage de C. F. Falbe et J. Chr. Lindberg : *Numismatique de l'ancienne Afrique*. Copenhague, 1860.

Balagrae (*Balis*).

Types : Tête d'Apollon laurée ; cheval et astre.
Légende : BA, en monogramme.
Métal : Bronze.

Barce (*Berke*).

Types : Tête de Jupiter Ammon, barbu et cornu, de profil et de face ; tête cornue et imberbe ; silphium ; cavalier ; roue ; cheval, bélier.
Légendes : BAP. BAPK. BAPKAI.
Métal : Argent et bronze.

Cyrene (*Curin*).

Types : Tête de Jupiter Ammon ; tête de femme ; de Bacchus ; de Diane ; cavalier ; silphium ; écureuil ; cerf debout ; roue ; cheval bondissant ; Jupiter assis ; quadrige ; tête de Minerve ; Victoire ; lyre ; arc et carquois.
Légendes : KYPANAIΩN. KYPA.
Métal : Or, argent et bronze.

Darnis (*Dernah*).

Types : Tête de Jupiter Ammon ; palmier et silphium.
Légende : ΔAP.
Métal : Bronze.

Evesperides (*Benyazi*).

Types : Tête de Jupiter Ammon ; du fleuve Lathon ; silphium ; daim.
Légendes : ΕΥΕΣ. ΕΣΠΕΡΙ. ΕΥ.
Métal : Argent et bronze.

Heraclea.

Types : Tête de Jupiter Ammon ; bélier.
Légende : HPAKΛEIA.
Métal : Bronze.

Sozusa.

Types : Gerboise ; crabe.
Légende : ΣΩ.
Métal : Bronze.

ILES VOISINES DE LA CYRÉNAIQUE

Læa.

Types : Tête de Vénus ; de Bacchus ? silphium.
Légendes : ΛΗΤΩΝ. ΛΗΤ.
Métal : Bronze.

ROIS DE CYRÉNAIQUE (1)

Magas.
(cont. de Ptolémée I, Ptolémée II, mort en 256 av. J.-C.).
Types: Têtes de Ptolémée Soter et de Bérénice.
Légende: ΒΑΣΙΛΕΩΣ. ΜΑΓΑ.
Métal: Bronze.

SYRTICA

Leptis Magna.
Types: Tête de Bacchus ; de femme tourelée ; massue ; massue et thyrse ; ciste ; dépouille de lion ; panthère.
Légende: En caract. puniques.
Métal: Bronze.
Impériales d'Auguste et de Tibère.

Oea (*Tripoli*).
Types: Tête de femme tourelée, d'Apollon ; trépied ; arc et carquois ; lyre ; casque.
Légende: En caract. puniques.
Métal: Bronze.
Impériales d'Auguste, Tibère et Livie. On classe des pièces d'Oea en alliance avec Zuchis, Macarea et Bilan.

Sabrata.
Types: Tête d'Hercule, de Sérapis, de Minerve ; temple.
Légende: Caractères puniques.
Métal: Bronze.
Impériales d'Auguste.

Gergis.
Impériales d'Auguste.

BYZACÈNE

Achulla (*Elalia*).
Impériales de bronze de Jules César, d'Auguste et de sa famille : ACHVL-ACCHVLLA.

---

(1) Il y a une série de monnaies de Ptolémée Soter et de ses successeurs, frappées en Cyrénaïque, en or, argent et bronze.

Alipota (*Sallectah*).

Types : d'Astarté ; caducée.
Légende : ALPTA, en caract. puniques.
Métal : Bronze.

Hadrumetum (*Herkla*).

Types : Tête d'Astarté ; de Neptune et trident.
Légende : HADR.
Métal : Bronze.
Impériales de Jules César et d'Auguste.

Leptis Minor (*Lempta*).

Impériales d'Auguste : ΛΕΠΤΙΣ.

Thæna (*Tainch*).

Types : Têtes de Sérapis ; d'Astarté.
Légende : Caract. puniques.
Métal : Bronze.
Impériales d'Auguste.

Thapsum (*Demass*).

Impériales de bronze de Tibère : THAPSVM.

Thysdrus (*Ledjem*).

Types : Tête d'Astarté ; lyre.
Légende : Caract. puniques.
Métal : Bronze.
Impériales d'Auguste.

ZEUGITANA

Carthago.

On classe maintenant à cette ville des monnaies en or, en argent et en bronze qui, auparavant étaient attribuées à la Sicile et surtout à Panorme ; elles portent la tête de Cérès, une tête de cheval, un cheval, un palmier avec des légendes puniques. Les plus anciennes ont été, en effet, frappées en Sicile ; les plus récentes à Carthage.

Coloniales d'Auguste et de Tibère : KAR. VENERIS.

Clupea.

Impériales de Tibère et de Drusus : C. I. P.

Hippo Libera (*Bizerta*).

Types : Tête de femme voilée ; femme de face tenant un caducée et des épis.
Légende : LIBERA HIPPONE.
Métal : Bronze.
Impériales de Tibère.

Utica (*Buchiatter*).

Types : Têtes des Cabires ; deux chevaux.
Légende : Caractères puniques.
Métal : Bronze.
Impériales de Tibère : MUN. IVL. VTICEN.

NUMIDIA

Bulla Regia (*Bull*).
Types : Aigle éployée ; croissant.
Légende : BBAL, en caract. pun.
Métal : Bronze.

Cirta (*Constantine*).
Types : Tête de femme tourelée ; cheval ; deux épis.
Légende : En caract. pun.
Métal : Bronze.
Coloniales romaines, au nom de P. SITTIVS.

Gazauphala.
Types : Tête tourelée ; cheval.
Légende : GA, en caract. puniques.
Métal : Bronze.

Hippo Regius (*Bône*).
Types : Têtes de Baal et d'Astarté ; panthère.
Légende : En caract. pun.
Métal : Bronze.

Macomada.
Types : Tête du cabire Chusor-Phtah ; sanglier ; croissant.
Légende : MKMA, en caract. pun.
Métal : Bronze.

Salviana.
Types : Tête de la déesse Turo-Chusartis ; cheval.
Légende : ASLBN, en caract. pun.
Métal : Bronze.

Sarai (*Zeryah*).

Types : Tête d'Astarté; corne d'abondance.
Légende : SRA'A, en caract. pun.
Métal : Bronze.

Suthul (*Guelma*).

Types : Têtes de Sérapis, de Mercure; couronne.
Légende : ST, en caract. pun.
Métal : Bronze.

Tabraca (*Tabarca*).

Types : Tête d'Astarté; tête virile, les cheveux en longues boucles.
Légende : TBRCAN, en caract. pun.
Métal : Bronze.

ROIS DE NUMIDIE

On classe aux rois Masinissa (202-148), Micipsa (148-118), Adherbal et Hiompsal I (118-112), des monnaies d'or, d'argent, de bronze et de plomb, d'après la fabrique et le poids. Masinissa *ar.* et *br.*, au type de cheval et de palmier, jadis données à Panorme; Micipsa, *or, ar, br.* et *pl.*, aux types du cheval passant et de l'éléphant; la tête du droit, imberbe sur les premières est barbue sur les secondes. Sur les monnaies d'Adherbal et Hiompsal I la tête barbue et diadémée, *br.*; on donne à Jugurtha (118-100) des drachmes aux types de l'éléphant; à Hiempsal II (106-60) des deniers d'argent et de bronze à la tête de Cérès.

Juba Ier (60 av. à 46 av. J.-C.).

Types : Tête du roi; de la Numidie; d'Ammon; temple; cheval; lion; éléphant.
Légende : REX IVBA; légende en caract. puniques.
Métal : Argent et bronze.

Masinissa.
Contemporain de Juba.

Types : Tête imberbe; de déesse; grappe de raisin.
Légende : **MSTNZN**, en caract. puniques.
Métal : Bronze.

MAURITANIA

Babba (*Beni-Teude ?*).
Coloniales de Claude, Néron et Galba : C.C.l.B.

Jol, Caesarea (*Cherchell*).
Types : Tête imberbe avec dépouilles de lion, de l'Afrique, tourelée, de Jules César ; dauphin ; cavalier ; capricorne ; navire.
Légende : ΚΑΙΣΑΡΕΑ. CAESAREA.
Métal : Argent et bronze.

Lix (*El Araïche*).
Type : Tête de Chusor Phtah ; grappe de raisin ; deux poissons ; deux épis ; autel.
Légende : LCS, en caract. puniques ; LIX.
Métal : Bronze.

Sala (*Salleh*).
Types : Tête barbue ; grappe de raisin et épis.
Légende : SALT, en caract. puniques.
Métal : Bronze.

Semes (*Azamur*).
Types : Tête barbue ; tête de face ; astre entre une grappe de raisin et un épi.
Légende : MKM SMS, en caract. puniques.
Métal : Bronze.

Tamusia (*Mahadia*).
Types : Tête à longue chevelure ; deux épis.
Légende : TMDAT, en caract. puniques.
Métal : Bronze.

Timici (*Aïn Temouchent ?*).
Types : Tête imberbe ; raisin entre deux rameaux.
Légende : TMCI, en caract. pun.
Métal : Bronze.

Tingis (*Tanger*).
Types : Tête barbue de Baal ; de Cérès ; deux épis.
Légendes : TNGA, en caract. puniques ; IVL TIN.
Métal : Bronze.
Monnaies punico-latines d'Auguste et d'Agrippa.

Zilci (*Azila*).
Types : Tête de Mercure ; deux épis.
Légende : AZLIT, en caract. pun.
Métal : Bronze.

ROIS DE MAURITANIE

Bocchus Ier (106-81).

Types : Tête du roi diadémée; cheval courant.
Légende : En caract. pun.
Métal : Argent.

Bocchus II (80 à 50).

Types : Tête barbue du roi à gauche; cavalier.
Légende : En caract. puniques.
Métal : Bronze.

Bocud II (50 à 38).

Types : Tête de l'Afrique; virile et barbue; animal fantastique; lion terrassant un cerf; proue.
Légende : REX BOCVT.
Métal : Argent et bronze.

Bocud III (38 à 33).

Types : Tête barbue; Bacchus debout.
Légende : En caract. puniques.
Métal : Bronze.

Juba II (24 av. 23 ap. J.-C.).

Types : Tête du roi; de l'Afrique; éléphant; lion; corne d'abondance; dauphin; massue; croissant et étoile; astre; temple; aigle; victoire; chaise curule; taureau cornupète; crocodile; capricorne.
Légendes : REX IVBA; IOBA.
Métal : Argent et bronze.

Cléopatre.

Types : Tête de la reine; crocodile; tête de Juba.
Légende : ΒΑΣΙΛΙΣΣΗΣ ΚΛΕΟΠΑΤΡΑΣ.
Métal : Argent et bronze.

Ptolémée (23 à 40).

Types : Tête de Juba; de Ptolémée; palmier; tête de cheval; cheval marchant; éléphant; lion; corne d'abondance; panthère; caducée entre deux épis; capricorne; chaise curule; tête de l'Afrique; croissant et étoile.
Légende : REGIS IVBAE F; REX PTOLEMAEVS.
Métal : Argent et bronze.

MONNAIES DE LA RÉPUBLIQUE ROMAINE

Aburia (famille plébéienne) (1).

M. Aburius Germinus, Marci filius. An de Rome 625. *Argent.*
C. Aburius Geminus. *Argent et bronze.*

Accoleia (famille inconnue dans l'histoire).

P. Accoleius Lariscolus. *Argent* (entre 711 et 737 de R).

Acilia (famille plébéienne).

Manius Acilius Balbus. *Argent* (vers 620).
M. Acilius, M. filius. *Argent et bronze* (vers 625).
M. Acilius Glabrio. *Argent et bronze* (vers 700).

Aelia (famille plébéienne).

Allius. *Argent* (vers 530).
C. Allius. *Argent* (vers 537).
C. Allius Bala. *Argent et bronze* (vers 664).
Q. Aelius Lamia, L. filius. *Bronze* (vers 739).
P. (Aelius) Paetus. *Argent* (vers 545).

Aemilia (famille plébéienne).

L. Aemilius Papus ou Paullus. *Bronze* (vers 520).
Man. Aemilius Lepidus. *Argent* (vers 642).
L. Aemilius Buca, quatuorv. monet. *Argent* (vers 710).
M. (Aemilius) Lepidus. *Argent et bronze* (vers 694 et de 711 à 718).
Paullus (Aemilius) Lepidus. *Argent* (vers 700).
M. (Aemilius) Scaurus. *Argent* (vers 696).

---

(1) Nous nous contenterons d'indiquer les principaux personnages dont les noms se lisent sur les pièces de cette curieuse série. Ces renseignements combinés avec la liste des surnoms, que nous avons donnée à la page 56 de ce Manuel, aideront les collectionneurs à déterminer les monnaies qu'ils étudieront. Nous mettrons entre parenthèses les noms de famille supprimés dans les légendes, qui ne contiennent que le prénom et le surnom.

Consulter l'ouvrage publié par M. Babelon : *Description historique et chronologique des monnaies de la République romaine.*

Afrania (famille plébéienne).

Spurius Afranius. *Argent et bronze* (vers 554).
M. Afranius. *Argent*.

Alliena (famille plébéienne).

A. Allienus, proconsul. *Argent* (en 707).

Annia (famille plébéienne).

C. Annius, Titi filius. Titi nepos. *Argent* (672-673).
Annius, triumvir monet, sous Auguste. *Bronze* (vers 739).

Antestia (famille plébéienne).

C. Antestius Labeo. *Argent et bronze* (vers 580).
L. Antestius Graculus. *Argent et bronze* (vers 630).
C. Antistius Reginus. *Argent* (vers 736).
C. Antistius Vetus. *Argent* (vers 738).

Antia (famille plébéienne).

C. Antius Restio, Caii filius. *Argent* (vers 705).

Antonia (famille patricienne).

Q. Antonius Balbus, prætor. *Argent* (en 672).
M. Antonius, triumvir. *Or, argent et bronze* (710-723 (1).
C. Antonius. *Argent* (711).

Appuleia (famille plébéienne).

L. Ap. Saturnus, sur des deniers, des as et des triens (entre 650 et 660).

Apronia (famille plébéienne).

Apronius. *Bronze* (en 742).

Aquillia (famille plébéienne et patricienne).

Manius Aquillius. *Argent* (vers 660).
Manius Aquillius, Manii filius, Manii nepos. *Argent* (vers 700).
L. Aquillius Florus. *Or et argent* (vers 734).

---

(1) Le 1er consulat de Marc Antoine est de 710, le 2e de 720, le 3e de 723. Il fut salué *imperator* : 1° en 710 ; 2° en 716 ; 3° en 718 ; 4° en 723.

Arria (famille plébéienne).
M. Arrius Secundus. *Or* et *argent* (vers 714).

Asinia (famille plébéienne).
C. Asinius Gallus. *Bronze* (vers 739).

Atia (famille plébéienne).
M. Atius Balbus, prætor. *Bronze* (vers 695).
Q. Atius Labienus Parthicus, imperator. *Argent* (vers 714).

Atilia (famille patricienne et plébéienne).
M. Atilius Saranus. *Argent* et *bronze* (vers 760).
M. Atilius. Saranus. *Argent* (vers 580).
L. Atilius Nomentanus. *Argent* (vers 618).

Aufidia (famille plébéienne).
M. Aufidius Rusticus. *Argent* et *bronze* (vers 618).

Aurelia (famille plébéienne).
Aurelius. *Argent* et *bronze* (vers 510).
Aurelius. *Argent* et *bronze* (vers 520).
M. Aurelius Cotta. *Argent* et *bronze* (vers 600).
M. Aurelius Scaurus. *Argent* (en 662).
L. Aurelius Cotta. *Argent* (vers 664).
Aurelius Rufus? *Argent* (vers 615).

Autronia.
Autronius. *Argent* et *bronze* (vers 734).

Axia (famille plébéienne).
L. Axsius Naso, Lucii filius. *Argent* et *bronze* (vers 685).

Baebia (famille plébéienne).
M. Baebius Tampilus, Quinti filius. *Argent* (vers 610).
(Cn. Baebius) Tampilus. *Argent* et *bronze* (vers 537).
Q. Baebius. *Bronze*.

Barbatia.
M. Barbatus Philippus. *Or* et *argent* (en 713).

Betiliena.
P. Betilienus Bassus. *Bronze* (vers 745).

Caecillia (famille plébéienne).
(Caecilius) Metellus. *Argent* et *bronze* (vers 537).
A. Caecilius. *Bronze* (vers 565).

C. (Caecilius) Metellus Caprarius. *Argent* et *bronze* (vers 620).
Q. (Caecilius) Metellus. *Argent* et *bronze* (vers 625).
M. (Caecilius) Metellus, Quinti filius. *Id.* (vers 631).
Q. (Caecilius) Metellus. *Argent* (vers 646).
Q. (Caecilius) Metellus Pius. *Argent* et *bronze* (vers 655 et 675).
L. (Caecilius) Metellus. *Argent* (vers 665).
Q. (Caecilius) Metellus Pius Scipio. *Argent* (706-708).

Caesia (famille plébéienne).

L. Caesius. *Argent* (vers 650).

Calidia (famille plébéienne).

M. Calidius. *Argent* (vers 646).

Calpurnia (famille plébéienne).

Cn. Calpurnius Piso. *Argent* (vers 575).
P. Calpurnius Lanarius. *Argent* et *bronze* (vers 648).
L. (Calpurnius) Piso Caesoninus. *Id.* (vers 654).
L. (Calpurnius) Piso Frugi. *Id.* (vers 665).
C. (Calpurnius) Piso Frugi. *Argent* (vers 693).
Cn. (Calpurnius) Piso. *Argent* (vers 705).
L. (Calpurnius) Bibulus. *Bronze* (vers 715).
Cn. (Calpurnius) Piso. *Bronze* (vers 739).

Canidia (famille plébéienne).

P. (Canidius) Crassus. *Bronze* (vers 697).

Caninia (famille plébéienne).

L. Caninius Gallus. *Bronze* (734).

Carisia (famille plébéienne).

T. Carisius. *Argent* (vers 706).
P. Carisius. *Argent* et *bronze* (729).

Cassia (famille patricienne et plébéienne).

C. Cassius Longinus. *Argent* et *bronze* (vers 645).
L. Cassius Caecianus. *Argent* (vers 664).
C. Cassius Longinus Varus. *Bronze* (vers 671).
L. Cassius, Quinti filius. *Argent* (vers 675).
Q. Cassius Longinus. *Argent* (vers 694).
L. Cassius Longinus. *Argent* (vers 700).
C. Cassius Longinus. Or, argent (712).
C. Cassius Celer. *Bronze* (vers 739).

Cestia (famille plébéienne).

L. Cestius prætor. — *Or* (vers 710).

Cipia (famille plébéienne).

M. Cipius Marci filius. *Argent et bronze* (vers 660).

Claudia (famille patricienne).

C. (Claudius) Pulcher. *Argent* (vers 548).
Ap. Claudius Pulcher. *Argent* (vers 655).
Ti. Claudius Nero. *Argent* (vers 670).
C. (Claudius) Marcellus. *Argent* (vers 705).
C. Clodius Pulcher. *Argent* (vers 711).
P. Clodius Turrinus. *Argent* (en 711).
Clodius Pulcher. *Bronze* (vers 745-750).

Cloulia (famille patricienne).

T. Cloulius. *Argent* (vers 635).
T. Cloulius. *Argent* (vers 653).

Clovia (famille plébéienne).

C. Clovius Saxula. *Bronze* (vers 565).
C. Clovius, præfectus. *Bronze* (708-709).

Cocceia.

M. (Cocceius) Nerva proquæstor. *Or* et *argent* (en 713).

Coelia (famille plébéienne).

L. Coilius. *Argent* (vers 573).
C. Coilius Caldus. *Argent* (vers 668).
C. Coelius Caldus. *Argent* (vers 700).

Considia (famille plébéienne).

C. Considius Nonianus. *Argent* (vers 694).
C. Considius Paetus. *Argent* (vers 705).

Coponia (famille plébéienne).

C. Coponius, prætor. *Argent* (en 705).

Cordia (famille plébéienne).

Man. Cordius Rufus. *Argent* (vers 705).

Cornelia (famille patricienne et plébéienne).

L. (Cornelius) Balbus, proprætor. *Or* et *argent* (713).
Cn. (Cornelius) Blasio. *Argent* et *bronze* (vers 655).
P. (Cornelius) Blasio. *Bronze* (vers 565).

(Cornelius) Cethegus *Argent* (vers 650).
L. (Cornelius) Cina. *Bronze* (vers 565).
L. (Cornelius) Lentulus Crus. consul en 705). *Argent* (vers 680).
L. (Cornelius) Lentulus, flamen Martialis. *Argent* (vers 737).
P. (Cornelius) Lentulus Marcellinus. *Argent* (vers 709).
P. (Cornelius) Spinther, Publii filius, Lucii nepos. *Or et argent* (711).
Cossus (Cornelius) Lentulus, Cneii filius. *Argent* (vers 736).
Cn. (Cornelius) Lentulus Marcellinus. *Argent et bronze* (vers 665).
(Cornelius) Lentulus Lupus, en Crète.
L. (Cornelius) Scipio Asiagenus. *Argent* (vers 664).
Cn. (Cornelius) Sisenna Lucii filius. *Argent* (vers 619).
P. (Cornelius) Sula. *Argent et bronze* (vers 554).
L. (Cornelius) Sulla imperator, dictator, consul. *Or, argent et bronze* (666 à 673).
Cn. (Cornelius) Lentulus. *Argent et bronze* (vers 670).
Faustus (Cornelius) Sulla. *Argent* (vers 690).
(Cornelius) Sisenna. *Bronze* (vers 742).

Cornuficia (famille plébéienne).

Q. Cornuficius, augur, imperator. *Or et argent* (vers 706).

Cosconia (famille plébéienne).

L. Cosconius, Marci filius. *Argent* (662).

Cossutia (famille de l'ordre équestre).

C. Cossutius Maridianus. *Bronze* (710).
L. Cossutius Sabula, Caii filius. *Argent* (vers 700).

Crepereïa (famille de l'ordre équestre).

Q. Crepereïus Rocus, Marci filius. *Argent* (entre 690 et 698).

Crepusia.

P. Crepusius. *Argent* (vers 670).

Critonia (famille plébéienne).

L. Critonius, ædilis plebeius. *Argent* (710).

Cupiennia.

L. Cupiennius. *Argent* (vers 590).

Curiatia (famille plébéienne).
C. Curiatius Trigeminus. *Argent* et *bronze* (vers 616).

Curtia (famille plébéienne).
Q. Curtius. *Argent* (vers 640).

Decia.
(Decius Mus). *Argent* (vers 486). Carnyx sous un bige : restitué par Trajan.

Decimia.
(C. Decimius) Flavus. *Argent* (vers 540).

Didia (famille plébéienne).
T. Deidius ou Didius. *Argent* (vers 700).
T. Deidius. *Argent* (vers 642).

Domitia (famille patricienne et plébéienne).
Cn. Domitius Ahenobarbus. *Argent* et *bronze* (vers 575).
Cn. Domitius Ahenobarbus. *Argent* (vers 640).
Cn. Domitius Ahenobarbus. *Argent* (vers 635).
Cn. Domitius Ahenobarbus, imperator. *Or* et *argent* (712-718).

Durmia.
M. Durmius. *Or* et *argent* (vers 734).

Egnatia (famille plébéienne).
C. Egnatius Maximus, Cneii filius, Cneii nepos. *Argent* vers 685).

Egnatuleïa.
C. Egnatuleïus, Caii filius. *Argent* (653).

Eppia.
Eppius, legatus. *Argent* et *bronze* (706-710).

Fabia (famille patricienne).
L. Fabius, Lucii filius, Hispaniæ quæstor. *Argent* (673).
Q. Fabius Labeo. *Argent* (vers 610).
Q. (Fabius) Maximus Eburnus. *Argent* et *bronze* (vers 630).
C. Fabius Buteo. *Argent* et *bronze* (vers 665).
C. Fabius. *Argent* (vers 646).
Numerius? Fabius Pictor. *Argent* (vers 644).

Fabrinia.
M. Fabrinius. *Bronze* (vers 670).

Fannia (famille plébéienne).

M. Fannius, Caii filius. *Argent* (vers 605).
M. Fannius édile. *Argent* (vers 605).

Farsuleia (famille plébéienne).

L. Farsuleius Mensor. *Argent* (vers 672).

Flaminia (famille plébéienne).

L. Flaminus Chilo. *Argent* (vers 660).
L. Flaminius Chilo, quatuorvir monet. *Argent* (610).

Flavia (famille plébéienne).

C. Flavius Hemicillus, legatus, proprætor. *Argent* (710 à 712).

Fonteia (famille plébéienne).

C. Fonteius. *Argent et bronze* (vers 642).
Man. Fonteius. *Argent* (vers 650).
Man. Fonteius *Argent et bronze* (vers 666).
P. Fonteius Capito. *Argent* (vers 700).
C. Fonteius Capito, proprætor. *Bronze* (715-716).

Fufia (famille plébéienne).

L. (Fufius) Kalenus, *Argent* (vers 672).

Fulvia (famille plébéienne).

Cn. Fulvius. *Argent* (vers 646).

Fundania (famille plébéienne).

C. Fundanius, quæstor. *Argent* (vers 653).

Furia (famille patricienne).

L. Furius. *Bronze* (vers 545).
P. Furius Crassipes, ædilis curulis. **Argent** (vers 671).
L. Furius, Philus. *Bronze* (vers 537).
(Furius) Purpureo. *Argent et bronze* (vers 537).
L. (Furius) Purpureo. *Argent* (vers 540).
Sp. Furius. *Bronze* (vers 565).
M. Furius Philus. *Argent* (vers 650).
L. Furius Brocchus. *Argent* (vers 600).

Gallia (famille plébéienne).

C. Gallius Lupercus. *Bronze* (vers 739).

Gargilia.
Gargilius. *Argent* (vers 673).

Gellia.
Cn. Gellius. *Argent* et *bronze* (vers 605).
L. Gellius Publicola. *Argent* (vers 613).

Herennia (famille plébéienne).
M. Herennius. *Argent* et *bronze* (vers 655).

Hirtia (famille plébéienne).
A. Hirtius, prætor. *Or* et *bronze* (710 et 708).

Horatia (famille patricienne).
(Horatius) Cocles. *Argent* (restitution de Trajan).

Hosidia.
C. Hosidius Geta. *Argent* (vers 700).

Hostilia (famille patricienne).
L. Hostilius Saserna. *Argent* (vers 708).
L. Hostilius Tubulus. *Bronze* (vers 595).

Itia ou Itilia.
L. Itilius. *Argent* (vers 550).

Julia (famille patricienne).
L. Julius Caesar. *Argent* (vers 618).
L. Julius Caesar. *Argent* (vers 648).
L. (Julius) Salinator. *Bronze* (vers 671).
C. Julius Caesar Octavianus. *Or, arg.* et *br.* (711-727).
L. Julius Bursio *Argent* (vers 666).
L. Julius, Lucii filius. *Argent* (vers 664).
Sex. Julius Caesar. *Argent* (vers 620).
C. Julius Caesar. *Or, argent* (696-712).

Junia (famille patricienne et plébéienne).
M. Junius. *Argent* (vers 580).
Didius (Junius) Silanus, Lucii filius. *Argent* et ***bronze*** (vers 665).
Decimus Postumius (Junius) Albinus, Bruti filius. *Argent* (vers 640).
M. (Junius) Silanus. *Argent* et *bronze* (vers 640).
C. Junius, Caii filius. *Argent* et *bronze.* (vers 550).
Quintus Caepio Brutus, proconsul. *Or, argent* (apr. 710).
M. (Junius) Silanus. *Argent* (vers 721).

Juventia (famille plébéienne).

T. (Juventius) Talna. *Argent* et *bronze* (vers 545).
C. (Juventius) Talna. *Argent* (vers 560).

Licinia (famille plébéienne).

P. (Licinius) Crassus, Marci filius. *Argent* (696).
(Licinius) Murena. *Argent* et *bronze* (vers 595).
A. Licinus Nerva Silianus. *Bronze* (742).
L. Licinius Crassus. *Argent* (662).
M. Licinius Stolo. *Argent* et *bronze* (vers 737).
P. (Licinius) Nerva. *Argent* et *bronze* (vers 644).
L. Licinius Macer. *Argent* et *bronze* (vers 672)
P. (Licinius) Crassus Junianus. *Argent* (706-708).

Livineia (famille plébéienne).

L. Livineius Regulus, præfectus Urbis. *Or* et *argent* (711-712).
L. Livineius Regulus. *Bronze* (745-750).

Lollia (famille plébéienne).

M. (Lollius) Palikanus. *Argent* (709).

Lucilia (famille plébéienne).

M. Lucilius Rufus. *Argent* (vers 665).

Lucretia (famille patricienne et plébéienne).

Cn. Lucretius Trio. *Argent* (vers 590).
L. Lucretius Trio. *Argent* (vers 660).

Luria.

P. Lurius Agrippa. *Bronze* (av. 742).

Lutatia (famille plébéienne).

Q. Lutatius Catulus. *Argent* (vers 537).
Q. Lutatius Cerco. *Argent* et *bronze* (vers 630).

Maecillia (famille plébéienne).

T. Maecilius Croto. *Argent* (vers 537).
M. Maecillius Tullus. *Bronze* (742).

Maenia (famille plébéienne).

P. Maenius. *Argent* et *bronze* (vers 537).
P. Maenius Antiaticus. *Argent* et *bronze* (vers 644).

Maiania.

C. Maianius. *Argent* et *bronze* (vers 560).
Maianius Gallus, *Bronze* (742).

Mamilia (famille plébéienne).

L. Mamilius. *Bronze* (vers 737).
C. Mamilius Limetanus. *Argent* (vers 670).

Manlia (famille patricienne).

A. Manlius Sergia. *Argent* (vers 519).
A. Manlius. *Argent* (673).
L. Manlius, proquæstor. *Or* et *argent* (673).
L. (Manlius) Torquatus. *Argent* (650).
L. (Manlius) Torquatus. *Argent* (vers 700).

Marcia (famille plébéienne et patricienne).

C. Marcius Censorinus. *Argent* et *bronze* (vers **670**).
L. (Marcius) Censorinus. *Argent* (vers 670).
C. (Marcius) Censorinus. *Bronze* (vers 742).
Q. Marcius Libo. *Argent* et *bronze* (vers 580).
Q. (Marcius) Philippus. *Argent* (vers 635).
Q. (Marcius). *Argent* (vers 646).
L. (Marcius) Philippus. *Argent* et *bronze* (vers **642**).
M. Marcius, Marci filius. *Argent* et *bronze* (vers **635**).
Marcius Philippus. *Argent* (vers 694).

Maria (famille plébéienne).

Q. Marius. *Bronze* (vers 595).
C. Marius Capito, Caii filius. *Argent* (vers 670).
C. Marius Tromentina. *Or* et *argent* (vers 737).

Matiena.

Matienus. *Argent* et *bronze* (vers 520).
P. Matienus. *Bronze* (vers 619).

Memmia (famille plébéienne).

L. Memmius. *Argent* (vers 600).
L. Memies Galeria. *Argent* et *bronze*.
Le même et Caius son frère. *Argent* (vers 692).
C. Memmius. *Argent* (vers 694).

Mescinia (famille plébéienne).

L. Mescinius Rufus. *Argent* (vers 737).

Mettia.
M. Mettius. *Argent* (vers 709).

Minatia (famille plébéienne).
M. Minatius Sabinus proquæstor. *Argent* (708-709).

Minucia (famille plébéienne).
C. Minucius Augurinus. *Argent* et *bronze* (vers 625).
Q. Minucius Rufus. *Argent* et *bronze* (vers 605).
Q. (Minucius) Thermus, Marci filius. *Argent* (vers 665).
L. Minucius Thermus. *Argent* et *bronze* (vers 648).
T. Minucius Augurinus. *Argent* et *bronze* (vers 640).

Mucia (famille plébéienne).
C. (Mucius) Cordus. *Argent* (vers 672).

Munatia (famille plébéienne).
L. Munatius Plancus. *Or* et *Argent* (720).

Mussidia.
L. Mussidius Longus. *Or* et *argent* (711-712).

Nævia (famille plébéienne).
C. Naevius Balbus. *Argent* (vers 680).
C. Naevius Capella. *Bronze* (745-750).
L. Naevius Surdinus. *Argent* (vers 739).

Nasidia (famille plébéienne).
Q. Nasidius. *Argent* (716).

Neria (famille plébéienne).
Nerius, quæstor urbanus. *Argent* (705).

Nonia (famille plébéienne).
M. Nonius Sufenas. *Argent* (vers 694).
Sex. Nonius Quinctilianus. *Bronze* (vers 742).

Norbana (famille plébéienne).
C. Norbanus. *Argent* (vers 670).
C. Norbanus Flaccus. *Argent* (710-711).

Numitoria (famille plébéienne).
C. Numitorius. *Bronze* (vers 640).

Numonia (famille plébéienne).
C. Numonius Vaala. *Argent* (vers 711).

Ogulnia (famille plébéienne).
Q. Ogulnius. *Argent* et *bronze* (vers 673).

Opimia (famille plébéienne).
Opeimius. *Bronze* (vers 530).
Opeimius. *Bronze* (vers 545).
L. Opeimius. *Argent* et *bronze* (vers 620).
M. Opeimius. *Argent* (vers 620).

Oppia (famille plébéienne).
M. Oppius Capito, proprætor, præfectus classis. **Bronze** (718).
Q. Oppius, prætor. *Bronze* (708-709).

Papia (famille plébéienne).
L. Papius. *Argent* (vers 675).
L. Papius Celsus. *Argent* (vers 709).

Papiria (famille plébéienne).
M. (Papirius) Carbo. *Argent* et *bronze* (vers **615**).
(Papirius) Turdus. *Bronze* (vers 540).

Pedania (famille plébéienne).
(Pedanius) Costa. *Or* et *argent* (710-712).

Petillia (famille plébéienne).
Petilius Capitolinus. *Argent* (711).

Petronia (famille plébéienne).
P. Petronius Turpilianus. *Or* et *argent* (vers 734).

Pinaria (famille patricienne).
(Pinarius) Natta. *Argent* et *bronze* (vers 554).
L. Pinarius Scarpus, imperator. *Argent* (723-727).

Plaetoria (famille plébéienne).
Q. Plaetorius. *Bronze* (vers 619).
M. Plaetorius Cestianus. *Argent* (vers 685).
L. Plaetorius Cestianus, Lucii filius. *Argent* (vers **680**).
L. Plaetorius Cestianus. *Or* et *argent* (710-712).

Plancia (famille plébéienne).
Cn. Plancius, ædilis curulis. *Argent* (700).

Plautia ou Plotia (famille plébéienne).

P. (Plautius) Hipsaeus. *Argent* (vers 696).
L. Plautius Plancus. *Argent* (vers 703).
L. Plautius Hypsaeus. *Argent* et *bronze* (vers 556).
A. Plautius, aedilis curulis. *Argent* (703).
C. Plotius Rufus. *Bronze* (vers 739).

Plutia.

C. Plutius. *Argent* (vers 540).

Poblicia (famille plébéienne).

C. (Poblicius) Malleolus, Caii filius. *Argent* (662).
C. Poblicius, Quinti fillius. *Argent* (vers 675).
M. Poblicius, legatus propraetor. *Argent* (708-709).
C. (Poblicius) Malleolus. *Argent* (vers 665).

Pompeïa (famille plébéienne).

Sex. Pompeius Fostulus. *Argent* et *bronze* (vers 625).
(Cn. Pompeius) Magnus. *Or*.
Cn. (Pompeius) Magnus filii. *Argent* et *bronze*.
Sextus (Pompeius) Magnus. *Argent* et *bronze*.
Q. Pompeïus Rufus. *Argent* (vers 696).

Pomponia (famille plébéienne).

L. Pomponius. *Bronze* (vers 545).
L. Pomponius Molo. *Argent* (vers 660).
Q. Pomponius Musa. *Argent* (vers 690).
Q. Pomponius Rufus. *Argent* (vers 683).
L. Pomponius, Cneii filius. *Argent* (vers 662).

Porcia (famille plébéienne).

C. (Porcius) Cato. *Argent* (vers 605).
M. (Porcius) Cato, propraetor. *Argent* (706-798).
M. (Porcius) Cato. *Argent* (vers 653).
M. Porcius Laeca. *Argent* (vers 625).
P. (Porcius) Laeca. *Argent* (vers 644).
L. Porcius Licinus. *Argent* (vers 662).

Postumia (famille patricienne).

D. Postumius Albinus, Bruti filius consul. *Argent* (710-711).
A. Postumius Albinus, Auli filius, Spurii nepos. *Argent* (vers 680).
A. Postumius Albinus, Spurii fillius. *Argent* (vers 665).
C. Postumius. *Argent* (vers 690).
L. Postumius Albinus. *Argent* (vers 620).

Procilia (famille plébéienne).

L. Procilius. *Argent* (vers 675).

Quinctia (famille patricienne et plébéienne).

T. Quinctius Flamininus. *Or* (567).
T. Quinctius Flamininus. *Argent* et *bronze* (vers 620).
T. Quinctius Trogus. *Argent* (vers 650).
T. Quinctius Crispinus Sulpicianus. *Bronze* (vers 739).

Quinctilia.

Sextus Quinctilius, *Argent* (vers 575).

Renia.

C. Renius. *Argent* et *bronze* (vers 600).

Roscia (famille plébéienne).

L. Roscius *Argent* (vers 646).
L. Roscius Fabatus. *Argent* (vers 690).

Rubellia (famille de l'ordre équestre).

C. Rubellius Blandus. *Bronze* (745-750).

Rubria (famille plébéienne).

L. Rubrius Dossenus. *Argent* et *bronze* (vers 671).

Rustia.

L. Rustius. *Argent* (vers 683).
Q. Rustius, triumvir. *Or* et *argent* (vers 735).

Rutilia (famille plébéienne).

L. Rutilius Flaccus. *Argent* (vers 675).

Salvia (famille plébéienne).

Q. Salvius. *Argent* (712).
M. Salvius Otho. *Bronze* (742).

Sanquinia.

M. Sanquinius. *Or*, *argent* et *bronze* (537).

Satriena.

P. Satrienus *Argent* (680).

Saufeia (famille plébéienne).

L. Saufeius. *Argent* et *bronze* (vers 554).

Scribonia (famille plébéienne).

C. Scribonius Libo. *Argent* (700).
C. Scribonius Curio. *Argent et bronze* (vers 550).

Sempronia (famille patricienne).

L. Sempronius Pitio. *Argent et bronze* (vers 580).
Ti. Sempronius Gracchus. *Argent* (vers 537).
L. (Sempronius) Atratinus. *Bronze* (vers 739).
Ti. Sempronius Gracchus. *Argent* (vers 516).
Tib. Sempronius Gracchus. *Bronze* (ent. 715 et 719).

Sentia (famille plébéienne).

L. Sentius, Caii filius. *Argent* (vers 665).

Sepullia (famille plébéienne).

P. Sepullius Macer. *Argent et bronze* (vers 710).

Sergia (famille patricienne).

M. Sergius Silus. *Argent* (vers 557).

Servilia (famille patricienne et plébéienne).

C. Servilius, Marci filius. *Argent et bronze* (vers 630).
C. Servilius. *Argent et bronze* (vers 631.)
Q. (Servilius) Caepio. *Argent* (vers 654).
P. Servilius Rullus. *Argent* (vers 665).
C. Servilius Caii filius. *Argent* (690).
(P. Servilius) Casca Longus. *Or et argent* (711-712).
M. Servilius, Caii filius. *Argent* (vers 660).
M. Servilius, legatus. *Or et argent* (711-712).
Q. Servilius Caepio Brutus. *Or et argent* (711-712).

Sestia (famille patricienne et plébéienne).

L. Sestius, proquæstor. *Or et argent* (710-712).

Sicinia (famille patricienne et plébéienne).

Q. Sicinius. *Argent* (705).

Silia (famille plébéienne).

Silius. *Bronze* (739).

Spurilia.

Aulus Spurilius. *Argent* (vers 540).

Statia (famille plébéienne).

(L. Statius) Murcus. **Argent** (711).
Statius Trebonius.

Statilia.

T. (Statilius) Taurus. *Bronze* (745-750).

Sulpicia (famille patricienne).

P. (Sulpicius) Galba, ædil. curulis. *Argent* (685).
C. Sulpicius Platorinus. *Or* et *Argent* (vers 736).
L. Servius (Sulpicius) Rufus. *Or* et *argent* (710-711).
C. Sulpicius, Caii filius. *Argent* et *bronze* (vers 660).
Serv. (Sulpicius) Galba. *Argent* (vers 690).

Tarquitia (famille patricienne et plébéienne).

C. Tarquitius, Publii filius, quæstor. *Argent* (vers 672).

Terentia (famille plébéienne).

C. Terentius Lucanus. *Argent* et *bronze* (vers 540).
(M. Terentius) Varro, proquæstor. *Argent* et *bronze* (vers 705.)
C. (Terentius) Varro. *Argent* et *bronze* (vers 537).

Thoria (famille plébéienne).

L. Thorius Balbus. *Argent* (vers 660).

Titia (famille plébéienne).

Q. Titius. *Argent* et *bronze* (vers 664).

Titinia (famille patricienne et plébéienne).

C. Titinius Gadaeus. *Argent* et *bronze* (vers 618).
M. Titinius, bronze (vers 545).

Tituria.

L. Titurius Sabinus, Lucii filius. *Argent* et *bronze* (vers 666).

Trebania (famille plébéienne).

L. Trebanius. *Argent* et *bronze* (vers 625).

Tullia (famille patricienne et plébéienne).

M. Tullius (Decula). *Argent* (vers 619).

Turillia.

L. Turillius. *Bronze* (vers 667).
Decimus Turillius. *Argent* (vers 723).

Valeria (famille patricienne et plébéienne).

Valerius. *Bronze* (vers 527).
C. Valerius Flaccus. *Argent* et *bronze* (vers 545).
C. Valerius Flaccus, imperator. *Argent* (673).
L. Valerius Flaccus. *Argent* (vers 650).
Valérius Messala. *Argent* (vers 701).
L. Valerius Acisculus. *Argent* (708-709).
Volusus Valerius Messala. *Bronze* (742).
L. Valerius Catullus. *Bronze* (vers 745).

Ventidia (famille plébéienne).

P. Ventidius, pontifex. *Argent* (716).

Verginia.

Verginius. *Argent* et *bronze* (vers 679).

Vettia.

T. Vettius Sabinus. *Argent* (vers 685).
P. (Vettius) Sabinus. *Argent* (vers 653).

Veturia (famille patricienne).

Tit. Veturius. *Argent* (vers 625).

Vibia (famille plébéienne).

C. Vibius Pansa, Caii filius, Caii nepos. *Argent* (711).
C. Vibius Varus. *Or* et *argent* (711-714).
C. Vibius Pansa, Caii filius. *Argent* et *bronze* (vers 664).

Vinicia (famille plébéienne).

L. Vinicius. *Argent* (vers 696).
L. Vinicius, Lucii filius. *Argent* (vers 738).

Vipsania (famille plébéienne).

M. (Vipsanius) Agrippa. *Argent* et *bronze* (717-731).

Voconia (famille plébéienne).

Q. Voconius Vitulus, quæstor designatus. *Or* et *argent* (716-718).

Volteïa.

M. Volteius, Marci filius. *Argent* (vers 666).
L. Volteius, Strabo, Lucii filius. *Argent* (vers 694).

EMPIRE ROMAIN

Cnaeius Pompeïus Magnus (1).
(né en 106, mort en 48 avant J.-C.).

Caesar (né en 100 av. J.-C., dictateur perpétuel en 44, tué la même année).

Caius Julius Caesar. — *Caesar* — *C. Caesar* — *C. Caesar, Caii Filius.* — *Imp. dict. tertio* ou *quart.* ou *perpet.* — *Parens patriae.*
Or, argent et bronze de tout module.

Cnaeius Pompeius II (mort en 45 avant J.-C.).
Cnacius Pompeius. — *Cn. Magnus imperator.*
Argent : Les monnaies qui ne portent pas sa tête ne sont pas rares.

Sextus Pompeius (né en 65, tué en 35 avant J.-C.).
Sextus Pompeius Magnus pius imperator. — Or et argent.

Lepidus (*M. Aemilius*) (mort en 13 de J.-C.).
M. Lepidus imperator IIIVIR reipublicæ constituendæ. — Or et argent.

Marcus Antonius (né en 83, mort en 30 avant J.-C.).
M. Antonius, imperator, Marci filius, Marci nepos, triumvir reipublicæ constituendæ. — Or, argent, moyen bronze.

Octavia.
Femme de Marc Antoine.
La monnaie d'or connue la représente avec Marc Antoine.

Marcus Antonius.
Fils de Marc Antoine.
La monnaie d'or connue le représente avec son père.

Cleopatra.
Femme de Marc Antoine.
Voyez les monnaies d'Égypte. — Or, argent et bronze.

---

(1) Nous avons dit que les monnaies classées au grand Pompée, et qui portent sa tête, ont été frappées par son fils, lorsqu'il eut obtenu le gouvernement de Sicile.

Augustus (né en 63 av. J.-C., mort en 14 de J.-C.).

Caius Octavius Caepias; ensuite C. Julius Octavianus Caesar Augustus. Sur les monnaies, il prend les titres suivants: *Divi filius, Divi Julii filius, Caius Caesar, imperator, triumvir reipublicae constituendae, augustus, pater patriae.* — Or, argent et bronze.

Livia.
Femme d'Auguste.

Livia Drusilla. — *Julia augusta, genitrix orbis, mater patriae, Diva Julia Augusti filia.* — Bronze.

Agrippa (1) (né en 63, mort en 12 av. J.-C.).

M. Vipsanius Agrippa. — *Marcus Agrippa, Lucii filius.* — Or, argent et bronze.

Tiberius (né en 42, mort en 37 de J.-C.).

Tiberius Claudius Nero. — *Tiberius Caesar augustus, divi Augusti filius, imperator.* — Or, argent et bronze.

Drusus.
Fils de Tibère, né en 13 av. J.-C., mort en 23 de J.-C.

Nero Claudius Drusus. — *Drusus Caesar, Tiberii Augusti filius, divi Augusti nepos.* — Argent et bronze.

Drusus.
Frère de Tibère, né en 38, mort en 9 de J.-C.

Nero Claudius Drusus. — *Nero Claudius Drusus Germanicus, imperator.* — Or, argent et bronze.

Antonia.
Femme de Drusus.

Antonia Augusta. — Or, argent et bronze.

Germanicus.
Fils de Drusus, né en 15 av. J.-C., mort en 19 de J.-C.

Germanicus Caesar, Tiberii Augusti filius, divi Augusti nepos, pater Caii Caesaris Augusti Germanici. — Argent et bronze.

---

(1) On n'a que des monnaies grecques de Julia, fille d'Auguste, qui fut l'épouse, d'abord d'Agrippa, ensuite de Tibère. — Les monnaies de Caius et de Lucius, fils d'Agrippa, sont des bronzes coloniaux; celles d'Agrippa Caesar, son fils posthume, sont grecques ou coloniales.

Agrippina.
Femme de Germanicus.

Agrippina Marci filia, Germanici Caesaris uxor, Caii Caesaris Augusti mater. — Bronze.

Nero et Drusus.
Fils de Germanicus, morts l'un en 31 et l'autre en 33 de J.-C. *Nero caesar, Drusus caesar.* — Moyen bronze.

Caligula (1) (né l'an 12, mort l'an 41 de J.-C.).

Caius Caesar Tiberii nepos, augustus, Divi Augusti pronepos, Germanicus, imperator, pater patriæ. — Or, argent et bronze.

Claudius I (2) (né en 10, mort en 54 de J.-C.).

Tiberius Claudius Drusus. — *Tiberius Claudius, Caesar Augustus Germanicus, imperator, pater patriæ.* — Or, argent et bronze.

Agrippina.
Femme de Claude I.

Julia Agrippina. — *Agrippina Augusta mater Caesaris Augusti, Germanici filia.* — Or, argent et bronze.

Britannicus (né en 42, mort en 55 de J.-C.).

Tiberius Claudius Britannicus. — *Tiberius Claudius Caesar Augusti filius, Britannicus.* — Bronze.

Nero (3) (né en 37, mort en 68 de J.-C.).

Lucius Domitius Nero ; plus tard il s'appela Tiberius Claudius Nero Drusus. — *Nero Claudius Caesar Drusus, princeps juventutis, divi Claudii filius, imperator augustus, Germanicus, pater patriae.* — Or, argent et bronze.

Claudia.
Fille de Néron et de Poppée.

Claudia augusta, Diva Claudia Neronis filia. — Petit bronze et plomb.

---

(1) On ne connaît pas de monnaies authentiques de Claudia, de Livia Orestilla, de Lollia Paulina, de Milonia Caesonia, femmes de Caligula, pas plus que de Drusilla, fille de cette dernière. Drusilla, Julia et Livilla, sœurs de Caligula, sont mentionnées sur des monnaies grecques.

(2) On ne connaît que des médailles grecques ou coloniales portant le nom de Valéria Messalina, femme de Claude Ier. Celles de Claudia Antonia, fille du même empereur, sont également grecques, en les supposant authentiques.

(3) On n'a d'Octavia, de Poppæa Sabina, et de Statilia Messalina, femmes de Néron, que des monnaies grecques ou coloniales.

Clodius Macer (1).
Empereur usurpateur en 68 de J.-C. en Afrique.

Lucius Clodius Macer. — Argent.

Galba (né en 3 av. J.-C., mort en 69 de J.-C.).

Servius Sulpicius Galba, imperator caesar pater patriae. — Or, argent et bronze.

Otho (né en 32, mort en 69 de J.-C.).

Marcus Salvius Otho. — *Imperator Otho, caesar augustus pater patriae.* — Or et argent.

Vitellius (né en 15, mort en 69 de J.-C.).

Aulus Vitellius, imperator, Germanicus augustus — Or, argent et bronze.

Vitellius.
Père du précédent, mort en 48 de J.-C.

Lucius Vitellius, père de l'empereur, est rappelé sur les monnaies de son fils, il avait été censeur et trois fois consul.

Vespasianus (né en 9, mort en 79 de J.-C.).

Flavius Vespasianus. — *Imperator caesar Vespasianus augustus, censor, pater patriae.* — Or, argent et bronze.

Domitilla.
Femme de Vespasien.

Flavia Domitilla. — *Diva Domitilla augusta.* — Or, argent.

Domitilla.
Fille de Vespasien.

Cette princesse, morte ainsi que sa mère, avant l'avènement de Vespasien à l'empire, est mentionnée sur un grand bronze de cet empereur qui porte MEMORIÆ DOMITILLÆ.

Titus (né en 41, mort en 81 de J.-C.).

Titus Flavius Vespasianus. — *Titus caesar. Augusti filius, Vespasianus, imperator augustus, pater patriae.* — Or, argent et bronze.

---

(1) Cl. Macer, légat en Afrique sous Néron, s'empara du pouvoir à la nouvelle de la mort de Néron, et fut vaincu et tué par un lieutenant de Galba.

Julia.
Fille de Titus.

Julia Augusta Titi augusti filia. — Or, argent et bronze.

Domitianus (né en 51, mort en 96 de J.-C.).

Domitianus augusti, ou *divi Vespasiani filius, caesar, pater patriae, Germanicus.* — Or, argent et bronze.

Domitia.
Femme de Domitien.

Domitia Longina. — *Domitia augusta, Domitiani uxor.* — Or, argent et bronze.

Vespasianus (on le croit cousin de Domitien).

L'existence de ce prince n'est connue que par des monnaies grecques de Smyrne.

Nerva (né en 32, mort en 98 de J.-C.).

Marcus Cocceius Nerva. — *Imperator Nerva caesar augustus Germanicus, pater patriae.* — Or, argent et bronze.

Trajanus (né en 63, mort en 117 de J.-C.).

M. Ulpius Trajanus Crinitus, ensuite Nerva. — *Imperator Nerva Trajanus caesar augustus, Nervae Augusti filius. Germanicus, Dacicus, optimus, pater patriae, Parthicus, pius, felix.* — Or, argent, bronze.

Plotina.
Femme de Trajan.

Pompeia Plotina. — *Plotina augusta, Trajani augusti uxor, mater Augusti.* — Or, argent, bronze.

Trajanus.
Père de Trajan.

Les monnaies d'or et de bronze qui portent le nom de ce personnage, mort avant l'an 100 de J.-C., après avoir été préteur en Syrie et proconsul en Asie, sont au coin de son fils qui, en arrivant à l'empire, le mit au rang des dieux.

Marciana.
Sœur de Trajan.

Marciana augusta, soror imperatoris Trajani. — Or, argent, bronze.

Matidia.
Fille de Marciana.

Matidia, augustae filia. — *Matidia augusta, divae Marcianae filia, diva Matidia socrus.* — Or, argent, bronze.

Hadrianus (né en 76, mort en 138 de J.-C.).

Publius Aelius Hadrianus, ensuite Nerva Trajanus Hadrianus. — *Imperator caesar Trajanus Hadrianus, divi Nervae Trajani optimi filius, augustus, divi Nervae nepos, pater patriae, optimus, Germanicus, Dacicus, Parthicus.* — Or, argent, bronze.

Sabina.
Femme d'Adrien.

Julia Sabina. — *Sabina augusta, imperatoris Hadriani augusti uxor.* — Or, argent, bronze.

Ælius.
Fils adoptif d'Hadrien.

Lucius Aurelius Ceionius Commodus Verus, ensuite L. Ælius Verus. *L. Aelius Caesar.* — Or, argent, bronze.

Antinoüs.
Favori d'Hadrien.

On ne connaît de ce personnage que des monnaies grecques.

Antoninus (né en 86, mort en 161 de J.-C.).

Titus Aurelius Fulvus Boionius Arrius Antoninus, ensuite Titus Aelius Hadrianus Antonius pius. — *Imperator caesar Ælius Antoninus, Titus, Hadrianus, augustus, pius, pater patriae.* — Or, argent, bronze.

Faustina.
Femme d'Antonin.

Annia Galeria Faustina. — *Faustina augusta, Antonini augusti (uxor).* — Or, argent et bronze.

M. Galerius Antoninus.
Fils d'Antonin.

On ne connaît que des bronzes grecs de ce prince.

M. Aurelius (né en 121, mort en 180 de J.-C.).

Marcus Annius Verus Catilius Severus, ensuite M. Annius Verissimus, ensuite M. Ælius Aurelius Verus Antoninus. — *Imperator Marcus Aurelius Antoninus, caesar augustus*, *Armeniacus, Parthicus, Maximus, Medicus, Germanicus, Sarmaticus, pius*. — Or, argent et bronze.

Faustina II.
Femme de Marc Aurèle.

Annia Faustina. — *Faustina augusta, Augusti Pii filia, pia, mater castrorum.* — Or, argent et bronze.

Annius Verus.
Fils de Marc-Aurèle.

Annius Verus caesar. Antonini augusti filius. — Bronze.

Lucius Verus.
(Fils d'Aelius, associé à l'empire en 161, mort en 169).

Lucius Ceionius Aelius Aurelius Commodus Verus. — *L. Aurelius caesar, imperator, augustus, Armeniacus, Parthicus, Maximus, Medicus.* — Or, argent et bronze.

Lucilla.
Femme de Lucius Verus.

Annia Lucilla. — *Lucilla augusta, Antonini augusti filia.* — Or, argent et bronze.

Commodus (né en 161, mort en 192 de J.-C.).

Lucius Marcus Aelius Aurelius Commodus Antoninus. — *L. Aurelius Commodus caesar augustus, Augusti Antonini filius, Germanicus, Sarmaticus, Britannicus, pius, felix.* — Or, argent et bronze.

Crispina.
Femme de Commode.

Bruttia Crispina. — *Crispina augusta, imperatoris Commodi augusti (uxor).* — Or, argent et bronze.

Pertinax (né en 126, mort en 192 de J.-C.).

Publius Helvius Pertinax. — *Imperator caesar Publius Helvius Pertinax augustus, pius, pater.* — Or, argent et bronze.

Titiana.
Femme de Pertinax.

Flavia Titiana. — On ne connaît de cette princesse que des monnaies grecques.

Didius Julianus (né en 133, mort en 193 de J.-C.).

Marcus Didius Severus Julianus. — *Imperator Marcus Didius Julianus Augustus Severus.* — Or, argent et bronze.

Manlia Scantilla.
Femme de Julien I.

Manlia Scantilla augusta. — Or, argent et bronze.

Didia Clara.
Fille de Julien I.

Didia Clara augusta. — Or, argent et bronze.

Pescennius Niger (né en .., mort en 194 de J.-C.).

Caïus Pescennius Niger. — *Imperator caesar Pescennius Niger, justus, augustus.* — Or et argent.

Clodius Albinus (né en..., mort en 197 de J.-C.).

Decimus Clodius Septimius Albinus. — *Decimus Clodius Septimius Albinus caesar augustus.* — Or, argent et bronze.

Septimius Severus (né en 146 mort, en 197 de J.-C.).

Lucius Septimius Severus. — *Imperator Lucius Septimius Severus Pertinax, caesar, augustus, invictus, pater patriæ, Parthicus, maximus, pius, Britannicus, Arabicus, Adiabenicus, optimus princeps, fundator pacis, pacator* ou *rector orbis, restitutor urbis.* — Or, argent et bronze.

Julia Domna.
Femme de Septime Sévère.

Julia Domna, augusta, felix, pia, mater Augustorum, ou *castrorum,* ou *senatus* ou *patriae.* — Or, argent et bronze.

Caracalla (né en 188, mort en 217 de J.-C.).

Bassianus Marcus Aurelius Antoninus. — *Marcus Aurelius Antoninus augustus, pius, imperator, caesar, felix, magnus, Germanicus, Severi augusti pii filius, princeps juventutis, destinatus imperator Parthicus, rector orbis, pacator orbis, pater patriae.* — Or, argent et bronze.

Plautilla.
Femme de Caracalla.

Fulvia Plautilla. — *Plautilla augusta.* — Or, argent et bronze.

Geta (né en 189, mort en 212 de J.-C.).

Lucius Publius Septimius Geta. — *Lucius Publius Septimius Geta caesar, pius, augustus, Britannicus, restitutor urbis, princeps juventutis, Severi pii* ou *invicti augusti filius, pater patriae.* — Or, argent et bronze.

Macrinus (né en 164, mort en 218 de J.-C.).

Marcus Opelius Severus Macrinus, imperator, caesar, pius, augustus. — Or, argent et bronze.

Diadumenianus (né en 208, mort en 218 de J.-C.).

Marcus Opelius Diadumenianus, Antoninus, caesar, augustus, princeps juventutis. — Or, argent et bronze.

Elagabalus (1) (né en 205, mort en 222 de J.-C.).

Varius Avitus Bassianus Marcus Aurelius Antonius Elagabalus. — *Imperator Marcus Aurelius Antoninus, augustus, caesar, pius, felix, summus sacerdos, invictus, sacerdos dei Solis Elagabali.* — Or, argent et bronze.

Julia Paula.
Femme d'Élagabale.

Julia Cornelia Paula. *Julia Paula augusta.* — Or, argent et bronze.

Aquilia Severa.
Femme d'Élagabale.

Julia Aquilia Severa augusta. — Or, argent et bronze.

---

(1) L'analogie de noms qui existe entre Caracalla et Élagabale est de nature à donner des doutes sur l'attribution de leurs monnaies respectives. Voici quelques indications qui pourront aider à fixer l'opinion de nos lecteurs : 1º Élagabale étant mort à dix-huit ans, les pièces qui portent une tête âgée ou ornée d'une barbe épaisse ne peuvent pas lui appartenir ; 2º les surnoms de PART., MAX., BRIT., ou GERM., ne peuvent convenir qu'à Caracalla ; 3º il en est de même des monnaies qui portent *Victoria parthica, Ludi saeculares et Arcus augg.* ; 4º la simple mention de *Cæsar* indique Caracalla, Élagabale ayant toujours été à la fois César et Auguste ; même raisonnement pour la qualité de prince de la jeunesse ; 5º Caracalla, pendant cinq tribunats, n'eut qu'un consulat, tandis qu'Élagabale fut quatre fois consul ; les pièces mentionnant un tribunat en outre du cinquième sont toutes de Caracalla ; 6º les pièces qui portent un astre au revers sont d'Élagabale.

Annia Faustina.
Femme d'Élagabale.

Annia Faustina augusta. — Argent et bronze : la monnaie d'or connue est douteuse ; les moyens bronzes sont faux.

Julia Soaemias.
Mère d'Élagabale.

Julia Soaemias augusta. — Or, argent et bronze.

Julia Maesa.
Aïeule d'Élagabale.

Julia Maesa augusta. — Or, argent et bronze.

Severus Alexander (né en 205, mort en 235 de J.-C.).

Bassianus Alexianus, ensuite *M. Aurelius Alexander Severus, imperator, caesar, augustus, pius, felix.* — Or, argent et bronze.

Orbiana.
Femme d'Alexandre Sévère (1).

Sallustia Barbia Orbiana Augusta. — Or, argent et bronze.

Mamaea.
Mère d'Alexandre Sévère.

Julia Mamaea augusta, Augusti mater. — Sur quelques monnaies on lit : MAMIAS. — Or, argent et bronze.

Uranius Antoninus.
Empereur usurpateur en Orient sous Alexandre Sévère.

Lucius Julius Aurelius Sulpicius Uranius Antoninus. — Or.

Maximinus I (né en 173, mort en 238 de J.-C.).

Caius Julius Verus Maximinus, imperator, augustus, pius, caesar, Germanicus. — Or, argent et bronze.

Paulina.
On la croit femme de Maximin.

Diva Paulina. — Argent et bronze.

---

(1) Alexandre Sévère eut une autre femme qui se serait nommée Sulpicia Memmia, d'après une monnaie éditée par Goltz.

Maximus (mort en 238 de J.-C.).

Caïus Julius Verus Maximus caesar Germanicus.
— Argent et bronze.

Gordianus I (né en 158, mort en 238 de J.-C.).

Marcus Antonius Gordianus, Africanus, caesar, augustus. — Or, argent et bronze.

Gordianus II (né en 192, mort en 238 de J.-C.).

Marcus Antonius Gordianus, Africanus, caesar augustus. — Or, argent et bronze.

Balbinus (né en 178, mort en 238 de J.-C.).

Decimus Cœlius Balbinus imperator caesar augustus. — Argent et bronze.

Pupienus (né en 164, mort en 238 de J.-C.).

Marcus Clodius Pupienus Maximus caesar augustus. — Or, argent et bronze.

Gordianus III (né en 222, mort en 244 de J.-C.).

Marcus Antonius Gordianus, caesar, augustus, imperator, pius, pater patriae, felix. — Or, argent et bronze.

Tranquillina.
Femme de Gordien III.

Furia Sabina Tranquillina, augusta. — Argent et bronze.

Philippus I (né en 204 mort en 249 de J.-C.).

Marcus Julius Philippus, imperator, caesar, augustus, pius, felix, pater patriae. — Or, argent et bronze.

Otacilia.
Femme de Philippe I.

Marcia Otacilia Severa, augusta, mater castrorum. — Or, argent et bronze.

Philippus II (né en 237, mort en 248 de J.-C.).

Marcus Julius Severus Philippus, caesar, nobilissimus, imperator, augustus, pius, felix, princeps juventutis. — Or, argent et bronze.

Marinus.
Père de Philippe Ier.

On ne connaît de Marin que des bronzes grecs frappés à Philippopolis d'Arabie : ils portent ΘΕΩ. ΜΑΡΙΝΩ.

Iotapianus.
Empereur usurpateur en Syrie sous Philippe.

Les monnaies de Iotapien en argent de billon portent IMP. M. F. R. IOTAPIANVS. A : *imperator Marcus? Fulvius? Rufus? augustus.*

Pacatianus.
Empereur usurpateur inconnu dans l'histoire.

Imperator Tiberius Clodius Marinus Pacatianus, pius, felix, augustus. — Argent.

Trajanus Decius (né en 201, mort en 251).

Caïus Messius Quintus Trajanus Decius. — *Imperator caesar Messius Quintus Trajanus Decius, augustus, pius, felix, pater patriae, princeps juventutis.* — Or, argent et bronze.

Etruscilla.
Femme de Dèce.

Herennia Etrucilla augusta. — Or, argent et bronze.

Herennius Etruscus (fils de Dèce, mort en 251).

Quintus, Herennius, Etruscus, Messius, Trajanus, Decius, nobilissimus, augustus caesar, princeps juventutis. — Or, argent et bronze.

Hostillianus.
Fils de Dèce, né en 251.

Caius Valens Hostilianus Messius Quintus, caesar, nobilissimus, augustus, princeps juventutis. — Sur quelques monnaies d'Hostilien, on lit des noms et prénoms imités du grec : OVAL. OSTIL. COVINTVS, pour ΟΥΑΛ ΟCΤΙΛ. ΚΟΥΙΝΤΥC, *Valerius Hostilianus Quintus.* — Or, argent et bronze.

Trebonianus Gallus (né en 207, mort en 254).

Caius Vibius Trebonianus Gallus, imperator, caesar, Augustus, pater patriae, pius, felix, princeps juventutis. — Or, argent et bronze.

Volusianus.
Fils de Trébonien, mort en 254.

Caïus Vibius Afinius Trebonianus Gallus Veldumnianus, Volusianus. *Imperator caesar Vibius Gallus Volusianus, pius, felix, augustus, princeps juventutis.* Les monnaies qui portent les titres de *Pius, Felix* sont toutes coloniales. — Or, argent et bronze.

Aemilianus (né en 208, mort en 254).

Marcus ou Caius Julius Aemilius. *Imperator caesar Marcus Æmilius Æmilianus, pius, felix, augustus, pater patriae.* — Or, argent et bronze.

Cornelia Supera.
Femme d'Émilien.

Caia ou *Cnea Cornelia Supera, augusta.* — Argent et petit bronze.

Valerianus (né en 190, mort en 263).

Imperator Caius Publius Licinus Valerianus, pius, felix, augustus. Germanicus, maximus, restitutor generis humani, restitutor orbis, restitutor Orientis. — Or, argent et bronze.

Mariniana.
Femme de Valérien.

Diva Mariniana. — Or, argent et bronze.

Gallienus (né en 218, mort en 268).

Imperator Publius Licinius Egnatius Gallienus caesar, pius, felix, augustus, Germanicus, invictus, conservator pietatis, restitutor Galliæ, restitutor generis humani, restitutor Orientis, Germanicus, maximus, optimus princeps. — Or, argent et bronze.

Salonina.
Femme de Gallien.

Cornelia Salonina augusta. — Or, argent et bronze.

Saloninus.
Fils de Gallien, mort en 259.

Imperator Publius Licinius Cornelius Saloninus Valerianus Gallienus, caesar, augustus, pius, felix, nobilissimus, princeps juventutis. — Or, argent et bronze.

Postumus.

Empereur usurpateur dans les Gaules, de 258 à 267.

Imperator caesar Marcus Cassianus Latinius Postumus pius, felix, augustus, pater patriae, restitutor Galliarum, restitutor orbis, pacator orbis, Germanicus maximus. — Or, argent et bronze.

Laelianus (1).

Empereur usurpateur en Gaule sous Gallien.

Imperator caesar Ulpius Cornelius Laelianus, pius felix, augustus. — Or, billon et petit bronze.

Victorinus (2).

Empereur usurpateur en Gaule, de 265 à 267.

Imperator caesar Marcus Piavvonius Victorinus, pius, felix, pater patriae, invictus. — Or, billon et bronze.

Marius.

Empereur usurpateur en Gaule, en 267.

Imperator caesar Marcus Aurelius Marius, pius, felix. Augustus, pacator orbis. — Or, billon et bronze.

Tetricus I.

Empereur usurpateur en Gaule, de 267 à 273.

Imperator caesar Caïus Pius Esuvius Tetricus, pius, felix, augustus. Quelques monnaies portent IMPP. TETRICI. AVGG., en souvenir du père et du fils. — Or, billon et bronze.

Tetricus II (règne avec son père, de 267 à 272).

Caïus Pius Esuvius Tetricus, imperator, caesar, augustus, pius, felix, princeps juventutis. — Or, billon et petit bronze.

---

(1) Dans les ouvrages de numismatique, on signale des monnaies d'une authenticité douteuse d'usurpateurs inconnus dans l'histoire et se nommant Lollianus (*imperator caesar pius felix Augustus*) et .Elianus (*imperator Caesar Quintus Valens, pius Augustus*).

(2) Les monnaies attribuées à Victorina, mère de Victorin, sont suspectes ; elles portent : *imperatrix Victorina Augusta*. On n'a pas de monnaies de Victorin le Jeune, qui avait été associé à son père.

Macrianus pater.
Caïus Fulvius Macrianus. Billon.

Macrianus junior (1).
Empereur usurpateur en Orient, de 260 à 262 de J.-C.
Caïus Fulvius Macrianus nobilissimus caesar pius, felix, augustus. — Or et billon.

Quietus.
Frère de Macrien.
Imperator Caïus Fulvius Quietus, pius, felix, augustus. — Or, billon et moyen bronze.

Regalianus.
Empereur usurpateur en Mœsie, de 261 à 263.
Imperator C. P. C. Regalianus augustus. — Billon.

Druantilla (2).
Supposée femme de Régalien.
Sulpicia Druantilla augusta. — Billon.

Aureolus.
Empereur usurpateur en Illyrie, de 267 à 268.
Imperator caesar Marcus Acilius Aureolus, pius, felix, augustus. — Or et petit bronze.

Claudius Gothicus (né en 215, mort en 270 de J.-C.).
Imperator caesar Marcus Aurelius Valerius Claudius, Germanicus, Gothicus, optimus, felix, augustus, pater patriae. — Or, billon et bronze.

Quintillus.
Frère de Claude II.
Imperator caesar Marcus Aurelius Claudius Quintillus, pius, felix, Augustus, pater patriae. — Or, billon et bronze.

---

(1) On ne connaît pas de monnaies authentiques de Macrien père.
(2) L'opinion qui considère Druantilla comme femme de Régalien est fort peu certaine ; les monnaies de cette princesse sont frappées sur des anciennes pièces de Maesa et de Julia.

Aurelianus (né en 207 mort en 275 de J.-C.).

Imperator Lucius Claudius Domitius Aurelianus, invictus, deus et dominus noster, pius, felix, augustus, restitutor exercitus, ou *orbis*, ou *Orientis*, ou *saeculi, pater patriae, pacator orbis*. — Or, billon et bronze.

Severina.
Femme d'Aurélien.

Ulpia Severina. — *Severina, pia, felix, augusta.* — Or et bronze.

Tacitus (règne de 275 à 276 de J.-C.).

Imperator caesar Marcus Claudius Tacitus, invictus, pius, felix, augustus, restitutor orbis, conservator militum. — Or et bronze.

Florianus (règne en 276, tué au bout de trois mois).

Imperator caesar, Marcus Annius Florianus, pius, felix, augustus, princeps juventutis, pacator orbis. — Or et bronze.

Probus (règne de 276 à 282 de J.-C.).

Bonus imperator, caesar Marcus Aurelius Probus, pius, felix, invictus, augustus, restitutor orbis ou *exerciti*. — Or, argent et bronze.

Carus (règne en 282 et en 283).

Imperator deus et dominus, Marcus Aurelius Carus, invictus, Parthicus, Persicus, pius, felix, augustus. — Or et bronze.

Numerianus.
Fils de Carus, règne de 282 à 284 de J.-C.

Imperator caesar Marcus Aurelius Numerianus, nobilissimus, invictus, pius, felix, augustus. — Or et bronze.

Carinus (né en 249, mort en 285).

Imperator caesar Marcus Aurelius Carinus nobilissimus, princeps juventutis, pius, felix, augustus. — Or et bronze.

Magnia Urbica.
Femme de Carin.

Magnia Urbica augusta. — Or et bronze.

Nigrinianus.
Neveu de Carus.

Divus Nigrinianus. — Or et bronze.

Julianus.
Empereur usurpateur en Pannonie et en Vénétie, en 284.

Imperator caesar Marcus Aurelius Julianus, pius, felix, augustus. — Or et bronze.

Diocletianus (né en 245, mort en 313 de J.-C.).
Imperator caesar Caïus Valerius Diocletianus, pius, felix, augustus, dominus noster, beatissimus senior, felicissimus, aeternus. Or, argent et bronze.

Maximianus Hercules (né en 250, mort en 310).
Imperator Marcus Aurelius Valerius Maximianus, nobilissimus, caesar, dominus noster, pius, felix, senior, felicissimus, divus, optimus, fortissimus, socer, conservator urbis, Africae ou *Carthaginis*. — Or, argent et bronze.

Carausius.
Empereur usurpateur en Bretagne, de 287 à 293.

Imperator caesar Marcus Aurelius Valerius Carausius, augustus, pius, felix, Germanicus, maximus, parator orbis, invictus, princeps juventutis. — Or, argent et bronze.

Allectus.
Empereur usurpateur en Bretagne, de 293 à 296.

Imperator caesar Allectus, pius, felix, invictus, augustus. — Or, argent et bronze.

Domitius Domitianus.
Empereur usurpateur en Égypte sous Dioclétien.

Imperator caesar Lucius Domitius Domitianus augustus. — Or et bronze.

Constantius I (né en 250, mort en 306).
Imperator Flavius Valerius Constantius, nobilissimus, caesar, divus, pius, felix, adfinis ou *cognatus* (Maxentii), *augustus, princeps juventutis, conservator urbis*. — Or, argent et bronze.

Helena.
Première femme de Constance.

Flavia Julia Helena augusta. — Or et bronze.

Theodora.
Seconde femme de Constance.

Flavia Maximiana Theodora augusta. — Bronze.

Galerius Maximianus (règne de 292 à 311).

Imperator divus Galerius Valerius Maximianus, caesar, nobilissimus, junior, augustus, pius, felix, princeps juventutis. — Or, argent et bronze.

Valeria.
Femme de Maximien Galien.

Galeria Valeria augusta. — Or et bronze.

Severus (règne de 303 à 307).

Imperator Flavius Valerius Severus, nobilissimus, caesar, pius, felix, augustus, princeps juventutis. — Or, argent et bronze.

Maximinus Daza (règne de 305 à 313).

Imperator Caïus Galerius Valerius Maximinus, nobilissimus caesar, filius augustorum, optimus princeps, princeps juventutis, Jovius, pius, felix, augustus, invictus. — Or, argent et bronze.

Maxentius (règne de 303 à 312).

Imperator Marcus Aurelius Valerius Maxentius, nobilissimus, caesar, invictus, princeps juventutis, pius, felix, augustus, conservator urbis suae, ou *Africae suae,* ou *Karthaginis suae, pater patriae, victor omnium gentium, princeps imperii romani, princeps invictus.* — Or, argent et bronze.

Romulus (1) (né vers 306, mort en 309).

Divus Marcus Aurelius Romulus, nobilissimus caesar. — Or, argent et bronze.

---

(1) Romulus était fils de Maxence ; né en 306, il fut déclaré César par son père l'année suivante et mourut en 309. Les monnaies d'argent du module du quinaire sont d'une authenticité douteuse.

Alexander.
Empereur usurpateur en Afrique, de 308 à 311.

Imperator Alexander, pius, felix, augustus. — Or, argent et bronze.

Licinius I (né en 263, mort en 323).

Imperator ou *dominus noster, Publius Flavius Claudius Galerius Valerius Licinianus Licinius, pius, augustus, felix, princeps providentissimus, fundator pacis, optimus princeps, liberator orbis, Jovius.* — Or, argent et bronze.

Constantia.
Femme de Licinius Ier.

Flavia Constantia soror Constantini. — Bronze.

Licinius II (né en 315, mort en 326).

Dominus noster Flavius Valerius Constantinus Licinianus Licinius, junior, nobilissimus, caesar. — Or et bronze.

Valens (1) (de 314 à ...).

Imperator caesar Aurelius Valerius Valens, pius, felix, augustus. — Bronze.

Martinianus (2) (en 323).

Dominus noster Marcus Martinianus, pius, felix, augustus. Petit bronze.

Constantinus I (né en 274, mort en 337).

Imperator ou *dominus noster, Flavius Galerius Valerius Constantinus, nobilissimus, caesar, filius Augustorum, pius, felix, augustus, maximus, invictus, divus, princeps juventutis, recuperator urbis suae, fundator pacis, ubique victor, victor omnium gentium, pater patriae, conservator urbis* ou *Carthaginis suae, debellator* ou *victor gentium barbarorum, eques romanus, exsuperator omnium gentium, restitutor libertatis, princeps providentissimus.* — Or, argent et bronze.

---

(1) Valens, officier dans les troupes de Licinius, fut créé César par ce prince en 314, lors de la guerre de ce dernier contre Constantin, puis tué par lui après la paix.

(2) Martinien, maître des offices du palais de Licinius, nommé César en même temps que Valens, en 323, fut tué au bout de deux mois, par ordre de Constantin.

Fausta.
Femme de Constantin I.

Flavia Maxima Fausta augusta. — Or, argent et bronze.

Crispus (né vers 300, mort en 326).

Dominus noster Flavius Julius Crispus, nobilissimus, caesar, princeps juventutis, victor omnium gentium, ubique victor. — Or et bronze.

Delmatius.
Neveu de Constantin, de 335 à 337.

Flavius Julius Delmatius, nobilissimis caesar, princeps juventutis. — Or, argent et bronze.

Hannibalianus (1).
Frère de Delmatius de 335 à 337.

Flavius Claudius Hannibalianus rex. — Or, argent et petit bronze.

Constantinus II (né en 316, mort en 340).

Dominus noster. Flavius Claudius Julius Constantinus, nobilissimus, caesar, augustus, pius, felix, princeps juventutis, ubique victor, victor omnium gentium, junior. — Or, argent et bronze.

Constans I (né en 320, mort en 350).

Dominus noster Flavius Julius Constans, junior, nobilissimus, caesar, pius, felix, perpetuus augustus, princeps juventutis, debellator gentium barbararum, victor gentium barbararum, victor omnium gentium, triumfator gentium, barbarorum. — Or, argent et bronze.

Saturninus (2).
Empereur usurpateur sous Constant.

Imperator caesar Saturninus augustus. — Petit bronze.

---

(1) Hannibalien, né à Toulouse, reçut de son oncle Constantin le titre de roi de Pont, de Cappadoce et d'Arménie.

(2) Ce prince, inconnu dans l'histoire, n'est révélé que par ses monnaies et encore on n'est pas sûr de leur authenticité ; ce qui les fait classer au règne de Constant est la légende FEL. TEMP. REPARATIO, que l'on voit paraître pour la première fois sous cet empereur.

Constantius II (né en 317, mort en 362).

Dominus noster Flavius Julius Constantius, nobilissimus, caesar, augustus, pius, felix, perpetuus, augustus, maximus, victor, princeps juventutis, debellator gentium barbararum, victor omnium gentium, triumfator gent. barb., semper augustus. — Or, argent et bronze.

Fausta.
Supposée femme de Constance II.

Fausta, nobilissima femina. Petit bronze.

Nepotianus (1).
Empereur usurpateur en Italie en 350.

Flavius Popilius Nepotianus Constantinus, **pius,** *felix, augustus.* — Moyen bronze.

Vetranio.
Empereur usurpateur en Pannonie, de 350 à 356.

Dominus noster Vetranio, pius, felix, augustus, salvator reipublicae. — Or, argent et bronze.

Magnentius.
Empereur usurpateur en Gaule, de 350 à 353.

Imperator, ou *Dominus noster Flavius Magnus Magnentius, caesar, augustus, pius, felix, liberator Romanorum, liberator reipublicae, liberator romani orbis, restitutor libertatis* (2). — Or, argent et bronze.

Decentius.
Frère de Magnence, de 351 à 353.

Dominus noster Magnus Decentius, nobilissimus, fortissimus, caesar, princeps juventutis, liberator Romanorum. — Or, argent et bronze.

---

(1) Népotien, neveu de Constantin, se revêtit de la pourpre impériale à Rome, après la mort de son cousin Constant, en 350; il fut tué au bout de vingt-huit jours, dans une bataille que lui livra Marcellin, grand maître du palais de Magnence.

(2) Sur des monnaies de Magnence, on lit la légende FL. MAGNENTIVS. TR. P. F. AVG., dans laquelle on n'a pas encore pu déterminer le sens de l'abréviation TR.

Constantius Gallus (né en 325, mort en 354).

Dominus noster Flavius Claudius Julius Constantius, Gallus, nobilissimus caesar, junior. — Or, argent et bronze.

Julianus II (né en 331, mort en 363).

Dominus noster Flavius Claudius Julianus nobilissimus caesar, pius, felix, augustus, perpetuus, ou *semper augustus.* — Or, argent et bronze.

Helena.
Femme de Julien II.

Flavia Helena augusta. — Or et petit bronze.

Jovianus (né en 331, mort en 364).

Dominus noster Flavius Jovianus, caesar, perpetuus augustus, pius, felix. — Or, argent et bronze.

Valentinianus I (né en 321, mort en 375).

Dominus noster Flavius Valentinianus, pius, felix, augustus, restitutor reipublicae, triumfator gentium barbararum. — Or, argent et bronze.

Valens (né en 328, mort en 378).

Dominus noster Flavius Valens, caesar, maximus, pius, felix, augustus, restitutor orbis et reipublicae, semper augustus, triumfator gentium barbararum, victor. — Or, argent et bronze.

Procopius.
Empereur usurpateur en Orient, en 365 et 366.

Dominus noster Procopius, pius, felix, augustus. — Or, argent et bronze.

Gratianus (né en 357, mort en 383).

Dominus noster Gratianus, pius, felix, augustus, perpetuus pius (PPP.), *princeps juventis, restitutor reipublicae, perpetuus augustus.* — Or, argent et bronze.

Valentinianus II (1) (né en 371, mort en 392).

Dominus noster Flavius Valentinianus, junior, perpetuus, augustus, pius, felix, augustus, restitutor reipublicae. — Or, argent et bronze.

---

(1) Il est assez difficile de donner le moyen de déterminer les différentes monnaies qui appartiennent aux empereurs du nom

Theodosius (né en 346, mort en 395).

Dominus noster Theodosius, pius, felix, augustus, triumfator gentium barbararum. — Or, argent et bronze.

Flaccilla.
Femme de Théodose.

Ælia Flaccilla augusta. — Or, argent et bronze.

Magnus Maximus.

Empereur usurpateur en Gaule et en Bretagne, de 383 à 387.

Dominus noster Magnus Maximus, pius, felix, perpetuus, augustus, restitutor reipublicae. — Or, argent et bronze.

Victor.
Fils de Magnus Maximus.

Dominus noster Flavius Victor, pius, felix, augustus. — Or, argent et petit bronze.

Eugenius.

Empereur usurpateur en Gaule, de 392 à 394.

Dominus noster Eugenius, pius felix, augustus. — Or, argent et petit bronze.

Arcadius (né en 377, mort en 408).

Dominus noster Arcadius, pius, felix, augustus, triumfator gentium barbararum. — Or, argent et bronze.

Eudoxia.
Femme d'Arcadius.

Aelia Eudocia augusta. — Or et bronze.

Honorius (né en 384, mort en 423).

Dominus noster Honorius, pius, felix, perpetuus, augustus, triumfator gentium barbararum. — Or, argent et bronze.

Constantius III (en 421).

Dominus noster Constantius, pius, felix, augustus. — Or et argent.

de Valentinien. On reconnaît facilement Valentinien III, quand il porte son prénom PLACidius. On donne à Valentinien Ier les moyens bronzes qui portent un buste casqué et la légende GLORIA ROMANORVM.

Placidia.
Femme de Constance III.

Domina nostra Galla Placidia, pia, felix, augusta. — Or, argent et bronze.

Constantinus III.
Empereur usurpateur en Gaule et en Bretagne, de 407 à 411.

Dominus noster Flavius Claudius Constantinus, pius, felix, augustus. — Or, argent et petit bronze.

Constans II.
Fils de Contantin III.

Dominus noster Constans pius, felix, augustus. — Quin. d'argent.

Maximus.
Empereur usurpateur en Espagne, de 409 à 411.

Dominus noster Maximus, pius, felix, augustus. — Argent.

Jovinus.
Empereur usurpateur en Gaule, de 411 à 413.

Dominus noster Jovinus, pius, felix, augustus. — Or, argent et petit bronze.

Sebastianus.
Frère de Jovin.

Dominus noster Sebastianus, pius, felix, augustus. — Argent.

Priscus Attalus.
Empereur usurpateur en Gaule et en Italie, de 409 à 416.

Imperator Priscus Attalus, pius, felix, augustus. — Or, argent et petit bronze.

Theodosius II (1) (né en 401, mort en 450).

Dominus noster Theodosius, pius, felix, augustus. — Or, argent et bronze.

---

(1) Comme les monnaies de Théodose Ier et de Théodose II portent les mêmes légendes, il est bon de prévenir que, parmi celles que l'on peut classer à ce dernier empereur, se trouvent les pièces qui portent la mention de la quarante-deuxième année de règne, le trente-septième tribunat, et enfin des vœux ainsi marqués : VOT. XX. MVLT. XXX., VOT. XXX., MVLT. XXXX.

Eudoxia (1).
Femme de Théodose.

Aelia, Eudocia ou *Eudoxia, augusta, nobilissima femina.* — Or, argent et petit bronze.

Johannes.
Empereur usurpateur en Occident, de 423 à 425.

Dominus noster Johannes, pius, felix, augustus. — Or, argent et petit bronze.

Valentinianus III (né en 419, mort en 455).

Dominus noster Placidus Valentinianus, divus, felix, augustus. — Or, argent et bronze.

Licinianus Eudoxia.
Femme de Valentinien III.

Licinia Eudoxia, pia, felix, augusta. — Or.

Honoria.
Sœur de Valentinien III.

Domina nostra Justa Grata Honoria, pia, felix, augusta. — Or et argent.

Petronius (né en 395, mort en 455).

Dominus noster Petronius Maximus, pius, felix, augustus. — Or, argent et petit bronze.

Marcianus (né en 391, mort en 457).

Dominus noster Martianus, pius, felix, augustus. — Or et petit bronze.

Pulcheria.
Femme de Marcien.

Aelia Pulcheria, augusta. — Or, argent et petit bronze

Avitus (règne de 455 à 456).

Dominus noster Marcus Maecilius Avitus ou *Avithus, perpetuus, felix, augustus.* — Or, argent et petit bronze.

Leo I (règne de 457 à 474).

Dominus noster Leo, perpetuus felix, augustus. — Or et petit bronze.

---

(1) Il y eut deux impératrices de ce nom, l'une femme d'Arcadius, l'autre femme de Théodose II. On ne sait pas encore comment les discerner.

Verina.
Femme de Léon I.

Aelia Verina, augusta. — Or et bronze.

Majorianus (règne de 450 à 461).

Dominus noster Julius Majorianus, perpetuus, felix, augustus. — Or, argent et bronze.

Severus III (règne de 461 à 465).

Dominus noster Libius Severus, perpetuus, felix, augustus. — Or, argent et petit bronze.

Anthemius (règne de 467 à 472).

Dominus noster procopius Anthemius, perpetuus, felix, augustus. — Or, argent et bronze.

Euphemia.
Femme d'Anthémius.

Domina nostra Aelia Marciana Eufemia, perpetua, Augusta. — Or.

Olybrius (règne en 472).

Dominus noster Anicius Olybrius, perpetuus, felix, augustus. — Or, argent et plomb.

Placidia.
Femme d'Olybrius.

On voit la tête de la princesse représentée de face à côté de celle de son époux, sur les monnaies de plomb d'Olybrius, avec la légende : DD. NN. AVGG.

Glycerius (de 473 à 480).

Dominus noster Glycerius, perpetuus, felix, augustus. — Or et argent.

Leo II (1) (né en 459, mort en 474).

Dominus noster Leo, perpetuus, augustus. — Or.

Zeno (474 à 491).

Dominus noster ou *imperator, Zeno, nobilissimus, caesar, felix, perpetuus, semper augustus.* — D. N. ZENO. ET. LEO. NOV. CÆS. — Or, argent et bronze.

---

(1) On ne connaît pas de monnaies sur lesquelles Léon II soit nommé sans son père Zénon : D. N. LEO. ET ZENO. P. P. AVG. — Léon II était fils de Zénon l'Isaurien et petit-fils de Léon Ier par sa mère : son aïeul le désigna empereur en 473 : l'année suivante, Léon II, seul empereur d'Orient, s'associa son père, qui, au bout de dix mois, resta seul maître de l'empire.

Basiliscus (règne de 476 à 477).

Dominus noster Basiliscus, perpetuus, felix, augustus. — B. N. BASILISC. ET. MARC. P. F. AVG. — Or, argent et petit bronze.

Aelia Zenonis.
Femme de Basiliscus.

Aelia Zenonis augusta. — Or et bronze.

Marcus.
Fils de Basiliscus.

Les monnaies au nom de ce prince lui sont communes, ainsi qu'à son père. Voy. *Basiliscus*.

Leontius.
Usurpateur en Orient, (de 484 à 488).

Dominus noster Leontius, perpetuus, felix. augustus. — Or.

Julius Nepos.
Empereur usurpateur en Occident, de 474 à 475.

Dominus noster Julius Nepos, perpetuus, felix, augustus. — Or, argent et petit bronze.

Romulus Augustus.
Usurpat. en Orient (de 475 à 476).

Dominus noster Romulus augustus, perpetuus, felix, augustus. — Or et petit bronze.

Anastasius (né en 410, mort en 518).

Dominus noster Anastasius, perpetuus, pius, felix, augustus. — Or, argent et bronze.

Justin I (de 518 à 527).

Dominus noster Justinus, perpetuus, pius, augustus. — Or, argent et bronze.

Justinianus I (de 527 à 565).

Dominus noster Justinianus, pius, caesar, augustus, perpetuus. — Or, argent et bronze.

Justinus II (règne de 565 à 568).

Dominus noster, pius, caesar, perpetuus augustus, junior. D. N. IVSTINVS. ET. SOFIA. AVG. — Argent et bronze.

Sophia.
Femme de Justin II.

Les monnaies classées à cette impératrice sont des bronzes qui portent son nom et celui de son époux.

Tiberius II (de 582 à 602).

Dominus, ou *Domnus noster. Tiberius Constantinus, perpetuus, felix, augustus.* — Or, argent et bronze.

Mauricius (1) (de 582 à 602).

Dominus noster Mauricius Tiberius, perpetuus, augustus. — Or, argent et bronze.

Phocas (2) (de 602 à 610).

Dominus noster Focas. perpetuus, felix, augustus. — Or, argent et bronze.

Heraclius I (de 610 à 461).

Dominus noster Heraclius ou *Eraclius, perpetuus, pius, augustus.* — Or, argent et bronze.

Quelques monnaies le représentent avec ses fils Héraclius Constantin et Heracleonas, et ses deux épouses, Flavia Eudocia et Martina. Sur quelques monnaies, Heraclius prend le titre de consul.

Heraclius II (3) (règne de 613 à 617).

Dominus noster Eraclius, ou *Eraklius. Constantinus.* ou *Konstantinus. consul perpetuus.* — Or, argent et bronze.

Constans II (4) (règne de 641 à 668).

Dominus noster Constantinus, perpetuus, felix, augustus. IMPER. CONST. — Or, argent et bronze.

---

(1) Des monnaies de Maurice Tibère représentent Constantina sa femme et Theodosius son fils.

(2) Sur des monnaies de bronze de Phocas, on voit Leontia, sa femme. — Dans les légendes, on lit quelquefois NEP. ou NEPE. M. de Saulcy propose d'y lire l'invocation *ne pereat*.

(3) Des monnaies de cet empereur représentent Gregoria sa femme, Constant son fils, Heracleonas son frère, et le césar David Tibère, élevé à l'empire sous le nom de Tibère, dans l'automne de l'an 641. — M. de Saulcy pense que quelques petits bronzes portant la légende D. N. HERACLIVS appartiennent peut-être à Flavius Heracleonas, nommé aussi Héraclius par quelques historiens.

(4) Constans II s'appelait Flavius Heraclius, et était surnommé Constantinus. — On trouve sur les monnaies de cet empereur les effigies de Constantin Pogonat, d'Héraclius et de Tibère ses fils.

Constantinus IV (1) (règne de 654 à 685).

Dominus noster Constantinus, perpetuus augustus. — CONSTANTIVS. — Or, argent et bronze.

Justinianus II (2) (règne de 682 à 711).

Dominus noster Justinianus, perpetuus, ou *multus, augustus, servus Christi.* — Or, argent et bronze.

Leontius II.
Usurpat. en Orient (de 695 à 705).

Dominus noster Leontius ou *Leoncius, perpetuus, felix, augustus.* — Or et petit bronze.

Tiberius V Absimarus.
Usurpat. en Crète (de 698 à 705).

Dominus noster Tiberius, perpetuus, augustus. — Or, argent? et petit bronze.

Filepicus Bardanes (règne de 711 à 713).

Dominus noster Filepicus, multus, ou *multos, augustus.* — Or et bronze.

Anastasius II (règne de 713 à 719).

Dominus noster Artemius Anastasius, multus, augustus. — Or.

Theodosius III (règne de 715 à 717).

Dominus noster Theodosius, multus, ou *perpetuus, augustus.* — Or et argent.

Leo III Isaurus (règne de 717 à 741).

Dominus noster Leo, ou *Leon, perpetuus augustus. Per annos multos.* Sur quelques monnaies de cet empereur, où paraît son fils Constantin, on lit : LEON. PAP. (pour *pappus*, du grec πάππος, aïeul) CONSTANTI. PATHR (pour *pater*). M. de Saulcy pense que ces pièces sont de Léon IV. — Or, argent et bronze.

Constantinus V (3) Copronymus (règne de 741 à 775).

Dominus noster Flavius Constantinus, perpetuus, augustus. — Or, argent et bronze.

---

(1) Constantin IV, surnommé Pogonat ou Barbatus, paraît sur les monnaies avec son père et ses deux frères.
(2) Flavius Justinien, surnommé Rhinotmetus, paraît avec son père, Tibère son fils, tué en même temps que lui par Philippicus : DN. IVSTINIANVS. ET. TIBERIVS. PP. A.
(3) On le voit avec Léo Chazare.

Artavasdus (1) (règne de 742 à 743).

Dominus noster Artava, ou *Artavasdus*, ou *Artavasdas*. — Or.

Leo IV Chazarus (règne de 775 à 780).

Dominus noster Leo. per annos multos : LEO LEωN. — Or, argent et petit bronze.

Constantinus VI (règne de 780 à 797).

Constantinos basileus. — CONSTANTINOS BAS. – IRINH. AΓOUSTI. — Or, argent et petit bronze.

Irene (2).
Mère de Constantin VI.

EIRINH. BASILISSH ou AΓOYΣTI. — Or et petit bronze.

Nicephorus I (règne de 802 à 811).

Flavius Nicephorus. — NIK. — NICEFOROS. — NICIFOROS. — NICIFORVS. BASILE. — Or et bronze.

Michael I (règne de 811 à 813).

Flavius Michael. — MIXAEL. — MIXAHΛ. BASIΛ. – Or, argent et bronze.

Theophylactus.
Fils de Michel I.

Flavius Theophylactus. — ΘEOFYLACTE. EC. BASILIS. ROMAION. — ΘEOΦY. — Bronze.

Les monnaies de ce prince portent le nom de son père.

Leo V Armenius (3) (règne de 813 à 820).

Flavius Leo. — ΛEO LEωN AECII. — KωNS. ΔEC. – Or, argent et bronze.

---

(1) Artavasde, général de l'armée d'Arménie, essaya d'usurper l'empire sur Constantin Copronyme, son beau-frère, mais ne put pas se maintenir; ses monnaies le représentent avec son fils Nicéphore, qu'il s'était associé, et Constantin Copronyme.

(2) L'impératrice Irène, originaire d'Athènes, épousa Léon IV en 769, et, après la mort de ce dernier, administra l'empire pendant dix ans comme régente; son fils Constantin, lors de sa majorité, écarta sa mère, qui parvint à le détrôner en 797 et régna seule jusqu'en 802, époque à laquelle Nicéphore la relégua dans l'île de Proté, puis à Lesbos, où elle mourut le 9 août 803 ; en 801, elle avait refusé la main de Charlemagne.

(3) Les monnaies le représentent avec son fils Constantin VII, qui fut exilé à Proté, par ordre de Michel II, après l'assassinat de son père.

Constantinus VII.
Fils de Léon V.

Voyez plus haut.

Michael II Balbus (règne de 820 à 829).

Flavius Michael. — MIXAHL BA ou BASILEVS. RM. ou POMAIωN; PISTOS, MEGAS. — Or, argent et bronze. — Quelques monnaies le représentent avec son fils Théophile.

Theophilus (règne de 829 à 842).

Flavius Theophilus. — ΘEOFILOS, BASILE ou DESP. ROMAION, DVLOS XPISTV, PISTOS, AVPVSTE. — Or, argent et bronze.

Michael III Ebriosus (1) (règne de 842 à 867).

Flavius Michaël. — MIXAHL ou MIXHAEL. IMPERAT. Or, argent et bronze.

Basilius I (2) (règne de 866 à 886).

Flavius Basilius. — BASILIOS — BASILEIOS BASILEVS. ROMEON. — Or, argent et bronze.

Leo VI Sapiens (3) (règne de 870 a 911).

Flavius Leo. — LEON. BASILEVS. ROM ou RωMAIωN. — Or, argent et bronze.

Constantinus X Porphyrogenitus (4) (règne de 911 à 959).

Flavius Constantinus. — CONSTANTINO. BASILIS. ROMEON. ΠORFVROS. — Or, argent et bronze.

---

(1) On voit sur les monnaies de Michel III sa mère Théodora, qui administra l'empire pendant sa minorité ΘEODORA, DESPVNA ou DESPOVNA, Thécla sa sœur, ΘECLA. Constantin son fils, CONSTANTIN et Basile, qu'il avait adopté en 866, BASILEIOS ou BASILIVS. REX.

(2) On voit, sur les monnaies de Basile I. Constantin VIII son fils, mort en 879, CONSTANT; Léon son fils, LEON ; Alexandre son troisième fils, ALE. AVG.

(3) On voit, sur les monnaies de Léon VI. Alexandre son frère, ALEXANDROS; Constantin son fils, CONSTANTIN.

(4) On voit, sur les monnaies de Constantin X, sa mère Zoé, ZOH ; Romain I, qu'il s'était associé à l'empire, ROMAN; Christophe, fils de Romain, XPISTOFOR; Etienne Romain le Jeune et Constantin, fils de Constantin X, STEFANOS, CONSTANT., et ROMANO.

Romanus I Lacapenus (1) (règne de 919 à 944).

ROMANOS. DESPOTHS. BASILeus Romeon. — Or et argent.

Romanus II (règne de 959 à 963).

RωMAN. BASILEVS. RωMAIωN. — Bronze.

Theophano.
Femme de Romain II.

ΘΕΟΦΑΝΟ. AYSOY (pour *Augouste*). — Bronze.

Nicephorus II Phocas (2) (règne de 963 à 969).

NICHF, NICEF, NICIFR, NICHFOP. DES. ou BASILEVS. RωMAIω. — AVTOCRAT. EVSEB. — Or, argent et bronze.

Joannes I Zimisces (3) (règne de 969 à 975).

IωANN. AVTOCRAT. EVSEB. BASILEVS. RωMAIωN. — Or, argent et bronze (4).

Basilius II Porphyrogen, ou Bulgarotocnus (5).
(règne de 995 à 1025).

BASILIOS. BASILEVS. RωMAIωN. — Or, argent et bronze.

---

(1) Avec Christophe. XPISTOFO. AVG.
(2) Avec Basile, fils de Romain II. BASIL. AVG.
(3) On remarquera peut-être que, bien que notre *Manuel* soit spécialement consacré à la numismatique antique, nous nous occupons cependant de monnaies émises à une époque qui sort du domaine de l'antiquité. Nous espérons cependant que nos lecteurs comprendront que les faits mêmes nous autorisent à faire cette excursion dans le moyen âge. Nous ne pouvions guère scinder l'histoire monétaire des empereurs romains, pour en mettre une partie dans le *Manuel de Numismatique ancienne* et l'autre partie dans le *Manuel de Numismatique du moyen âge*. Nous aurions peut-être évité cet écueil en faisant un *Manuel* général, mais l'ouvrage aurait été trop considérable, surtout pour les numismatistes, qui, le plus souvent, adoptent une spécialité.
(4) F. de Saulcy attribue à Jean I, à Basile et à Constantin ses fils, un médaillon d'argent portant ΘCE, Θ, TOIS BASIL. S. θεοτόκε βοήθει τοῖς βασιλεῦσι. — Les monnaies de bronze ne portent pas de nom d'empereur, mais on les donne à Jean Zimiscès, parce que Scylitzès et Cedrenus disent positivement que ce fut sous son règne que l'on grava à l'avers la figure du Christ, et au revers IC. XC. NI-KA, dans les rayons d'une croix, ou IHSVS. XRISTVS. BASILEV BASILEA, en plusieurs lignes.
(5) Avec Constantin XI son frère, CωNSTAN. IIORFYROS.

Constantinus XI Porphyrogenitus (règne de 1025 à 1028).
CωNSTANTIN. BASIL. EVSEB. RωM. — Or et bronze.

Romanus III Argyrus (règne de 1028 à 1034).
F. de Saulcy propose de donner à ce prince les monnaies en or représentant à l'avers l'empereur debout, couronné par la Vierge, avec la légende Θ. CE. BOHΘ. RωMANω; au revers, le Christ assis : IHS. XPIS. REX.

Michael IV Paphlago (règne de 1034 à 1041).
Michael basileus rom. — Or.

Michael V Calaphates (règne en 1041).
Les monnaies de ce prince sont encore à déterminer.

Constantin XII Monomachus (règne de 1042 à 1054).
CωNSTANTIN. BASILEVS. Rωm. EVSEBHS. MONOMAXOS. — Or et argent.

Theodora.
Belle-sœur de Constantin XII, lui succède de 1054 à 1056.
ΘΕΟΔωΡΑ. AVG. AYΓO, ou AVΓOVCTA. — Or.

Michael VI Stratiocus (règne de 1056 à 1059).
F. de Saulcy attribue à ce prince une pièce d'or du Cabinet de France portant à l'avers MIXAHL AVTOCRAT; l'empereur debout et barbu tenant une grande croix ; au revers, MP. ΘV. Buste nimbé de la Vierge.

Isaacius I Comnenus (règne de 1057 à 1061).
ICAAKIOC. BACIAEVC. PωM. ou ΔECΠOTHC. — Or.

Constantinus XIII Ducas (règne de 1059 à 1067).
CωNSTANTINOS ou KωN. ΔΟΥΚΑS. BAS ou BACIΛEVC. ROM. ou PωMAIωN. — Or, argent et bronze.

Eudocia.
Veuve de Constantin XIII (1) règne de 1067 à 1071.
EVΔ ou EVΔOKI. BACIA. — Or et bronze.

Romanus IV Diogenes (règne de 1068 à 1071).
RωMANOC, PωMANOC, ΔECΠOTHC, O. ΔΙΟΓΕΝΗC. — Or, argent et bronze.

(1) Cette princesse est représentée avec ses fils Michel, MIX., et Constantin, KωNS ou KωNTAN., Romain son second mari RωMANω., et Andronic, ANΔ.

Num. ancienne.

Michael VII Parapinaces (1) (règne de 1067 à 1078).

ΜΙΧΑΗΛ. ΒΑΣΙΛΕVS. ΔVΚΟC ou Ο. Δουκας. — Or et argent.

Nicephorus III Botaniates (règne de 1078 à 1081).

ΝΙΚΗΦΟS ΔΕCΠΟΤ ou ΝΙΚΗΦ, Ο. ΒΟΤΑΝΙΑΤΗC ou ΒΟΤΑΝΙΑΤΗΙ. — Or, argent et bronze.

Alexius I Comnenus (règne de 1081 à 1118).

ΑΛΕΞΙΟC. ΔΕCΠΟΤΗC. Ο. ΚΟΜΝΗΝΟC. — Or, argent et petit bronze.

Joannes II Comnenus (règne de 1092 à 1143).

Ιω. ΔΕCΠΟΤΗC ΠΟΡΦΥΡΟΓΕΝΗΤ. Ο. ΚΟΜΝΗΝΟC. — Or, argent et bronze.

Manuel I Comnenus (règne de 1143 à 1180).

ΜΑΝVΗΛ ou ΜΑΝΟΥΗΛ. ΔΕCΠΟΤΗC. ΚΟΜΝΗΝΟC. ΔΟΥΚΑC, ΠΟΡΦΥΡΟΓΕΝΝΗΤΟC. — Or, argent, potin et bronze.

Alexius II Comnenus (2) (règne de 1180 à 1183).

ALE, ALEZ ou ΑΛΕΧΙVS Ο. ΚΟΜΝ. — Or et argent.

Andronicus I Comnenus (règne de 1183 à 1185).

ΑΝΔΡΟΝΙΚΟC. ΔΗCΠΟΤΗC. — Or et bronze.

Isaacius II Angelus (règne de 1185 à 1195).

ΙCΑΑΚΙΟC ΔΕCΠΟΤΗC ou ΒΑCΙΛ. — Or, argent et bronze.

Alexius III Angelus (règne de 1195 à 1203).

ΑΛΕΞΙω ΔΕCΠ. — Α. Α. Κ. Φ. en monogramme : Ἀλεξίω Ἀγγέλω Κυρις φυλασσε. — Argent et bronze.

Alexius IV Ducas (règne de 1203 à 1204).

ΑΛΕ ΔΕΣΠ. — Bronze.

---

(1) On le trouve représenté avec Marie, ΜΑΡΙΑ, sa femme, fille d'un roi des Alains.
(2) Des monnaies d'or le représentent avec Andronic, son collègue et son successeur, ΑΝΔΡ.

EMPIRE GREC DE NICÉE

Theodorus I Lascaris (règne de 1205 à 1222).
ΘΕΟΔωΡΟC. ΔΕC. ΔΥΚΑ. Ο. ΛΑCΚΑΡΙ. — Or.

Joannes III Ducas Vatatzes (règne de 1222 à 1255).
Ιω. ΔΕC. Ο. ΔΟΥΚΑS. — Or, argent et bronze.

Theodorus III Vatatzes Ducas Lascaris (règne de 1255 à 1259).
ΘΕΟΔωΡΟC. ΔΟΥΚΑC. ΔΕCΠΟΤΗC. — Argent et bronze.

Joannes IV Lascaris (règne de 1259 à 1261).
Les monnaies de cet empereur ne sont pas encore déterminées.

EMPIRE GREC DE THESSALONIQUE

Theodorus II Angelus (règne de 1223 à 1230).
ΘΕΟΔωΡΟC. ΔΕCΠΟΤΗC. ΚΟΜΝΗΝΟC. Ο. ΔΟΥΡΑC. — Bronze.

Manuel Angelus (de 1230 à 1232).
ΜΑΝΟΥΗΛ. ΔΕCΠΟΤΗC. ΚΟΜΝΗΝ. Ο. ΔΟΥΚΑC. — Or et bronze.

Joannes Angelus Comnenus (de 1232 à 1234).
Ιω. ΔΕC. (Avec le type de Saint Démétrius). — Or et bronze.

IIᵉ EMPIRE GREC DE CONSTANTINOPLE

Michael VIII Palaeologus (de 1259 à 1282).
ΜΙΧΑΗΛ. ΔΕCΠΟΤΗC. Ο. ΠΑΛΕΟ. — Or et petit bronze.

Andronicus II Palaeologus (1) (de 1273 à 1328).
ΑΝΔΡΝΙΚΟC. ΕΝ. Χω. ΔΕCΠΟΤ. ΠΟΛ. ΡΟΜ. — ΠΑΛ. — ΒΑCΙΛ. — Or, argent et bronze.

(1) On le voit sur quelques monnaies avec son fils Michel, **ΜΙΧΑΗ**, et son petit-fils Andronic, **ΑΝΔΡΟΝ**.

Michael IX Palaeologus (de 1295 à 1320).

Il n'est connu que par les monnaies de son père.

Andronicus III Palaeologus (de 1325 à 1328).

ANΔPONIKOC (avec le type S. Démétrius). — Cuivre.

Joannes V Palaeologus (de 1341 à 1391).

IωANEC. ΔECΠOTΗC (avec le type de S. Démétrius). — Cuivre.

Joannes VI Cantacuzenus (de 1347 à 1355).
Matthaeus Cantacuzenus (de 1354 à 1356).

On n'a pas encore déterminé les monnaies de ces empereurs.

Andronicus IV Palaeologus (de 1357 à 1373).

ANΔPωNHKOC..... — Argent et bronze.

Manuel II Palaeologus (de 1373 à 1425).

MANOYΗΛ. BACIΛEYC, O. ΠΑΛΕΟΛΟΓ. — Or, argent et cuivre.

Joannes VII Palaeologus (de 1399 à 1402).

On n'a pas encore déterminé les monnaies de ce prince.

Joannes VIII Palaeologus (de 1419 à 1448).

IωAN. BACIΛEYC, O. ΠΑΛΕΟΛΟΓΟ. — Iω. O. ΠΑ. — Argent et cuivre.

Constantinus XIV Palaeologus (de 1448 à 1453).

On n'a pas retrouvé de monnaies de ce prince, qui ne voulut jamais prendre le titre ni les prérogatives d'empereur de Constantinople : la pièce d'or mentionnée par Mionnet est un sceau. Les numismatistes peuvent classer à ce règne les monnaies frappées au nom de Mahomet II qui, par la prise de Constantinople, mit fin à l'empire des Grecs. Ces curieuses pièces, portent la légende OMH ΛHKIC. ΠΑCΗC. PωMAC. KAI. ANATOΛHC. MAXAMATHC : *Le souverain de toute la Grèce et de l'Anatolie, Mahomet.*

FIN

APPENDICE

DES MONNAIES ET MÉDAILLES ANTIQUES FABRIQUÉES PAR DES FAUSSAIRES MODERNES

Il n'y a guère de numismatiste qui n'ait à signaler quelque supercherie dont il a été victime. Le prix élevé attribué à plusieurs monnaies et médailles, a donné naissance à une spéculation qui a pour but de fournir aux collectionneurs des pièces rares, imitées de l'antique ; il est quelquefois très difficile d'éviter la supercherie, et nous avons vu nous-même des archéologues, fort expérimentés, être en désaccord sur l'authenticité d'une médaille soumise à leur jugement. En cela, comme en beaucoup d'autres choses, on peut dire qu'un long usage est le meilleur moyen de donner aux numismatistes cette espèce d'instinct, qui fait qu'un simple coup d'œil, et quelquefois le tact seul, suffit pour guider son appréciation.

Il y a des monnaies fausses faites avec si peu de soin, que l'œil le moins exercé peut les discerner; mais il en est aussi d'autres qui sont imitées avec tant d'exactitude, que véritablement ces fraudes peuvent quelquefois décourager les amateurs. Toutefois, nous devons faire remarquer qu'en ce qui touche aux monnaies complètement inventées, l'ignorance du faussaire lui fait presque toujours commettre des bévues et des anachronismes, qui éclairent les numismatistes.

Parmi ces monnaies, imitées par les modernes, il en est une classe qui ne manque pas d'un certain mérite: nous voulons parler des bronzes dits *padouans*. Ces pièces faites par deux artistes de Padoue, par Michel Dervieu, de Florence, dit le *Parmesan*, par Carteron, de Hollande, et par Cogonnier, de Lyon, sont remarquables sous le point de vue de l'art. Elles ont été frappées au moyen de coins modernes, gravés avec un grand talent, et paraissent faites, plutôt pour traduire en quelque sorte l'art ancien, que pour tromper es amateurs. Ces monnaies ou médaillons, tous en bronze, et en général de grand module, sont les copies de pièces du haut empire. On les reconnaît aux caractères suivants : 1° les flans sont moins épais que ceux des originaux ; 2° la conservation des types est toujours à fleur de coin; 3° les légendes sont formées de lettres qui, par leur forme, indiquent une époque moderne; 4° la patine ou vernis, qui couvre la plupart des bronzes antiques, n'existe pas sur les Padouans, le plus souvent. Quand par hasard, on a voulu simuler cette patine, on n'est parvenu qu'à recouvrir le métal d'une sorte d'enduit noirâtre et d'un aspect gras, qui s'enlève facilement avec une pointe. La patine antique, au contraire, est brillante et adhère au bronze de manière à ne pouvoir être enlevée sans rayer ce dernier ; 5° les bords du flan ont été arrondis à la lime, et cette opération laisse des traces qu'il est impossible de faire disparaître complètement; 6° enfin, les bronzes padouans ont dans leurs contours une régularité qui ne se trouve presque jamais sur les monnaies et les médailles authentiques.

Des faussaires ce sont contentés d'imiter des pièces antiques, sans copier leurs pastiches, servilement, sur des originaux ; quelquefois, avec le burin, ils ont modifié des monnaies antiques de manière à faire supposer que les produits de leur supercherie étaient des variétés rares ou complètement nouvelles. C'est ainsi que M. de Koehne a publié un grand bronze de Marcellus présentant autour d'une tête jeune la légende ΜΑΡΚΟΣ. ΚΛΑΥΔΙΟΣ. ΜΑΡΚΕΛΛΟΣ. ΟΡ... Au revers, un bélier debout, tourné à droite. Cette médaille avait pour résultat de faire connaître les noms complets de Marcellus, neveu et gendre de l'empereur Auguste, et de déterminer l'attribution d'un buste en marbre blanc existant dans la riche collection de Mme la comtesse de Laval. Malheureusement pour M. de Koehne, M. Duchalais a reconnu que la pièce qui donnait la clef de l'énigme, était un bronze retouché par un faussaire ; c'est la médaille que fit frapper, en l'honneur d'Antinoüs, Hostilius Marcellus, prêtre de ce favori de l'empereur Hadrien. La médaille, qui a servi de modèle, porte autour de la tête d'Antinoüs la légende ΑΝΤΙΝΟΟΣ. ΟΚΤΙΛΙΟΣ. ΜΑΡΚΕΛΛΟΣ. ΟΡΕΥΣ-ΤΟΥ., suivant Patin, Gusseme, Rasche, etc. Encore cette médaille est-elle fausse elle-même, et M. Duchalais l'a parfaitement prouvé en rappelant que les pièces authentiques, à ces types, portent la légende : ΟCΤΙΛΙΟC. ΜΑΡ-ΚΕΛΛΟC. Ο. ΙΕΡΕΥC. ΤΟΥ. ΑΝΤΙΝΟΟΥ.

Nous avons vu, il y a quelques années, un savant numismatiste trompé par une médaille imitée de l'antique, sans cependant que le graveur ait eu l'intention d'en imposer aux archéologues. Parmi des pièces antiques inédites, M. Pinder publia à Berlin, en 1834, une monnaie qu'il donnait à *Neapolis* de Campanie; l'avers représentait une tête de femme couronnée, portant un collier et des boucles d'oreilles; au revers, on voyait un taureau à face humaine, couronné par une Victoire voltigeant au-dessus. Autour de la tête, on lisait le mot : ΧΑΦΟΛΙΝΙ, qui devait être celui d'un magistrat, ainsi que l'on en connaît déjà sur les pièces napolitaines.

Pendant neuf ans, cette attribution ne souleva aucune observation, et ce fut en 1843 seulement que Du Mersan s'aperçut que le numismatiste allemand avait été induit en erreur par suite de l'altération faite à dessein, d'une pièce frappée pour Caroline, reine de Naples et femme de Murat, en 1808. Voici la description de cette pièce :

ΚΑΡΟΛΙΝΑ. ΒΑΣΙΛΙΣΣΑ. Tête de la reine Caroline entre une rose et une branche de myrte. Au-dessus BR., initiales du graveur Brenet. — ℞. Un taureau à face humaine, couronné par une Victoire ailée; type des anciennes monnaies de Naples. Au-dessus, ΑΩΗ. 1808. Sous le taureau, ΔΕΝ. abréviation de *Denon*. Exergue : ΝΕΟΠΟΛΙΤΩΝ.

M. Denon, en effet, avait eu l'idée d'imiter les monnaies antiques pour la nouvelle reine de Naples ; il avait gravé également des médailles avec des légendes grecques, pour les reines Pauline et Hortense, ainsi que pour la princesse Élisa. Dans la question soulevée entre MM. Du Mersan et

Pinder intervint M. Julius Friedlaender, qui soutint l'attribution de la pièce en question à Neapolis. Du Mersan répliqua, et fut vigoureusement appuyé par Raoul Rochette.

Vers la fin de 1825, un Hongrois écrivit, sous le nom de Sadik el Baba, un traité dans lequel il appela l'attention du public sur le grand nombre de fausses médailles, en divers métaux, qu'on avait jetées dans la circulation; il y joignit la description de quelques médailles fausses, particulièrement de celles qu'il avait pu observer lui-même. L'année suivante, le même auteur donna de nouveaux indices, pour prémunir les amateurs de médailles contre les ruses des brocanteurs qui cherchaient à répandre dans le commerce de fausses antiquités.

Parmi les premiers qui se sont livrés à la fabrication des pièces antiques, on compte d'abord deux Français contemporains, Guillaume du Choul et Antoine Le Pois. Vinrent ensuite les Padouans, déjà signalés plus haut.

D'autres les imitèrent, mais avec moins de succès sous le rapport de l'art. Un nommé Laroche établit dans un bourg, entre Lyon et Grenoble, un atelier où il travailla à imiter plusieurs médailles rares du cabinet de Pellerin. Après sa mort, une de ses filles voulut continuer ce métier; mais craignant que la chose ne tournât mal, elle ne tarda pas à y renoncer.

A Madrid, de faux monnayeurs fabriquèrent des médailles dont ils retirèrent des sommes considérables du temps de l'infant D. Gabriel, grand amateur de numismatique. Quelques-unes de leurs médailles ont été décrites par Florez dans le troisième volume de son ouvrage.

A Stuttgard, il y eut aussi un atelier de fausses médailles parmi lesquelles on doit compter la petite médaille de Sapho, qui est dans le cabinet de Berlin. Une autre fabrique fut montée à Venise pour contrefaire les deniers et les quinaires des premiers empereurs et de leurs femmes; mais le style en est sec et les légendes sont imparfaitement rendues.

Michel Dervieu et Cogonnier s'établirent à Florence après les deux Padouans. Le premier fabriqua toutes sortes de monnaies antiques et surtout des grands médaillons;

le second imita les monnaies des usurpateurs qui régnèrent sous Valérien et Gallien ; ils en firent un débit considérable ; Carteron et beaucoup d'autres augmentèrent encore le nombre des fausses monnaies.

Dans le siècle dernier, un nommé Weber vint à Florence, et y exerça le métier de faussaire en imitant et en fondant avec peu d'art des as étrusques et romains. Il inonda toute l'Italie et le Nord de ses fontes grossières, contrefaisant non seulement les monnaies antiques, mais encore des statuettes étrusques.

A Rome, un certain Galli se montra fort habile à imiter les monnaies des premiers Césars. Le musée d'Hédervary ne s'est point fait scrupule de s'approprier ces fausses antiquités, en les faisant acheter à Rome par F. Catonni. Il y eut aussi à Catane, en Sicile, une fabrique de fausses médailles, qui imita les pièces les plus rares de cette île.

En général, les premiers faussaires s'appliquèrent surtout à contrefaire les médailles des empereurs romains, notamment celles d'Othon, en bronze ; de Vitellius, en divers métaux ; de Didius Julianus, de Pescennius Niger, de Pertinax, etc., parce que c'étaient les plus rares et celles qui avaient le plus de valeur. Plus tard, lorsque l'ouvrage classique d'Eckhel eut répandu la connaissance des médailles grecques, on remarqua le prix arbitraire et extravagant auquel plusieurs de ces pièces étaient évaluées.

Il y avait alors à Hanau un habile graveur nommé Becker, qui ne manquait pas d'instruction ni de talent[1] ; on l'engagea à contrefaire plusieurs médailles des empereurs romains en or, pour enrichir quelques musées britanniques, ce qui

---

(1) Le premier essai de Becker paraît avoir été une représaille. Il avait acheté à Munich une médaille romaine qui fut reconnue fausse, et le vendeur, qui cependant était un amateur d'une classe élevée, loin de faire droit à ses réclamations, se moqua de sa crédulité. Becker, pour se venger, essaya de fabriquer une fausse médaille d'or, et il y réussit tellement que l'amateur qui l'avait trompé la lui acheta comme authentique. Ce succès l'encouragea, et il continua à consacrer son temps et son talent à ce genre d'imitation qui lui profita peu, puisqu'il mourut dans la misère, le 11 avril 1830, à Offenbach.

fut exécuté ; il fabriqua ainsi à Rome les médailles des douze Césars en or, et un grand nombre d'autres monnaies en bronze. Après ces premiers essais, Becker, s'étant procuré des modèles de plusieurs pièces rares du cabinet de Pellerin et du Cabinet des médailles de France, fabriqua des monnaies des rois des différentes dynasties et beaucoup de deniers des empereurs romains en or et en argent. Un nommé Oppenheim, de Francfort, lui fournit les matériaux nécessaires pour son travail, et Francfort-sur-le-Mein devint dès lors le centre du commerce de ces fausses antiquités.

Becker se livrait à cette industrie dans le but de fournir aux amateurs qui ne pouvaient dépenser pour leurs collections les sommes quelquefois énormes, indiquées par Mionnet, des pièces qui pussent remplir les lacunes. Néanmoins, il paraît certain que beaucoup de fausses monnaies ont été vendues par des agents de Becker, aux prix du tarif, jusqu'à ce que la supercherie ayant été découverte, il parut une liste de ces imitations avec l'indication de prix très inférieurs.

En Grèce et à Smyrne, il y eut également des faussaires qui imitèrent les plus belles pièces grecques. Aujourd'hui, cette branche de commerce est exploitée avec non moins de zèle qu'autrefois.

Il faut se méfier des pièces complètement *imaginaires*. Nous rangeons dans cette catégorie celles qui, par leur fabrique, n'ont aucun rapport avec ce que l'antiquité nous a légué. Au XV° et au XVI° siècles, on fit des pièces de ce genre simplement par curiosité. D'autres monnaies sont évidemment apocryphes, telles que celles qui représentent Achille, Priam, Enée, Périclès, Annibal ; nous signalerons encore les médailles de Jules César portant au revers : VENI. VIDI. VICI. ; d'Auguste avec la devise : FESTINA. LENTE, et les monnaies dites spintriennes qui ont été souvent copiées, ou même inventées.

Nous avons signalé plus haut un Antinoüs dont on avait fait un Marcellus ; les monnaies anciennes authentiques ont été souvent retouchées au burin de manière à les modifier et à leur donner de la rareté. D'un Septime Sévère, on a fait un Pertinax ; d'une Orbiana, une Annia Faustina ;

d'un Valérien, un Emilien. Ce système est maintenant peu employé, attendu que la fraude est trop facile à reconnaître ; le burin en entamant le métal, laisse des traces qui ne peuvent être masquées que par une fausse patine, qui peut être discernée.

Un autre moyen, et qui n'est pas le moins usité, est d'encastrer un revers rare sur un bronze ordinaire. Pour cela, on choisit deux monnaies antiques de même métal et de même nuance ; on évide l'une et l'on y soude le revers de l'autre. Pour se prémunir contre ce genre de fraude, il faut bien examiner si l'on aperçoit la ligne de réunion des deux flans. Cette ligne est, bien entendu, déguisée avec soin, et le secours de la loupe est indispensable pour retrouver dans le grènetis, dans la tranche et les accidents du métal, les traces de la fraude.

La plupart des monnaies anciennes apocryphes sont moulées sur l'antique ; quelquefois, par ce procédé, les faussaires arrivent aux résultats les plus déplorables pour les amateurs. Le poids, les traces de la lime employée pour faire disparaître les bavures ou lignes de jonction des moules, les moindres détails provenant de la fusion du métal, doivent éveiller les soupçons du numismatiste.

Nous terminerons en engageant les numismatistes à apporter une grande circonspection dans l'authenticité des découvertes qui leur sont signalées ; en effet, il arrive que des spéculateurs enfouissent eux-mêmes des monnaies antiques parfaitement authentiques, dans le but de les faire découvrir par quelque archéologue, dont on exploite la curiosité, soit pour lui faire acquérir à des prix surévalués le produit de la trouvaille, soit pour mystifier ceux qui s'occupent de l'étude des anciennes monnaies. En Italie et en Grèce, les découvertes de trésors apocryphes sont assez communes. Nous devons nous en méfier en France. En effet, la numismatique gauloise, qui est à l'état d'étude, a donné naissance à des systèmes d'interprétation et de classification si nombreux, que, soit pour donner à une conjecture une apparence de réalité sérieuse, soit pour s'amuser aux dépens d'un amateur, on peut supposer des trésors composés de monnaies fausses ou authentiques. Les paysans eux-mêmes sont peu dignes de foi; nous en avons vu qui nous apportaient des pièces fausses, ou des jetons du XVIII° siècle, qu'ils prétendaient avoir trouvés sous des monuments préhistoriques ou dans des ruines gallo-romaines.

Nous regrettons de le dire en finissant, mais le numismatiste doit être méfiant; la prudence doit toujours le **mettre en garde contre ceux qui lui proposent d'acheter, de vendre, d'échanger,** et quelquefois même de regarder **les monnaies** qui forment sa collection.

TABLE

DES VILLES ET PEUPLES

Aba Cariae, 271.
Abacaenum Sicil., 151.
Abdera Bact., 50, 85, 91.
Abdera Thrac., 168.
Abila Leucas Decap., 29, 32, 33. 337.
Abolla Sicil., 151.
Aboni Tichos Paphlag., 246.
Abydus Troad., 22, 260.
Acalissus Lyciae, 280.
Acanthus Macéd., 182.
Acarnania, 204.
Acci Tarrac., 50, 99.
Ace Ptolemaïs Galil., 342.
Accerae Campan., 136.
Achaei, 26, 214.
Acheronia Apul., 134.
Achulla Byzacenes, 377.
Acilium Ital. sup., 129.
Acinipo Baetic., 91.
Acmonia Phryg., 22, 32. 307.
Acrae Sicil., 152.
Acrasus Lyd., 23, 299.
Actium Acarnan., 215.
Adona Cilic., 292.
Adraa Arab., 347.
Adramytium Mys., 23, 24, 254.
Adranum Sicil., 152.
Aedui Galliae, 112.
Aegae Aelid., 263.
Aegae Cilic., 23, 29, 32, 33, 34, 291.
Aegiale Amorgi, 232.

Aegialus Achaei., 25.
Aegialus Paphlag., 247.
Aegina insula, 213.
Aegina Achaiae, 214.
Aegium Achaiae, 214.
Aegos Potamos Cher. Thr., 173.
Aelia Capitolina, 50, 343.
Aelis, 216.
Aenia Maced., 182.
Aenianes Thessal., 195.
Aenus Thrac., 169.
Acolis, 262.
Aeso Tarrac., 88.
Aesernia Samnii, 134.
Aetnaei Sicil., 152.
Aetoli, 205.
Acsani Phryg., 307.
Agassae Thrac., 169.
Agatha Gall., 109.
Agrigentum Sicil., 50, 152.
Agrippias Anthedon Jud., 343.
Agrippina Gall., 50.
Agyrium Sicil., 152.
Airila Tarrac., 88.
Aisernia Samnii, 134.
Alabanda Cariae, 271.
Alae Ciliciae, 291.
Alaesa Sicil., 153.
Alavona Tarrac., 88.
Alba Latii, 133.
Alea Arcad., 223.
Alexandria Aegypt., 82, 371, 372.

Alexandria Cilic., 291.
Alexandria Troas Troad., 50, 260.
Alia Phryg., 307.
Alibani Samnii, 134.
Alinda Cariae, 271.
Alipota Bysac, 378.
Allaria Cretae, 226.
Alleta Illyr., 177.
Allobroges Gall., 109.
Alopeconnesus Chers.Thrac., 173.
Aluntium Sicil., 173.
Alvona Liburn., 177.
Alyatta Bithyn., 249.
Alysia Acarnan., 204, 215.
Amanienses Cilic., 291.
Amantia Illyr., 177.
Amasia Ponti, 30, 31, 32, 238.
Amastris Paphlag., 30, 247.
Amaxitus Troad., 260.
Amblada Pisid., 286.
Ambracia Epiri.. 200, 215.
Ameria Ponti. 238.
Amestratus Sicil., 153.
Amisus Ponti, 29, 238.
Amorgus insula, 232.
Amerium Phryg., 307.
Amphaxus Maced., 182.
Amphea Messen., 219.
Amphicaea Phocid., 207.
Amphilochium Acarn., 204.
Amphipolis Maced., 182.
Amphissa Locrid., 206.
Anactorium Acarn., 204.
Anaphe insula, 233.
Anaphlystus Attic., 211.
Anazarbus Caesarea Cilic., 29, 30, 291.
Anchialus Thrac., 169.
Ancona Piceni, 132.
Ancyra Galat., 30, 32, 33, 315.
Ancyra Phryg., 22, 307.

Andeda Pisid., 288.
Andrus insula, 233.
Anemurium Cilic., 292.
Aninesum Lyd., 300.
Antaespolites Aegypt., 372.
Antandrus Mys., 254.
Antela Thessal., 208.
Anthedon Baeot., 208.
Anthedon Jud., 343.
Anthemusia Mesop., 348.
Antigonia Arcad., 224.
Antiocheni ad Callirhoen Syr. 333.
Antiocheni ad Daphnen, Syr., 333.
Antiocheni Ptolemaid. Syr., 30, 33, 50, 82, 333.
Antiochia Cariae, 24, 271.
Antiochia Cilic., 292.
Antiochia Pisidiae, 50, 287.
Antiochia ad Euphratem Commag., 329.
Antiochia ad Hyppum Decapol., 33, 338.
Antiochia ad Orontem Syr., 29, 332.
Antiochia ad Sarum Cilic., 292.
Antiochia maritim. Cilic., 292.
Antiochia sub Tauro Commag., 329.
Antiphellus Lyc., 280.
Antipolis Galliae, 110.
Antissa Lesbi, 264.
Apamea Bithyn., 249. {249}
Apamea Myrlea Bithyn. 50.
Apamea Phryg., 24, 25. 307.
Apamea Syr. 29, 33, 333.
Aperl Syr., 280 Lyciae.
Aphrodisias Cariae, 22, 272.
Aphrodisias Cyrenaic., 375.
Aphroditopolites Aegyptus, 372.

Aphytis Maced., 183.
Apollonia Aetol., 206.
Apollonia Cariae, 272.
Apollonia Cretae, 226.
Apollonia Illyrici, 178.
Apollonia Lyciae, 280.
Apollonia Maced., 183.
Apollonia Mysiae, 255.
Apollonia Pisid., 287.
Apollonia Thraciae, 169.
Apollonidea Lyd., 22, 23.
Apollonis Lydiae, 23, 300.
Apollonopolites Aegypt., 372.
Apollonoshieron Lyd., 300.
Appia Phryg., 308.
Aptera Cretae, 226.
Apulia Italiae, 140.
Aquileia Ital. sup., 82.
Aquilonia Samn., 134.
Aquinum Latii, 133.
Arabia, 347, 372.
Aradus insula, 341, 356.
Arasa Tarrac., 88.
Arca Phœn., 339.
Arcadia Cretae, 226.
Arcedour Tarrac., 88.
Ardaea Ital., 130.
Aregrat Tarrac., 88.
Arelate Galliae, 82.
Arendae Lyc., 282.
Arethusa Syr., 29, 33, 333.
Argesa Thessal., 193.
Argos Acarnan., 215.
Argos Argolid., 221.
Argos Ciliciae, 292.
Argos Cretae, 226.
Aria Cumbaria Baet., 91.
Ariassus Pamph., 284.
Ariminum Umbriae, 132.
Arina Lyciae, 280.
Arisba Troad., 260.
Arocili Tarrac., 88.
Arpi Apuliae, 140.
Arsa Tarrac., 88.

Arsinoe Cretae, 226.
Arsinoites Aegypt., 372.
Arsione Cyrenaic., 375.
Artemisium Eub., 231.
Arva Baetic., 50, 91.
Arverni Gall., 105.
Arycanda Lyc., 280.
Ascalon Jud., 33, 144.
Asculum Apul., 140.
Asculum Piceni, 132, 137.
Asea Arcad., 223.
Asia Lyd., 300.
Asiba Ponti, 239.
Asido Baetic., 89, 92.
Asine Argolid., 221.
Asopus Lucan., 219.
Aspendus Pamphyl., 284.
Aspledon Boet., 208.
Assorus Sicil., 153.
Assus Mys., 23, 255.
Asta Baet., 50, 92.
Astapa Tarrac., 92.
Astypalea insula, 277.
Astyra Mys., 255.
Astyra Rhodi, 278.
Atarnea Mys., 255.
Atella Campan., 136.
Athabyrium Sicil., 153.
Athamanes Aetol, 206.
Athenae Attic, 211.
Athribites Aegypt., 372.
Atinum Lucan., 144.
Atrax Thessal., 193.
Attaea Phryg., 22, 23, 308.
Attalia Lyd., 23, 32, 300.
Attalia Pamphyl., 284.
Attuda Phryg., 308.
Augusta Cilic., 292
Aulari Paphlag., 247.
Aulerci Eburovices, Gall., 112.
Aureliopolis Lyd., 23, 300.
Auruntii Camp., 137.
Aurusclini Lucan.

Ausa Tarrac., 88.
Autania Tarrac., 88.
Automala Cyrenaic., 30, 375.
Avenio Gall., 110.
Axia Locrid., 207.
Axus Cretae 226.
Azetini Calabr., 142.
Azotus Jud., 344.

Babba Maurit., 50, 381.
Bactriana, 362.
Baesippo Betic., 92.
Baesuris Lusit., 90.
Baetica, 91.
Baetulo Tarrac., 88.
Bailo Betic., 85, 92.
Bagas Lyd., 22, 301.
Balagrae Cyren., 376.
Balanea Syr., 333.
Balbura Lyc., 280.
Baravara Tarrac., 88.
Barce Cyrenaic., 376.
Bargasa Car., 272.
Bargylla Car., 23, 272.
Baris Pisid., 287.
Barium Apul., 141.
Basilis Arcad., 223.
Belsinum Tarrac., 88.
Beneventum Samn., 134.
Berga Maced., 183.
Berhaea Maced., 183.
Beroea Cyrrhest., 330.
Berytis Troad., 260.
Berytis Phoen., 50, 339.
Beterra Gall., 110.
Beudos Phryg., 308.
Bilbilis Tarrac., 50, 88, 99.
Biblos, 356.
Bisaltae Maced., 183.
Bisanthe Thrac., 169.
Bituriges Cubi Gall., 105.
Bituriges Vivisci, Gall., 105.
Bithynium Bithyn., 249.
Biza Thrac., 169.

Blaundos Lyd., 22, 23, 301.
Boea Lacon., 220.
Boeotii, 208.
Borsao Tarrac., 88.
Bostra Arab., 30, 50, 347.
Botrys Phoenic., 339.
Bottiaea Maced., 183.
Briana Phryg., 308.
Briula Lyd., 301.
Brundusium Calab., 50, 142.
Bruttii, 147.
Bruzus Phryg., 308.
Bubastites Aegypt., 372.
Bubon Lyc., 280.
Bulla Regia Numid., 379.
Bura Achaiae, 215.
Buruesca Tarrac., 88.
Busirites Aegypt., 373.
Buthrotum Epir., 50, 200.
Butuntum Calabr., 142.
Buxentum Luc., 145.
Byblus Phoenic., 33, 339.
Byllis Illyr., 178.
Byzantium Thraciae., 22, 179.

Cabalia Lyc., 280.
Cabasites Aegypt., 373.
Cabellio Gall., 50, 110.
Cabira Ponti, 239.
Cadi Phryg., 24, 308.
Cadme Priene Ioniae, 265.
Cadurci Gall., 106.
Caelium Calab., 142.
Caena Sicil., 154.
Caene insula, 154.
Caenicenses Gall., 110.
Caesada Tarrac., 88.
Caesaraugusta Tarrac., 50, 99.
Caesarea Cilic., 291.
Caesarea Cappad., 30, 32, 318.
Caesarea Maurit., 381.
Caesarea ad Libanum Phoen., 50, 339.

Caesarea Germanica (Byth)
(Eusebia)

Caesarea Samarit., 30, 31, 33, 50, 342.
Caesarea Panias Trachon., 33. 337.
Calabria, 142.
Calacte Sicil., 154.
Calagurris Tarrac., 50, 88, 99.
Calatia trans Vulturn. Camp., 137.
Calatia cis Vulturn. Camp., 137.
Cales Camp., 137.
Callatia Maesiae, 167.
Callet Baetic., 92.
Callipolis Chers. Taur., 173.
Calydon Aetol., 206.
Calymna Cariae, 278.
Calynda Cariae, 272.
Camarina Sicil., 154.
Cama Mys., 255.
Cambolectri Gall., 105.
Camirus Rhodi, 278.
Campania Ital., 136.
Camulodunum Brit., 114.
Canatha Decap., 338.
Canopus Aegypt., 373.
Canusium Apul., 141.
Caphya Arcad., 223.
Capitolias Coelesyr., 29, 33, 336.
Capua Campan., 137.
Casabaca Tarrac., 88.
Carallia Isaur., 289.
Carbula Baetic., 92.
Cardia Chers. Thrac., 173.
Carinaea Messen., 214.
Carissa Baetic, 92.
Carnutes Galliae, 112.
Carmo Baetic., 93.
Carrhae Mesop., 50, 349.
Carteia Baetic., 50, 93.
Carthaea Ceae ins., 233.
Carthago Zeugitan., 50, 82, 378.

Carthago Nova Tarrac., 50, 99.
Carysthus Euboeae, 34, 231.
Casa Pamphyl., 285.
Cascantum Tarrac., 50, 88, 99.
Cassandrea Maced., 50, 184.
Cassera Maced., 184.
Cassope Epir., 200, 204.
Cassope Corcyr., 204.
Castabula Cappadoc., 33. 317.
Castanea Thessal., 193.
Castulo Tarrac., 88, 99.
Catana Sicil., 82, 154.
Caulonia Brutt., 147.
Caunus Cariae. 272.
Caura Baetic, 93.
Cavares Gall., 110.
Caystriani Lyd., 301.
Cebronia Troad., 260.
Celenderis Cilic., 292.
Celin Tarrac., 88.
Celsa Tarrac., 50, 88, 99.
Celtae Aidonites Epir., 201.
Celti Baetic., 93.
Cennati Cilic., 293.
Centuripa Sicil., 155.
Ceos insula, 233.
Cephallenia insula, 217.
Cephaladium Sicil., 155.
Ceratie Cret., 227.
Ceramus Cariae, 273.
Cerasus Ponti, 239.
Ceret Baetic., 93.
Ceretape Phryg., 23, 309.
Cerinthus Eub., 232.
Chabacta Ponti, 239.
Chalcedon Byth., 249.
Chalcis Chalcid., 331.
Chalcis Eub., 232.
Chalcis Macedon., 184.
Charisia Arcad., 223.
Cheronaea Boeot., 209.

Chersonesus Thrac., 173.
Chersonesus Tauricus, 29, 164.
Chersonesus Cretae, 227.
Chios insula, 22, 270.
Choma Lyc., 281.
Chrithotes Thrac., 173.
Cibyra Phryg., 309.
Cidramus Phryg., 309.
Cidyessus Phryg., 22, 25, 310.
Cierium Thessal., 193.
Cilbiani inf. Lyd., 24, 301.
Cilbiani sup. Lyd., 22, 23, 301.
Cilbiani Ceaeti Lyd., 302.
Cilbiani Nicaeenses Lyd., 301.
Cilbiani Pergameni Lyd., 302.
Cimolis insula, 234.
Cirta Numid., 379.
Cissa Tarrac., 88.
Cisthena Mys., 255.
Cithrum Thess., 193.
Cius Bithyn., 23, 25, 249.
Clanudda Phryg., 310.
Claudiopolis Bithyn., 249.
Clazomenes Ioniae, 23, 266.
Cleone Argol., 221.
Clitorium Arcad., 223.
Clunia Tarrac., 50, 100.
Clupea Zeugit., 378.
Cnidus Cariae, 273.
Cnossus Cretae, 227.
Codrula Pisid., 287.
Codrigae Cilic., 293.
Coela Chers. Thrac., 50, 173.
Colone Messen., 219.
Colophon Ion., 23, 26, 266.
Colossae Phryg., 22, 310.
Colybrassus Cilic., 293.
Comana Pont., 33, 50, 239.
Compulteria Samn., 134, 137.
Conana Pisid, 287.
Constantinopolis, 82.
Contrebia Tarrac., 88.
Copae Boeot., 209.
Copia Lugdunum, 50.
Copia Sybaris, 146.
Coptites Aegypt., 373.
Coracesium Cilic., 293.
Coria Lucan., 146.
Corduba Baetic., 50, 93.
Coresia insula, 233.
Corinthus Achaiae, 50, 215.
Coronea Messen., 217.
Coronea Boeot., 209.
Coropissus Lycaon., 30, 290.
Corcyra insula, 203.
Corycus Cilic., 29, 32, 34, 29.
Corydallus Lyc., 281.
Cos insula, 22, 278.
Cosa Tarrac., 88.
Cossa Campan., 138.
Cossea Thrac., 170.
Cossura insula, 163.
Cosilynas Lucan., 145.
Cotiaeum Phryg., 22, 25, 310.
Cragus Lyc., 281.
Cranae insula, 213.
Craniuum Cephal.
Crannon Thess., 193.
Crannonii Ephyri Thess., 194.
Cratia Bith., 250.
Cremna Pisid., 50, 287.
Creta insula, 226.
Cromna Paphlag., 247.
Croton Bruttii., 148.
Ctemena Thessal., 194.
Cumae Campan., 138.
Cybistra Cappad., 318.
Cyaneae Lyc., 281.
Cyda Lyc., 281.
Cydonia Cret., 227.
Cyme Aelid., 23, 25, 263.
Cynopolites Aegypt., 373.
Cyon Cariae, 273.

Cyparissia Messen., 219.
Cyparisus Cret., 227.
Cyprus insula, 298.
Cypsela Thrac., 170.
Cyrene Cyren., 376.
Cyrrhus Cyrrhest., 330.
Cythnus insula, 234.
Cyzicus Mysiae, 22, 23, 26, 32, 82, 256.

Dacia, 166.
Daedala Car., 273.
Daldis Lyd., 22, 23, 302.
Damania Tarrac., 88.
Damascus Coelesyr., 30, 33, 50.
Damastium Epir, 200.
Danusia Tarrac., 88.
Daorsi Illyr., 178.
Daphne Seleuc., 334.
Dardania Moes. sup., 167.
Dardanus Troad., 22, 261.
Darnis Cyren., 376.
Decelia Attic., 212.
Delium Boeot, 209.
Delphi Phocid., 208.
Delus insula, 234.
Demetrias Coelesyr., 336.
Demetrias Phoen, 339.
Demetrias Thessal., 194.
Demetria Syriae, 33.
Dertosa Tarrac., 50, 100.
Deultum Thrac., 50, 170.
Dia Bithyn., 250.
Dianum Tarrac., 88.
Dicaea Thrac., 170.
Diocaesarea Cilic., 30, 293.
Diocaesarea Galil., 29, 33, 342.
Diacoelia Phryg., 310.
Dionysopolis Moes. inf., 167.
Dionysopolis Phryg., 23, 310.
Dioscurias Colchid., 238.
Dioshieron Lyd., 23, 302.
Diospolis magna Aegypt, 373.

Diospolis parva Aegypt, 373.
Diospolis Samarit., 343.
Dipo Lusitan., 90.
Dium Decapol., 50, 338.
Dium Maced., 184.
Docimeum Phryg., 310.
Doliche Commag., 329.
Dora Phoenic., 29, 33, 34, 340.
Doron, Cilic., 293.
Dorylaeum Phryg., 22, 310.
Draconium Icariae, 270.
Dyme Achaiae, 215.
Dyrrachium Illyr., 178.
Dysceladus insula, 179.

Ebora Lusit., 50, 90.
Ebura Tarrac., 88.
Ebusus, 103.
Ecala Tarrac., 88.
Edessa Macedon., 184.
Edessa Mesopot., 30, 50, 184, 349.
Edui Galliae, 112.
Elaea Aelid., 23, 263.
Elaeusa insula, 298.
Elatea Phocid., 208.
Elatea Thess., 194.
Eleon Boeotiae, 201, 209.
Elensis Atticae, 212.
Eleuthernae Cretae, 227.
Eleutheropolis Judeae, 344.
Elis, 217.
Elyrus Cretae, 228.
Emerita Lusitan., 51, 90.
Emisa Syriae, 30, 51, 334.
Emporiae Tarrac., 51, 100.
Enchelies Illyr., 179.
Enna Sicil., 51, 155.
Entella Sicil., 155.
Ephesus Ioniae, 23, 24, 25, 26, 31, 32, 33, 266.
Epitectus Phryg., 311.
Epidaurus Argol., 33, 211.
Epiphanea Cilic. 293.

Epiphania Syr., 34, 334.
Epora Baetic., 94.
Erae Ioniae., 266.
Eraia Tarrac., 89.
Ercavica Tarrac., 51, 89, 100.
Erebaea Bithyn., 250.
Eres Tarrac., 89.
Eresus Lesbi, 264.
Eretria Euboae, 232.
Erisa Cariae, 273.
Erythraea Boeot., 23, 209.
Erythrea Ioniae, 266.
Eryx Sicil., 155.
Esbus Arab., 347.
Etosca Tarrac., 89.
Etenna Pamphyl., 285.
Etruria, 130.
Eva Arcad., 223.
Eubaea insula, 231.
Eubaea Sicil., 156.
Eubrogis Galatiae, 315.
Eucarpia Phryg., 311.
Eumenia Phryg., 25, 311.
Euremus Cariae., 273.
Eurydicium Elid., 216.
Eurydicea Maced., 184.
Eurymenae Thessal., 194.
Eusebia Cappad., 34, 318.
Evesperides Cyren., 376.
Evippe Cariae, 273.

Faesulae Etrur., 130.
Faleria Etrur., 131.
Ferentum Ital., 134.
Flaviopolis Bithyn., 250.
Flaviopolis Cilic., 293.
Frentani Ital., 136.
Fulvia Phryg., 311.

Gaba Trachon., 337.
Gabala Syriae, 334.
Gadara Decap., 29, 34, 338.
Gades Baetic., 51, 85, 94.
Gagae Lyc., 281.

Galati, 315.
Gallicum Tarrac, 89.
Gambrium Ioniae, 267.
Gangra Paphlag., 247.
Gargara Mysiae, 256.
Gasuira Ponti, 240.
Gaulos insula, 163.
Gaza Judeae, 34, 344.
Gazauphala Numid., 379.
Gelas Sicil., 156.
Gentinos Troad., 261.
Gerasa Decapol., 338.
Gergis Syrtic., 377.
Gergithus Mysiae, 256.
Germanicia Commag., 329.
Germanicopolis Cilic., 293.
Germanicopolis Paphlag., 247.
Germanicopolis Germe Galat., 316.
Germanicopolis Mysiae, 256.
Germe Galat., 316.
Germe Mys., 22, 23, 34, 51, 256.
Gili Tarrac., 100.
Glanum Galliae, 110.
Gomphi Thess., 194.
Gordus Julia Lyd., 22, 302.
Gorgippia Bosp. Cimm., 238.
Gortyna Cretae, 228.
Graccuris Tarrac., 51, 100.
Graia Italiae., 142.
Granium insula, 213, 217.
Gravisca Etrur., 131.
Grumentum Lucan., 145.
Gyaros insula, 234.
Gynaecopolites Aegypt., 373.
Gyrton Thess., 194.
Gythium Lacon., 220.

Hadria Piceni, 133.
Hadriani Bithyn., 22, 250.
Hadrianopolis Bithyn., 250.
Hadrianopolis Pisidiae, 287.
Hadrianopolis Thrac., 171.

Hadrianotherae Bithyn., 22, 23, 250.
Hadrumentum Byzacen., 378.
Halicarnassus Cariae, 22, 29, 30, 32, 273.
Halonesus insula. 199.
Hamaxia Cilic., 294.
Harpasa Cariae, 274.
Helena insula, 213.
Heliopolis Coelesyr., 50, 336.
Heliopolites Aegypt., 373.
Hephaestia insula, 175.
Heptanomis Aegypt., 373.
Heraclea Acarn., 204.
Heraclea Bithyn., 30, 32, 250.
Heraclea Cariae, 26. 274.
Heraclea Cyren., 376.
Heraclea Ion., 267.
Heraclea Lucan., 145.
Heraclea Lyd., 302.
Heraclea Sicil., 154.
Heraclea Sintica Maced., 184.
Heraclea Syr., 334.
Heraclea Trachin Thessal., 194.
Heracleopolites Aeg., 373.
Heracleum Taurici, 165.
Heraea Arcad., 223.
Hermione Argol., 221.
Hermocapelia Lyd., 23, 302.
Hermonthites Aegyp., 373.
Hermopolites Aegyp., 373.
Hermopolis Lyd., 303.
Hierapolis Phryg, 32, 311.
Hierapytna Cret., 228.
Hierocaesarea Lyd., 303.
Hieropolis Cilic., 294.
Hieropolis Cyrrhest., 330.
Hierosolyma Jud., 34, 343.
Himera Sicil., 156.
Hippo Libera Zeugit., 29, 379.
Hipponium Brutt., 148.
Hipporegius Numid., 379.

Hispania, 69.
Histiaea Eub., 232.
Homolium Thess., 194.
Horreum Epyr., 200.
Hyblamagna Sicil., 157.
Hyccarra Sicil., 157.
Hydrela Car., 274.
Hydrontum Calab., 143.
Hyla Boeotiae, 209.
Hypaepa Lyd., 23, 26, 303.
Hypseliotes Aegypt. 373.
Hyrcania Lyd., 22, 23, 303.
Hyrgalea Phryg., 22, 312.
Hyria Apul., 141.
Hyrina Ital., 138.
Hyrtacus Cret., 228.

Iaca Tarrac., 89.
Iaeta Sicil., 157.
Ialisus Rhodi, 278.
Iasus Cariae, 274.
Icaria insula, 270.
Iconium Lycaon., 290.
Icosa Tarrac., 89.
Idynus Cariae, 274.
Iesso Tarrac., 89.
Iguvium Umbr., 132.
Ilercavonia Tarrac., 50, 100.
Ilerda Tarrac., 50, 89, 101.
Iliberris Tarrac., 89.
Ilici Tarrac., 50, 101.
Ilipla Baetic. 94.
Ilipla Magna Baetic., 94.
Ilium Troad., 261.
Ilurco Baetic., 94.
Iluro Tarrac., 89.
Imbrus insula., 174.
Imbrus Cariae, 274.
Indica Tarrac., 89.
Insula minor, 85, 102.
Ionia, 25, 26, 265.
Ionopolis Paphlag., 246.
Ios insula, 234.
Iotape Cilic., 294.

Ipagro Baetic., 91.
Ipsus Phryg., 312.
Iptuci Baetic., 94.
Iracaria insul., 270.
Irene insula., 222.
Irenopolis Cilic., 294.
Irippo Baetic., 91.
Irrhesia insula, 199.
Irnum Campan., 138.
Isaurus Isaur., 30, 289.
Isindus Pamphyl., 285.
Ismene Boeot., 209.
Issa insula, 179.
Istias Moes. inf., 167.
Italia, 129.
Italica Baetic., 50, 95.
Itanus Cret., 228.
Ithaca insula, 218.
Ituci Baetic, 85, 95.

Jol Maurit., 381.
Joppe Samarit., 343.
Judaea, 25.
Julia Baetic, 50, 95.
Julia Ceae, 233.
Julia Caesarea Maur., 361.
Julia Phryg., 312.
Juliopolis Bithyn., 32, 251.
Junium Lycaon., 50.

Lacanatis Cilic., 294.
Lacedaemon Lacon., 220.
Lacipo Baetic., 95.
Laconi, 219.
Laea insula 376.
Laelia Baetic., 96.
Laerte Cilic., 294.
Lagne Tarrac., 89.
Laie Tarrac., 89.
Lalassis Isaur., 289.
Lamia Thessal., 145.
Lampa Cretae, 228.
Lampsacus Mys., 23, 30, 256.
Lamus, Cilic., 294.

Lancia Tarrac., 89.
Laodicea Coelesyr, 337.
Laodicea Phryg., 23, 24, 25, 26, 32, 312.
Laodicea Pisid., 287.
Laodicea Ponti, 240.
Laodicea Syriae, 29, 30, 31, 34, 50, 334.
Laos Lucan., 145.
Lapithae, Thessal., 195.
Laranda Lycaon., 290.
Larinum Samn., 136.
Larissa Aeolid., 263.
Larissa Syr., 334.
Larissa Thess., 34.
Larymna Boeot., 209.
Las Lacon., 220.
Lascuta Hisp., 85, 95.
Lasos Cretae, 229.
Lastigi Baet., 75.
Latium, 138.
Latopolites Aegypt., 373.
Lauba Tarrac., 89.
Laxa Tarrac., 89.
Lebadia Boeot., 210.
Lebedus Ion, 267.
Lemnos insula, 229.
Leontini Sicil., 157.
Leontopolites Aegypt., 373.
Leptis Magna Syrt., 50, 377.
Leptis Minor Bysac, 378.
Lesbus insula, 23, 264.
Lete Maced., 185.
Letisana Tarrac., 89.
Letopolites Aegypt., 373.
Leucas Acarnan, 205.
Leucas Coelesyr, 337.
Leuci, Galliae, 113.
Libia Tarrac., 89.
Libya Aegypt., 373, 374.
Lilybocum Sicil., 157.
Limyra Lyc., 281.
Lindus Rhodii, 279.
Lipara insula, 164.

TABLE DES VILLES ET PEUPLES

Lissus Cret., 229.
Liternum Ital., 137.
Lix Maurit., 381.
Lixovii Galliae, 112.
Locri Bruttii, 148.
Locri Locrid., 207.
Locri Epicnemidis Locrid., 207.
Locri Opunt. Locrid., 207.
Londinum Britan., 82.
Longone Sicil., 157.
Longostaleti Gall., 111.
Lucania, 144.
Luceria Apul., 141.
Lugdunum Gall., 50, 82, 113.
Lycii, 279.
Lycopolites Aegypt., 373.
Lyrbe Pisid., 288.
Lysias Phryg., 312.
Lysimachia Aetol., 206.
Lysimachia Chers. Thrac., 174.
Lyttus Cretae, 229.

Macella Sicil., 157.
Macanada Numid., 379.
Maconia Lyd., 22, 23. 303.
Magnesia Ioniae, 24, 30, 32, 267.
Magnesia Lyd., 26, 303.
Magnesia Thessal., 145.
Magydus Pamphyl., 285.
Maiozamalcha Mesopot., 350.
Malaca Boeot., 85, 96.
Malienses Thessal., 195.
Maliesa Campan., 138.
Mallus Cilic., 295.
Mamertini, 158.
Mania Aeolid., 263.
Mantalus Phryg., 32.
Mantinea Arcad., 224.
Marathus Phoen., 340.
Marcianopolis Moes. inf., 168.
Mareotes Aegypt., 373.
Marium Cypr., 299.

Maronea Thrac., 171.
Maruccini Ital., 133.
Masensa Tarrac., 89.
Masycitus Lyciae, 281.
Massilia Gall., 106, 111.
Mastaura Lyd., 304.
Mastia Paphlag., 247.
Medama Brutt., 148.
Medmasa Cariae, 274.
Mediolanum Ital., 82.
Mediolou Tarrac., 89.
Mediomatrici Gall., 114.
Megalopolis Arcad., 224.
Megara Attic., 24, 212.
Megara Sicil., 158.
Megarsus Cilic., 295.
Megiste insula, 279.
Melita insula, 164.
Melos insula, 235.
Memphites Aegypt., 373.
Menaenum Sicil., 158.
Mende Maced., 185.
Mendesius Aegypt., 373.
Menelaites Aegypt., 373.
Merusium Sicil., 158.
Mesembria Thrac., 171.
Messana Sicil., 158.
Messeni, 218.
Metapontum Lucan., 145.
Metelites Aegypt., 373.
Methana Argol., 222.
Methydrium Arcad., 224.
Methymna Lesb., 23, 264.
Metropolis Acarn., 205.
Metropolis Ioniae, 23, 268.
Metropolis Phryg., 23, 312.
Metropolis Thessal., 195.
Metroum Bithyn., 251.
Midacum Phryg., 22, 312.
Miletopolis Mys., 23, 257.
Miletus Ion., 22, 32, 268.
Milyas Pisid., 288.
Minturnae Latii, 134.
Minyae Thessal., 196.

Mira Lyciae, 282.
Mirobriga Baetic., 96.
Moca Arab., 29, 34, 347.
Moesia, 167.
Molossi Epir., 200.
Molpis Lucan., 145.
Mopsium Thessal., 146.
Mopsus Cilic., 29, 34, 295.
Morgantia Sicil., 158.
Mossina Lyd., 304.
Mostene Lyd., 23, 304.
Mothone Messen., 219.
Motya Sicil., 159.
Munda Baetic., 96.
Murgi Baetic., 96.
Mycalessus Boeot., 210
Myconus insula, 235.
Mylassa Cariae, 24, 275.
Myndus Cariae, 22, 275.
Myra Lyc., 282.
Myrhina Aeolid., 23, 263.
Myriandrus Syr., 335.
Myrtilis Lusit., 90.
Mytilene Lesbi., 23, 31, 257, 265.
Mytistratus Sicil., 159.
Myus Ioniae., 268.

Nabrissa Baetic., 96.
Nacolea Phryg., 22, 312.
Nacona Sicil., 159.
Nacrasa Lyd., 23, 304.
Nagidus Ciliciae, 295. *
Napi ou Nasi Lesbi, 265.*
Naucratis Aegypt., 373.
Naupactus Aetol., 206.
Naxus insula, 235.
Naxus Sicil., 159.
Nea insula, 174.
Neandria Troadis, 261.
Neapolis Apul., 141.
Neapolis Campan., 138.
Neapolis Ion., 268.
Neapolis Macedon., 185.

Neapolis Samarit., 32, 50, 343.
Nectum Sicil., 159.
Nema Baetic., 96.
Nemausus Gall., 50, 111.
Neocaesarea Ponti, 30, 32, 240.
Neoclaudiopolis Paphlag., 217.
Neontichus Aeolid., 264.
Neout Aegypt., 374.
Nephelis Cilic., 295.
Neronias Trachon., 337.
Nertobriga Tarrac., 89.
Nesus Cephal., 217.
Nicaea Bithyn., 23, 31, 251.
Nicephorium Mesopot., 350.
Nicomedia Bithyn., 22, 23, 30, 31, 32, 82, 252.
Nicopolis Epiri, 34, 201.
Nicopolis Jud., 344.
Nicopolis Moes. inf., 168.
Nicopolis Syr., 335.
Nicopolis Thrac., 171.
Nicopolites Aegypt., 374.
Niniva Claudiopolis, *(Cilicie)* 351.
Nisibi Mesopot., 30, 50, 350.
Nisyros insula, 278.
Nola Camp., 139.
Norba Lusitan., 50, 90.
Nuceria Campan., 139.
Nuceria Bruttii, 149.
Nysa Cariae, 24, 26, 32, 34, 275.
Nysa Samarit., 343.
Nysa Paeoniae, 275.
Nysa Thrac., 171.

Oasis magna Aegypt., 374.
Oaxus Cretae, 226.
Obulco Baetic., 50, 96.
Odessus Thrac., 171.
Oea Syrtic., 50, 377.

* ou *Nesos, île*

Oeniadae Acarn., 205.
Oene Icar., 270.
Oeniandos Cilic., 293.
Octaei Thessal., 196.
Olais Tarrac., 89.
Olba Cilic., 25, 34, 95.
Olbasa Pisid., 50, 288.
Olbia Sarmat., 165.
Oligi Tarrac., 89.
Olont Baetic., 85, 96.
Olus Cretae, 229.
Olympe Illyr., 179.
Olympus Lyc., 282.
Olynthus Maced., 185.
Ombites Aegypt., 374.
Ontzan Tarrac., 89.
Onuba Baetic., 97.
Onuphites Aegypt., 374.
Ophrynium Troad., 261.
Orchomenus Arcad., 224.
Orthomenus Boeot., 210.
Orestae Macedon., 185.
Oricus Epiri, 201.
Orippo Baetic., 97.
Oropus Attic., 213.
Orra Calabr., 143.
Orthagoria Maced., 185.
Orthosia Cariae, 275.
Orthosia Phoenic., 340.
Orthia Aelid., 217.
Osca Tarrac., 50, 89, 101.
Osicerda Tarrac., 51, 89, 101.
Ossa Maced., 185.
Osset Baetic., 97.
Ossonoba Lusit., 90.
Ostur Tarrac., 97, 101.
Otheyta Thessal., 196.
Otrus Phryg., 26, 313.
Oxyrinchites Aegypt., 374.

Pactolci Lyd., 304.
Paeonia, 180.
Paestum Lucan., 51, 146.
Paestus Cret., 179.

Pagae Attic., 213.
Palentia Tarrac., 101.
Palinurus Lucan., 145.
Pallanteum Arcad., 224.
Pallenses Cephall., 217.
Palmyra Palmyr., 331.
Paltos Syriae, 335.
Pandosia Brutt., 149, 201.
Pandosia Epiri, 201.
Panemotichos Pamphyl., 285.
Pannonia, 166.
Panopolites Aegypt., 374.
Panormus Sicil., 51, 159.
Panticapaeum Tauric., 165.
Paphus Cipri, 299.
Pappa Pisid., 288.
Parada Zeugit., 51.
Parium Mysiae, 51, 257.
Parlais Lycaon., 51, 290.
Paropus Sicil., 160.
Parus insula, 236.
Patasa Lyc., 282.
Patmos insula, 270.
Patraea Ach., 51, 215.
Patricia Baetic., 51, 93.
Pautalia Thrac., 172.
Pax Julia Lusit., 51, 91.
Pednelissus Pisid., 288.
Pegasa Cariae, 284.
Pelecania Boeot., 210.
Pelinna Thessal., 196.
Pella Decapol., 338.
Pella Macedon., 51.
Pellene Achaiae, 216.
Peltae Phryg., 313.
Pelusium Aegypt., 374.
Peparethus insula ; 199.
Perga Pamphyl., 30, 32, 34, 285.
Pergamus Mys., 23, 24, 25, 26, 30, 31, 257.
Perinthus Thrac., 172.
Peripolium Pitanata Brutt., 149.

Perperene Mys., 23, 26, 258.
Perrhaebia Thess., 196.
Pessinus Galat., 316.
Petelia Brutt., 149.
Petra Arab., 30, 348.
Petra Cretae, 229.
Petra Marmaricae, 375.
Petra Sicil., 106.
Petrocorii Gall., 106.
Phacium Thess., 196.
Phaestus Cretae, 229.
Phalanna Thess., 197.
Phalanna Cret., 229.
Phalasarus Cretae, 230.
Phanagoria Bosph., Cim., 238.
Pharbacthites Aegypt., 374.
Pharae Boeot., 210.
Pharcadon Thess., 197.
Pharnacia Ponti., 240.
Pharsalus Thess., 137.
Pharus insula, 179.
Phaselis Lyc., 282.
Phellus Lyc., 282.
Pheneus Arcad., 224.
Pherae Boeot., 210.
Pherae Thess., 197.
Phiemphites Aegypt., 374.
Phigalea Arcad., 224.
Phila Maced., 186.
Philadelphia Decapol., 338.
Philadelphia Lyd., 23, 25, 32, 304.
Philadelphia Cilic., 296.
Philippi Macedon., 51.
Philipopolis Arab., 348.
Philipopolis Thrac., 51, 172.
Philomelium Phryg., 313.
Phistelia Campan., 139.
Phlius Ach., 216.
Phocea Ion., 23, 268.
Phocis, 207.
Phoenice, 338.
Phoenices Epir., 201.
Pholegandus insula, 236.

Phteneotes Aegypt., 374.
Phistella Campan., 139.
Phygela Ion., 269.
Piacus Sicil., 160.
Pictavi Gall. 106.
Picentia Campan., 139.
Picenum Ital., 132.
Pimolisa Ponti, 240.
Pinamis Aegypt., 374.
Pionia Mys., 23, 258.
Pisaurum Umbr., 132.
Pitane Mys., 23, 259.
Plarasa Cariae, 275.
Platea Boeot. 210.
Platia insula, 225.
Plotinopolis Thrac., 172.
Podalia Lyciae, 283.
Poesa Ceae ins., 234.
Poemani Mys., 259.
Pogia Pamphyl. 285.
Polyrhenium Cretae, 230.
Pompeiopolis Cilic., 297.
Pompeiopolis Paphlag., 30, 248.
Populonia Etrur., 131.
Poroselene Mys., 259.
Posidonia Lucan., 146.
Potniae Boeot., 210.
Praesus Cretae, 230.
Prenassus Cariae, 275.
Priansus Cretae, 230.
Priapis Mys., 259.
Priene Ion., 23, 265, 269.
Proana Thess., 197.
Proconnesus insula, 259.
Proni Cephall., 218.
Prosopites Aegypt., 374.
Prostanna Pisid., 288.
Prusa Bithyn., 252.
Prusias Bithyn., 30, 252.
Prymnessus Phryg., 313.
Psophis Arcad., 224.
Ptolemais Galileae, 34, 51, 342.

Pydna Maced., 186.
Pylus Elid., 217.
Pylus Messen., 219.
Pyranthus Cretae, 230.
Pyrnus Cariae, 275.
Pythium Maced., 186.
Pyxus Lucan., 145.

Rabathmoba Arab., 348.
Ravenna Ital. sup., 82, 129.
Remi Galliae, 114.
Rephanea Syr., 335.
Raphia Jud., 34, 344.
Rauens Cret., 230.
Rhegium Brutt., 149.
Rhesaena Mesopot., 51, 350.
Rhithymna Cretae, 230.
Rhoda Tarrac, 101.
Rhodia Lyciae, 283.
Rhodus insula, 29, 278.
Rhope insula, 284.
Rhosus Syr., 34, 335.
Rhypae Ach., 216.
Roeteum Troad., 261.
Roma Latii, 51, 82.
Romula Baetic, 51, 97.
Rotomagus Gall., 113.
Rubastini Apul., 141.

Sabrata Syrtic., 377.
Sacili Baetic., 97.
Saetabis Tarrac., 89.
Saetteni Lyd., 22, 305.
Sagalassus Pisid., 31, 288.
Saguntum Tarrac., 51, 89, 101.
Saites Aegypt., 394.
Sala Maurit., 381.
Sala Phryg., 26, 313.
Salacia Lusit., 91.
Salamis Cypri, 299.
Salamis insula, 213.
Salapia Apul., 141.
Salpesa Baetic., 97.

Salisana Numid., 379.
Salvie Tarrac., 89.
Same Cephall., 218.
Samnagenses Gall., 111.
Samnii Ital., 134.
Samnites Ital., 134.
Samos insula, 31, 270.
Samosata Commag., 29, 30, 34, 329.
Samothracia insula, 174.
Samusium Lusit., 91.
Sandalium Pisid., 288.
Santones Gall., 106.
Sarai Numid., 380.
Sarbanissa Ponti, 240.
Sardes Lyd., 23, 25, 26, 31, 32, 305.
Sardinia insula, 164.
Saricha Cappad., 318.
Sarmatia., 165.
Savatra Lycaon., 290.
Saxus Cretae, 226.
Scepsis Troad., 261.
Sciathus insula, 199.
Scione Macedon., 186.
Scodra Illyriae, 179.
Scotussa Macedon., 198.
Scotussa Thessal., 198.
Scythopolis, Samarit., 343.
Searo Baetic., 97.
Sebaste insula, 34.
Sebaste Galat., 316.
Sebaste Cilic., 29, 34, 298.
Sebaste Paphlag., 248.
Sebaste Phryg., 314.
Sebaste Samarit., 51, 343.
Sebastopolis Ponti, 240.
Sebennytes Aegypt., 374.
Segesta Sicil., 160.
Segia Tarrac., 89.
Segisamon Tarrac., 89.
Segobriges Gall., 111.
Segobriga Tarrac., 89, 101.
Segontia Tarrac., 89.

Segovia Tarrac., 102.
Segusiavi Gall., 113.
Seleucia ad Calyc. Cilic., 29, 30, 296.
Seleucia ad Pyram. Cilic., 296.
Seleucia Lyd., 306.
Seleucia Pisid., 288.
Seleucia Syr., 29, 34.
Seleucia Mesopot., 350.
Seleucis Pieria, 335.
Selge Pisid., 288.
Selinus Cilic., 297.
Selinus Sicil., 160.
Semes Maurit., 381.
Sepphoris Galil., 342.
Sequani Gall., 113.
Serdica Thrac., 82, 172.
Scriphus insula, 236.
Serpa Lusit., 91.
Sesa Tarrac., 89.
Sesamus Paphlag., 248.
Sestus Chers. Thrac., 174.
Sethroites Aegypt., 374.
Setisacum Tarrac., 89.
Sexsi Baetic., 97.
Sibidunda Phryg., 314.
Siblia Phryg., 314.
Sicilia, 150.
Sicinus insula, 236.
Sicyon Ach., 216.
Side Pamphyl., 32, 286.
Sidon Phoen., 31, 34, 51, 339.
Sigeum Troad., 262.
Silandus Lyd., 23, 25, 305.
Sillyum Pamphyl., 288.
Sinda Ponti, 241.
Singara Mesopot., 51, 350.
Sinope Paphlag., 51, 248.
Siphnus insula, 237.
Siris Lucan., 146.
Sirmium, 82.
Sisapo Baetic., 98.

Siscia, 82.
Smyrna Ioniae, 23, 25, 26, 31, 32, 269.
Soli Cilic., 297.
Sollium Acarn., 205.
Solopolis Cilic., 297.
Solus Sicil., 160.
Sotiates Gall., 106.
Sozusa Cyren., 376.
Stectorium Phryg., 23, 313.
Stecla Sicil., 160.
Stobia Maced., 51.
Stratonicea Cariae, 23, 276.
Stratos Acarn., 205.
Sturnium Calab., 143.
Stymphalus Arcad., 225.
Suessa Campan., 139.
Suthul Numid., 380.
Sybaris Lucan., 146.
Sybritia Cretae, 231.
Svedra Cilic., 297.
Syme insula, 279.
Synaos Phryg., 314.
Synnada Phryg., 25, 34, 314.
Syracusae Sicil., 161.
Syrus insula, 237.

Taba Cariae, 32, 276.
Tabala Lyd., 23, 305.
Tabraca Numid., 380.
Tambrax Parth., 351.
Tamusia Maurit., 381.
Tanagra Boeot., 210.
Tanites Aegypt., 374.
Tanos Cretae, 231.
Tarentum Calabr., 143.
Tarraco Tarrac., 51, 102.
Tarsus Cilic., 25, 29, 31, 32, 34, 297, 356.
Tavium Galat., 316.
Tauromenium Sicil., 161.
Teanum Campan., 140.
Teate Marrucin., 133.
Teate Apuliae, 133.

TABLE DES VILLES ET PEUPLES

Tectosages Galat., 316.
Tegea Arcad., 225.
Tegea Cretae, 231.
Telamon Etrur., 131.
Telemissus Cariae, 276.
Telephius Lyc., 283.
Telos insula, 279.
Temenothyrae Lyd., 25, 305.
Temesa Brutt., 149.
Temnus Eolid., 23, 264.
Tenedus insula, 262.
Tentyrites Aegypt., 374.
Tenus insula, 237.
Teos Ion., 23, 32, 269.
Teria Troad., 262.
Terina Brutt., 149.
Termessus Pisid., 29, 289.
Terone Macedon., 187.
Thaona Byzacen., 378.
Thapsum Byzacen., 378.
Thasus insula, 174.
Thebae Boeot., 211.
Thebae Thessal., 198.
Thebe Adramyten Troad., 262.
Thelpusa Arcad., 225.
Themisonium Phryg., 314.
Thera insula, 237.
Thermae Sicil., 156.
Thespiae Boeot., 211.
Thesprotia Epiri, 201.
Thessalia Epiri, 23.
Thessalonica Maced., 29, 31, 32, 51. 82.
Thibros Thessal., 198.
Thinites Aegypt., 374.
Thisbe Boeot., 211.
Thisoa Arcad., 225.
Thronium Locrid., 207.
Thuria Messen., 219.
Thurium Lucan., 146.
Thyatira Lyd., 23, 306.
Thyessus Lyd., 306.
Thyrea Argol., 222.

Thyrreum Acarn., 205.
Thysdrus Byzacen., 378.
Tiberias Galil., 342.
Tiberiopolis Phryg., 315.
Ticinum Ital. sup., 129.
Timbrias Phryg., 315.
Timici Maurit., 381.
Tingis Maurit., 381.
Titiopolis Isaur., 290.
Tityassus Pisid., 289.
Tium Bithyn., 252.
Tlos Lyc., 283.
Tmolus Lyc., 306.
Toletum Tarrac., 102.
Tolisbogi Galat., 316.
Tomarena Lyd., 306.
Tomi Moes. infer., 32, 34, 168.
Topirus Thrac., 172.
Trabala Lyc., 283.
Traducta Boeotic., 51, 98.
Traelium Maced., 187.
Trajanopolis Cilic., 297.
Trajanopolis Phryg., 315.
Trajanopolis Thrac., 172.
Tralles Lyd., 23, 24, 31, 32, 306.
Trapezopolis Cariae, 241, 276.
Trapezus Ponti, 241.
Trebenna Lyc., 283.
Treveris Gall., 82.
Tricca Thessal., 198.
Tricorii Gall., 111.
Trimenothyrae Mys., 259.
Trimenothyrae Phrygie, 315.
Tripolis Cariae, 276.
Tripolis Phoen., 29, 31, 32, 34, 240.
Trocmi Galat., 316.
Troezen Argol., 322.
Tucci Bactic., 98.
Tuder Umbriae, 132.
Turiaso Tarrac., 51, 89.
Turones Gall., 113.

26.

Turisa Tarrac., 89.
Turri Regina Baetic., 85, 98.
Tutia Tarrac., 89.
Tyana Cappad., 29, 34, 51, 318.
Tylissus Cretae, 231.
Tyndaris Sicil., 161.
Tyra Sarm. europ., 165.
Tyracina Sicil., 161.
Tyrissa Maced., 187.
Tyrus Phoen., 31, 34, 51, 241, 356.

Ugia Baet., 98.
Ulia Baet., 98.
Umbria, 132.
Uranopolis Maced., 187.
Ursentum Lucan., 147.
Urso Baetic., 98.
Utica Zeugit., 51, 379.
Uxentum Calab., 144.

Valentia Brutt., 51, 148.
Valentia Tarrac., 102.
Velia Lucan., 147.
Veliocasses Gall., 113.
Venafrum Camp., 140.

Ventippo Baetic., 98.
Venusia Apul., 142.
Verulamium Brit.
Vesci Baetic., 85, 98.
Vestini Piceni, 133.
Vettuna Umbr., 132.
Vetulonia Etrur., 131.
Vienna Gall., 51, 111.
Viminacium Moes. sup., 51, 167.
Visontium Tarrac., 51.
Voconces Gall., 110.
Volaterrae Etrur., 131.
Volcae Arecomici Gall., 112.

Xantus Lyc., 283.
Xaites Aegypt., 374.

Zacynthus insula., 218.
Zancles Sicil., 158.
Zayta Mesopot., 350.
Zela Ponti, 241.
Zeleia Troad., 262.
Zephyrium Cilic., 297.
Zeugma Commag., 329.
Zilci Mauritan., 381.

TABLE

DES ROIS ET PRINCES

Abdalgasus, roi de Bactr., 365.
Abdissarus, roi d'Arménie, 321.
Abgarus VIII, roi d'Edesse, 349.
Abgarus IX, roi d'Edesse, 349.
Abgarus XI, roi d'Edesse, 350.
Achaeus, roi de Syrie, 324.
Adacus, tyr. d'Héraclée, 184.
Adherbal, roi de Numidie, 380.
Adietuanus, roi des Sotiates, 106.
Adinnigaus, roi de Characène, 367.
Aeropus, roi de Macédoine, 188.
Aetolobus, roi de Galatie, 317.
Agathocles, roi de Bactriane, 362.
Agathocles, roi de Sicile, 162.
Agesilas, roi de Sparte, 220.
Agrippa I, roi de Judée, 346.
Agrippa II, roi de Judée, 346.
Ajax, toparque d'Olbia, 296.
Alexander I, roi d'Epire, 202.
Alexander II, roi d'Epire, 203.
Alexander I, roi de Macédoine, 188.
Alexander II, roi de Macédoine, 188.
Alexander III, roi de Macédoine, 189.
Alexander IV, roi de Macédoine, 191.
Alexander, tyr. de Phères, 197.
Alexander I, roi de Syrie, 325.
Alexander II, roi de Syrie, 326.
Alexander Aegus, roi d'Egypte, 368.
Alexander Jannaeus, 345.
Amadoecus, roi des Odryses, 195.
Amastris reine d'Héraclée, 251.
Amyntas, roi de Cybira, 309.
Amyntas, roi de Galatie, 317.
Amyntas, roi de Macédoine, 188.
Antialkides, roi de Bactriane, 363.
Antigonus I, roi de Macédoine, 191.
Antigonus II, roi de Macédoine, 191.
Antigonus, roi de Judée, 345.
Antimachus, roi de Bactriane, 362.
Antiochus, roi de Commagène, 329.
Antiochus I, roi de Syrie, 323.

Antiochus II, roi de Syrie, 323.
Antiochus III, roi de Syrie, 324.
Antiochus IV, roi de Syrie, 324.
Antiochus V, roi de Syrie, 325.
Antiochus VI, roi de Syrie, 326.
Antiochus VII, roi de Syrie, 326.
Antiochus VIII, roi de Syrie, 327.
Antiochus IX, roi de Syrie, 327.
Antiochus X, roi de Syrie, 327.
Antiochus XI, roi de Syrie, 327.
Antiochus XII, roi de Syrie, 328.
Antiochus XIII, roi de Syrie 328.
Antiochus Hierax, roi de Syrie, 324.
Apollodotus, roi de Bactriane, 363.
Archelaus, roi de Cappadoce, 321.
Archelaus, ethnarque de Judée, 346.
Archelaus, roi de Macédoine, 188.
Aretas, roi de Damas, 336.
Aretas, roi des Nabathéens, 348.
Arcus roi de Sparte, 220.
Ariamane, roi de Cappadoce, 319.
Ariarathe I roi de Cappadoce, 319.
Ariarathe II, roi de Cappadoce, 319.
Ariarathe III, roi de Cappadoce, 319.
Ariarathe IV, roi de Cappadoce, 319.
Ariarathe V, roi de Cappadoce, 319.
Ariarathe VI, roi de Cappadoce, 319.
Ariarathe VII, roi de Cappadoce, 319.
Ariarathe VIII, roi de Cappadoce, 319.
Ariarathe Oropherne, roi de Cappadoce, 319.
Ariarathe IX, roi de Cappadoce, 319.
Ariarathe X, roi de Cappadoce, 319.
Ariobarzane I, roi de Cappadoce 319.
Ariobarzane II, roi de Cappadoce, 319.
Ariobarzane III, roi de Cappadoce, 320.
Arisbas, roi d'Epire, 202.
Aristobulus, roi d'Arménie, 322.
Arsaces, roi des Parthes, 351.
Arsaces roi de Bactriane, 365.
Arsames, roi d'Arménie, 321.
Arsinoe I, reine d'Egypte, 368.
Arsinoe II, reine d'Egypte, 368.
Arsinoe III, reine d'Egypte, 369.
Artaban I, roi des Parthes, 352.
Artaban II, roi des Parthes, 352.
Artaban III, roi des Parthes, 354.
Artaban IV, roi des Parthes, 355.
Artaban V, roi des Parthes, 356.

TABLE DES ROIS ET PRINCES

Ariabazd, roi des Parthes, 356.
Artabaze, roi de Characène, 367.
Artavasde, roi d'Arménie, 322.
Artaxerxe I, roi de Perse, 357.
Artaxerxe II, roi de Perse, 359.
Artaxerxe III, roi de Perse, 361.
Artaxias, roi d'Arménie, 322.
Aryandes, satrape d'Egypte, 367.
Asander, roi de Pont, 242.
Attambilus, roi de Characène, 367.
Audoléon, roi de Péonie, 181.
Attalus I, roi de Pergame, 258.
Attalus II, roi de Pergame, 258.
Azermi, reine de Perse, 361.
Azes, roi de Bactriane, 364.
Azilices, roi de Bactr., 364.

Ballaeus, roi d'Illyrie, 180.
Baraoro, roi de Bactriane, 366.
Bardane I, roi des Parthes, 354.
Berenice, I, reine d'Egypte, 368.
Berenice II, reine d'Egypte, 369.
Bocchus I, roi de Numidie, 382.
Bocchus II, roi de Numidie, 382.
Bocud II, roi de Mauritanie, 382.
Bocud III, roi de Mauritanie, 382.

Brogitarus, roi des Galates, 317.
Callinicus. Voy. Epiphanes, 330.
Cassander, roi de Macédoine, 190.
Cavades, roi de Perse, 360.
Cavarus, roi de Thrace, 176.
Cepaepiris, reine de Pont, 243.
Chosroes, roi des Parthes, 355.
Chotis, roi de Cybira, 309.
Cisiambos Cattos, chef gaulois, 112.
Cleomène II, roi de Sparte,
Cléopâtre I, 370, reine d'Egypte.
Cléopâtre II, 371, reine d'Egypte.
Cléopâtre, reine de Numidie, 382.
Cosroes I, roi des Perses, 360.
Cosroes II, roi des Perses, 361.
Cotys I, roi du Bosphore, 244.
Cotys II, roi du Bosphore, 244.
Cotys III, roi du Bosphore, 245.
Cotys III, roi des Thraces, 176.
Cotys V, roi des Thraces, 176.
Cresus, roi de Lydie, 3.
Cunobelinus, chef breton, 115.

Damarète, reine de Syracuse, 163.
Darius, roi de Perse, 356.
Datame, roi de Cappadoce, 318.
Dejotarus, roi des Galates, 317.

Demetrius, roi d'Illyrie, 179.
Demetrius I, roi de Macédoine, 191.
Demetrius II, roi de Macédoine, 191.
Demetrius I, roi de Syrie, 325.
Demetrius II, roi de Syrie, 326.
Demetrius III, roi de Syrie, 328.
Dionysius, roi d'Héraclée, 251.
Dionysius II, roi de Sicile, 162.
Dionysius, roi de Tripoli, 341.
Duratius, chef gaulois, 106.
Dynamis, reine du Pont, 242.

Epasnact, chef gaulois, 105.
Epiphanus, fils d'Antiochus VI, 330.
Erate, voy. Tigranes IV, 322.
Eucratides, roi de Bactriane, 362.
Eumenes II, roi de Pergame, 258.
Eupator, roi du Bosphore, 245.
Eupolemus, roi de Péonie, 181.
Euthydemus, roi de Bactriane, 362.
Evagoras, roi de Chypre, 299.

Ferakzad, roi de Perse, 361.

Gamalith, reine des Nabathéens, 348.
Gelo, roi de Sicile, 161.
Gentius, roi d'Illyrie, 180.
Gotarzes, roi des Parthes, 354.
Gundophares, roi de Bactriane, 365.

Hecatommus, roi de Carie, 277.
Heliocles, roi de Bactriane, 362.
Hermaeus roi de Bactriane, 363.
Herodes I, roi de Judée, 345.
Herodes II. roi de Judée, 346.
Herodes III, roi de Chalcis, 346.
Hicetas II, tyran de Sicile, 162.
Hidrieus, roi de Carie, 277.
Hiempsal, roi de Numidie, 380.
Hiero I, roi de Sicile, 162.
Hiero II, roi de Sicile, 162.
Hieronymus, roi de Sicile, 162.
Hormisdas I, roi de Perse, 357.
Hormisdas II, roi de Perse, 348.
Hormisdas III, roi de Perse, 360.
Hormisdas IV, roi de Perse, 360.

Ininthimeus, roi du Bosphore, 245.
Iotape, reine de Commagène, 330.
Izdegerd I, roi de Perse, 359.
Izdegerd II, roi de Perse, 360.
Izdegerd III, roi de Perse, 361.
Iamasp, roi de Perse, 360.
Jean Hyrcan, roi des Juifs, 345.
Jonathan, roi des Juifs, 345.
Juba I, roi de Numidie, 380.

Juba II, roi de Numidie, 385.
Jugurtha, roi de Numidie, 380.

Kadphise, roi de Bactriane, 364.
Kadphile, roi de Bactriane, 365.
Kanerkes, roi de Bactriane, 366.
Keronaro, roi de Bactriane, 366.
Kodes, roi de Bactriane, 364.
Kozola, roi de Bactriane, 264.

Laodice, reine de Syrie, 325.
Leuco, roi du Bosphore, 241.
Lucterius, chef gaulois, 106.
Lycceius, roi de Péonie, 181.
Lysanias, tétrarque de Chalcis, 331.
Lysias, roi de Bactriane, 363.
Lysimachus, roi de Thrace, 175.

Magas, roi de Cyrénaïque, 377.
Malchus, roi des Nabathéens, 348.
Mannus, roi d'Edesse, 349, 350.
Massinissa, roi de Numidie, 380.
Mattatias Antigonus, 345.
Maussolus, roi de Carie, 377.
Mayes, roi de Bactriane, 363.
Mcherdate, roi des Parthes, 355.
Menander, roi de Bactriane, 363.
Meredates, roi de Characène, 367.
Micipsa, roi de Numidie, 380.

Midas, roi de Phrygie.
Mithridate, roi d'Arménie, 322.
Mithridate, roi du Bosphore, 244.
Mithridate III, roi de Pont 241.
Mithridate V, roi de Pont, 242.
Mithridate I, roi des Parthes, 352.
Mithridate II, roi des Parthes, 353.
Mithridate III, roi des Parthes, 353.
Mithridate V, roi des Parthes, 355.
Mnaskyres, roi des Parthes, 353.
Moagetes, roi de Cibyra, 309.
Mokadphises, roi de Bactriane.
Monneses, roi de Characène, 367.
Monunius, roi de Dyrrachium, 178.
Musa Orsabatis, reine de Bithynie, 254.

Narses, roi de Perse, 358.
Neoptolemus, roi d'Epire, 202.
Nicocles, roi de Paphos, 299.
Nicomède I, roi de Bithynie, 253.
Nicomède II, roi de Bithynie, 253.
Nicomède III, roi de Bithynie, 253.

Ooertes, roi de Bactriane.
Oradaltis, roi de Bithynie, 254.
Ordokro, roi de Bactriane, 366.

Orodes I, roi des Parthes, 353.
Orodes II, roi des Parthes, 354.
Orsobaris, reine de Bithynie, 254.
Othontapatos, roi de Carie, 277.
Overki, roi de Bactriane, 366.

Pacorus, roi de Bactriane, 365.
Pacorus, roi des Parthes, 355.
Pacrisades, roi du Bosphore, 241.
Panthaleon, roi de Bactriane, 362.
Patraus, roi de Péonie, 180.
Pausanias, roi de Macédoine, 188.
Perdiccas II, roi de Macédoine, 188.
Perdiccas III, roi de Macédoine, 189.
Perose, roi de Perse, 360.
Perseus, roi de Macédoine, 192.
Phareanses, roi de Pont, 246.
Pharnaces I, roi de Pont, 241.
Pharnaces II, roi de Pont, 242.
Philetairas, roi de Pergame, 258.
Philippus, II, roi de Macédoine, 189.
Philippus III, roi de Macédoine, 190.
Philippus IV, roi de Macédoine, 191.
Philippus V, roi de Macédoine, 192.
Philippus VI, roi de Macédoine, 192.
Philippus, roi de Syrie, 327.
Philippus, tétr. de Trachonitide, 346.
Philistis, roi de Sicile, 163.
Philopator, roi de Cilicie, 298.
Philoxène, roi de Bactriane, 362.
Phintias, tyran d'Agrigente, 163.
Phraapate, roi des Parthes, 352.
Phraatace, roi des Parthes, 354.
Phraate I, roi des Parthes, 352.
Phraate II, roi des Parthes, 352.
Phraate III, roi des Parthes, 353.
Phraate IV, roi des Parthes, 353.
Phtia, reine d'Epire, 202.
Pixodarus, roi de Carie, 277.
Polémon I, roi de Pont, 242.
Polémon II, roi de Pont, 243.
Polémon, toparque d'Albia, 296.
Pouran, reine de Perse, 361.
Prusias I, roi de Bithynie, 253.
Prusias II, roi de Bithynie, 253.
Psamytes, roi de Galatée, 316.
Ptolémée I, roi d'Egypte, 368.
Ptolémée II, roi d'Egypte, 368.
Ptolémée III, roi d'Egypte, 369.
Ptolémée IV, roi d'Egypte, 369.

Ptolémée V, roi d'Egypte, 369.
Ptolémée VI, roi d'Egypte, 369.
Ptolémée VII, roi d'Egypte, 370.
Ptolémée VIII, roi d'Egypte, 370.
Ptolémée IX, roi d'Egypte, 370.
Ptolémée X, roi d'Egypte, 370.
Ptolémée XI, roi d'Egypte, 370.
Ptolémée XII, roi d'Egypte, 371.
Ptolémée XIII, roi d'Egypte, 371.
Ptolémée, roi d'Epire, 202.
Ptolémée, roi de Mauritanie, 382.
Ptolémée, tétrarque de Chalcis, 331.
Pylaemenes, roi de Paphlagonie, 248.
Pyrrhus, roi d'Epire, 202.
Pythodoris, reine d'Arménie, 321.
Pythodoris, reine de Pont, 243.

Rhadamses, roi du Bosphore, 246.
Rhescuporis, roi de Thrace, 176.
Rhescuporis I, roi du Bosphore, 243.
Rhescuporis II, roi du Bosphore, 244.
Rhescuporis III, roi du Bosphore, 245.
Rhescuporis IV, roi du Bosphore, 245.
Rhescuporis V, roi du Bosphore, 245.
Rhescuporis VI, roi du Bosphore, 246.
Rhescuporis VII, roi du Bosphore, 246.
Rhoemetalces, roi du Bosphore, 244.
Rhoemetalces I, roi de Thrace, 176.
Rhoemetalces II, roi de Thrace, 177.

Sadales II, roi de Thrace, 170.
Salomé, reine d'Arménie, 322.
Sames, roi d'Arménie, 321.
Sanatroces, roi des Parthes, 353.
Sapor I, roi de Pont, 357.
Sapor II, roi de Pont, 359.
Sapor III, roi de Pont, 359.
Sarbaraz, roi de Pont, 361.
Sarias, roi de Thrace, 175.
Sauromate I, roi du Bosphore, 243.
Sauromate II, roi du Bosphore, 244.
Sauromate III, roi du Bosphore, 245.
Sauromate IV, roi du Bosphore, 245.
Seleucus I, roi de Syrie, 323.
Seleucus II, roi de Syrie, 324.
Seleucus III, roi de Syrie, 324.
Seleucus IV, roi de Syrie, 324.
Seleucus V, roi de Syrie, 326.
Seleucus VI, roi de Syrie, 327.
Sames, roi d'Arménie, 321.
Seuthes III, roi de Thrace, 175.
Simon, roi de Judée, 345.
Soter, roi de Bactriane, 365.

Soufraï, régent en Perse, 360.
Spalatores, roi de Bactriane, 364.
Spalyrius, roi de Bactriane, 364.
Spalyrises, roi de Bactriane, 364.
Sparadocus, roi des Odryses, 175.
Sycamnith, reine des Nabathéens, 348.

Tarcondimotus, roi de Cilicie, 298.
Tasgetius, chef gaulois, 112.
Teiraues, roi du Bosphore, 246.
Thermusa, reine des Parthes.
Thero, tyran d'Agrigente, 163.
Thorthoses, roi du Bosphore, 246.
Tigrane, roi de Syrie, 328.
Tigrane IV, roi d'Arménie, 322.
Timarchus, roi de Babylone, 351.
Thimotheus, roi d'Héraclée, 251.
Tiraeus, roi de Characène, 366.
Tiridatus I, roi des Parthes, 352.
Tiridatus II, roi des Parthes, 354.
Tisiphon, tyran de Thessalie, 198.
Tryphaene, reine de Pont, 243.
Tryphon, roi de Syrie, 326.

Varahran I, roi de Perse, 358.

Varahran II, roi de Perse, 358.
Varahran III, roi de Perse, 358.
Varahran IV, roi de Perse, 359.
Varahran V, roi de Perse, 359.
Varahran VI, roi de Perse, 361.
Vercingétorix, chef gaulois, 105.
Vergasillaunus, chef gaulois, 105.
Volagase I, roi des Parthes, 355.
Volagase II, roi des Parthes, 355.
Volagase III, roi des Parthes, 355.
Volagase IV, roi des Parthes, 355.
Volagase V, roi des Parthes, 356.
Volagase VI, roi des Parthes, 356.
Volagese, roi de Perse, 360.
Vonones, roi des Parthes, 354.
Vonones, roi de Bactriane 364.

Xerxes, roi d'Arménie, 321.
Xerxes, roi de Perse, 356.

Zabalus, roi des Nabathéens, 348.
Zarias, roi d'Illyrie, 180.
Zenodorus, tétrarque de Judée, 347.
Ziaélas, roi de Bithynie, 253.

TABLE

DES EMPEREURS, IMPÉRATRICES
ET CÉSARS ROMAINS

Absimarus. Voy. Tibère V.
Adramytenus. Voy. Théodose III.
Aelia Zenonis, 427.
Aelianus (Q. Valens), 414.
Aelius (Lucius), 406.
Aemilianus (Aemilius), 412.
Africanus. Voy. Gordien I et II.
Agrippa (M.), 402.
Agrippa caesar, 402.
Agrippina senior, 403.
Agrippina junior, 403.
Albinus Clodius, 408.
Alexander Severus, 410.
Alexander, 419.
Alexander Basilii filius, 430.
Alexius I, 434.
Alexius II, 434.
Alexius III, 434.
Alexius IV, 434.
Allectus, 417.
Anastasius I, 427.
Anastasius II, 429.
Andronicus I, 434.
Andronicus II, 435.
Andronicus III, 436.
Andronicus IV, 436.
Andronicus Constant. XIII filius, 433.

Angelus V, Isaac II, Alexis III, Alexis IV, 434.
Annia Faustina, 410.
Anthemius (Procopius), 426.
Antinoüs, 406.
Antonia, 402.
Antoninus Pius, 406.
Antoninus (Galerius), 406.
Antoninus (Uranius) 410.
Antonius (Marcus), 401.
Antonius (Marcus II), 401.
Aquilia Severa, 409.
Arcadius, 423.
Argyrus. Voy. Romain III.
Armenius. Voy. Léon V.
Artavasdus, 430.
Attalus (Priscus), 424.
Augustus, 402.
Aurelianus, 416.
Aurelianus (Julianus), 416.
Aurelius (M.), 406.
Aureolus, 415.
Avitus, 425.

Balbinus, 411.
Balbus. Voy. Michel II.
Bardanes Voy. Filepicus.
Basiliscus, 427.
Basilius I, 431.
Basilius II, 432.

Botaniales. Voy. Nicéphore III.
Britannicus, 403.

Caesar (C. J.), 401.
Caius Caligula, 403.
Caius Agrippa fils, 402.
Calaphates. Voy. Michel V.
Caligula, 403.
Cantacuzenus. Voy. Jean VI et Mathieu.
Caracalla (M. A. Ant.), 408.
Carausius, 417.
Carbonopsina. Voy. Zoe.
Carinus, 416.
Carus, 416.
Chazarus. Voy. Léon IV.
Chlorus. Voy. Constance I.
Christophorus, fils de Romain I, 432.
Clara (Didia), 408.
Claudia, fille de Claude, 403.
Claudia, fille de Néron, 403.
Claudius I, 403.
Claudius II Gothicus, 415.
Cleopatra, 401.
Clodius Macer, 404.
Commodus, 407.
Comnenus. Voy. Isaac I, Alexis I, Jean II, Manuel I, Alexis II et Andronic I.
Constans I, 420.
Constans II, 428.
Constans, fils de Constantin III, 424.
Constantia, femme de Licinius, 419.
Constantina, femme de Maurice, 428.
Constantinus I, 419.
Constantinus II, 420.
Constantinus III, 424.
Constantinus IV, 429.
Constantinus V, 429.
Constantinus VI, 430.
Constantinus VII, 430, 431.
Constantinus VIII, 431.
Constantinus IX, 431.
Constantinus X, 431.
Constantinus XI, 433.
Constantinus XII, 433.
Constantinus XIII, 433.
Constantinus XIV, 436.
Constantinus, fils de Const. XIII, 433.
Constantinus, fils d'Héraclius II, 428.
Constantinus. Voy. Tibère II.
Constantius I Chlorus, 417.
Constantius II, 421.
Constantius III, 423.
Constantius Gallus, 422.
Copronymus. Voy. Const. IV.
Cornelia Supera, 413.
Crispina, 407.
Crispus, 420.
Curopalata. Voy. Michel I.
Curtenaio. Voy. Balduinus.

Dalassena. Voy. Eudocia, femme de Const. XIII.
Daza Maximinus, 417.
Decentius, 421.
Decius Trajanus, 412.
Delmatius, 420.
Didia Clara, 408.
Didius Julianus, 408.
Diadumenianus, 409.
Diocletianus, 417.
Diogenes. Voy. Romain IV.
Domitia, 405.
Domitianus, 405.
Domitius Domitianus, 417.
Domitilla, fem. de Vespasien, 404.
Domitilla, fille de Vespasien, 404.

Domna (Julia), 406.
Drusus senior, 402.
Drusus junior, 402.
Drusus, fils de Germanicus, 403.
Dryantilla, 415.
Ducas. Voy. Constantin XIII, Michel V, Constantin, fils de Constantin XIII, Constantin, fils de Michel VII, Manuel I, Alexis V, Jean III.

Elagabalus, 409.
Etruscilla, 412.
Etruscus (Heren.), 412.
Eudocia (Flavia), 428.
Eudocia, femme de Const. XIII, 433.
Eudocia (Aelia), 423, 425.
Eudocia (Licinia), 425.
Eugenius, 423.
Euphemia, femme d'Anthemius, 426.

Fausta, femme de Const. I, 420.
Fausta, femme de Constance II, 421.
Faustina I, 406.
Faustina II, 407.
Faustina (Annia), 409.
Filepicus Bardanes, 429.
Flaccilla, 423.
Florianus, 416.
Fulvie, femme de Marc Antoine, 113.

Galba, 404.
Galla Placidia, 424.
Gallienus, 413.
Gallus. Voyez Constant et Trebonien.
Germanicus, 402.
Geta, 409.
Glycerius, 426.

Gordianus I, 410.
Gordianus II, 411.
Gordianus III, 411.
Gothicus. Voy. Claude II.
Gratianus, 422.
Gregoria, 428.

Hadrianus, 406.
Hannibalianus, 420.
Helena I, 418.
Helena II, 422.
Heracleonas, 428.
Heraclius I, 428.
Heraclius II, 428.
Hercules Maximianus, 416.
Herennius Etruscus, 412.
Honoria, 425.
Honorius, 423.
Hostilianus, 412.

Iotapianus, 411.
Irène, mère de Constantin VI, 430.
Isaacius I, 433.
Isaacius II, 434.
Isaurus. Voy. Léon III.

Johannes I, 432.
Johannes II, 434.
Johannes III, 435.
Johannes IV, 435.
Johannes V, 436.
Johannes VI, 436.
Johannes VII, 436.
Johannes VIII, 436.
Johannes Angelus, 435.
Johannes tyrannus, 425.
Julius Nepos, 426.
Jovianus, 422.
Jovinus, 424.
Julia, fille d'Auguste, 402.
Julia, fille de Titus, 405.
Julianus (Didius) I, 407.
Julianus II, 422.

Julianus (M. Aurel.), 417.
Julius Caesar, 401.
Justinianus I, 427.
Justinianus II, 429.
Justinus I, 427.
Justinus II, 427.

Laelianus, 413.
Lascaris. Voy. Théodore I, Théodore III, Jean IV.
Lecapenus. Voy. Romain I.
Leo I, 425.
Leo II, 426.
Leo III, 429.
Leo IV, 430.
Leo V, 430.
Leo VI, 431.
Leontia, 428.
Leontius I, 427.
Leontius II, 429.
Lepidus (M. Æm.), 401.
Libius Severus, 426.
Licinia Eudoxia, 424.
Licinius I, 419.
Licinius II, 419.
Livia, 402.
Livilla, 403.
Logotheta. Voy. Nicéphore I.
Lollianus, 414.
Lucilla, 407.
Lucius, fils d'Agrippa, 402.

Macer, 404.
Macedo. Voy. Basile I.
Macrianus pater, 415.
Macrianus junior, 415.
Macrinus, 409.
Maesa (Julia), 410.
Magnentius, 421.
Magnia Urbica, 416.
Majorianus, 426.
Mamaea (Julia), 410.
Manuel I, 434.
Manuel II, 436.

Marciana, 405.
Marcianus, 425.
Marcus, 427.
Maria, 434.
Mariniana, 413.
Marinus, 412.
Marius, 414.
Martinianus, 419.
Matidia, 406.
Mattheus, 436.
Mauricius, 428.
Maxentius, 418.
Maximianus Hercules, 417.
Maximianus Galerius, 418.
Maximinus I, 410.
Maximinus II Daza, 418.
Maximus, 411.
Maximus Magnus, 423.
Maximus, tyrannus, 424.
Maximus Petronius, 424.
Messalina I, 403.
Messalina II, 403.
Michael I, 430.
Michael II, 431.
Michael III, 431.
Michael IV, 433.
Michael V, 433.
Michael VI, 433.
Michael VII, 434.
Michael VIII, 435.
Michael IX, 435.
Monomachus. Voy. Constantin XII.
Murzuphlus. Voy. Alexius V.

Nepos (Julius), 427.
Nepotianus, 421.
Nero, 403.
Nero et Drusus, 403.
Nerva, 405.
Nicephorus I, 430.
Nicephorus II, 432.
Nicephorus III, 444.
Niger. Voy. Pescennius.

Nigrinianus, 417.
Numerianus, 416.

Octavia, 401.
Octavius. Voy. Augustus.
Olybrius, 426.
Orbiana, 410.
Otacilia Severa, 411.
Otho, 404.

Pacatianus, 412.
Paleologus. Voy. Michel VIII, Andronic II, Michel IX, Andronic III, Jean V, Andronic IV, Manuel II, Jean VII, Jean VIII et Constantin XIV.
Paphlago. Voy. Michel IV.
Paula (Jul. Corn.), 409.
Paulina, 410.
Pertinax, 407.
Pescennius Niger, 408.
Petronius Maximus, 425.
Philippus I, 411.
Philippus II, 411.
Phocas, 428.
— Voy. Nicéphore II.
Pius. Voy. Anton. et Gordien III.
Placidia (Galla), 424.
Placidia Olybrii uxor, 426.
Plautilla Fulvia, 408.
Plotina, 405.
Pogonatus. Voy. Constantin IV.
Pompeius (Cnaeus), 401.
Pompeius (Sextus), 401.
Poppea, 403.
Porphyrogenitus. Voy. Constantin X, Constantin, son fils, Constantin, fils de Michel VII, Jean II et Manuel I.
Postumus. Voy. Agrippa.

Postumus, 414.
Probus, 416.
Procopius, 422.
Pulcheria, 425.
Pupienus, 411.

Quietus, 415.
Quintillus, 415.

Regalianus, 415.
Rhangabe. Voy. Michel I.
Rhinotmetus. Voyez Justinien II.
Romanus I, 432.
Romanus II, 432.
Romanus III, 433.
Romanus IV, 433.
Romulus (Mar. Aur.), 418.
Romulus Augustus, 427.

Sabina, 406.
Salonina, 413.
Saloninus, 413.
Sapiens. Voy. Léon VI.
Saturninus, 420.
Scantilla Manlia, 408.
Sebastianus, 424.
Septimius Severus, 408.
Severa Aquilia, 409.
Severina, 416.
Severus (Septimius), 408.
Severus (Flav. Valer.), 418.
Severus Libius, 426.
Soaemias (Julia), 410.
Sophia, 427.
Stephanus, 431.
Stratiocus (Michel VI), 433.
Supera (Cornelia), 413.

Tacitus, 416.
Tetricus I, 414.
Tetricus II, 414.
Thecla, 431.
Theodora Constantii Chlori uxor, 418.

Theodora Theophili uxor, 431.
Theodora Constantini XI filia, 433.
Theodorus I, 435.
Theodorus II, 435.
Theodorus III, 435.
Theodosius I, 423.
Theodosius II, 424.
Theodosius III, 429
Theodosius, fils de Maurice, 428.
Theophano, 432.
Theophilus, 431.
Theophilactus, 430.
Tiberius I, 402.
Tiberius II, 428.
Tiberius III, 428.
Tiberius IV, 428.
Tiberius V, 429.
Tiberius fils de Constantin II, 428.
Titiana, 407.
Titus, 404.
Trajanus, 408.
Trajanus pater, 405.
Trajanus Decius, 412.
Tranquillina, 411.
Trebonianus Gallus, 412.

Uranius Antonius, 410.
Urbica (Magnia), 416.

Vatatzes. Voy. Jean III.
Valens (Aur. Valer.), 419.
Valens (Flav.), 422.
Valentinianus I, 422.
Valentinianus II, 422.
Valentinianus III, 425.
Valeria, 418.
Valerianus senior, 413.
Verina, 426.
Verus (Annius), 407.
Verus (Lucius), 407.
Vespasianus, 404.
Vespasianus junior, 405.
Vetranio, 421.
Victor Flavius, 423.
Victorina, 414.
Victorinus, 414.
Vitellius, 404.
Vitellius pater, 404.
Volusianus, 413.

Zeno, 426.
Zenonis (Aelia), 427.
Zimisces. Voy. Jean I.
Zoé, femme de Léon VI, 431.

TABLE DES MATIÈRES

Avant-propos.................................... v

Notions préliminaires.......................... 1
    Nomenclature............................... 2
    Origine de la monnaie...................... 7
    Métaux employés dans la fabrication des monnaies.................................... 10
    Poids et valeur des monnaies anciennes...... 11
    Fabrication des monnaies................... 14
    Droit de frapper monnaie................... 16
    Légendes................................... 17
    Types...................................... 18
    Classement des monnaies antiques........... 20

Monnaies grecques............................. 21
    Magistrats mentionnés sur les monnaies grecques..................................... 21
    Titres donnés aux villes sur les monnaies... 28
    Des dates et des jeux inscrits sur les monnaies. 35
    Titres et épithètes donnés aux souverains... 43

Monnaies coloniales........................... 46

Monnaies romaines ; époque antérieure a l'empire... 51
    Noms d'hommes sur les monnaies............. 51
    Magistrats mentionnés sur les monnaies..... 52
    Légendes................................... 52
    Types...................................... 53

Monnaies restituées	55
Liste des surnoms sur les monnaies républicaines	56
MONNAIES ROMAINES, ÉPOQUE IMPÉRIALE	59
Consulats sous l'empire	59
Titre d'*imperator*	63
Titre d'*augustus*	65
Titre de *dominus noster*	66
Titre de *caesar*	67
Titre de *princeps juventutis*	68
Titre de *pontifex*	69
Tribunat	69
Autres titres portés par les empereurs et les impératrices	71
Monnaies de consécration	72
Vœux mentionnés sur les monnaies	75
Légions	77
MONNAIES IMPÉRIALES DU BAS-EMPIRE	80
MÉDAILLES ANTIQUES, MÉDAILLONS	83

MONNAIES DES PEUPLES ET DES VILLES

EUROPA

Hispania	85
Alphabet des monnaies antiques de l'Espagne	86
Hispania Lusitanica	90
Baetica	91
Tarraconensis	88, 99
Iles Baléares	102
Gallia	103
Aquitania	105
Narbonensis	106
Lugdunensis	112
Belgica	113
Britannia	114

TABLE DES MATIÈRES

Germania.. 115

LISTE DES NOMS INSCRITS SUR LES MONNAIES DE LA GAULE, DE LA BRETAGNE ET DE LA GERMANIE.. 116

Italia.. 129
    Italia superior.. 129
    Italia media : Etruria............................. 130
                 Umbria................................ 132
                 Picenum............................. 132
                 Marrucini............................ 133
                 Latium............................... 133
                 Samnium............................ 134
                 Campania........................... 136
                 Apulia............................... 140
                 Calabria............................. 142
                 Lucania.............................. 144
                 Bruttium............................ 147
Sicilia... 150
    Rois de Sicile... 161
    Iles voisines de la Sicile......................... 163
Chersonesus Tauricus.................................. 164
Sarmatia.. 165
Dacia.. 166
Pannonia... 166
Moesia superior.. 167
Moesia inferior... 167
Thracia... 168
    Chersonesus Thraciae............................ 173
    Insulae Thraciae.................................... 174
    Rois de Thrace....................................... 175
Liburnia... 177
Dalmatia... 177
Illyricum... 177
    Insulae Illyricae...................................... 179
    Rois d'Illyric..178,179
Paeonia... 180
    Rois de Péonie.. 180
Macedonia.. 181

Rois de Macédoine	188
Thessalia	192
Tyrans à Phéres et en Thessalie	197,198
Iles voisines de la Macédoine et de la Thessalie.	199
Epirus	199
Thesprotia	201
Rois d'Epire	202
Ile voisine de l'Epire	203
Acarnania	204
Aetolia	205
Locris	206
Phocis	207
Bocotia	208
Attica	211
Iles voisines de l'Attique	213
Peloponesus	214
Elis	216
Iles voisines de l'Elide	217
Messenia	218
Laconia	219
Rois de Lacédémone	221
Argolis	221
Ile voisine de l'Argolide	222
Arcadia	222
Ile voisine de l'Arcadie	225

ASIA

Bosphorus Cimmerius	238
Colchi	238
Pontus	238
Rois de Pont et du Bosphore cimmérien	241
Paphlagonia	246
Rois de Paphlagonie	248
Bithynia	248
Rois d'Héraclée	251
Rois de Bithynie	253
Mysia	254

TABLE DES MATIÈRES

Rois de Pergame	258
Ile voisine de la Mysie	259
Troas	260
Ile voisine de la Troade	262
Aeolis	262
Ile voisine de l'Eolide	264
Ionia	265
Iles voisines de l'Ionie	270
Caria	271
Rois de Carie	277
Iles voisines de la Carie	277
Lycia	279
Ile voisines de la Lycie	284
Pamphylia	284
Pisidia	286
Isauria	289
Lycaonia	290
Cilicia	291
Toparques d'Olbia	296
Ile voisine de la Cilicie	298
Rois de la Cilicie	298
Cyprus insula	298
Rois de Chypre	299
Lydia	299
Phrygia	307
Rois de Cibyra	309
Galatia	315
Rois de Galatie	316
Cappadocia	317
Rois de Cappadoce	318
Armenia	321
Rois d'Arménie	321
Syria	322
Rois de Syrie	323
Commagène	328
Rois de Commagène	329
Cyrrhestica	330
Chalcidène	331
Tétrarques de Chalcis	331

Palmyrène	331
Seleucis, Pieria	332
Coeslesyria	336
Roi de Damas	336
Trachonitis Ituraea	337
Decapolis	337
Phoenice	338
Roi de Tripoli	341
Ile voisine de la Phénicie	341
Galilaea	342
Samaritis	342
Judaea	343
Princes et rois de Judée	345
Arabia	347
Rois des Nabathéens	348
Mesopotamia	348
Rois d'Osrhoëne	349
Babylonia	351
Rois de Babylone	351
Assyria	351
Parthia	351
Rois des Parthes	351
Persia	356
Rois de Perse	356
Bactriana et India	362
Rois de la Bactriane	362
Characenes	366
Rois de la Characènes	366

AFRICA

Aegyptus	367
Satrapes et rois d'Egypte	368
Nomes d'Egypte	372
Libya	374
Marmarica	375
Cyrenaica	375
Iles voisines de la Cyrénaïque	376
Rois de la Cyrénaïque	377

Syrtica	377
Byzacene	377
Zeugitana	378
Numidia	379
Rois de Numidie	380
Mauritania	381
Rois de Mauritanie	382
MONNAIES ROMAINES	383
République romaine	383
Empire romain	401
Empire grec de Nicée	435
Empire grec de Thessalonique	435
2e Empire grec de Constantinople	435
Des monnaies et médailles antiques fabriquées par des faussaires modernes	437
Table des villes et peuples	445
Table des rois et princes	463
Tables des empereurs, impératrices et césars romains	471
Table des matières	477

www.ingramcontent.com/pod-product-compliance
Lightning Source LLC
Chambersburg PA
CBHW060231230426
43664CB00011B/1609